U0943023

当代世界经济（修订本）

CONTEMPORARY WORLD ECONOMY

主　编　张伯里
副主编　韩保江　陈江生

中共中央党校出版社

图书在版编目（CIP）数据

当代世界经济 / 张伯里主编. --修订本. --北京：中共中央党校出版社，2015.6（2024.11 重印）

ISBN 978-7-5035-5565-7

Ⅰ. ①当… Ⅱ. ①张… Ⅲ. ①世界经济—经济概况 Ⅳ. ①F112

中国版本图书馆 CIP 数据核字（2015）第 051192 号

当代世界经济（修订本）

责任编辑 王 君 蔡锐华 任 丽
版式设计 尉红民
责任印制 王洪霞
责任校对 王明明
出版发行 中共中央党校出版社
地　　址 北京市海淀区长春桥路 6 号
电　　话 （010）68922815（总编室）　（010）68929899（发行部）
传　　真 （010）68922814
经　　销 全国新华书店
印　　刷 中煤（北京）印务有限公司
开　　本 700 毫米×1000 毫米
字　　数 332 千字
印　　张 22.25
版　　次 2015 年 6 月第 1 版　2024 年 11 月第 4 次印刷
定　　价 46.00 元

微 信 ID：中共中央党校出版社　邮　箱：zydxcbs2018@163.com

中共中央党校教材审定
委员会委员名单

前　　言

中央党校“当代世界”系列教材自2003年出版、使用至今已逾10年，在社会上产生了广泛影响。2013年经中央党校教务部报校委决定，对“当代世界”系列教材陆续进行编写修订，“当代世界”系列之《当代世界经济》是列入2013—2014年度编写修订计划的一本教材，教务部委托时任副校长张伯里教授主持《当代世界经济》教材的编写修订工作。

此次编写修订，既以2003年《当代世界经济》（郑必坚主编、张伯里副主编，中共中央党校出版社2003年6月版）为参考基础，同时体现30多年来形成的党校关于世界经济学科体系一贯的特点和风格，又是根据世界经济发展变化的新情况和学科研究的新进展进行的理论创新。可以说，本书是继郑必坚主编《当代世界经济》（中共中央党校出版社2003年6月版）、张伯里主编《世界经济学》（中共中央党校出版社2004年7月版）、张伯里主编《当代世界经济简明教程》（当代世界出版社2001年10月版）、张伯里主编《世界经济学》（中共中央党校出版社1998年4月版）和仇启华主编《世界经济学》（中共中央党校出版社1989年3月版）等党校世界经济教材之后的再创作。编写中，既继承、吸收了这些教材的一些研究成果，同时还参考、借鉴了近年来国内外同行专家发表的相关著述中的最新研究成果，力求体现学理性和知识性的统一，理论与实际的结合。

中央党校研究生教材《世界经济学》（张伯里主编，中共中央党校出版社 2004 年 7 月）出版、使用至今也已 10 年，同样需要更新。此次编写的《当代世界经济》，既是一本干部教育培训教材，也用于研究生教育。

今后，随着世界经济形势和我国经济形势的发展及相关研究的深入，本书还将进一步修订、完善和更新。欢迎广大读者提出宝贵意见。

目录

contents

绪　论　当代世界经济与世界经济学

世界经济学是一门新兴的学科。伴随着世界各国国民经济越来越紧密地联结成一个整体和我国经济越来越广泛地融入世界经济体系的进程，世界经济学应运而生，并在不断发展和完善之中。本章作为全书的绪论，着重就世界经济、世界经济学科、当代世界经济的教学与研究等，作一个概要的介绍。

第一节　世界经济、世界经济学概述

一、世界经济及当代世界经济

作为世界经济学研究对象的世界经济是什么？这是首先需要阐明的范畴。由此出发，才谈得上世界经济学、学科的对象、性质、方法，以及当代世界经济的教学与研究等等。

世界经济是全世界范围内各国国民经济，通过各种经济纽带紧密联结而成的有机整体。

世界经济包含三大要素：一是各国国民经济，二是国际经济关系（经济纽带），三是世界经济整体的问题和规律。

世界经济是一个历史的范畴。它是人类社会发展到一定阶段的产物，并始终处于一个变动和发展的过程；它是与国际分工、世界市场相伴而产生和发展的。

在人类社会发展的原始社会、奴隶社会和封建社会的漫长过程中，不存在世界经济。在原始社会末期，随着社会分工的出现，个别的、偶然的商品交换（部落内部和部落之间的）产生。在奴隶社会，随着分工、交换的发展，有了个别的国与国之间的商品交换，产生了国际商品交换的萌芽。在封建社会，社会分工和商品交换进一步发展，但社会分工仍限于国内并且不发达，自然经济仍占统治地位，国际商品交换只是个别的、偶然的、局部的、一国内的、统一的国民经济尚未形成，更谈不上形成统一的世界经济。

15 世纪末 16 世纪初至 19 世纪中叶，世界经济处于形成过程之中。15 世纪末 16 世纪初，随着资本主义的发展，地理大发现和东西方航路的开通，以及海外殖民地的开拓，国际商品交换有了相当大的发展，早期的世界市场开始出现。但是此时的国际分工尚处于萌芽状态；国际交换并非以国际分工为基础，国际交换关系没有形成确定的体系；世界市场不是真正的资本主义市场；世界经济形成的条件还未完全具备。从 18 世纪 60 年代开始，相继出现了产业革命、机器大工业和资本主义生产方式确立等重大历史变革。相应于此，国际分工开始形成；在此基础上真正意义的世界市场到 19 世纪中叶形成；通过世界市场上国际交换纽带的联结，世界经济得以形成。

19 世纪六七十年代世界经济形成至今，100 多年来伴随着国际分工、世界市场的发展变化，世界经济也有了新的巨大的发展和变化。

第二次世界大战后的世界经济，即当代世界经济，其一个显著的发展变化是经济全球化蓬勃兴起。特别是 20 世纪 80 年代以来，经济资源愈益跨越国界在全球范围内自由、全面、大量、结合的流动和配置，使得世界各国经济愈益相互开放和依存，各国经济的发展与整个世界经济的变动愈益相互影响和制约。经济全球化成为当代世界经济发展中引人注目的新趋势，并且是一个关系世界经济全局的发展大趋势。当代世界经济发展中发生的各种重大事件（国际金融危机等），都有经济全球化的大背景；当代世界经济发展的各种趋势（多极化、区域化等），都与经济全球化趋势相互关联。

（关于世界经济的形成和发展，本书第二章将作专门和具体的论述。）

二、世界经济学

世界经济作为一个客观事物，有自己形成、发展的历程和特殊的运动规律，需要一门专门的学科对其进行研究，这就是世界经济学。

世界经济学的建立和发展同世界经济的形成和发展一样，也经历了一个历史的过程。

在马克思主义经典作家那里，尚没有一个独立的世界经济学学科，但是在他们的著述中有关世界经济问题的思想、理论、观点，对于今天我们研究世界经济具有重要的理论指导性和基础性意义。譬如，对于作为世界经济组成部分的国民经济，马克思、恩格斯对发达资本主义国家英国、德国、法国的经济作了大量的研究，列宁对垄断阶段帝国主义国家经济作了深入分析，毛泽东以中国为典型对殖民地、半殖民地经济作了深刻的剖析；又如，对于国际经济关系、经济联结纽带，马克思、恩格斯对国际分工、国际贸易、世界市场有大量的论述，列宁对社会主义国家与资本主义国家经济政治关系进行了分析，毛泽东对三个世界的格局作了理论概括；再如，对于世界经济整体的问题和规律，马克思对国际价值规律作了阐述，马克思、恩格斯对世界经济危机进行了分析，列宁、斯大林对国家之间经济政治发展不平衡规律作了论述。

在西方经济学那里，20 世纪 30 年代以来建立了“国际经济学”专门学科。国际经济学不同于世界经济学，除了学科源流不同（国际经济学是西方经济学的一个分支）从而理论基础不同外，国际经济学主要是研究国际贸易、国际金融等国际经济纽带关系，而这个内容只是世界经济学所要研究的世界经济的三大要素之一。尽管如此，国际经济学关于国际贸易、国际金融等方面的分析，对于我们研究世界经济具有借鉴意义。

世界经济学作为一门独立的经济学学科，是于 20 世纪 70 年代末 80 年代初在我国开始建立的。新中国成立后，以马克思主义为指导的世界经济研究工作就已经开展，但 20 世纪 50 年代人们所研究的主要是世界上一些重要国家的经济和一些重要世界经济问题，还没有提出建立世界经济学专门学科。在 20 世纪 60 年代初，有的学者提出了建立马克思主义世界经济学的问题，并就这一学科的对象、方法发表文章，进行了讨论，但这一探讨被“文化大革命”所中断。20 世纪 70 年代末，在党的十一届三中全会召开以后，我国进入社会主义现代化建设新时期，在实施改革开放政策的大背景下，世界经济的研究工作越来越受到人们的重视。1979 年，全国世界经济学科规划会议召开；1980 年，成立了组织学科队伍的中国世界经济学会。这期间，不少学者发表了关于创建世界经济学、学科的对象、方法、体系的文章。而后 30 多年，全国相继出版了一大批比较成体系的《世界经济学》、《世界经济学原理》一类的专门著作。可以说，世界经济学这个经济学中的专门学科已经建立起来并在进一步完善和发展之中。

第二节　世界经济学的对象、性质与研究方法

一、世界经济学的研究对象

世界经济学的对象，简言之，就是世界经济，是研究世界经济运动、变化和发展规律的科学。

世界经济学的对象包括以下三个方面。

（一）研究作为世界经济组成部分的各国国民经济

世界经济是由各国国民经济组成的。各国国民经济是世界经济的组成要素、基层单位、细胞，没有国民经济就谈不上世界经济。

国民经济是一国范围内各地区、各部门经济相互联系、有机结合而成的总体。产业革命以后，资本主义工场手工业过渡到了机器大工业，从而使一国范围内各地区、各部门的经济相互紧密地联结起来，形成了国民经济。国民经济的形成为世界经济的形成创造了前提，从而研究国民经济就成为世界经济学研究对象不可缺少的内容，并且是首先要涉及的内容。

但是，世界经济学所研究的国民经济，是作为世界经济有机组成部分的国民经济，与研究各国国民经济自身不是一回事。目前全世界有200 多个国家和地区，在世界经济学中对其逐个研究，既无可能，更无必要。世界经济学着眼于各种国民经济的特性及其在世界经济中的地位和作用，而这只需要对各国国民经济按照其生产力发展水平、经济体制

和运行机制状况以及占统治地位的生产关系性质进行分类研究。至于单独地对一个国家的国民经济进行研究，则是国别经济学的任务。

组成当代世界经济的200多个国家和地区的经济，可以分为三种类型：发达资本主义国家经济，发展中民族主义国家经济，社会主义国家经济（20世纪80年代末苏联、东欧国家发生剧变后，不复是社会主义国家经济，但社会主义经济仍在中国等国家存在与发展，苏东剧变并不影响世界各国国民经济分为三大类别的基本分类）。对这三种类型国民经济的研究，是世界经济学研究对象的重要组成部分。

（二）研究世界经济中的国际经济关系

世界经济并非世界各国国民经济的简单相加，而是通过各种经济纽带联结起来的一个有机整体，这些联结各国的经济纽带自身体现的是某一领域的国际经济关系（例如国际商品交换这一经济纽带体现的是国际商品交换关系），它们构成了世界经济学所要研究的国际经济关系的一个方面。在当代世界经济中，把各国国民经济联结起来的经济纽带主要包括国际分工基础上的国际商品交换、国际资本运动、国际劳务流动和国际技术转让等等。

世界经济学所要研究的国际经济关系不只经济纽带关系这一个方面。由于组成世界经济的各国国民经济分属于特性不同的类别，这样，通过经济纽带联结的不同类别国民经济之间以及类别内部不同国家之间，形成了不同类型的国际经济关系。这构成了世界经济学所要研究的国际经济关系的第二个方面。在当代世界经济中，存在三种类型的国民经济，因而也就有三种类别之间的国际经济关系，即：发达资本主义国家与发展中民族主义国家之间的经济关系，发达资本主义国家与社会主义国家之间的经济关系，发展中民族主义国家与社会主义国家之间的关系。另外，还有三种类别内部的国际经济关系，即：发达资本主义国家相互之间的经济关系，发展中民族主义国家相互之间的经济关系，社会主义国家相互之间的经济关系（无疑，在苏联东欧剧变后，社会主义国家为数不多、且都是发展中社会主义国家，故世界经济学所要研究的六种国际经济关系中，在当代世界主要是发达资本主义国家与发展中民族主义国家之间的经济关系，发达资本主义国家相互之间的经济关系，发展中民族主义国家相互之间的经济关系；但六种关系始终是客观存在的）。

（三）研究世界经济整体

既然世界经济是一个有机的整体，那么世界经济学就不仅要研究组成这个整体的各类国民经济和整体的组成部分之间的经济关系，还要研究这个整体本身的问题和规律。这些问题和规律不是仅仅涉及到世界经济某一部分（发达资本主义国家经济、发展中民族主义国家经济、社会主义国家经济等）或世界经济某一领域（国际商品交换、国际资本流动等）的问题或规律，而是关系到整个世界经济发展的总体、全局性问题或规律。譬如，世界经济的全球化趋势、区域化趋势、多极化趋势、知识化趋势，世界经济的周期发展问题，世界经济的可持续发展问题，世界经济与世界政治相互作用规律，等等。

二、世界经济学的学科性质

从对世界经济学研究对象的论述中可见，总体上说，世界经济学是具有理论性兼有应用性的一门学科。

（一）相对于政治经济学，世界经济学的理论抽象层次较低、应用性较强

政治经济学的研究对象是生产方式，特别是要研究生产关系，而世界经济学的研究对象是世界经济。两者相比，前者比后者抽象，后者比前者具体。马克思研究政治经济学时，在他的《政治经济学批判》导言中谈到的设想分为五篇，第一篇为“一般的抽象的规定”。第二篇为“资产阶级社会内部结构”（资本、雇佣劳动、土地所有制等）。第三篇为“资产阶级社会在国家形式上的概括”（税、国债、公共信用等）。第四篇为“生产的国际关系、国际分工、国际交换、输出和输入、汇率”。第五篇为“世界市场和危机”[①]。按照马克思从抽象到具体的叙述方法，上述政治经济学体系的设想中，到“生产的国际关系”和“世界市场”等部分时已经是更为具体的问题、更接近于世界经济现实的问题。当然，即便在马克思的政治经济学里他也没有来得及在这个领域里深入展开，当时客观世界的发展也没有使得这个领域的问题作为一个专门的经济学科来研究。只是到了后来，随着世界各国国民经济越来越紧密地相

① 《马克思恩格斯选集》第2卷，人民出版社1995年版，第26页。

互联结，国际经济关系越来越广泛、深入，世界经济整体形成后越来越扩大、复杂，从而才越来越有必要把世界经济学从政治经济学中分离、独立出来形成一个专门的学科。

（二）相对于国别经济学、部门经济学、国际贸易、国际金融等学科，世界经济学具有更多的理论性

国别经济学是将世界经济分割为一个一个国家的经济进行独立的专门研究（如美国经济、日本经济、俄罗斯经济等），这种对各个国家分别作的研究更具体、详实从而更具应用性。世界经济学要以国别经济研究为基础，但这是把各国国民经济作为世界经济整体（而非各国国民经济的简单算术总和）的有机组成部分来研究的，着眼点是各国国民经济的类别（而非国别）特征、地位以及类别间的相互联系。

部门经济学中的世界工业经济学、世界农业经济学等，是将世界经济分割为一个一个部门的经济进行独立的、专门研究，这种对各个部门分别作的研究更具体、详实，从而更具应用性。世界经济学也要涉及对部门经济的研究，但这是把各个部门经济作为世界经济整体的有机组成部分来研究的，而非分割的、算术之和式的研究，着眼点是世界范围内各部门经济之间的相互关系及其各自在世界经济总体中的地位、作用。

国际贸易学、国际金融学是以某种特定的国际经济联系形式（国际商品交换、国际货币资本运动）为研究对象，对它们分别进行专门的、具体的研究，从而更详实更具应用性。世界经济学也要研究这些国际经济形式，但是，是把它们作为把各国国民经济联结为一个有机的世界经济整体的纽带、媒介来研究的，而非仅研究某一经济联系形式自身，着眼点是各种国际经济纽带之间的相互作用、相互渗透以及它们在世界经济整体发展中的地位和作用。

可见，相对于国别经济学、部门经济学、国际贸易、国际金融等学科，世界经济学可以说是一门理论经济学，不能希冀从中寻找诸如贸易实务、金融业务之类应用性、操作性问题的解决答案，这是应用性更强的国际贸易、国际金融等学科要研究的内容。

三、世界经济学的研究方法

世界经济学的研究方法，主要是运用政治经济学的方法，也可以利

用其他学科的一些方法。

（一）辩证唯物主义和历史唯物主义的方法

辩证唯物主义和历史唯物主义的方法是政治经济学研究乃至一切社会科学研究的根本方法。世界经济学的研究也要运用这个方法。

1. 要运用对立统一的规律来研究和分析世界经济。

世界经济是一个对立统一体。世界经济一经形成就是各国国民经济相互联结而成的一个有机整体。这个有机整体就是它的统一性的表现。在当代世界，随着各国经济相互开放、相互渗透、相互融合进程的发展，尽管各个国家间、各种国家类别间、各种经济制度间的差异和对立也在发展，但世界经济的统一性、整体性也更加增强了。脱离世界经济而独立发展国民经济的看法，两个平行市场相互不交往而发展的看法都是违背规律的、不可行的。另一方面，在一个统一的世界经济整体中，始终存在着差异和对立。即便在19世纪末20世纪初那时的统一的无所不包的资本主义世界经济体系中，也存在着尖锐的帝国主义国家之间的矛盾和帝国主义国家与殖民地、落后国家之间的矛盾。而在当代世界经济统一体中，200多个国家、地区相互之间，三种类别国民经济之间，以及社会主义与资本主义两种经济制度之间都存在着特性差异、利益对立和矛盾关系。若片面强调统一性，无视世界经济的矛盾性，也是错误的。

2. 要从客观实际出发研究和分析世界经济。

一切从实际出发，这也是分析问题、解决问题的一个根本方法。马克思在谈到他的政治经济学的研究方法时指出，“研究必须充分地占有材料，分析它的各种发展形式，探寻这些形式的内在联系。只有这项工作完成以后，现实的运动才能适当地叙述出来。”[①] 研究世界经济也同样，不能从主观想象或抽象原理出发，而要从世界经济的客观实际出发，通过掌握详尽的资料，经过分析研究，找出世界经济的发展规律。

3. 要在发展变化中研究和分析世界经济。

世界经济是一个历史的范畴，是人类社会发展到一定阶段的产

① 《马克思恩格斯全集》第23卷，人民出版社1972年版，第23页。

物；世界经济不是一个凝固不变的事物，而是一个变动和发展的进程。因此，不能用静止的眼光去观察、分析世界经济，而是要把历史和逻辑统一起来，从运动、变化中来研究世界经济由低级到高级的发展进程。

4. 要在广泛联系中研究和分析世界经济。

世界经济是生产力和生产关系的统一，因为作为世界经济有机组成部分的国民经济是生产力和生产关系的统一。因此，研究世界经济首要的是研究世界经济中生产力和生产关系之间的矛盾运动。这包括生产力对生产关系的决定作用和生产关系对生产力的反作用。研究世界经济也要联系上层建筑。譬如在国民经济发展中国家对经济的作用，在世界经济整体运动中世界经济与世界政治的相互作用。研究世界经济还要联系经济体制和运行机制。经济体制和运行机制是相应于一定生产力发展水平的，并且是与一定基本经济制度相结合的。

（二）抽象法

研究世界经济必须运用抽象法。马克思曾经指出，“分析经济形式，既不能用显微镜，也不能用化学试剂。二者都必须用抽象力来代替”[①]。前面曾经提到，研究世界经济必须从实际出发，占有丰富的材料。但是对这个浩如烟海的资料要有一个去粗取精，去伪存真，由此及彼，由表及里，由感性认识上升到理性认识的抽象思维的过程。只有经过抽象才能达到更深刻、更正确、更完全地反映客观事物，否则错综复杂的世界经济现象就会表现为混沌一片。运用抽象法还必须区别研究方法和叙述方法。研究方法是从具体到抽象，从复杂到简单；而叙述方法则是从抽象到具体，从简单到复杂。也就是说世界经济学理论体系的建立，逻辑顺序不能从具体的、复杂的世界经济整体出发，而是要从最抽象、简单的各类国民经济出发，然后到较为具体的、复杂的国际经济关系，进而再到更为具体、复杂的世界经济整体。

（三）其他方法

研究世界经济学，还可以利用其他一些方法。例如，数学方法、统计方法、比较分析法、投入产出法、经济模型、系统论等等。

---

① 《马克思恩格斯全集》第23卷，人民出版社1972年版，第8页。

第三节 当代世界经济的教学与研究

一、学习、研究当代世界经济的意义

当代世界经济，是中国特色社会主义经济建设和发展的外部大环境；中国特色社会主义经济，是当代世界经济的内在组成部分。了解和分析世界经济的发展变化，对于正在从事中国特色社会主义伟大事业的我国人民，尤其是各级领导干部，有着十分重要的意义。这个意义特别体现在对推进社会主义经济建设和改革开放方面。

世界的发展和竞争，从来就是以经济为基础的。当代世界的发展和竞争，更是主要表现为经济发展和竞争，或者以经济为核心的综合国力发展和竞争。我国在20世纪70年代末开始确立了以经济建设为中心、通过“三步走”到21世纪中叶跻身中等发达国家之列的现代化战略目标。也就是我们现在说的，在中国共产党成立一百年时全面建成小康社会，在新中国成立一百年时建成富强民主文明和谐的社会主义现代化国家的宏伟目标。我国的经济发展和现代化不是孤立进行的，而是在同世界其他国家特别是发达资本主义国家的经济联系和竞争中实现的。因此，实现“两个一百年”的奋斗目标和中华民族伟大复兴的中国梦，不仅需要十分关注国内经济的发展情况，也需要十分关注世界经济的形势。这是因为，随着改革开放和社会主义市场经济的发展，我国经济与世界经济之间的联系越来越紧密，世界经济对我国经济发展的影响越来越大。准确把握世界经济发展的趋势和国际市场变化的走势，对更好地促进我国经济发展具有十分重要的意义。知己知彼，百战不殆。为了实现自己的经济发展目标，取得竞争的优势，这就要求我们注意和研究世界经济发展的现状和趋势，了解作为联系对象、竞争对手的世界各国（尤其是发达资本主义国家）经济发展的现状和趋势，以便抓住机遇，应对挑战，根据发展变化的情况适时调整、更新自己的部署和决策，更好地实现自己的经济发展目标，在世界经济竞争中赢得自己的优势。习近平同志2013年6月27日在中共中央政治局第七次集体学习时强调指出：“在当今世界深刻复杂变化、中国同世界的联系和互动空前紧密的

情况下，我们更要密切关注国际形势发展变化，把握世界大势，统筹好国内国际两个大局，在时代前进潮流中把握主动、赢得发展。”①

我国的经济改革已进行了 30 多年。这个改革一开始就是市场取向的改革，直至 1992 年党的十四大确立了社会主义市场经济体制的改革目标模式，2013 年党的十八届三中全会提出了紧紧围绕使市场在资源配置中起决定作用深化经济体制改革。经济改革，既对社会主义经济建设至关重要，又是社会主义经济发展中的全新事业。无疑，作为我国经济改革目标模式的社会主义市场经济，其基础（或与之相结合的根本经济制度）与资本主义的市场经济有着本质的区别，但是就经济体制和运行机制本身而言，又有着共性。市场经济对我们来说是新鲜事物，过去没有多少经验。而在世界其他国家，特别是发达资本主义国家，却有着市场经济发展的长期历史和丰富经验。通过对世界经济学相关内容的研究、学习和借鉴，有助于推进我国全面深化经济体制的改革。

我国的对外开放也已经实施了 30 多年。对外开放，实质是把国内经济与世界经济相互衔接，把国内市场与世界市场相互衔接，以充分利用国内资源与国外资源两种资源。换句话说，对外开放就是面向世界经济、世界市场开放。特别是在经济全球化和中国加入世贸组织的情况下，对外开放就是深入参与经济全球化。这就要求我们既要深刻认识自己的国情，又要对所要开放、衔接的世界经济和世界市场有深入的研究和了解，从而增强实行对外开放的自觉性和制定、实施正确的对外开放战略。

总之，世界经济学的研究对推进我国社会主义经济建设和改革开放有着十分重要的意义。在当前尤其要强调世界经济与中国经济结合研究的重要意义，这种结合研究，既是我国经济建设、改革开放的实际需要，也是世界经济学学科建设、发展本身的要求。

世界经济与中国经济的结合研究有两种方式或两个层次。一种是外在的联系与结合，即把世界经济作为中国经济发展的外在环境来研究。这种联系与结合研究是必要的、意义也是重大的。但是仅此不够。另一种是内在的联系与结合，即把中国经济作为世界经济中的不可分割的一

① 《人民日报》2013 年 6 月 27 日。

个组成部分来研究。两者是一个有机的整体，而不仅仅是两个事物的外在联系。随着中国经济建设、改革开放的发展，特别是社会主义市场经济的逐步建立和完善，中国经济越来越广泛、深入地融入国际分工、国际市场体系中，越来越成为世界经济的一个密不可分的、重要的组成部分。诸如国际贸易、国际金融、国际投资、跨国生产、经济全球化、多极化、区域化、知识化等等世界经济问题，日益成为世界所有国家包括中国必须共同参与的。因此，世界经济研究本身就包括与中国经济的结合。这种研究，不仅在于在世界经济学学科内容体系中是否设置“中国经济”专门的一章，也不仅在于把世界经济作为中国经济的外部环境，更重要的是在于把中国经济的相应内容融入世界经济学的相关部分进行结合研究。譬如，研究世界汇率波动问题，这已不仅仅是我国的外部经济环境、金融形势问题，而是直接影响我国货币、金融从而要采取相应措施的问题；区域经济一体化问题，已不仅仅是中国人看外部世界“真奇妙”的问题，而是中国在区域一体化（如亚太区域合作）中采取什么态度、对策的问题。

二、“当代世界经济”在党校教学布局中的地位

世界经济是一门独立学科或一个相对独立的学习内容，同时当代世界经济的学习又是党校整个教学内容体系中的一个组成部分，必须把它放在党校教学总体布局中看其地位。那么，这个教学总体布局以及当代世界经济在其中的地位如何？我们作展开一些的说明。

2000 年 6 月中央召开了全国党校工作会议，这是世纪之交进一步推进党校教育事业改革和发展的一次重要会议，会议颁发的《中共中央关于面向二十一世纪加强和改进党校工作的决定》指出，“党校教学改革的方向和布局”是：“紧紧围绕学习邓小平理论这个中心，建设好既坚持马克思主义又充分适应世界大转折和中国新发展要求的，主要包含‘理论基础’、‘世界眼光’、‘战略思维’和‘党性修养’这几个方面内容的教育课程”。

2008 年 10 月中央召开了全国党校工作会议，这是以改革创新精神全面推进党校工作的一次重要会议。会议之前中央颁发的《中国共产党党校工作条例》指出，“党校教学布局要坚持以学习邓小平理论、‘三个

代表'重要思想以及科学发展观等重大战略思想为中心，着眼于提高党员领导干部的领导素质和执政能力，以掌握理论创新的最新成果为重点夯实学员的理论基础，以把握时代特征和国际经济政治形势为重点拓展学员的世界眼光，以强化大局意识和应对复杂局面为重点培养学员的战略思维，以坚定理想信念、增强宗旨观念和改进作风为重点加强学员的党性修养。根据形势和任务的要求，不断充实和创新教学内容，优化党校教学布局。"

在这个党校教学布局中，理论武装是贯穿于各方面学习内容的中心或者说一条红线。正如习近平同志在中央党校谈建设学习型政党时所强调的，"科学理论武装是马克思主义学习型政党的本质特征。"他指出，"建设马克思主义学习型政党，必须始终以思想理论建设为根本，以提高全党的马克思主义理论水平为目标"，"要通过学习党的基本理论，使广大党员、干部牢固树立辩证唯物主义和历史唯物主义基本观点，把思想统一到党的基本理论、基本路线上来，坚定共产主义远大理想和中国特色社会主义信念，在改革开放和社会主义现代化建设中充分发挥先锋模范作用。"①

这样的教学布局，使我们能够把中国特色社会主义理论的学习，同对马克思主义的历史发展及其基本科学成果的领会，更好地结合起来；使我们能够把对马克思主义基本问题的学习，同对当代世界当代中国的把握，更好地结合起来；使我们能够把"理论基础"、"世界眼光"、"战略思维"，同"党性修养"更好地结合起来。总之，《党校工作条例》所确定的教学改革的方向和布局，是一个能够从根本上有利于把中国特色社会主义理论体系的重要论述，联系和贯穿于党校教学全过程的很好的框架。

以上说的是党校教学布局，亦即教学内容总体框架，相应地关于"当代世界经济"在这个教学布局、内容体系中的定位，也在其中了。从这个党校教学布局、内容体系中可见，对干部培养教育和素质要求是全面的，而学习、研究世界经济在其中是有重要地位作用的，特别是在"世界眼光"这个素质养成方面有着重要的意义。正如习近平同志2009

① 《学习时报》2009年11月16日。

年11月在中央党校开学典礼上的讲话中所强调的，“要贯彻和体现具有世界眼光的要求”。他指出，我们党是在世界多极化、经济全球化和科技进步日新月异的时代条件下领导社会主义现代化建设的，肩负着在中国特色社会主义道路上实现中华民族伟大复兴的历史使命。“这就要求广大党员、干部特别是领导干部要坚持以党的基本理论为指导，多掌握一些国际问题的基本知识，多了解一些国际社会的基本情况，坚持用马克思主义的宽广眼界观察世界，正确把握时代发展的趋势，努力从国际国内形势的相互联系中把握发展方向，从国际国内条件的相互转化中用好发展机遇，从国际国内资源的优势互补中创造发展条件，从国际国内因素的综合作用中掌握发展全局，不断增强各项工作的战略性和前瞻性。”①

三、《当代世界经济》的内容体系

根据对世界经济学研究对象的认识和广大干部、学员和学位研究生学习、了解当代世界经济的需要，我们所编写的《当代世界经济》这本书，其内容体系的设计为：全书共分十四章，除了第一章绪论和第二章叙述世界经济的历史发展这两章外，第三章至第十四章实际上是三大块，分别对世界经济的三大要素（亦即世界经济学研究的对象的三个方面），即各类国民经济、国际经济关系、世界经济整体，依次展开论述。具体内容结构如下：

第一块，世界各类国民经济。这一块是对作为世界经济有机组成部分的各类国民经济所进行的研究与分析。共一章（第三章）：第三章论述当代世界经济格局变动中的各类国家经济发展。

第二块，国际经济关系。这一块是对把世界各国国民经济联结为一个有机整体的那些国际联结纽带所进行的研究与分析。共四章（第四章至第七章）：第四章论述当代国际分工和世界产业结构；第五章论述当代世界市场和国际贸易；第六章论述当代国际金融和国际货币；第七章论述当代国际直接投资和跨国公司。

第三块，世界经济整体。这一块是对作为一个有机整体的世界经济

① 《学习时报》2009年11月16日。

本身的问题和发展规律所进行的研究与分析。共七章（第八章至第十四章）：第八章论述国际经济一体化和当代区域化发展；第九章论述当代国际经济调节和全球经济治理；第十章论述当代世界经济周期与危机；第十一章论述当代知识经济发展与新产业革命；第十二章论述当代世界经济社会的可持续发展；第十三章论述当代国际经济政治秩序；第十四章论述当代世界综合国力竞争与中国的发展战略，结束全书。

第一章　世界经济的形成、发展和经济全球化

世界经济是社会生产力发展到一定历史阶段的产物，是世界各国的经济在相互联系中形成的全球范围内的有机整体。世界经济的形成、发展和全球化都是由工业革命推动的生产力的巨大发展，以及国际分工、国际商品交换、世界市场和世界货币等因素共同作用的结果。

第一节　世界经济的形成

世界经济的形成与发展是与资本主义生产方式的出现和发展紧密相连的。在资本主义生产方式出现之前，人类社会由于生产力水平低下，自然经济占据统治地位，虽然有一定程度的国际经济交往，但只是偶然的、个别的、局部的现象，不能形成真正的世界经济。真正的世界经济的形成，最早可以追溯到 15 世纪末的地理大发现。随着新大陆的发现，全球范围内的国际交往和联系开始出现，但当时的这种国际经济交往和联系还只是偶然的、松散的和局部的，真正意义上的国际分工和世界市场尚未形成，因此，将地理大发现到 18 世纪 60 年代的西欧资本主义原始积累时期称为世界经济的萌芽期。世界经济萌芽期的资本原始积累为以后的工业革命和资本主义生产方式的确立创造了不可缺少的条件，进而对世界经济的形成产生了深远的影响。

从18世纪60年代到19世纪60年代，欧美等少数先进国家相继爆发了工业革命，即在蒸汽机的发明和广泛应用的基础上，机器大工业取代了工场手工业，工业取代了农业成为主导产业部门。工业革命的发生使得资本主义生产方式在这些国家最终确立。工业革命和资本主义生产方式促进了资本主义的国际分工、国际交换和世界市场的形成和发展，进而推动了资本主义世界经济的形成。因此，在人类历史上，最初出现的世界经济，是在工业革命发生和资本主义生产方式确立的基础上形成的资本主义世界经济。

一、世界经济形成的必要条件

世界经济的形成不是偶然的，它需要一些基本的必要条件，即国际分工、国际交换、世界市场和国际货币。国际分工、国际交换、世界市场、世界货币的形成，是同一过程的四个方面，它们相互依赖、相互促进、不可分割，它们的共同作用，促进了资本主义世界经济的形成。

（一）国际分工

国际分工指世界上各国（地区）之间的劳动分工，是国际贸易和各国（地区）经济联系的基础。它是社会生产力发展到一定阶段的产物，是社会分工超越国界的结果。早期出现的国际分工首先表现为少数欧美等先进国家的工业与广大落后国家的农业之间的分工。它是在少数欧美等先进国家发生了工业革命和确立了资本主义生产方式的基础上形成的。

工业革命不仅使工业成为主导生产部门，而且使工业与农业的分工超出了国界而向世界范围发展。一方面，机器大工业所生产出来的大量商品愈来愈难以被国内市场所容纳，从而日趋需要寻找海外销售市场，如1819/1821—1869/1871年，英国的纺织品生产额从2940万英镑增加到1亿多英镑，其出口占生产的比重从52.8%上升到67.1%；另一方面，机器大生产所需要的农业原料和粮食愈来愈无法由国内生产来满足，从而需要到海外去寻找农业原料和粮食供应来源，在上述同一时期，英国原棉进口量从1.41亿磅增加到11.5亿磅。[①] 因此，率先开展

① 〔日〕宫崎犀一等编：《近代国际经济要览》，东京大学出版社1981年版，第63页。

工业革命的少数欧美先进国家与广大落后国家之间的工业和农业的国际分工体系就形成了。

这种资本主义国际分工不仅是工业革命的产物，而且也是资本主义生产方式确立的结果。准确地说，它是工业革命与资本主义生产方式确立相结合的结果。资本主义生产方式下的剩余价值规律、竞争规律和资本积累规律，促使资本家利用机器化大生产去拼命地追求利润和扩大资本积累，从而决定了需要海外销售市场和原料粮食资源。

工业革命的发生和资本主义生产方式的确立，不仅决定了这种资本主义国际分工的必要性，而且还为其形成提供了可能性。欧美少数先进国家的资本家凭借机器大工业生产出来的廉价商品，打入了前资本主义生产方式占统治地位的许多经济落后国家，破坏了那里的自然经济，迫使广大落后国家成为其商品销售市场和原料粮食产地，使这些国家日益卷入到国际分工、国际交换和世界市场中来。从前，亚、非、拉经济落后国家的农民自己生产原料并把它们加工成制成品，并且大部分用于自己的消费。现在，他们被迫为世界市场而生产原料和粮食，并且变成为先进国家工业品的消费者。

这种国际分工体系是世界工业与世界农业的分工。在这种资本主义国际分工体系中，世界工业居于中心地位，而世界农业则处于从属地位。正如马克思所指出的："一种和机器生产相适应的新的国际分工产生了，它使地球的一部分成为主要从事农业的生产地区，以服务于另一部分主要从事工业的生产地区。"[①] 例如，当时的英国成为"世界工厂"，而印度则成为英国的棉花、羊毛、亚麻、黄麻等的供应地，澳大利亚成为英国的羊毛供应地。

（二）国际交换

国际交换是指不同国家的商品所有者按照互惠互利、等价交换原则自愿让渡其商品或生产要素所有权的经济行为，主要表现为国际贸易。随着国际分工的日趋形成，国际贸易的增长速度不断加快，其重要性日益提高。

首先，国际贸易的增长速度加快。据统计，按1870年价格计算的

---

① 《马克思恩格斯全集》第23卷，人民出版社1972年版，第494—495页。

国际贸易额，1800年为10亿美元（指数为100），1820年为14亿美元（140），1840年为24亿美元（240），1860年为62亿美元（620），1870年为106亿美元（1060）[①]。上述70年间，国际贸易的实际年均增长率达到3.4%。

其次，国际贸易的增长速度超过世界工业的增长速度。1840—1860年，前者的年均增长率为4.84%，而后者的年均增长率则为2.9%。这表明，在世界经济形成后期，相对于世界工业而言，全球贸易有不断加快的趋势。

最后，少数先进国家对外贸易的重要性不断提高。1840—1870年，出口值占GDP的比重，英国从9%提高到16%，法国和德国从7%提高到16%[②]。这表明，1870年，英、法、德三国的全部生产（主要是工业生产）中有16%需要到世界市场去实现其价值。

由于当时的国际分工主要是世界工业与世界农业的分工。更具体地说，主要是少数先进国家的轻纺工业与广大落后国家的农业的分工。这种国际分工决定了当时的国际商品交换主要是少数先进国家的轻纺产品与广大落后国家的农业原料和粮食的交换。例如，19世纪中期，棉纺织品是英国最大的出口产品，1850—1870年，英国棉纺织品出口从2826万英镑增加到7142万英镑，世界上绝大多数国家都进口英国的棉纺织品。而在英国的进口中主要是谷物、棉花和羊毛等粮食和农业原料。

（三）世界市场

随着资本主义国际分工的形成、国际交换的发展，资本主义世界市场也最终形成。这里所说的世界市场是世界商品市场，是指世界各国间商品交换关系的总体。在资本主义世界市场上，占统治地位的是资本主义生产方式下从属于产业资本的商业资本。这些商业资本追求的是平均利润和超额利润。

这种世界市场的格局是，少数欧美先进国家居于中心，而广大落后国家则处于依附地位。它是与资本主义国际分工和国际商品交换相适应的。在资本主义世界市场形成的过程中，开始以英国为中心，这是它作

① 宋则行、樊亢主编：《世界经济史》（上卷），经济科学出版社1994年版，第223页。
② 宋则行、樊亢主编：《世界经济史》（上卷），经济科学出版社1994年版，第224页。

为“世界工场”的地位所决定的。当时，英国宣扬自由贸易，事实上是一国对世界市场的垄断。以后，随着法、德、美等国机器大工业的发展和经济实力的增强，英国对世界市场的垄断就为英、法、德、美之间的竞争所替代。于是世界市场就形成以几个先进资本主义国家为中心、广大经济落后国家依附于它的格局。

关于在机器大工业的基础上形成资本主义世界市场的问题，马克思和恩格斯有不少的论述。1847 年恩格斯在《共产主义原理》中说："大工业便把世界各国人民互相联系起来，把所有地方性的小市场联合成为一个世界市场，到处为文明和进步准备好地盘，使各文明国家发生的一切必然影响到其余各国。”又说：“单是大工业建立了世界市场这一点，就把全球各国人民，尤其是各文明国家的人民，彼此紧紧地联系起来……”[①] 1848 年，马克思和恩格斯在《共产党宣言》中进一步指出：“资产阶级，由于开拓了世界市场，使一切国家的生产和消费都成为世界性的了。使反动派大为惋惜的是，资产阶级挖掉了工业脚下的民族基础。古老的民族工业被消灭了，并且每天都还在被消灭。它们被新的工业排挤掉了，新的工业的建立已经成为一切文明民族的生命攸关的问题；这些工业所加工的，已经不是本地的原料，而是来自极其遥远的地区的原料；它们的产品不仅供本国消费，而且同时供世界各地消费。旧的、靠本国产品来满足的需要，被新的、要靠极其遥远的国家和地带的产品来满足的需要所代替了。过去那种地方的和民族的自给自足和闭关自守状态，被各民族的各方面的互相往来和各方面的互相依赖所代替了。”[②] 恩格斯在《资本论》第 3 卷中的一个注释中更明确地指出了资本主义世界市场真正形成的时间界限。他说：“自 1867 年最近一次的普遍危机爆发以来，已经发生了巨大的变化。由于交通工具的惊人发展，——远洋轮船、铁路、电报、苏伊士运河，——第一次真正地形成了世界市场。”[③] 根据历史事实和马克思、恩格斯的有关论述，可以判断，资本主义世界市场形成的时间是在 19 世纪 40 年代至 60 年代。

---

① 《马克思恩格斯选集》第 1 卷，人民出版社 1972 年版，第 241 页。

② 《马克思恩格斯选集》第 1 卷，人民出版社 1972 年版，第 276 页。

③ 《马克思恩格斯全集》第 25 卷，人民出版社 1974 年版，第 554 页。

（四）世界货币

只有市场发展为世界市场，才使货币发展为世界货币。在世界市场上，商品也必须找到和它们相对立并与之进行交换的一般等价物。这种一般等价物必须是一种特殊商品，具有独立的价值形态，并且摆脱货币的各种民族形式。这种一般等价物就是世界货币。它采取黄金和白银的自然形态。“货币一越出国内流通领域，便失去了在这一领域内获得的价格标准、铸币、辅币和价值符号等地方形式，又恢复原来的贵金属块的形式。”① 世界货币的最主要的职能有价值尺度、支付手段和储藏手段。作为价值尺度，世界货币成为衡量世界市场上商品价值量的工具；作为支付手段，世界货币发挥平衡国际贸易差额的作用；作为储藏手段，它还充当财富的绝对社会化身，借以把财富从一国转移到另一国。世界货币的出现，促进了国际商品流通的扩大和世界市场的形成和发展。马克思指出：“金银作为世界货币，既是一般商品流通的产物，又是进一步扩展流通范围的手段。正如炼金术士想炼出黄金时，在他们背后产生了化学一样，商品所有者追求那具有迷人姿态的商品时，在他们背后涌现了世界工业和世界贸易的源泉。”②

随着国际贸易和世界货币的发展，逐步形成了适合于资本主义生产方式在全世界推行所需要的国际货币体系。英国于 1821 年首先从金银复本位制过渡到金本位制。后来，其他主要资本主义国家相继实行了这种过渡。这样就逐渐形成一个以英镑为中心、以黄金为唯一基础的国际金本位制度。这个制度曾经是一种比较稳定的世界货币制度，它对资本主义世界经济的形成和发展起了促进作用。

二、世界经济形成的根本动因

世界经济的形成，从根本上说是生产力发展到机器大工业阶段的产物，是科学技术进步的结果。马克思说：“各种经济时代的区别，不在于生产什么，而在于怎样生产，用什么劳动资料生产。”③ 在这里，马克思精辟地指出了科技进步对于社会生产和人类文明发展的重大意义。

① 《马克思恩格斯全集》第 23 卷，人民出版社 1972 年版，第 163 页。
② 《马克思恩格斯全集》第 13 卷，人民出版社 1962 年版，第 142 页。
③ 《马克思恩格斯全集》第 23 卷，人民出版社 1972 年版，第 204 页。

从生产力发展的角度来看，迄今人类社会经历了石器时代、铜器时代、铁器时代、蒸汽时代、电力时代、电子时代、信息时代。从人类社会发展的历史长河来看，蒸汽时代的出现具有重要意义。蒸汽时代以后的历史尽管只有200多年，但是在科技加速进步的推动下，人类社会的生产力获得了空前的发展。

在17世纪下半叶到18世纪初微积分理论和古典力学理论形成的基础上，18世纪中叶到19世纪中叶发生了以一系列重大技术创新为标志的第一次科技革命。这些重大的技术创新主要有：多轴纺纱机——珍妮机的发明（1764年），动力织布机的发明（1785年），惠特尼轧棉机的发明（1792年），复动式蒸汽机的发明（1782年），轮船的发明（1807年），火车的发明（1814年），搅拌炼铁技术的发明（1784年），等等。

第一次科技革命为工业革命奠定了技术进步的基础，从而有力地推动了工业生产效率的提高及其生产面貌的巨变。从技术进步的角度来看，工业革命主要包括用机器劳动代替手工劳动、用蒸汽动力代替人力和自然力、用新的材料代替传统的材料。这些都是在第一次科技革命的推动下实现的。

机器的发明引起了生产工具的革命，导致了机器劳动代替手工劳动的历史性变革。它提高了人类征服自然、利用自然的能力，创造出比手工劳动高得多的劳动生产效率，从而使世界工业生产的增长速度大大高于以往。最早出现机器劳动代替手工劳动的部门是纺织业。随着纺纱机、织布机、轧棉机等纺织机械的发明、改进和推广应用，纺织业的劳动生产率成100倍地提高，如到19世纪20年代，工厂纺织工用机器纺纱是手纺车工人效率的250倍。随着以机器生产为基础的纺织业生产效率的提高，纺织业的发展速度不断加快。例如，英国棉纺织业的年均增长率在1710—1740年为1.4%，在1740—1770年提高到2.8%，而到1770—1810年则进一步迅速上升至8.5%[①]。

蒸汽机的发明和广泛应用引起了动力革命。它不仅为机器生产提供了相应的动力，而且还导致了交通运输业的巨大变革。随着机器的逐渐改进和生产能力的提高，机器本身变得结构复杂且体积庞大。要转动

① 宋则行、樊亢主编：《世界经济史》（上卷），经济科学出版社1994年版，第151页。

它，需要较大的动力，而且需要这种动力能够连续有规律地运动，从而能够稳定地加以利用。蒸汽机的发明正好满足了上述机器生产对动力的需要，使机器生产得以摆脱人力及其他自然力的限制。蒸汽机的广泛应用不仅推动了所有工业部门的机械化，而且还导致了轮船、火车这些新型交通运输工具的出现及迅速发展，从而使生产力出现了革命性的飞跃，将人类社会推进到“蒸汽时代”。

冶金技术的进步引起了材料上的革命，从而满足了工业飞速发展对新材料日趋增大的需要。熟铁的发明为机械、船舶等提供了不可或缺的新材料。各种冶金生产技术的进步推动了冶金业的劳动生产率迅速提高，如美国在1810年时每炉日均产铁量不到1吨，到1860年则提高至50吨，50年间炼铁的生产率上升至原来的50倍。随着劳动生产率的快速提高，先进国家的生铁产量迅速增长。英、美、法、德4国生铁年产量在1790年分别只有7万吨、3万吨、4万吨和3万吨，到1850年则分别增长至229万吨、57万吨、41万吨和21万吨①。冶金业的飞速发展为机器制造业、采掘业及交通运输业的发展提供了条件，从而有力地促进了这些部门的发展。

各种生产机器的金属加工机械的发明和应用完善了机器生产体系。用机器生产机器是工业革命的完成步骤。当各工业部门在用机器代替手工工具的过程中，出现了一种矛盾现象，即机器本身仍然是用手工生产的。大工业发展到一定阶段，工具机日益复杂多样，其各个组成部分的精度要求日益提高，从而决定了在工场手工业条件下的手工生产状况不能适应需要。蒸汽动力的出现和冶金业的发展为机器制造业的“机械化”创造了条件。从19世纪30年代起，各种用于生产机器的金属加工机械（如车床、铣床、钻床、压延机、切割机等）被陆续发明和应用，从而促进了“机械化”条件下的机器制造业的建立和发展，进而使机器生产体系得以完善。

在工业革命推动下，先进国家的产业部门结构发生了巨大变化，工业逐渐取代农业而成为国民经济的主导部门。据统计，英国工业生产和农业生产在国民收入中所占比重，1770年分别为24%和45%，到1841

① 宋则行、樊亢主编：《世界经济史》（上卷），经济科学出版社1994年版，第152页。

年，两个指标则分别为34%和22%；法国的上述两个指标则分别从1825/1835年的25%和50%变化到1872/1882年的30%和42%；到1869/1879年间，美国的工业生产比重也高达33%，远远超过其仅为20%的农业生产比重[①]。

由于科学技术进步和工业革命推动了生产力的巨大发展，导致了国际分工、国际商品交换、世界市场和世界货币的形成和发展，进而也就促进了世界经济的形成。

由于英国是第一次科技革命和工业革命的发源地，从而使之成为当时的“世界工厂”。据库钦斯基推算，1820年英国工业生产占世界工业生产的比重高达50%，此后逐渐下降，但到1880年首次与美国持平（两国上述比重同为28%）之前一直位居世界第一[②]。继英国之后，美国、法国、德国以及其他一些欧洲国家，从19世纪初到19世纪30年代前后都相继进入工业革命时代。由于这些国家主要借助了英国工业革命的成果和成功经验，从而在“后发优势”等因素的作用下，工业革命进展比较迅速。美国、法国、德国大体上分别在19世纪50年代末、60年代末和70年代末基本上完成了工业革命。因此，当时所形成的是以少数欧美工业化国家为中心而广大落后的农业国则居于从属地位的世界经济体系。

三、世界经济形成的制度基础

在世界经济形成中，资本主义生产关系和市场经济体制的确立也起到了巨大的推动作用。

（一）资本主义生产关系

资本主义生产关系的根本特征是建立在生产资料资本主义私有制基础上的资本对雇佣劳动的剥削。资本主义生产关系下的剩余价值规律、资本积累规律、发展不平衡规律等都对世界经济的形成产生了重要影响。这些规律决定了资本具有了极大的对外扩张性，从而导致了国际分工、国际交换、世界市场和国际货币的出现，进而促进了世界经济的形成。

---

① 〔日〕宫崎犀一等编：《近代国际经济要览》，东京大学出版社1981年版，第28页。

② 〔日〕宫崎犀一等编：《近代国际经济要览》，东京大学出版社1981年版，第11页。

为了追求最大限度的剩余价值，资本必然会将其再生产超越国界以充分利用国内外两种资源和两个市场，从而导致了国际分工、国际交换、世界市场和国际货币的出现和发展。第一，通过进口国外大量廉价的原料可以降低不变资本的成本，从而提高利润率；第二，通过进口国外大量廉价的粮食和国际移民（如血腥的奴隶贸易）可以降低可变资本的成本，从而提高剩余价值率；第三，通过出口可以扩大生产规模，从而实现规模经济利益；第四，通过在世界市场销售绝对优势商品可以获得超额利润；第五，通过对外直接投资（如对殖民地的直接投资）和对外贷款（虽然两者当时的规模不大）可以获得更高的回报。因此，剩余价值规律的作用就决定了资本离不开世界市场，从而导致了世界各国或地区经济相互联系的日趋紧密——世界经济的形成。

与前资本主义生产方式所追求的是使用价值不同，资本主义生产方式追求的是价值，从而决定了资本积累规模上的无限性（即数量上的无止境）、方式上的多样性（即各种超经济的方式和正常经济的方式）、时间上的迅速性（即社会财富的积累速度超过以往所有前资本主义时代）和空间上的广阔性（即资本积累在全球范围进行），进而促进了世界经济的形成。首先，资本原始积累使资本开始走向世界，从而导致了世界经济萌芽的出现；其次，资本原始积累时期的对外巧取豪夺为工业革命积累了必要的货币资本，从而间接地对世界经济的形成发挥了作用；再次，资本的积聚和集中有力地推动了生产规模的扩大、劳动生产率的提高和生产力的发展，从而促进了世界经济的形成；最后，资本积累规模上的无限性决定了其空间上的广阔性。为了最大限度地实现自身的膨胀，资本必然会以商业资本、银行资本和企业资本等形式走遍全球并到处“安家”，从而促进了世界经济的形成。

社会再生产过程的正常进行，要求各个生产部门保持一定的比例关系。但是，资本主义生产方式所固有的竞争和无政府状态使国民经济各个部门不可能均衡地按比例发展，从而导致相对国内需求而言的有些生产部门发展较快而有些生产部门则发展较慢。发展较快的生产部门就会出现生产过剩，从而需要到国外去寻找市场；而发展较慢的生产部门则会导致国内市场上出现其商品短缺，从而需要从国外购买。这样，资本主义生产发展不平衡就促进了国际商品交换的出现。当这种由发展不平衡决定的国际商品交换成为一种持续稳定的状态后，国际分工和世界市场也就形成，从而也就导致了世界经济的形成。

（二）市场经济制度

资本主义生产方式确立伊始，资本主义国家的经济体制就属于市场经济。市场经济体制的形成和发展对世界经济的形成有重要影响。市场经济是指以市场为基础进行资源配置的经济体制。它包括各个方面的内容。从对世界经济形成的影响来看，我们主要分析其以下几个方面。

1. 企业制度的发展对世界经济形成的影响。

在企业制度众多的内容中，有两点对世界经济的形成具有重大影响：一是工厂制度；二是公司制度。

工厂制度最早于 1771 年在英国诞生。当时英国的水力纺纱机发明者阿克莱特在英国的克隆福特创办了第一个水力纺纱机工厂。此后，随着蒸汽动力的发明和应用以及各种机器工具的出现和发展，工厂制度在纺织业等各个工业部门普遍推广。相对于以手工生产为基础的传统工厂制度而言，以机器生产为基础的工厂制度无疑是工业革命中企业制度的创新。它使机器生产代替了手工劳动，用机器本身的协作代替了工人之间的协作，完全改变了工艺过程和劳动组织，从而极大地提高了劳动生产率和生产力水平。因此，工厂制度的建立和推广对世界经济的形成产生了重大影响。

公司制度，一方面因有限责任可以控制出资人风险；另一方面股权分散又能够吸引更多的投资者，所以它能够迅速实现资本集中以扩大生产和经营规模，从而促进了生产力的发展及在此基础上的世界经济的形成。最早的公司制企业出现在对外贸易领域。因为那时对外贸易所需资本较大，而且商船远洋航行又存在巨大的风险，所以以股权分散和有限责任为特征的公司制成为进行对外贸易的一种制度创新。随着机器大工业的建立，公司制也被推广到各个领域，从而对生产力的发展和世界经济的形成产生了重大影响。

2. 自由竞争制度对世界经济形成的影响。

自由竞争制度是市场经济的基本制度之一，在当时自由资本主义阶段更是如此。就国内而言，竞争，一方面迫使企业扩大生产规模，从而要求企业必须扩大市场，不仅要扩大国内市场，而且要寻找国外市场；

另一方面迫使企业降低成本，其途径包括从国外进口廉价的原材料和引进新的生产技术，甚至是引进廉价的国外劳动力。就国际而言，世界市场的竞争更为激烈，企业更需要在全球范围寻找更大的市场、更廉价的原材料和劳动力、更新的技术以及更有利的投资场所。这些都促进了世界经济的形成。

3. 开放经济制度对世界经济形成的影响。

市场经济体制本身就具有开放性。这种开放性不仅表现在它凭借自身的优势迫使其他经济体制为它开放，而且还反映在它自身对外开放，主要包括实行自由贸易（如1846年英国废除《谷物法》）和资本自由流动（包括货币自由兑换）。实现自身利益最大化的动机和市场竞争的外在压力决定了市场主体必然要充分利用国内外两种资源和两个市场，从而推动了世界经济的形成。

就自身对外开放来说，它包括单方面的削减直至拆除贸易壁垒和通过不同市场经济国家间贸易互惠协定所实行的贸易自由化。前者如英国在1841—1846年取消了605种商品的进口税，后者如英法两国于1860年按自由贸易原则签订的英法通商条约。除贸易领域之外，各个市场经济国家所实行的金本位制及国际清算制度也属于金融领域的开放。

就迫使其他经济体制对外开放来说，先进的市场经济国家通过廉价商品的重炮、政治上的强权统治和军事上的入侵占领迫使对方对外开放，如各种不平等的通商条约、各种使对方通商口岸直至整个国家的殖民地化等。这种开放的市场经济体制，必然有利于商品、服务和资本的全球自由流动，从而对世界经济的形成产生了重大影响。

第二节　世界经济的发展

世界经济从初步形成那天起，就在科学技术进步和世界生产力发展以及由此带来的国际分工、国际交换、世界市场和国际货币的不断发展的促进下，规模不断扩大、结构不断调整、层次不断提升，呈现出许多带有规律性的发展特征。

一、世界经济发展呈现阶段性

世界经济从18世纪中叶开始形成到第一次世界大战，是统一的无所不包的资本主义世界经济体系形成时期。这个时期，一方面表现为资本主义与其殖民地、半殖民地相互之间的经济联系日益密切；另一方面，明显地表现为未开化的国家从属于文明的国家，东方从属于西方，宗主国与殖民地之间存在极度不平等的国际经济贸易关系。

从20世纪初期俄国十月革命到20世纪80年代，由于出现了新社会主义经济，统一的资本主义世界经济体系被打破，世界经济一分为二，形成两个对立的经济体系。在这不到100年间，世界经济前后经历两个不同的发展阶段：一是从十月革命到1945年第二次世界大战结束。在这个阶段，苏联社会主义经济同资本主义经济相互并存、相互斗争。二是从第二次世界大战结束到20世纪80年代末。在此期间，社会主义从一国发展到多国，形成了社会主义世界经济体系，大批新兴的民族国家经济开始兴起，它们同资本主义世界经济体系相互渗透，相互斗争，世界经济关系错综复杂。

从20世纪90年代初“冷战”结束之后，世界经济进入到一个新的发展时期。随着世界范围内“冷战”的结束和科技革命向纵深发展，经济体制改革和经济结构调整成为世界经济发展的潮流，各国经济按照其自身的规律向全球化、区域化、集团化的方向发展，建立在知识和信息的生产、分配和使用之上的知识经济初见端倪。

进入21世纪特别是2008年国际金融危机之后，世界经济进入了一个国际力量和竞争格局深刻调整的新时期，发达经济体在世界经济发展过程中的影响力下降，以“金砖国家”为代表的新兴经济体的影响力提升，世界经济发展呈现出许多新的发展特征。

二、世界经济发展呈现不平衡性

世界经济发展不平衡主要是指世界各国经济增长和实力发展的不平衡，主要表现在发达国家和发展中国家之间的不平衡。在生产领域，由发达国家主宰的国际分工格局没有发生根本改变，西方发达国家仍然垄断科学技术和工业品生产的优势，发展中国家仍然是发达国家的原料供应地，即便生产一些工业品也主要处于价值链的底端。特别是随着经济全球化的深入发展，作为西方发达国家垄断资本推行经济霸权主义主要工具的跨国公司，在不断扩大对发展中国家直接投资的同时，把部分劳动密集型和资本密集型产业转移到一些发展中国家和地区，使它们成为发达国家的附属“加工厂”或“装配车间”。这样，过去单一型的传统分工，转变为一种多层次的国际分工体系，其中西方发达国家处在分工的高端，而大多数发展中国家处在分工的底端。在技术领域，西方跨国公司通过技术研发和销售的垄断，造成发展中国家在技术上对发达国家的依附地位。发达国家在技术转让过程中，不仅严格限制向发展中国家当地公司转让先进技术，设置种种不合理、不平等的商业条款，限制发展中国家的技术发展，而且还常常索取高额的技术转让费用。在贸易领域，西方垄断资本极力操纵国际市场，一方面对发展中国家设置种种歧视性贸易壁垒，另一方面抬高工业品价格，压低原料和初级产品价格，对发展中国家进行不等价剥削。在国际金融领域，发展中国家不仅在货币制度上依附于西方发达国家，不得不承受美元等国际货币霸权的奴役，而且西方发达国家还通过政府贷款、国际多边机构贷款和国际商业银行贷款等形式，控制发展中国家，使发展中国家在金融上处于对发达国家的依附地位。由此导致南北差距不断扩大，相当多的发展中国家不但不能分享经济全球化带来的效益，反而在经济全球化大潮中处于被“边缘化”的悲惨境地。

三、世界经济发展呈现周期性

世界经济周期性波动是世界经济发展过程中的客观规律和常态现象。从整个世界范围来看，经济周期性波动的经济危机现象，由传统的实行计划经济体制社会主义国家生产不足危机和资本主义国家生产相对过剩危机的并存局面，正逐步演化为当前共同的生产过剩危机问题，包括物质产品生产过剩和金融产品供给过剩。其中，发达资本主义国家的经济危机主要表现为货币或金融资本供给过剩导致的金融危机，而新兴市场国家或发展中国家则表现各异，有的表现为产业资本供给过剩引发的物质产品生产过剩危机，有的则表现为货币或金融资本供给过剩导致的金融危机。危机期间，由于各国政府采取的反危机政策措施通常是积极财政政策和宽松货币政策，因而由此引发的“滞胀”问题也成了一种比较普遍的现象。“滞胀”现象不仅出现于凯恩斯主义盛行时期的资本主义国家，而且出现于新自由主义盛行时期的资本主义国家；不仅出现在发达资本主义国家，而且还出现在许多新兴市场国家或经济转型国家。经济危机多米诺骨牌效应的第一张骨牌通常始于货币、金融等虚拟经济领域，直接表现为金融危机，然后再传导到实体经济领域，引起全社会的生产过剩危机，甚至进一步演化为包括国家主权信用危机在内的经济总危机。

四、世界经济发展呈现复杂性

世界经济发展呈现复杂性，不仅表现为世界经济行为主体的日益多元化，而且表现为世界经济客体的多样性。理论上区分，世界经济的行为主体主要有主权国家和非国家行为主体两大类，其中非国家行为主体又可分为国际经济组织（包括世界经济组织和区域性经济组织）和跨国公司。随着世界经济的发展，虽然主权国家依然是世界经济运行的基本主体，构成世界经济的最主要部分。但世界贸易组织、国际货币基金组织和世界银行等国际经济组织和跨国公司等非主权国家行为主体对世界经济发展的影响越来越大。由于世界经济总体上还是由发达资本主义国家主导，这些国际经济组织常常被发达国家所控制，因此在运作中较多地向发达国家的利益倾斜，有时甚至被少数国家用来对发展中国家进行约束和限制。

世界经济客体的多样性，是指作为国际交换和国际贸易的对象越来越多样化。尽管传统的货物贸易仍然占主体，但现代服务贸易迅猛发展，商业服务，通信服务，建筑及有关工程服务，分销服务，教育服务，环境服务，金融服务，健康与社会服务，与旅游有关的服务，娱乐、文化与体育服务，运输服务，以及专利、商标，版权，各种专有技术或技术诀窍等技术和知识产权贸易如火如荼。特别是随着低碳经济浪潮的兴起，一种基于《联合国气候变化框架公约》及《京都议定书》对各国分配二氧化碳排放指标的规定，创设出来的一种虚拟交易，即碳汇交易又出现端倪。

五、世界经济治理呈现协同性

随着经济全球化深入发展，各种经济资源跨越国界在世界市场上流动和配置、各国经济越来越相互依存相互影响的进程迅猛发展，客观上要求在全球范围内进行经济协调和调节。然而，经济全球化的强势与全球经济调节的弱势并存这一长期的矛盾使得经济全球化在无序、失衡、不公平和巨大风险中前行，而国际金融危机的发生使这一深层次的矛盾凸显。特别是世界多极化深入发展，国际力量对比和世界经济格局正在加速变化。新兴市场国家和发展中国家整体实力正在上升，参与全球经济治理的意愿和诉求愈益强烈，只有少数发达大国说了算的世界经济治理机制已无法继续维持。因此，摒弃旧的由发达国家主导、各自为政的世界经济治理方式，进而形成发达国家与发展中国家合作共治的世界经济治理格局已是大势所趋。当然，由于各国经济周期不同步，经济政策主张差异明显，全球经济政策协调肯定会存在一定难度和复杂性。

长期以来，少数西方发达国家控制了世界经济治理的话语权和规则的制定权，占多数的发展中国家被边缘化，甚至被彻底排除在外。据国际货币基金组织统计，2009 年美国独享该组织 16.77％的投票权和 17.09％的份额。被称为“富国俱乐部”的七国集团，曾长期占据国际经济合作的主导地位。这种以少数西方发达国家为中心的世界经济治理机制，根本得不到发展中国家的认同，更不可能有利于国际经济新秩序的建立。国际金融危机的爆发，加速了全球经济治理机制的变革。出于共同应对危机的需要，世界各主要经济体加强合作，世界经济治理机制变革初现端倪。包括金砖国家等新兴市场国家在内的二十国集团，由于涵盖了全球 85％左右的国内生产总值、80％左右的贸易和 2/3 左右的人口，在世界经济中具有广泛的代表性，使其在后金融危机时代有望取代八国集团，成为国际经济合作的最主要平台。在多伦多峰会上，二十国集团领导人提出了“构建稳健的金融监管体系”的目标。为实现这一目标，以巴塞尔银行监管委员会为代表的国际金融机构，从 2008 年起，着手进行国际金融监管体系改革。2010 年 9 月，全球绝大多数经济体的监管机构就“巴塞尔协议Ⅲ”达成共识，并在 2010 年 11 月首尔会议上得到大体认可。一并得以通过的还有有关资本流动性和全球金融机构（SIFI）的国际标准和原则。这一改革将全球金融监管提升到一个全新的高度，为金融体系朝着更加稳定、健全的方向发展打下了基础。同时，国际货币基金组织和世界银行也增加了发展中国家的话语权和决策权。2010年4月，世界银行决策机构发展委员会同意发达国家向发展中国家转移投票权重，使后者整体投票权重提高到47.19%。2010年11月，国际货币基金组织执董会批准了对基金组织份额和治理进行全面改革的建议，以增强基金组织的合法性和有效性。根据这项建议，将向包括新兴经济体在内的代表性不足的国家转移超过6%的份额。这些举措扩大了世界经济治理的参与面，使相关治理机制更能兼顾不同经济体的利益，从而有利于在世界范围推行。

第三节　世界经济全球化

一、经济全球化的内涵及其二重性

（一）经济全球化的内涵

“经济全球化”这个词最早是由T. 莱维于1985年提出的，但对经济全球化内涵的界定却有多种说法。国际货币基金组织（IMF）认为：“经济全球化是指跨国商品与服务贸易及资本流动规模和形式的增加，以及技术的广泛迅速传播使世界各国经济的相互依赖性增强”。而经济合作与发展组织（OECD）认为：“经济全球化可以被看作一种过程，在这个过程中，经济、市场、技术与通讯形式都越来越具有全球特征，民族性和地方性在减少”。综合各种观点，经济全球化是指以市场经济为基础，以先进科技和生产力为手段，以发达国家为主导，以最大利润和经济效益为目标，通过分工、贸易、投资、跨国公司和要素流动等，实现各国市场分工与协作，相互融合的过程。在这一过程中，经济资源愈益跨越国界在全球范围内自由、全面、大量、结合的流动和配置，使得世界各国经济愈益相互开放和依存，各国经济的发展与整个世界经济的变动愈益相互影响和制约。

（二）经济全球化的“二重性”

1. 由于经济全球化的客观基础之一是国际分工，从而国际分工的二重性决定着经济全球化的二重性：它既是国际范围内生产力发展的反映，又是国际生产关系的反映。

一方面，经济全球化是与生产力的发展联系在一起的。在当代，由于技术（特别是信息技术）进步、生产力的巨大发展，使得国际分工的广度、深度有了新的巨大发展；在此基础上，世界各国经济的相互联系、交融愈益广泛和深入，从而经济国际化表现为经济全球化并以其强劲的势头迅速发展起来。全球化30多年来，国际分工、经济全球化发挥了促进世界生产力发展的效能。经济全球化反映了生产力的蓬勃发展，又促进了世界生产力的发展，是一个进步的过程，是一个历史的、客观的过程，而非什么人、国家人为造成的一种进程。参与国际分工、融入经济全球化，对于世界各国都是必然的。

另一方面，经济全球化又是与一定的国际生产关系联系在一起的。经济全球化取决于参与国际分工的各国（特别是占主体、支配地位的国家）生产关系的性质。在当代世界，发达资本主义国家仍然是国际分工体系中占主体、支配地位的参加者，从而当代国际分工体系的性质主要由资本主义国际生产关系所决定的。因此，经济全球化是失衡的，具有不平等性。正是这种不平衡、不平等性，加剧着世界经济的分化。

2. 经济全球化趋势的客观基础之二是市场经济。市场经济的二重性决定着经济全球化的二重性：它既扩大了经济发展的机会，又扩大了经济发展的风险。

经济全球化之所以蓬勃兴起，除了随着生产力的发展国际分工达到了相当的程度从而奠定了全球化的第一个客观基础之外，还在于市场经济有了新的大发展，从而奠定了全球化的第二个客观基础。20世纪80年代以来，市场经济成为世界各国经济体制和运行机制的普遍取向；各国市场经济由于其运行和配置资源的市场，不仅在国内发展，也延伸向国外扩展和发展，形成了真正意义的世界市场。在此基础上，才出现了以各种经济资源跨越国界在世界市场上流动和配置为鲜明特征的经济全球化。

经济全球化既使得市场经济的积极性、活力、效率、机会大大增加，也使得市场经济的消极性、盲目性、无序、风险大大增加。就这个意义而言，经济全球化是一把双刃剑——一方面，其效率、机会促进了世界经济的发展，另一方面，其无序、风险加剧了世界经济的动荡。

二、经济全球化的主要表现及其作用

（一）经济全球化的主要表现

1. 生产国际化。它是指世界各国和地区的生产过程日益形成环环相扣的不可分割的链条。二战之后各国垄断资本和跨国公司的兴起，进一步扩大了国际交往，深化了国际分工，广大发展中国家亦参与到全球化生产过程之中。在科技革命极大地促进了生产力发展的同时，全球联系越发频繁，协作的程度越发提高。20 世纪 90 年代以来，跨国公司得到了迅猛发展。跨国公司的全球化经营成为推动生产活动全球化的主体力量。由于跨国公司通过市场内部化进行全球性生产经营活动，从而将全球的生产连为一体，并且形成生产—研发—销售全球一体化。特别是现代的通讯工具以及现代化的运输工具为生产活动的全球化提供了先进的技术支持，从而使跨国公司可以控制遍布世界的生产经营活动。

2. 贸易全球化。它是通过贸易总量和贸易金额增长，贸易种类增加和贸易范围扩大以及贸易自由化进程的加快表现出来的。随着全球货物贸易、服务贸易、技术贸易的加速发展，经济全球化促进了世界多边贸易体制的形成，形成了被世界各国广泛接受的国际惯例和国际准则。1995 年 1 月 1 日，世界贸易组织正式生效运转，并取代了 1947 年的关税贸易总协定。这是世界贸易自由化进程中的重要一步，是世界经济全球化加速形成的重要标志。

3. 金融全球化。它是指全球范围内的金融自由化。其实质是要求各国放松金融管制，形成全球统一的金融市场和运行机制，保证金融资源在全球范围内自由流动和合理配置。其核心是取消利率限制，使利率完全自由化；取消外汇管制，使汇率浮动完全自由化；放松对各类金融机构业务经营范围的限制，使金融业务经营自由化；放松对资本流动的限制，允许外国资本和金融机构更方便、更自由地进入当地市场；同时也放宽本国资本和金融机构进入外国市场的限制，实行资本流动自由化；放松和改善金融市场的管理，实现市场动作自由化。20 世纪 70 年代以来，世界上不同发展水平的国家都先后实行金融改革与深化，采取放松金融管制的措施。一方面，放松对金融机构的业务限制，取消银行与证券业分业经营的限制；另一方面，实行金融开放政策，放松或取消外汇管制，实施利率、汇率市场化等，使国内金融市场和国际金融市场日益融合。

4. 科技全球化。它是指各国科技资源在全球范围内的优化配置，先进技术和研发能力的大规模跨国界转移，跨国界联合研发广泛存在。以信息技术产业为典型代表，各国的技术标准越来越趋向一致，跨国公司巨头通过垄断技术标准的使用，控制了行业的发展，获取了大量的超额利润。

（二）经济全球化的“双重”作用

1. 经济全球化的积极作用。

（1）经济全球化有利于促进发展模式创新。全球化促进生产、资源、人员、贸易、投资和金融等生产要素全球优化配置、降低成本和提高效率。经验显示，一国经济开放度提高与其人均 GDP 增长之间成正比。无论一个国家的发展模式如何调整变化，不考虑全球化因素，不利用全球化机遇，就不可能探索出先进的发展模式。

（2）经济全球化有利于促进国际利益融合。利益融合既表现在经济领域，又表现在其他领域；既表现在双边领域又表现在多边领域。国家间经济相互依赖逐步深化，俱荣俱损局面开始形成。全球经济链条越拧越紧，一国经济发展对全球经济发展的依赖增强。除国家利益外，共同地区利益和全球利益明显增多。利益融合有利于国家关系改善，国家间协调合作增多。谋霸权、搞对抗，坚持集团政治和冷战思维越来越不得人心。

（3）经济全球化有利于促进安全内涵扩展。安全已从传统安全领域扩展到非传统安全领域。恐怖主义、经济安全、环境恶化、气候变暖、疫病蔓延、移民浪潮和跨国犯罪等非传统安全问题威胁增大，涉及到经济、民生、社会和自然等广泛领域。非传统安全主要由人类发展的不科学、发展与社会和自然的不协调引起，其实质是发展问题。非传统安全问题模糊了安全与发展的界限，增大了国际安全合作的紧迫性，挑战着传统安全的主导地位，缓和了国家间的军事对抗关系。

（4）经济全球化有利于推进国际体系转型。现行国际体系的主要特征是：由西方特别是美国主导、国家间名义上平等而事实上不平等、国际组织作用有限、霸权主义和“问题国家”得不到有效制约。现行国际体系在应对日益增多的全球性问题方面日渐乏力，其调整、完善和转型乃大势所趋。今后几十年内新的国际体系有可能基本形成，其主要特征：一是世界格局多极化。由于新兴大国和广大发展中国家的振兴，国际力量对比正在发生有利于多强不利于“一超”、有利于发展中国家不利于发达国家的变化。美、中、欧、日、俄、印度、巴西等新的各极之间利益融合与相互依存度提高，彼此发生尖锐对抗与全面战争的危险性降低。二是西方与非西方国家共同主导。将来随着美国“一超”地位和西方力量优势的逐步丧失，西方的主导地位将难以维系，多极、西方与非西方将共同主导新的国际体系，国际关系民主化将得到发展。三是国际组织作用增强。国际组织和国际规则将进一步充实、完善和强化，对大国和“问题国家”的约束将得到加强。

（5）经济全球化有利于推进人类文明进步。人类有可能在全球化、全球性问题、全球利益和全球治理基础上，形成人类新的共同价值观念和新的人类文明，打破西方在人类文明中的主导地位，实现对西方文明的总体超越。

2. 经济全球化的消极作用。

（1）经济全球化加剧国际“两极分化”。总体上看，经济全球化仍然是西方发达国家主导的。它们经济科技实力雄厚，掌握国际经贸组织以及国际经济规则的主导权，在全球化中获益最大，而广大发展中国家总是处于不利的地位。西方发达国家通过跨国公司和受它们控制的国际经济组织，加紧向发展中国家进行经济渗透和扩张，在全世界争夺资源和市场，同时极力推行它们的发展模式、政治制度和价值观念，企图通过经济全球化实现资本主义的一统天下，这使得广大发展中国家的经济主权、国家安全面临严峻挑战和威胁。同时进一步拉大南北发展差距，一些技术经济条件比较差的发展中国家面临着进一步的边缘化的危险。因此，经济全球化不仅加剧了发达国家之间、发展中国家之间、发达国家与发展中国家之间在资金、技术、市场和资源方面的竞争，也加剧着一些国家内部的贫富矛盾，进而使得世界经济发展更加不平衡，形成新的“中心—边缘”格局。

（2）经济全球化放大经济危机。随着经济全球化趋势的发展，经济危机发生的基础条件得以放大，一国国内的经济危机演变成国际经济危机甚至世界经济危机。一方面，当代的经济全球化主要是受资本主义生产关系支配的全球化。这就使得资本主义基本矛盾随着经济全球化而扩展到世界范围。当矛盾尖锐化时，就会爆发国际经济危机以至世界经济危机。另一方面，如前所述，经济全球化是市场经济的全球化。市场、市场经济在全球扩展的同时，也把市场经济原本就存在的自发性、盲目性扩展到全世界，加剧了世界经济的无序和风险，进而诱发世界经济的爆发。

经济全球化还提供了经济危机蔓延的传导机制。经济全球化是通过商品、资本、技术、劳务等资源跨国流动实现的，这些资源国际流动的渠道、纽带既是资源配置效率的扩散、传导机制，同时也是经济风险的扩散、传导机制。正是这些扩散传导机制，使得各国经济越来越相互依存、相互影响。

(3) 经济全球化放大社会动荡。全球化导致国家间和国家内部贫富差距扩大，发达国家与发展中国家内部的社会矛盾都有可能激化。如美、英、法等发达国家传统产业大量外移，失业问题凸显，社会风潮增多。特别是在互联网时代，全球化还使各国国内因素与国际因素的联系与互动增强，国际问题诱发国内动荡、国内问题引发国际动荡的概率都在增大。

(4) 经济全球化加剧大国竞争。有的国家背离全球化的演进方向、背离人类历史前进的步伐，没有放弃搞霸权主义，没有放弃搞战略扩张，没有放弃搞军备竞赛，没有放弃遏制其他新兴大国。特别是它还将在一二十年内保持战略优势，一旦摆脱当前的战略困境，仍有再次挑起大国对抗的可能，那将对国际体系的转型、人类和平进步事业产生严重危害。

三、经济全球化是世界经济在曲折中发展的客观趋势

经济全球化作为世界经济发展的鲜明特征和必然趋势，无疑仍然是科学技术的进步、生产力的提升、国际分工的深入发展、世界市场的不断扩大、跨国公司的全球战略以及市场经济体制的广泛实行的结果。只要这些决定和促进世界经济形成和发展的条件和趋势不变，经济全球化这一历史进程就绝不会停留在目前所看到的经济相互联系和相互渗透的

阶段上，由相互联系、渗透扩展到全球治理机制的建立和全球问题的解决是历史的必然。

经济全球化是大势所趋，这不容置疑。但是，经济全球化的进程并不会一帆风顺。这不仅仅是由于经济全球化本身就是一柄“双刃剑”，它在对世界经济发展产生积极的推动作用的同时，也产生一些消极的负面作用；而且是由于经济全球化本身也存在许多内在矛盾，亟待破解。

（一）超越主权与主权国家

主权是国家存在要素中最本质的表现形式，是一国对内、对外独立地处理国家事务的根本权力。行使国内主权的前提是领土（包括海洋）范围，而跨国公司以及区域联盟的一体化打破了地理意义的疆域界限，改变了民族国家对国内主权的垄断。这其实是对国家主权无形的销蚀。对外主权则意味着对外交往中独立自主的权力，国家间相互依赖的加深使各国利益紧密交织在一起，实现自己的利益也要顾及他国利益，共同参与国际组织及全球治理才是保障彼此利益最有效的方法。当一国参与到某种组织中，接受共同的规划和规则，就意味着要放弃本国某些对外经济政策和干预措施的权力，服从共同规划和规则。这又是国家主权有形的转移（共享）。最直观的印象莫过于发达国家屡屡打着世界银行和国际货币基金组织的旗号“号令诸侯”。在1998年亚洲金融危机爆发后，国际货币经济组织开出的“药方”，实质上已经威胁到受援国家的主权。在泰国接受了国际货币基金组织的援助计划后，舆论就声称“交出了经济主权”。韩国举国上下更是将接受国际货币基金组织苛刻的援助条件视为奇耻大辱。2008年这场金融危机后，国际货币基金组织对一些发生主权债务危机的欧洲国家提供的一些援助计划也在一定程度上侵蚀了受援国的一些权力，其中包括要求受援国改革金融体制、压缩政府开支等内容。

从一定意义上说，经济全球化过程就是突破国家界限的过程，其中超越主权与主权国家是一对不和谐的音符。在这个过程中，虽然某些主权的行使必然要受到约束，但国家的核心主权无论如何也不可能让渡。民族国家实体消亡是一个漫长的过程，世界经济活动在相当长的时间内仍旧在民族国家的组织框架内进行。经济全球化始终是民族国家之间的互动行为关系，跨国公司和区域组织的跨越国家界限也好，国际经济组织超越国家权力的增大也好，始终有着民族国家的背景，在主权国家基础上进行。而维护与保障民族国家主权将依赖于各个国家的国际竞争力的持续提高。各民族国家在全球化中权益的大小取决于各国之间国力的竞争。

（二）市场力量与国家干预

从经济学角度看，国家干预的理论基础在于市场失灵和确保社会公平。市场经济产生之初，古典经济学家相信靠市场这只“看不见的手”的自发调节，可以实现社会资源的最优配置。然而，没有国家干预的市场经济却面临公共产品不足、外部性问题突出、社会分配不公以及市场发育不完全等问题，因此，国家必须对市场经济实行必要的规制和管理，而国家的规制和管理实际上必然是对自由放任市场力量的某种制约。在市场经济发育早期，国家对市场经济的推动作用超过了其隐含的抑制作用，两者的矛盾也表现得不明显。随着生产力的飞速发展，资本主义由私人垄断资本主义阶段进入国家垄断资本主义阶段，“守夜人”摇身一变而成为“总资本家”，“总资本家”以更高的强度对经济进行干预。第二次世界大战以后，国家干预思想经历了由凯恩斯主义政策到货币主义政策，干预目标由“充分就业”到“低通胀率下的经济增长”，干预内容由注重对社会总需求的调节到社会总需求和总供给并举的转变。在传统自由竞争领域，为了减少政府对市场力量的干预，采取放松经济规制，放宽政府对企业的各种限制，弱化政府对企业微观活动的限制等等；在原本认为是自然垄断的领域，如能源、交通、电信、金融等领域，采取放开政策，推行私有化，逐步纳入市场竞争轨道；对高科技、新能源、新材料、环境保护等关系到未来竞争力的领域实行重点倾斜。总之，市场经济体制下资本积累的内在冲动与国家干预之间的矛盾将不断深化，必然成为影响经济全球化过程中的重要因素之一。

（三）经济财富增加与社会分配不公

全球化进程不是零和博弈。经济全球化会把世界经济“蛋糕”做大，这不仅会给发达国家带来巨大的利益，也会给发展中国家带来发展经济的机会。但“蛋糕”增大并不说明“蛋糕”的分配状况有所改观。事实已经证明，在不合理的国际经济旧秩序没有改变情况下发展起来的全球化，财富增加与社会分配不公这对矛盾是“与生俱来”的，世界资源和财富不断再分配，南北差距不断扩大是无法回避的事实。联合国开发计划署起草的1999年《人文发展报告》表明，全世界最富有的1/5人口之间的收入差距从1960年的30∶1扩大到1997年的74∶1。更有甚者，2012年世界上3名巨富个人的财产已经超过53个（而在1997年还只是48个）最不发达国家的国民生产总值之和。发达国家的愈加富足与发展中国家的愈加贫穷形成了鲜明的对照。即使是在发达国家内部，经济全球化中也并没有相应地带来人们所期盼的社会分配公平。那些与全球经济联系紧密的人赚得盆满钵溢，而游离于主流以外的人却变得日益贫穷。

2008年爆发的国际金融危机再次表明，从20世纪80年代以来，西方发达资本主义国家盛行新自由主义经济政策，即经济自由化、放松监管为资本松绑、公共部门私有化、压制工会、削减社会保障和福利、削弱劳动力的市场保护等，虽然促进了经济资本和技术的全球化进程，但加剧了经济运行的无政府状态，加剧了财富占有和收入分配的两极分化，造成了自由市场与政府监管、实体经济与虚拟经济、精英阶层与普通民众之间矛盾的尖锐化。有研究指出：随着经济全球化进程的深入，最富和最穷的人之间财富不均将继续扩大。到2020年，美国上层1/5的人将占有全体美国人收入的60%以上；而最底层1/5的人则只占总收入的2%。

（四）“竞争—斗争”加剧与“合作—协调”加强

发达国家和发展中国家置身于经济全球化的大潮中，既有共同的利益，又有各自的算盘。共同的利益就是加强经济合作，加速经济发展，这就构成它们合作的基础，而彼此利益的冲突又成为对立的根源。归纳起来，当前世界经济合作与斗争的基本特点包括：（1）合作与斗争并存，合作中有斗争，斗争促进进一步合作。（2）协调和妥协已经成为新时期各国解决经济矛盾和斗争的主要手段。（3）控制制定世界经济运行规则的主导权，已成为大国争夺世界的中心内容。（4）南北合作深化，但矛盾依然存在，建立国际政治经济新秩序依然是发展中国家面临的重要任务。（5）南北合作不断扩大，但彼此的矛盾也有增多之势。（6）可持续发展已成为国际社会追求的目标。它是在全球范围内开展经济合作的一种新的黏合剂和动力源。

在经济全球化曲折的进程中，合作是世界经济关系中的主导方面，但南北斗争一刻也没有停息，发达国家和发展中国家利益的冲突是贯穿经济全球化始终的一个矛盾。

（五）经济全球化的风险与防范

经济全球化的实质在于包括资本等在内的资源无障碍的全球配置，而金融领域是实现资本全球配置的枢纽和杠杆。在资本管制时代，资本的跨国界流动障碍重重，那时金融风险性也就不为重视。20 世纪 80 年代末期以来，金融自由化的浪潮席卷全球，不少发展中国家一改严格管制的做法，打开资本进入本国的方便之门。然而，资本自由流动带来的不仅是金融配置效率的提高，而且隐藏着巨大的金融风险。20 世纪 90 年代以来经济全球化的发展历程再一次为世人展示了福祸相依的辩证法。

在发达国家主导的这场经济全球化进程中，一些“体质孱弱”的发展中市场经济国家无论条件是否具备，也不管起点和速度的差别，过早被纳入发达国家的金融体系。1995 年底所有工业化国家均已实现了资本账户的可自由兑换，发展中国家也掀起了一股开放资本账户、实现货币自由兑换之风。开放资本账户的确能加快本国经济的工业化进程，给经济发展带来好处的一面。但资本账户的过早开放，经济结构和经济发展过分依赖外资和国际市场，会使国内经济更容易受到国际流动资本的冲击。特别是目前国际社会对以私人投资为主的短期国际资本缺乏必要的监管，而发展中国家金融市场容量小，法律规范不健全，未能形成一个足够强大、能够应付短期资本撤离的金融体制，所以开放资本账户更应该谨慎。1998 年爆发的亚洲金融危机给许多深受其害的新兴市场国家沉痛教训之一就是引进外资和放开资本账户时应该寻求建立保护本国金融市场的合理措施。

国际银行体系对金融交易的监管存在着严重缺陷。近年来金融创新层出不穷，现行的国际金融制度面临着金融技术和金融一体化发展的双重挑战，而对风险的防范技术和相应的制度安排却明显滞后。一方面，金融衍生产品通过借贷杠杆使金融市场风险成倍地放大。另一方面，掉期、期货和其他衍生交易又往往采取“暗箱操作”，大量银行间的资本流动不反映在资产负债表上，几乎完全处于监管框架之外。不仅新兴市场经济中银行监管脆弱，而且整个国际银行体系也普遍存在监管缺陷。

基于对经济全球化双重影响的分析，我们应确立对经济全球化的清醒认识和估量，切忌在全球化正面效应突出的时候就大加赞扬，在金融危机频频出现的时候就“一棍子打死”。对外开放是大势所趋，是不可逆转的。问题的实质在于如何在积极参与全球化的同时，妥善地保护好自己。发生危机从某种意义上说未尝不是件好事，它是对偏离正常轨道的金融全球化的强制性纠正。全球化条件下的 20 世纪 90 年代金融危机多次发生，特别是 2008 年这次“百年一遇”金融大危机，再次迫使人们必须反思现行的国际金融体制，并积极采取各种措施防范金融风险，维护世界金融安全。

第二章　当代世界经济格局变动中的各类国家经济发展

第二次世界大战结束后，特别是20世纪八九十年代至21世纪第二个10年的今天，迅猛发展的信息技术革命和经济全球化浪潮冲击着整个世界经济，世界经济格局发生了前所未有的大变动。在世界经济格局的这一大变动中，世界各类国家都不可避免地卷入其中。本章将对当代世界经济格局以及格局变动中各类国家经济发展的轨迹和现状作一个专门的考察。

第一节　当代世界经济格局

一、世界经济格局概述

（一）世界经济格局的内涵

所谓世界经济格局是指世界各国在世界上的经济地位及各国之间的经济关系。就当前世界经济的情况来看，美国经济无论是从总量上还是从对世界经济的影响力来说，仍高居世界各经济强国之首，表现出经济的强势地位；以美国为首的高收入国家的GDP占到了世界GDP的近70%，并且主导着今天世界经济事务的主要方面。从上世纪的历史来看，绝大多数发展中国家在独立前以及独立后的很长一段时间里，都不过是西方大国的附庸而已。直至今天，发展中国家在世界经济事务中的发言权仍然十分有限。但是，美国的强势地位也不是绝对的。不仅在20世纪80年代曾受到过日本的挑战，其今天的优势地位在许多方面更面临着其他经济体（欧盟、日本、各发展中大国）的竞争。广大发展中国家，以拥有世界80%以上的人口和近80%的土地的经济地位，构成了世界经济的大背景。

（二）如何看待世界经济的格局

正确地看待世界经济格局，要考虑历史、现状和发展趋势。我们今天所处的世界是一个急剧变动着的世界，我们所面对的世界经济格局正发生着新一轮的大变动。任何静止的观点都不足以说明问题。因此，在对当代世界经济格局作出划分时，我们在立足现状的同时还应该考虑历史和发展趋势两个重要因素。这是因为：第一，如果忽略了历史，就无法解释当前。例如，美国一国的GDP目前占了世界GDP的20%多①，如果不知道二战刚结束的头几年，美国GDP占世界GDP的份额将近一半，那就很难对当前的世界经济格局有一个客观的认识。第二，如果不考虑发展趋势，分析就难以说明问题。例如，当前整个世界都非常看重中国经济，其关键就在于虽然现在中国的GDP还比美国低不少，但中国经济已经保持了30多年的高速增长并将继续保持这种发展趋势。

二、当前的世界经济格局是多极格局

（一）多极格局的现状

1. 划分经济的强弱依据。

为了比较国家的强弱，近几十年，世界上开始在“综合国力”的概念下进行了一系列的探讨。“综合国力”最重要的内容是经济，但它还包括了许多超出经济范畴的东西，所以在比较经济强弱的时候，就出现了使用哪些指标较为合适的问题。在这里，我们采用四组指标来衡量一国经济在世界经济中的强弱。第一组是相对经济总量指标：包括一国的GDP、国土面积和人口总量在世界上所占的比重。这一组指标给出了一国在世界经济中可能的最大贡献值。第二组指标是人均数。这一组指标反映了一国国民的富裕程度。第三组是该国的国际经济影响力。因为一

① 本章未注数据均引自国际货币基金组织数据库，或根据该数据库的数据计算得出。

国的经济总量大并不意味着它在世界经济中的影响就大。第四组是一国的发展速度，这反映了该国在可预见的未来将在世界经济中获得怎样的地位。

2. 美国居首的多极化格局。

采用前述指标我们可以得出当前世界经济的主格局仍然是多强并立美国居首的结论。从总量上看，美国的 GDP 占了世界的 20%多，国土面积是世界的 7%，人口约为世界的 4.5%。日本经济总量在世界各国中排第三位，人均国民收入虽然很高，但也比美国低不少；国土面积只有世界的 0.3%，主要资源均来自于国外，比其他一些主要经济大国也多有不如，当然不可能与美国并驾齐驱。欧盟的总体经济实力足以与美国匹敌，人均国民收入水平也很高，但毕竟它还是个经济联盟而不是一个国家。而且美国的货币曾被等同于黄金使用，目前仍然是世界最大的外汇储备使用货币；它是世界上最大的资本输入国，也是拥有世界银行和国际货币基金组织最大股权的国家，因此在国际经济中有着无可比拟的影响力。从发展速度上看，美国经济过去 30 年的平均发展速度也比欧盟要好。由于在上述四个方面，美国都占据了最重要的地位，因此，我们完全可以得出美国是目前世界经济中首要一极的结论。

（二）多极格局的变动

1. 当前世界经济多极格局的形成。

当前的世界经济多极格局并不是二战以来一直如此，而是经历了许多变化才形成的。第二次世界大战结束后，由于美国是唯一未遭到战争破坏的大国，其经济地位达到了空前的水平。1948 年，美国工业生产占到了资本主义世界的 53.4%，超过了其他资本主义国家的总和。世界经济表现为美国一枝独秀的一极格局。20 世纪 50 年代以后，由于欧洲和日本、苏联的经济增长速度高于美国，因而经过一个时期的积累，世界经济格局发生了巨大的变化。到 20 世纪 70 年代中期，世界经济已经形成了美、苏、日、欧四极格局。之后，虽然发达国家的经济增长显得比较缓慢，但苏联的发展陷入了更大的困难，到 1991 年终于发生了剧变。随着苏联的解体，世界经济多极格局从四极时代进入了三极时代，形成了世纪之交美欧日三极并存、美国居首的局面。

2. 世界经济多极格局发展的趋势。

美欧日三极并存、美国居首是目前的现状，但并不是固定不变的。过去不是这样，未来也不会一直这样。首先，虽然美国过去20年中在发达经济体中表现是最好的，特别是1997—2000年保持了平均4%以上的高增长，但从一个较长时期看，其相对经济实力地位并未呈持续放大状态。从年均经济增长率来看，美国1953—1973年年均GDP增长率是3.5%，1974—1979年年均GDP的增长率为2.5%，1980—1989年为2.9%，1990—1997年为2.5%，2001—2007年为2.4%，而2008—2012年仅为0.4%。而中国的后两组数字分别为10.8%和9.3%，在可预见的将来仍会保持远高于美国的增长率。其次，欧洲的联合削弱了美国的优势。欧盟建立前，任何一个欧洲国家的经济都远远弱于美国，甚至远弱于日本。但是，欧盟的建立却改变了力量的对比。以GDP计，2012年的欧盟就与美国旗鼓相当。如果欧盟的联合进一步加强，甚至基本上类似于一个国家，那么"美国居首"之现实将可能消失。最后，目前已有较大经济规模的中国、印度、俄罗斯、巴西等国如果能够抓住机遇，有所作为，也可能在21世纪的头几十年，在多极世界经济格局中占据更重要的地位。

三、世界经济格局中的南方和北方

（一）南北矛盾的由来和发展

南北矛盾指的是广大发展中国家与发达资本主义国家之间的矛盾，也即穷国和富国的矛盾。归根到底是在世界经济中如何分配经济利益的问题。从世界经济形成的那一天起矛盾的根源便被深深种下。在第二次世界大战结束，发展中民族国家纷纷独立之后，南北矛盾日益成为当代世界发展中的一个主要矛盾。

1. 南方和北方的形成。

在世界经济形成的过程中，各资本主义大国为了积累资本，获取原料供应地和产品销售市场，采用了把世界分割为各大国的殖民地或附属国的办法瓜分了整个世界。由于各大国的目的在于发展母国的经济，对于各殖民地、附属国采取的是掠夺和盘剥的政策，从而导致这些国家和地区或者陷入了全面的贫困，或者形成了畸形的经济结构。当这些国家和地区在第二次世界大战后通过民族解放运动纷纷获得独立后，由于经济地位相差悬殊，自然就出现了以前宗主国以及其他发达资本主义国家为一方的富国方和以新独立的国家和其他发展中国家构成的穷国方。由于穷国大都位于从地中海沿苏联南部边界越过太平洋，穿过美国和墨西哥边界这一线以南，所以，把贫穷的一方叫做南方，把富裕的一方称为北方。

2. 南北矛盾的发展。

南北矛盾当然从有南方和北方开始就存在了，但在国际论坛上第一次被提出来则是在 1955 年召开的亚非会议。从那以后，亚非拉国家逐步形成为国际经济舞台上的一支力量。1960 年 9 月建立了石油输出国组织；1961 年 9 月召开了第一届不结盟国家首脑会议；1964 年在第一届联合国贸易和发展会议上成立了“七十七国集团”。特别值得一提的是 20 世纪 70 年代南方国家发动的三大斗争，即 200 海里海洋权的斗争，保卫和提高原料价格的斗争，捍卫和提高石油价格的斗争。这三大斗争在很大程度上改写了世界经济发展的历史。比如，资本主义世界的“滞胀”就是以第一次石油危机为导火线的。但是由于南方在世界经济中处于弱势地位，因此其反对国际经济旧秩序、建立国际经济新秩序的斗争并没能取得突破性进展。随着冷战的结束，南方的战略地位下降，进一步削弱了南方讨价还价的能力，因此南北矛盾在冷战以后更显现出其暗色调，暂时作为世界经济中可能起大作用的背景因素而存在。

（二）南北力量对比的变化发展

1. 南北力量的对比。

静态地看，北方在世界经济中明显地处于支配地位。这种支配地位可以从四个方面得到体现：第一，在世界经济中占据着主体地位；第二，在世界产业结构和国际分工中处于优势地位；第三，在世界经济发展中处于制约地位；第四，在国际经济事务中处于支配地位。

动态地看，南北力量将发生新的重组。过去和对未来发展的预测数据表明，发展中国家的经济增长速度近 20 多年来略高于发达国家，似乎发展水平的差距逐渐缩小。但是，如果考虑如下三个因素便会得出另外的结论。第一，发展中国家的相对高增长主要集中在东亚等地和新兴经济体，而其他很多发展中国家谈不上有多高的增长速度。因此，如果说存在缩小差距的话，那是一部分发展中国家的事，而另一部分发展中国家则是在拉大差距。第二，发展中国家经济发展的起点低，因此增长速度快一些是理所当然的，发达国家就有过一个增长减速的发展过程。所以，对于大部分发展中国家来说，目前略高于发达国家的发展速度并不意味着缩小差距。第三，随着后工业时代的到来，GDP 的增长率对发展状况的描述力似乎已经减弱。发达国家的许多发展并不被直接体现到 GDP 的统计之中去。据此，南方和北方的差距并没有发生总体上的缩小，在南方的一些国家和地区正在迅速赶上北方的同时，大多数南方国家正在拉大与北方的差距。

2. 南北两极分化的发展。

1950—1980 年，发达国家的 GDP 从 4810 亿美元增为 76720 亿美元，增长 14.9 倍；同期发展中国家从 910 亿美元增为 2 万多亿美元，增长 22.2 倍；苏东社会主义国家从 900 亿美元增为 16990 亿美元，增加了 17.9 倍；到 1980 年发达国家的 GDP 占世界的 65%。[①] 但是到了 1997 年，高收入国家（少部分发展中国家加入了高收入国家的行列）GDP 占世界各国 GDP 总和的份额又上升了，占到了近 80%；而占世界人口 80%的中、低等收入国家的 GDP 仅占世界各国 GDP 总和的约 20%。2012 年，还是占世界人口 20%的高收入国家占有世界约 60%的产出，占世界人口 80%的中、低收入国家只拥有世界不到 40%的产出。最贫穷的国家更是到了食不果腹的程度，2012 年布隆迪的人均 GDP 只有 251 美元，马拉维为 268 美元。南北两极分化进一步加大。

这是由于：一方面，发达国家在世界经济中占据主导地位，科技水平远非发展中国家可比。因此，当全球化浪潮袭来时，便发生了南北分化的加剧。另一方面，不合理的国际经济政治秩序的继续存在。发展中国家出口的产品在世界范围内相对过剩，而发达国家提供的高科技产品和资本在世界范围内相对不足，极大地阻碍了发展中国家的发展。

（三）南方的分化

发展中国家是一个极其庞杂的组合体，各个组成部分的国情及对外

---

① 宋则行、樊亢：《世界经济史》（下卷），经济科学出版社 1994 年版，第 62 页。

部环境的应变能力不尽相同导致经济发展不平衡，经济发展的两极化趋势越来越明显。

造成发展中国家经济两极分化的因素主要有两个：

从内部因素看，一部分发展中国家实行了符合国情的社会经济发展战略，使这些国家能依靠本国廉价劳动力和丰富的自然资源，利用外国资本和技术，增加了出口竞争能力，推动了国民经济的迅速发展。而另一部分发展中国家，则由于政策失误，导致经济恶化，农业发展困难，债务负担沉重，也导致了社会动乱和政局动荡，国民经济一直徘徊不前。

从外部因素看，发达国家产业结构的大调整，国际资本流动和跨国公司的活动，扩大了发展中国家之间的经济差距以及内部结构性差异。发展较快的那一部分发展中国家，具有较好的投资环境、基础设施、技术劳动力和发展前景，因此西方发达国家的跨国公司都比较注意在这些国家和地区投资。这就使得这些国家和地区能够获得较多的外国资本，促进了国民经济的较快发展和经济结构的顺利转变；这反过来又使这些国家和地区得以进一步改善投资环境，加速制成品出口工业基地的建设，增加对外债的清偿能力，为引进外资创造良好的条件。而大部分发展中国家，特别是非洲撒哈拉沙漠以南最贫穷的国家，由于投资环境不够吸引人，法制不健全，经济发展缓慢，政治不稳定，投资没有保证而得不到大量的外国资本。

两个因素作用的结果是：一部分发展中国家进入了良性循环，而大部分发展中国家则处于恶性循环中。经过一段时间的积累，一部分发展中国家和地区在20世纪末开始成为工业发达的发展中国家和地区，即新兴工业化国家和地区。这些国家和地区已经初步完成了从传统产业结构向现代产业结构的转化，国民经济有了很大的发展，人均国民收入迅速提高，在世界制成品输出中的比重迅速扩大。而另一部分发展中国家的经济则发展缓慢，处于产业结构落后，劳动生产率低下，债务负担沉重，粮荒和难民问题不断，政治社会环境不安定的状态。

综上所述，由于北方的强大、南北两极分化和南方的不断分化，“南弱北强”的态势在可预见的未来是不会发生很大变化的。南方所能做的是如何在国际经济秩序中尽量争取一些有利于自己的因素，但很难彻底地改变现有的不利于南方的利益格局。

第二节　发达资本主义国家经济

一、发达资本主义国家经济发展的轨迹

（一）战后经济恢复和转轨

第二次世界大战结束到1953年，发达资本主义国家所面对的经济问题主要是经济恢复和转轨。这期间，美国经济的战略要点是由战时经济向和平经济的过渡，欧洲和日本则是经济重建。经过努力，西欧的国民生产总值在1950年达到了1938年的102%；日本的国民生产总值在1951年恢复到了1936年的水平。而美国则成功地实现了经济的转轨。

在这一阶段，西欧和日本经济之所以能够得到较快的恢复主要是由于：第一，西欧和日本虽然经历了战争的巨大破坏，但其物质基础并未“丧失殆尽”。第二，它们仍然保留着充裕的素质较高的人才和劳动力。科学技术、管理经验、教育水平和人的文化素质等发展经济的优越条件并没有因为战争而毁灭。第三，实施了一系列的经济体制、政策的改革和调整。第四，美国的援助。第五，其他因素的刺激，如朝鲜战争促进了日本经济的“战争景气”等。美国实现成功的经济转轨除了具有与其他西方国家共同的原因和条件（如，强大的物质基础、人才、管理的优势和国家干预的加强等）外，还在于内需的扩大为美国经济的转轨创造了巨大的需求。

（二）经济高速增长时期

1953—1973年是发达资本主义国家经济大发展的时期。这一时期前后20年，发达资本主义国家年均经济增长5.54%，既高于两次世界大战之间（1919—1938年）的2.3%，也高于第一次世界大战以前50年（1863—1913年）的3%。

发达资本主义国家在这一时期实现高速增长的原因何在呢？从生产力发展的角度看，这一阶段的增长得益于生产力自身发展的积累优势和加速趋势。特别是战后技术革命的发展大大促进了经济的增长，例如在这期间，美国就取得了65项突破性的发明创造。除此以外，各发达资

本主义国家的战略调整和改革也促进了经济的高速增长。首先，国家垄断资本主义得到了进一步的发展，缓和了资本主义的基本矛盾，刺激了资本主义经济的迅速发展。其次，国家对科学研究的大量投资和组织，完成了只靠私人垄断组织难以完成的科研项目，促进了科学技术的进步，从而促进了经济增长；国家通过政府采购和宏观经济调节，使市场的缺陷得到了一定的弥补，从而减轻了经济危机对经济增长的冲击。再次，进一步完善了“现代市场经济”，使得发达资本主义国家的生产力、生产社会化的发展得以在一个充满活力的体制环境中进行。最后，还建立了国际经济协调机制，以保证国际贸易、国际金融的正常运转。

（三）滞胀阶段

1973—1983 年这 10 年是发达资本主义国家处于经济停滞与通货膨胀同时并存的阶段。在这个阶段出现了低经济增长率，10 年年平均经济增长率仅为 2.4%，大大低于上一个时期的 5.54%；高失业率，失业率最高的英国达到了 13%；高物价上涨率，发达资本主义国家的平均物价上涨率在 1974—1981 年达到了年均 9.9%。

一般认为，滞胀的原因有三个。第一，战后国家垄断资本主义的发展、资本关系的社会化，的确有适应、促进生产力、生产社会化的一面，但它只是缓和而非从根本上解决了与生产力、生产社会化的矛盾。这一基本矛盾发展到一定程度，对经济增长的阻碍作用仍会突出出来。第二，前一阶段的“反危机”措施在一定时期、一定程度上缓和了生产和市场的矛盾，但也使得历次危机展开不充分，引起生产过剩因素的累积，在这一阶段的危机中进行总清算。第三，由于 20 世纪 60 年代末、70 年代初一系列的政治、经济事件（如越南战争扩大、石油危机、布雷顿森林体系崩溃等）导致的国际贸易、国际金融体系的急剧变化也构成了滞胀的动因。

（四）经济平缓增长阶段

这一阶段开始于 1983 年，一直持续到 2008 年爆发国际金融危机。这一阶段的前一时期，1980—2000 年，发达国家的年均经济增长率为 2.6%。虽然速度不算高增长，但对于一种成熟、质量型增长的发达经济，也是一个不错的发展速度了。后一个时期，2000—2007 年间，由于主要发达国家都经历了一次衰退，平均经济增长率降至 2.2%。而且出现了与维持该增速相关的，对过度的、缺乏监管的金融创新的纵容。

这一阶段里，各发达资本主义国家经济战略最主要的特点是：在保持一定经济增长速度的同时，倾全力对付通货膨胀。经过一段时间的整治，严重的通货膨胀得到了抑制，从而使滞胀得以缓解。这一阶段的调整、改革主要包括：第一，紧缩政府开支，减少财政赤字以控制通货膨胀；第二，降低税率以刺激投资，促进经济增长；第三，紧缩货币供给，提高利率，以控制通货膨胀；第四，实行企业私有化，以增加经济活力和减少政府经济负担；第五，进行产业结构调整。这些措施虽然未解决发达资本主义国家提高经济增长速度的问题，但是却有效地控制了通货膨胀。

（五）国际金融危机和后危机阶段

这一阶段从2008年开始，由美国次贷危机演变而来的国际金融危机，对世界经济尤其是发达资本主义国家经济形成了巨大的冲击。2008—2012年期间，美国的年均GDP增长率仅为0.4%，而日本呈现0.1%的负增长。欧盟受金融危机的影响严重，欧元区国家遭遇了主权债务危机。

从上述发达国家二战后发展的轨迹我们可以看到，当国家交往加强，全球化发展的时候，世界经济也往往处于繁荣期。当然这并不意味着资本主义基本矛盾消除了，而是随着世界经济的发展，这种矛盾越来越多地越出一国范围，而表现为世界范围的矛盾。具体表现为：

第一，生产力飞跃与消费的矛盾。供需的这种矛盾不再局限于某个国家，而是扩展到了世界的每个角落和各个方面。

第二，单个跨国公司与世界市场的矛盾。这实际上是单个企业生产的有序性与市场竞争的无序性在整个世界经济中的反映。单个跨国公司对利润的追逐和在从生产到销售的各个环节的高度组织能力，不可避免地与世界市场缺乏统一的规则的状况相冲突。比如，所谓的合理避税等便从一个侧面反映了这种冲突的存在。

第三，国际游资带来的虚拟资本和实物经济的矛盾。由于当前世界经济中金融深化的发展，虚拟资本的膨胀非常之快，实物经济的发展速度却只能依其自身的规律变化，所以两者的脱节便不可避免。而全球化在拆除国际经济发展的障碍的同时，也为国际游资的流动扫平了道路。

国际游资的流动常常通过对一国或多国经济的冲击使虚拟资本和实物经济的矛盾得以表现出来。

第四，南北矛盾。南方和北方的矛盾一天也没有被解决过，从当代世界经济发展的历史中，我们能看到的是越来越贫困的南方和越来越富裕的北方。当富裕的北方的发展速度相对较慢时，这一矛盾得到的重视就会多一些，反之，矛盾在世界上被提到和注意到的机会就会变小。

与此同时，这种基本矛盾在资本主义国家内部仍然表现在众多方面，比如围绕福利的矛盾。为了缓和国内阶级矛盾，发达资本主义国家会分出一些资源用于福利。而过高的福利必然削弱一国经济的竞争力。当经济发展较好的时候，这并不是什么问题；但在经济发展不顺利的时候，福利这个问题便会凸显出来，于是阶级的矛盾也会通过对福利问题的争执而加剧。

总之，当全球化受到挫折时，便会出现经济发展的减速和各类矛盾的凸显。当全球化处于发展状态时，各类矛盾便会在发展的过程中获得缓冲空间，给经济发展以较大的余地。

二、美国经济

（一）二战以来的美国经济霸权

二战结束之后的美国经济霸权是全面的，无论是生产能力、人力资本、科学技术还是金融、贸易美国基本上都处于垄断地位。但随着全球化所带来的技术扩散、生产在世界范围内的转移，到本世纪，美国的经济霸权已经越来越基于金融霸权和贸易霸权。体现在两个方面：美元霸权和对世界性国际经济组织的主导权。二战后形成的布雷顿森林体系，其核心内容是“双挂钩”，即美元与黄金挂钩、其他国家货币同美元挂钩并实行固定汇率制。“双挂钩”使美元成为国际货币体系中的基本计价单位、流通手段、支付手段和储备手段。美元成为世界货币，美联储成为世界的中央银行，美国的经济政策影响着世界各国的经济状况。1973 年布雷顿森林体系崩溃以后，虽然美元不再与黄金挂钩，但是美元作为世界货币的地位并没有改变，其在世界经济中的重要性仍很突出。20 世纪 90 年代，随着美国经济的高速发展，美元还出现了强化趋势。美元成为主要的外汇储备资产，并且在外汇交易和贸易结算中所占比重呈逐渐上升趋势，形成了实际上的美元本位制。这种制度实际上赋予了美国向所有使用美元的国家和行为收取铸币税，并取得干预别国货币政策的权力。世界性国际经济组织所确立的国际经济机制也成了美国控制和管理世界经济的得力工具。美国对世界银行的控制主要是通过两个渠道来实现的，即拥有执行董事会上最大份额的投票权和控制关键职位。通过这些世界性国际经济组织，美国可以把自己的意志以国际社会的名义强加于世界的任何一个国家，而这些意志当然是基于美国利益的。

（二）美国经济霸权的维持和前瞻

在本次世界经济危机之后，虽然美国的相对经济实力进一步下降，但其在世界经济实力中的主体地位依然没有受到根本性的影响。从体现经济实力的主要指标，如国内生产总值、进出口贸易、对外投资和对外贷款等方面看，美国在全球经济中依然具有相当明显的优势。因此，在未来一个时期内，美国仍然可以维持其经济霸权。

在这个时期里，从趋势看，欧盟和日本的实力不足以威胁到美国，发展中大国尚不足以挑战美国的地位。首先，欧盟引起经济危机的问题的解决尚需时日，而且欧盟内部矛盾不断，很难达成统一的协议。其次，日本仍将持续 20 多年的低迷，在经济危机冲击下，短期内实现较好的可持续发展的可能不大。再次，发展中大国在诸如高端产业、研发能力和管理经验等方面依然处于劣势。

虽然 2008 年的国际金融危机起源于美国，也最先给美国经济带来深刻的影响，但就主要发达经济体（美国、欧盟、日本）来看，它最终所受影响可能反而最小，也最有可能率先走出经济危机的影响。当前美国不仅在各项关键经济指数，诸如经济总量、科技实力以及国际经济事务话语权等方面领跑全球，而且它还可以利用其在国际经济体系中的强势地位牟取私利。比如，国际金融危机虽然给美国经济带来了巨大的打击，但却并没有对美元的霸主地位产生太大影响，由于欧洲和日本的问题更大，美元地位反而还有所回升。而且就最新的经济数据来看，美国在金融泡沫破灭之后，重回制造业的努力已经有了初步的成果，失业率也得到了有效的控制。总的来看，美国作为当今世界唯一超级大国，其世界经济霸主的地位还难以动摇。

三、欧盟和日本的经济

（一）欧盟在世界经济中的地位及其变化

客观地说，欧盟目前在世界经济中的影响力还不能与美国相提并论。其原因如下：第一，欧盟并不是单一国家，欧盟 28 国内部矛盾重重，为了相互妥协常常会影响其对世界经济的贡献。第二，相对于美元来说，欧元在世界经济中的作用还不大，不像美元那样被普遍地作为世界货币来使用。

但是，说欧盟目前的影响力还不足，并不是说欧盟没有影响世界经济的力量。我们已经提到，欧盟是世界上唯一 GDP 与美国不相上下的经济体。2012 年，欧盟进出口总额即使剔除成员国之间的贸易，按现价美元计算也有近 6 万亿美元，比美国近 5 万亿美元的进出口总额要高得多；而且欧盟的人均 GDP 也与美国在同一个梯队里。单就经济实力而言，欧盟并不逊于美国。

往前看，如果我们按照过去几十年欧盟经济增速趋势做一个简单外推，无论是到 2020 年还是到 2030 年，欧盟的经济总量、人均收入、外贸总额等还会和美国不相上下。

（二）日本在世界经济中的地位及其变化

20 世纪 90 年代以前，日本一向以国家调节经济有方、推动经济高速增长有力而称道。但是，当新一轮全球化风头正劲的时候，日本政府却在 80 年代末、90 年代初实施了一系列大有问题的经济政策，导致了日本泡沫经济的发展。泡沫经济的发展不仅为后来泡沫经济的崩溃打下了基础，也推动了日本资金盲目出击美国，造成巨大损失，从而给日本经济留下了一系列消极影响。但是这不等于说日本在新的世纪中将难以作为“多极”中的一极。而且，经历了 2008 年的国际金融危机，比之持续了 20 多年的经济低迷，日本经济虽然没有变得好起来，却也没有进一步恶化。因此，短期内日本仍然会是“多极”格局中的一极，但地位逊于美国、欧盟。

首先，从目前日本经济实力看，2012 年日本的 GDP 为 59597 亿美元，排在世界第三位，其人均 GDP 为 46720 美元，无论从总量还是人均上看，在世界经济中都排名靠前。日本的其他静态经济指标也仍然非同小可。2012年进口10197亿美元、出口9655亿美元的商品和服务，对世界经济保持着巨大的影响力；2012年的国际储备额高达12271亿美元，保持着世界第二大国际储备国的地位。因此，当今的日本在世界经济中仍然是最重要的经济大国之一。其次，从发展的可能性上看，日本走出泡沫经济的阴影并摆脱金融危机，实现“正常”增长（当前日本的正常应该是低速增长）的可能性是很大的。

第三节　发展中大国经济

一、发展中大国经济地位的变化

自20世纪90年代以来，以金砖五国（俄罗斯、巴西、印度、南非、中国）为代表的发展中大国由于经济增长的速度普遍高于西方发达国家，经过20年的发展，在世界经济中的重要性已经达到了一个新的高度。主要反映在三个方面：其一是发展中大国在世界经济总量中所占比重和人均GDP都日益上升；其二是发展中大国在要素国际流动中的重要性日益上升；其三是发展中国家在世界经济中的发言权达到了一个新的高度。

（一）在世界经济中比重的变化

自20世纪90年代以来，金砖国家经济发展迅速，GDP总量较之20年前已经有了很大变化。在1992年，金砖五国的GDP总额仅有1.7万亿美元，只有主要发达经济体（美、欧、日）GDP总量的9.15%。但到2002年，十年间，这一数据翻了一倍，达到了2.9万亿美元，上升为三大发达经济体的12.13%。从2002年到2012年，金砖五国的GDP总量又扩大5倍，达到了14.7万亿美元，为三大发达经济体的48.14%。

在人均GDP方面，金砖国家也同样发展迅速。以中国为例，在1992年，中国的人均GDP是362美元，仅是同期世界平均水平的8.02%。到了2002年，情况已经有了明显改善，当时中国1042美元的人均GDP已经到了同期世界平均水平的19.57%。而到了2012年，我国6094美元的人均GDP虽然与世界平均的10035美元仍有不小差距，但比值已经上升到了60.73%。

（二）在要素流动方面地位的变化

自20世纪90年代以来，发展中大国在要素国际流动中的地位也有了很大的提升，影响世界经济的能力得到了显著提高，这主要集中体现在两个方面：一是发展中大国对外贸易总额在国际贸易总额中占比的上升；二是发展中大国吸引对外投资能力的增强。

国际贸易比重的上升是发展中大国在要素的国际流动中地位上升最重要的表现。同样以金砖国家为例：在1994年，金砖五国的贸易总额仅有0.32万亿美元，在国际贸易总额的占比仅有5.12%；而到了2002年，金砖五国的外贸总额已经上升到了0.65万亿美元，在当年国际贸易总额中的占比已经达到了7%；而到2012年，金砖五国的进出口总额已经达到了7.15万亿美元，在国际贸易总额中的占比也已经高达16%，在国际贸易中已经成为一支不可忽视的力量。虽然在国际贸易结构上，金砖国家的服务贸易普遍与发达国家有差距，但是这也表明金砖国家在服务贸易领域还具有非常大的发展潜力。

发展中大国在要素的国际流动领域地位上升的另一大体现，则是吸引外资能力的增强。同样以金砖国家为例：在1992年，金砖五国吸引的外国直接投资总量和其在同期世界对外直接投资总额中的比例分别是144.9亿美元和8.7%；到了2002年，这两个数据分别是799.9亿美元和15.0%；而到了2011年，这两个数据更是上升到了2808.8亿美元和18.4%。金砖国家吸引的对外投资总额的上升，及其所吸引的对外直接投资在同期世界对外投资总额中占比的上升，都表明了发展中大国在全球投资中地位的上升。

（三）世界经济事务中发言权的变化

随着经济实力的显著提高，发展中国家，特别是以金砖国家为首的一些发展中大国，在国际经济事务中的话语权已经得到了很大程度的提高。

发展中国家在世界贸易组织中的话语权大幅度上升。作为在发达国家主导下建立的世界性经济组织，WTO虽然在原则上每个国家都拥有平等的投票权，但实际上很多决定是通过达成共识的方式做出，而共识的内容一般是在由美国等发达国家主导的非正式会议（即所谓的“休息室议程”）决定的。但变化在经济力的作用下不断发生，发展中国家的发言权在不断的提升。一个很能说明问题的事例是：在2013年5月7日，巴西驻世贸组织大使罗伯托·阿泽维多在最后一轮角逐中，击败了美欧日等发达经济体所支持的人选，成为世贸组织的新任领导人。

“二十国集团”在经济事务方面的影响力正在超越“七国集团”，也表明了发展中国家话语权上升的事实。自1985年以来，美、英、法、德、日、意、加七国集团首脑会议，一直是发达国家每年经济日程中的常规节目，在主导世界经济的同时也宣示着发达国家对世界经济牢固的主导权。但是2008年的金融危机及其应对却让“七国集团”力不从心，只得把应对危机的论坛搬到了有中国、印度、巴西和其他新兴国家在内的“二十国集团”那里。反映在当前的世界经济中，发展中国家经济话语权的上升已经成为发达国家不得不面对的事实。

另一个反映发展中国家经济话语权上升的事件，是近些年世界银行和国际货币基金组织的改革。布雷顿森林体系虽然崩溃了，但是由其所带来的世界银行和国际货币基金组织却依然主导着当前的国际货币体系。这两个组织在2010年开始了新的改革。而改革的一个重要举措就是把发达国家的投票权向发展中国家做了些转移。这一举措意味着，未来发展中国家在这两个组织中的发言权变大了，在国际货币体系中的话语权也相应变大了。

二、“金砖五国”的经济发展及前瞻

（一）中国经济

60多年来，特别是改革开放30多年来，中国经济实现了快速增长，综合国力显著增强。2010年中国国内生产总值为59305亿美元，经济总量跃居世界第2位，2013年达到了91814亿美元，进一步拉开了与第三位的差距。

城乡居民生活水平显著提高，实现了从贫困到总体上进入小康的历史性跨越。居民的实际消费水平在1952年为每人每年80元，而到2012年，城镇居民人均可支配收入为24565元，农村居民人均纯收入为7917元。城乡居民储蓄存款由1952年的8.6亿元增加到2012年的410201亿元。生活费支出中城镇居民用于食品消费支出比重已由1978年的57.5%下降到2012年的36.2%，农村居民由67.7%下降为 39.3%。

正当社会主义在苏东国家遭到空前严重曲折时，社会主义中国却以强劲势头继续发展，这已经成为 20 世纪后期世界经济政治大势中的一个突出现象。中国能够顺应全球化的浪潮，及时地实施成功的改革开放战略，无疑是最重要的原因之一。进入新世纪，以加入 WTO 为契机，中国经济正进一步与全球化的世界经济融合，并按照自己的经济发展战略向前迈进。目前，中国进一步深化改革和扩大对外开放，加快构建开放型经济新体制，逐步增强经济实力和提高在世界经济格局中的地位。

然而，虽然中国近些年经济实力有了很大提升，GDP 总额已经仅次于美国位居世界第二，2013 年的出口总额位居全球首位，并且整体趋势还在继续上升，但其作为发展中国家的根本属性还是没有改变。首先，从人均寿命、教育程度、生活水平等方面看，中国依然还处于发展中国家水平；其次，从科技创新能力和医疗卫生水平看，中国的社会发展水平还与发达国家存在着较大的差距；最后，从产业结构、城乡和区域发展的不平衡等方面看，中国的经济发展布局的结构性问题也还很突出。总的来说，作为发展中大国崛起的中国，在短期内也还不具备引起世界经济格局发生根本性变化的能力。

（二）俄罗斯经济

苏联集团虽然在政治军事上曾经形成了世界的另一极，其经济也曾自成一块，与世界的其他部分并行。但是，即便在它们最辉煌的时期，无论从总量还是从其他经济参数上来看，也未能成为世界经济的主导力量。同时，政治的崩溃又使它们陷入了前所未有的经济危机。

整个 20 世纪 90 年代，俄罗斯的经济状况一直处于困难之中。官方统计资料表明，10 年中，俄罗斯大中型工业企业的产值下降了 3/5，农业产值下降近 1/2，投资下降 3/4，GNP 下降 56%，居民实际收入下降近 1/2。而且，俄罗斯的经济发展一直为几个严重的问题所拖累。其一，企业如何摆脱困境。虽然实行了私有化，但是很大一部分企业产权并没有因之而从无效的经营者手里转到有效的经营者手中。其二，国家如何摆脱财政困难。其三，如何筹措经济发展所需要的资金。

在人均经济水平上，俄罗斯在可预见的未来几乎不可能赶上富国。

如果按人均拥有的自然财富计算，俄罗斯是世界上最富裕的国家。然而，按实际创造的财富计算，俄罗斯还是不富裕的。2008 年的金融危机，导致国际原油价格暴跌，对俄罗斯 2008 年经济增长的冲击是巨大的。2013 年的 GDP 为 20968 亿美元，排在世界第 8 位，人均 GDP 为 14591 美元，而美国人均 GDP 为 53000 美元，日本是 38468 美元。所以，虽然俄罗斯的经济在 2011 年后已有所好转，但在短期内是不可能成为世界经济中一极的。

在未来 10 年左右的时间里，俄罗斯经济只能保持低速增长。一方面，俄罗斯的人力资源和制度改革不支持俄罗斯经济快速增长。俄罗斯的人力资源状况已经并将继续对其经济发展起制约作用。俄罗斯的人口在不断下降，在劳动力素质已较高的情况下，通过改善劳动力素质来提高经济效率的方式也很难奏效。在经济制度改革方面，由于其石油经济发展减缓了市场化步伐，俄罗斯在可预见的未来不大可能通过市场化来实现经济较大发展；同时，俄罗斯通过继续减少市场作用来推动经济前进从长期看似乎也行不通。另一方面，俄罗斯自然资源丰富、科学技术发展水平较高、劳动力素质相对较高，而人均 GDP 较低等因素也支撑着俄罗斯经济发展不至于出现萎缩。

（三）印度经济

2008 年的国际金融危机，使世界经济增速放缓，对大宗商品价格造成了打击，但这对印度是利大于弊。虽然印度也出口大量矿产品，但进口金额更大的是能源和原材料。发达国家经济衰退对印度经济则是弊大于利，首先是外需不振；其次是资本外流。因此，印度经济减速成为必然。糟糕之处在于，世界经济的问题加剧了世界各种矛盾的深化，而印度在国内国际本来就有许多处于爆发边缘的矛盾，在当前的情况下更是随时可能爆发。任何一个矛盾的爆发所引起的事件都可能使人们对印度进一步失去信心，而加深外部冲击的影响。孟买恐怖袭击就是一个典型，估计至少使 2009 年印度经济增长速度降低了 1 个百分点。当然，印度经济的基本面总体上较好，因此恢复起来也会比较快。

印度人均 GDP 在 2013 年只有 1509 美元，在可预见的未来仍然会继续留在低收入国家的行列。但是，就其总量来看，印度经济规模并不小，2013 年以 18768 亿美元的 GDP 排在世界第 10 位。印度未来经济年均增长保持中速增长的可能性很大。原因在于它的两大优势。一是人力资源方面的优势。印度人口结构合理，年龄在15～64岁的劳动人口2011年占总人口比例为64.79%，预计到2026年会增加到68.4%，这保证了印度劳动力的充分供给。同时，印度提高劳动力素质的余地也非常大，这保证了从人力资源方面对经济增长的支持。二是印度的制度改革已开始显现一定成效。如果能够保持这种改革态势，加大经济对外开放，推动经济市场化，其制度改革效应是可以期待的。尽管有地缘位置不佳、自然资源贫乏、基础设施落后、社会结构过于复杂、民主政治运作不成功等问题的制约，我们仍认为，在未来10多年，印度的经济将保持中速增长。

（四）巴西经济

巴西拥有845万平方公里的土地，1.97亿人口。2013年GDP为22460亿美元，排在世界第7位。虽然巴西在过去的10多年经济发展速度不算快，基本在2%～3%左右，而且通货膨胀非常之高，金融波动不断，但其发展却几乎从未停止过。再加上其庞大的发展潜力（来自于其幅员、资源和人口），不能不认为其是一个比较重要的国家。

2008年的国际金融危机，对于巴西来说，发达经济的衰退带来的效应是两方面的。有利的方面是发达经济为了应对危机大举降息，这极大降低了巴西的债务成本；不利的是流动性的急剧下降不利于其借新债。而世界经济增速大幅度下降引起的原材料价格大幅度下降对巴西的影响则是单方面的，严重影响巴西经济的扩张。更严重的是，如果巴西的经济增速下降的幅度足够大的话还有可能导致社会紧张，甚至干扰经济秩序。

预计巴西在未来10多年的年均经济增长率将保持低速增长。首先，巴西的人口问题要到2050年以后才会凸显，之前无论是劳动力供给还是劳动力素质提高都有很大的余地。其次，巴西是发展中国家，技术发展水平比发达经济体低很多，不会在未来20年内达到“技术顶”。再次，由于有丰富的资源（土地和矿产）以及与发达国家的良好关系，巴西的发展无须过多担心资金的不足。但是，巴西经济也有着一些难以克服的问题：包括债务负担及公共开支过大，高税收和高利率政策难以改变，贫富差距很难缩小，基础设施投资严重不足，居民存款意愿低等。

综上所述，巴西的经济、政治如果能够保持稳定的话，未来10年巴西经济将保持低速增长；但如果不能保持政治的稳定，则会更低。

（五）南非经济

南非是非洲最大经济体和最具影响力的国家之一，其国内生产总值约占撒哈拉以南非洲国家经济总量的1/3，对地区经济发展起到了重要的引领作用。南非于2010年加入“金砖四国”，从此一起被称为“金砖国家”。2012年南非的GDP为3823亿美元，人均GDP为7314美元，GDP增长率为2.5%。南非过去10年的年均经济增长速度在3.5%左右。

预计南非经济在未来10年将能够保持3%左右的增长速度。虽然南非在近些年经济发展比较稳定，但相比西方发达国家，在诸如高端产业、金融业、研发能力、管理经验、资金、人才和教育、劳动生产率、规模经济等方面依然处于明显的劣势，在国际市场上也没有绝对的优势。在国际金融危机之后，虽然南非经济受挫较小，保持了一定的扩张势头，但不论是经济总量还是贸易总量等基本的经济实力，离发达国家依然有很大的差距。首先，目前南非经济发展存在着一定的制度欠缺、城乡和区域发展不平衡等诸多不确定因素；其次，南非经济增长很大程度依赖外部经济环境，其产业结构的升级和经济的进一步发展都还需要依赖其他经济体。以上诸多因素阻碍了南非经济更快地发展，但是，由于“金砖五国”的共同努力和相互带动，经济增长速度也不会太低。

第四节　其他发展中国家经济

一、亚洲新兴工业国（地区）的经济

20世纪60年代初，亚洲“四小龙”（韩国、新加坡、中国台湾省和香港）根据自身资源缺乏、劳动力丰富、交通方便的特点，开始实施出口导向型经济发展战略。随着出口导向型经济的发展，“四小龙”的经济相继腾飞。20世纪60年代其经济增长率为9%，70年代为9.1%。80年代虽然有所下降，但仍达6.3%，是世界经济增长最为迅速的地区

之一。它们的产品涌向世界各地，成为发达资本主义国家的竞争对手。“四小龙”在世界出口额中的比重，从1960年的1.6%，提高到了20世纪90年代初的10%。2013年，新加坡的人均GDP达到了55182美元，中国香港为37955美元，中国台湾省为20925美元，韩国为25975美元，基本赶上了发达国家的水平。

亚洲新兴工业国家和地区具有许多有别于其他发展中国家的经济特征。其成功的原因主要可以归纳为以下几个方面：

首先，适合国（区）情的发展战略和国家（地区）政策。几乎所有的东亚新兴工业国和地区，都在某一时期采用过某种形式的政府干预的进口替代工业化战略。而且在转向出口导向战略后，仍然有选择地采用一些保护自己经济利益的干预政策。当然，这些战略和政策在给东亚新兴工业国和地区带来巨大成功的同时，却忽视了增加内需、开拓国（区）内市场的重要性；在开放市场的时候，往往对经济安全，特别是金融安全重视不够。

其次，世界经济结构调整带来的大机遇。从自然资源禀赋和规模来看，亚洲经济是多种多样的，这使得它们形成了一个发展梯队。由这个地区的日本率先发展，然后把发展得过热了的产业向被称为“四小龙”的新加坡、韩国、中国的台湾省和香港特别行政区转移，而这些国家和地区再把它们的过热产业向其他国家和地区转移，形成了所谓的雁式发展模型，导致了“四小龙”及该地区其他国家和地区经济的繁荣。由于既不需要担心技术和资本的来源，又不需要担心产业发展过度之后的去向，居中的“四小龙”得到的好处就更大一些。当然，随着它们的技术和资本密集度赶上和接近日本，其发展的困难也将越来越大。

再次，充裕的劳动力资源和较高的积累率。美国和西欧等发达地区，积累率都不高，也没有劳动力资源的优势。南亚和非洲等发展中地区，劳动力资源虽然丰富，但积累率低。唯独东亚，两种优势兼而有之，加上发达国家的出口市场，使劳动密集型产业得以迅速地发展起来。当然过去依赖这种优势也给东亚国家（地区）带来了粗放发展和风险投资不足、风险投资机制不够完善等缺陷。

另外，优越的地理和历史因素。第一，这些国家和地区都有一些天然良港，而且这些重要港口历史上就有着和世界资本主义体系的密切联系。第二，二战以后，美国对日本重建的援助以及朝鲜战争、越南战争及战争结束之后美国对亚洲新兴工业国（地区）的经济援助，都大大推动了对这些国家和地区出口工业部门的投资。

二、石油生产国的经济

石油生产国是指以石油开采业和炼制业为主要生产部门、以石油及其产品出口为主要收入来源的国家。目前世界主要产油大国主要有沙特阿拉伯、伊朗、委内瑞拉、挪威和伊拉克等。由于存在着石油这一特殊的资源，石油生产国在世界经济中处于一种特殊的地位，有了特殊的发展道路。

石油生产国经济的这一发展道路可以分为三个阶段。

第一阶段，石油资源操控在西方发达国家的石油垄断公司手里。这个阶段从这些国家独立到20世纪60年代中后期。在这个阶段，这些国家与其他发展中国家没什么分别，处于艰难地摸索发展道路的时期。

第二阶段，石油生产国在广大发展中国家的支持下，逐步收回了石油资源的主权，石油收入大幅度增加。这就为石油生产国的经济发展提供了大量的资金。借助这些资金，石油生产国建立起了庞大的石油加工业，极大地改善了基础设施，发展了基础工业、农业和轻工业，使得文化教育、医疗卫生和社会福利事业都有了长足的进步。但由于这一切都是借助于石油这一特殊产品之赐，而不是在世界市场中经过竞争取得胜利而得到的。因此，其基础仍然十分脆弱。

第三阶段，经济自由化阶段。由于石油生产国对西方国家存在着从勘探到销售等方面严重的依附，以及一些国家在建设中脱离实际盲目投资和财富的分配管理不当，再加上世界市场上石油价格的涨涨跌跌，许多石油生产国的经济面临较大的困难。人们生活没能得到较好的改善，经济发展速度也呈现下降趋势。因此，20世纪90年代后期一些国家便转到经济自由化上求发展。

从这个历程看，虽然石油生产国的经济发展不能算成功，其在世界经济中的份额也不算大，但是由于目前石油仍然是世界工业的主要能源，因此石油生产国在世界经济中占据着特殊的地位。当然，随着世界能源的多样化，以及对石油依赖的下降，石油可采储量的减少，这种地位是越来越不牢固的。

三、中等收入国家的经济

这类国家是发展中国家的主体，包括了拉丁美洲的大多数国家、非洲的一部分收入较高的国家以及一部分亚洲国家。这些国家既没有石油生产国那样的资源优势，也没有新兴工业国和地区的成功，一般是在旧有的基础上依靠自身的力量一步一步地发展经济，改善国民生活。这些国家的经济增长速度，低于石油生产国和新兴工业国家和地区，高于发达国家。但由于既没有经济总量上的优势，也没有资源和增长速度的优势，因此目前对世界经济并不构成较大的影响。

此类国家，特别是其中的大部分拉美国家都存在过“拉美化”问题，即贫富悬殊扩大、腐败严重、国有企业效率低下、社会治安恶化、城市人口过多、地下经济泛滥、对外资依赖性强、金融危机频繁和政局不稳定等，但是经过长时间的改革，许多国家都跨越了“拉美化陷阱”，实现了经济的快速增长。2013 年阿根廷的 GDP 和人均 GDP 分别为 6103 亿美元和 14708 美元，巴哈马为 84.2 亿美元和 23639 美元，智利为 2770 亿美元和 15776 美元。

四、东欧国家经济

东欧国家包括白俄罗斯、罗马尼亚、捷克、斯洛伐克、匈牙利、波兰、乌克兰等国。由于各国实际情况并不相同，分析东欧国家的经济状况要比分析俄罗斯复杂得多。比如各国的经济发展状况，改革的推进速度相差都比较大。但是，综合地看它们也有不少共同点。从积极的方面看，各国在四个方面取得了较大的进展：第一，与市场经济相适应的法律框架初步建立；第二，在所有制改革方面取得了一定进展；第三，市场经济体制初步发挥作用，多数国家要素市场已经初步形成；第四，政府直接干预经济的功能减弱，宏观调控机制已经开始运转。但是，经济 10 年过渡，10 年发展，东欧国家的政治、经济体制虽已基本“西化”，经济发展之路仍很艰巨，整体复兴仍有待时日。2012 年，德国的 GDP 和人均 GDP 分别为 36360 亿美元和 44999 美元，法国为 28073 亿美元和44099美元，英国为25232亿美元和39372美元；而白俄罗斯的GDP和人均GDP分别为717亿美元和7577美元，罗马尼亚为1874亿美元和8874美元，捷克为1985亿美元和18871美元，匈牙利为1322亿美元和13387美元。在建立和完善市场经济体制的过程中，一些难点问题日趋突出，成为制约各国经济发展的障碍。

五、最不发达国家经济

最不发达国家是指长期遭受发展障碍的低收入国家，特别是人力资源开发水平低和有严重结构性缺陷的国家。与世界上其他发展中国家相比较，最不发达国家的经济发展无论从总量、速度还是增长方式的创新上看都要差。根据最不发达国家评定标准，截止到2011年，全世界经联合国批准的最不发达国家已增至49个，其中非洲有32个，亚洲有9个，这些国家共有7.5亿人口。2012年部分最不发达国家的人均GDP如下：科比里亚422美元、马达加斯加447美元、马拉维268美元、尼日尔383美元、布隆迪251美元、中非473美元、刚果（民主）272美元、厄立特里亚504美元、埃塞俄比亚470美元。

分析最不发达国家不发达且发展缓慢的原因可以看到，这些国家受到了如下几个因素的制约。第一，自然条件不好，许多国家深处内陆，通过海洋加入世界贸易需要通过其他国家。第二，国内封建关系和势力的存在，严重阻碍了经济的健康发展；而政治自由化和民主化的推行又激起了部族等各种矛盾，破坏了正常的经济关系。第三，原有的经济基础落后，再加上长期的殖民地历史发展起来的大都是结构畸形的殖民经济，很不利于独立后经济的发展。另外，债务负担普遍很重。这些因素靠这些国家本身是很难克服的，因此，如何改善这些国家的状况便成为了一个世界难题。

为帮助最不发达国家摆脱贫困，联合国曾四次召开关于最不发达国家问题的会议，分别通过了《80年代新实质性行动纲领》（1981）和《90年代行动纲领》（1990）《支援最不发达国家十年行动纲领》（2001）《支援最不发达国家伊斯坦布尔行动纲领》（2011）以援助最不发达国家。这四个纲领为最不发达国家提出了一系列国际支援和帮助措施，例如在官方发展援助、商品贸易和减免债务等方面。但是，一方面，其所面临的外部经济条件没有明显改善，国际社会，尤其是发达国家对最不发达国家的援助指标和减轻债务负担的安排未能兑现；另一方面，最不发达国家本身受国内政治动乱、武装冲突等不利因素影响。因此，最不发达国家内忧外患的情况并未改变，其贫困状况仍在恶化。

第三章　当代国际分工和世界产业结构

世界经济和世界产业结构是随着国际分工的发展而发展的。没有国际分工，就不会形成真正的国际交换和世界市场，从而也就不会有世界经济的发展和世界产业结构的升级。因此我们在研究当代世界经济和世界产业结构新的发展和变化的时候，首先要从研究国际分工及其新发展开始。本章着重探讨当代国际分工发展的新特点、新趋势，及其对世界经济和世界产业结构发展的重大影响。

第一节　国际分工及其新发展

一、国际分工及其产生和发展的动因

分工是指劳动分工，即劳动者从事各种不同而又相互联系的工作。马克思说，分工就是社会成员在各类生产之间的分配。分工在人类历史发展的各个阶段都起着巨大的推动作用。第二次世界大战后，特别是进入新世纪以来，随着科学技术的发展和新科技革命的推动，分工、国际分工无论从广度还是深度上都发生了重大变化。

国际分工是指世界上各国之间的劳动分工。它是社会分工发展到一定阶段，国民经济内部分工超越国家界限向国际延伸的结果，表现为生产的国际专业化。因此，国内分工和国际分工之间既有联系又有区别。

第一，国内分工是一切社会形态共有的，而国际分工则是伴随着资本主义生产关系的形成才出现的。第二，国内分工是各国国民经济范围内的劳动分工，国际分工则是各国国民经济超越国家界限的国际延伸，表现为生产的国际专业化。第三，国内分工的发展主要取决于各国本身的生产力发展和科技进步，而国际分工则取决于整个世界范围生产力的发展和生产全球化的程度。第四，国内分工一般不受其他国家权力和制度的限制，而国际分工则必然受到各国的政策、法律和其他上层建筑因素的制约和影响。

国际分工的产生和发展受多种因素的影响。在发展的不同时期和不同阶段，因国际分工的内容和特征不同，制约国际分工的因素也有差别。一般而言，影响国际分工发展的主要因素有两种：一是自然条件，其中包括资源禀赋、气候、土壤、地理位置和国土面积等；二是社会经济技术条件，其中包括科学技术和生产力水平的高低、国内市场的大小、人口的多寡和社会经济结构等。

一个国家自然条件、地理位置和资源禀赋，是一国开展一切经济活动的客观基础。没有一定的自然条件，进行任何经济活动都是困难的。比如，热带作物一般只能在热带地区种植，矿产品只能在拥有矿藏的国家开采和出口，天然橡胶产在东南亚地区，石油则生产于中东和非洲一些国家。由于自然条件和资源禀赋不同而决定的国与国的劳动分工是不以人的意志而改变的。

应当指出的是，随着科学技术和生产力的发展，自然条件对国际分工的影响可能会逐步减弱。因为随着科学技术的不断进步，人工材料和合成材料大量涌现，自然条件对国际分工的制约作用就会逐渐缓解。因此，自然条件对国际分工只提供可能性，并不提供现实性，要把可能性变成现实性，需要一定的社会经济条件，特别是生产力条件。

生产力的发展是社会分工的前提条件。一切分工，包括国际分工都是生产力发展的结果。科学技术是社会生产力中最活跃的因素。一个国家纵然有丰富的煤炭资源但如果没有必要的技术力量，还是不能把它变成真正的财富，变成国际交换的对象。有些国家即使资源贫乏，但凭借比较先进的科学技术仍然可以建立起新兴的工业部门，日本就是典型的例子。以色列虽然缺水，但农业却相当发达。

科学技术对国际分工的形成和发展起着巨大的推动作用。国际分工的历史表明，每一次科技革命都把国际分工推向一个新阶段。同时，生产力发展和科技进步决定着一个国家在国际分工体系中的地位。

蒸汽机的使用是第一次技术和产业革命中的核心。新技术的出现，不仅直接使得生产规模扩大，也使资源利用的效率提高，种类增加。但是，除了美国等少数规模巨大、资源丰富的国家之外，这个时候的大多数工业化国家都不得不从其疆界外寻找市场，以销售国内现代工业所生产的产品；同时，在国内的原料不能满足本国工业的需求时，则通过殖民地等形式开拓国外的原料供应地。相应地，通过海外殖民地形式，许多落后国家也被迫卷入到这种国际分工格局之中。一方面，利用现代农业技术生产的剩余产品不得不销往国外；另一方面，进口这种生产中所需要的原材料、技术以及生产设备、运输设备等。同时，蒸汽机的革命使得交通和运输业发生了革命性的变化。最突出的体现是陆地上火车的出现，以及海洋上蒸汽轮船的出现。这些交通上的革命，不仅直接带来了贸易成本的降低，而且，间接带来一个内部市场、甚至世界市场的形成。

第一次技术和产业革命后，国际分工出现了宗主国和殖民地之间的畸形分工格局：原始资本积累时期的暴力、杀戮和强盗式的殖民掠夺，演变成了在工业资本国际生产体系中的经济剥削，把殖民地演变为工业化国家的商品出口市场和原料产地；与此相伴随，原始积累时期不可一世的葡萄牙、西班牙和荷兰，也让位于英法等工业化强国。这一时期，英国凭借着在工业革命和技术革命的先发优势，成为“世界工厂”和贸易中心，并建立起庞大的殖民地网络。

19世纪后期到第一次世界大战之前（1870—1913年），由电力革命所推动的第二次技术和产业革命推动国际分工进一步深化。

电力的运用，一方面，产生了电动机、发电机以及地理照明系统，使得电车、电站、电焊、电镀、电解法和电冶法等种类繁多的应用出现；另一方面，交流输电的成功也使得从城市到农村、从平原到山区的广大地区都成为电力所及的区域，也使得当地的工业发展完全摆脱了当地的条件限制。

不仅如此，电力的出现还使得信息传递的速度日益加快。在1837

年有线电报发明以后，1857—1866 年间，美国铺设了第一条横跨大西洋的海底电缆；1876 年，美国人贝尔又发明了电话；加上随后出现的无线电技术，电讯技术的发展，大大缩短了世界各地时间和空间上的距离，使得国际分工大大扩展和深化，也使得世界经济进一步发展。

这一时期，还出现了石油工业，以及以石油为燃料的内燃机，和相应的汽车产业，甚或飞机产业。这些技术和产业，虽然在当时尚处在初创时期，但是，却对后来的世界经济发展产生了重要影响。

新兴技术的出现和广泛采用，引发了深刻的社会经济变化。首先，这种技术革命引发了西方发达国家的工业化进入到电力时代，一些相关的新兴产业蓬勃发展；同时，由于新兴工业的投资规模巨大，只有大型企业才能承担，因而也引发了工业中的集中和垄断现象，导致西方资本主义从自由竞争时代向垄断竞争时代转变。其次，与此相伴随，工业化的深化，生产水平的大规模扩张也导致西方国家对于外部市场和原料产地的依赖大大加强，并掀起新一轮瓜分亚非拉地区的高潮。到第一次世界大战前夕，世界上的领土基本上被帝国主义瓜分完毕。再次，发达资本国家之间的力量对比也发生了很大的变化。依靠新兴技术和科技革命，新兴的德国和美国获得了更快发展，相对地位上升，从而引发了这些国家之间争夺殖民地、争夺势力范围的尖锐矛盾和对立。

总之，在这种新的技术革命的推动下，世界资本主义的发展进入到了野蛮的帝国主义时代。一个几乎包括世界各个国家的庞大的国际分工体系开始形成，即一方是剥削和压迫殖民地附属国的少数帝国主义国家；另一方是广大的殖民地附属国和半殖民国家。主要帝国主义国家之间在全世界范围内的有关殖民地以及势力范围的争夺最终导致第一次世界大战以及第二次世界大战的爆发。

第一次和第二次产业革命后的国际分工，带来的是一种西方发达国家与殖民地国家之间的畸形分工关系，即发达国家的工业化，以及殖民地国家的“原料型出口部门”与小农经济二元状况并存格局。这种经济发展水平不同的国家之间的分工，又被称为“垂直型国际分工”。

第二次世界大战之后到 20 世纪 80 年代初期的国际分工，是发达国家之间的内部分工、产业内部分工和发达国家之间的分工。

两次大战中，由于战争的需要，以石油燃料为基础的飞机、坦克、汽车和轮船等获得了空前的发展。和这些需求相关，战后，以石油为基础的汽车、坦克和飞机等重型机械工业，以及以石油为基础的石油化工产业都获得了突飞猛进的发展。与此同时，在电力基础上发展起来的和电力网络系统密切相联系的家用电器尤其消费类电子产品等产业也蓬勃发展。

经过两次世界大战的洗练，交通运输业也获得了大发展，形成了铁路运输、公路运输、水上运输、管道运输、航空运输相结合的海陆空立体运输网络，出现了高速电动机车、巨轮、喷气式飞机以及各式各样的家用汽车等运输和交通工具。这种发展使得人员流动尤其跨大洲流动，以及货物长距离尤其是跨洲际运输的“距离”大大缩短，成本大大降低。比如，20世纪70年代，在石油运输上，采用30万吨油轮比2.5万吨油轮的每吨石油的运输费用就下降了26%以上。再比如，固体货物运输上，采用集装箱船运输，可以使装卸的效率提高7～9倍，每只船只停留港口的时间缩短4/5以上。

同时，由于集成电路、数字技术、光纤通信、卫星通信、信息处理技术的飞跃发展，通讯业的面貌也发生了深刻改变。一方面，传统的通讯手段，如邮政、电话和无线电广播等得到了彻底的改造。比如，自动分拣机以及扫描阅读器的应用使得邮政效率大大提高。光纤以及程控电话的应用使得电话的普及率大大提高。20世纪80年代，发达国家的每百人电话拥有率就达到了50部以上，而且，出现了自动记录、可视电话和公用电话磁卡等设备，使通话效率和质量大为提高。另一方面，电子计算机在通讯上的应用，更是出现了电传、电子邮政、电视和通信卫星等通信工具，世界上绝大部分的国家都建立了卫星电视广播网络。通信技术的进步和普及，使得交易成本大幅度降低，电话、电视等电子产品成为普通民众的通讯和娱乐手段。

两次世界大战引发了国际政治和格局的大调整也推动了国际分工的调整。首先，两次大战之前存在的帝国主义及其殖民体系的格局已经不复存在。二战前后，殖民地和半殖民地国家中的民族解放运动使得传统的殖民体系瓦解，并纷纷获得民族独立，走上新的发展道路。因而有了发达国家和发展中国家之间的国际分工。其次，由于战后东西方国家之间的持续冷战局面存在，以及战前殖民体系的瓦解，西方市场经济工业化国家之间的联系大大加强，从而形成了战后主导国际分工格局的新形态，即发达国家之间的内部分工格局，或者进一步讲，发达国家之间的产业内部分工格局①。再次，以苏联和中国为代表的社会主义国家的兴起，以及东西方之间的尖锐对立，也促使社会主义国家内部的分工关系的发展。但是，这种国际分工格局随着 1991 年苏联的解体而瓦解。

发达国家之间产业内分工是国际间产业间分工格局的一种发展。它是指在同一个产业内部，不同的发达国家之间就不同种类的产品所进行的生产专业化分工。比如，在汽车产业内部，美国侧重大排量、空间大的轿车生产，日本侧重小排量、节能的经济型轿车生产，而欧洲厂商则集中在高档品牌轿车的生产。国际之间的产业内分工主要发生在收入水平相近、消费偏好相似、技术水平相当的国家之间。由于生产上的规模经济存在，这种将同一产业中的不同类型产品集中在不同国家中进行生产的国际分工会为贸易双方带来收益。这种国际分工被称为“水平型国际分工”。

20 世纪 80 年代中期以来国际分工出现许多新变化：产品内分工以及发达国家与发展中国家的“垂直分工”发展迅速，同时，发达国家之间产业的“水平型竞争”继续发展，“混合型国际分工”大量涌现。

与国际产业内的分工不同，国际产品内的分工主要是存在于生产成本差别较大、尤其是工资成本差别巨大的西方发达国家与发展中国家之间，是一种“垂直型分工”，即：发达国家将同一个产品生产过程中的某些劳动密集型环节转移到生产成本较低的发展中国家或者其他发达国家中进行；随后，又进一步将这些产品进口回来。这种模式首先应用在电子产业上，随后在服装、鞋帽、家具和玩具这类行业中也开始流行。与此同时，发达国家之间展开制造业特别是现代制造业的新的分工与合作，通过发达国家之间的“水平型分工”，来维护发达国家在制造业上的绝对领先地位。

---

① 战后国际分工中，还存在发达国家与发展中国家之间的形态。但是，这种国际分工的重要性已经大打折扣。一方面是由于技术进步，大量替代材料的发展大大减轻了发达国家对于发展中国家原材料依赖的程度；另一方面，殖民体系的瓦解也限制了传统的贸易往来。但是，对于石油的严重依赖，也导致发达国家与石油输出发展中国家尤其是中东产油国之间的贸易大大增加，并导致了中东产油国的暴富。

二、国际分工发展的最新形态：国际生产网络

国际生产网络是指共同参与某特定产品或服务制造过程的不同国家的企业所形成的国际分工协作网络。在这个网络中，跨国公司起核心作用。它们将产业或服务的制造过程进行分解，并根据不同生产阶段对生产要素、技术等投入要素的不同要求以及不同地区成本、资源、物流和市场的差别，在全球范围之内，进行最有效率的区位配置，获取最大利益。

国际生产网络是国际产业分工发展的最新形态。这种产业分工既不是产业之间的分工，譬如，制造业与初级产品制造业之间的分工，也不是产业内部之间的分工，譬如，汽车产业内部高档车和中低档车之间的分工，而是一个产品或服务价值增值链上，不同生产阶段或不同经营功能上的分工。在这种网络中，发达国家的一些跨国公司甚至将某些产品所有的生产和制造功能都转移到其他国家，尤其是发展中国家和地区之中进行，自己只是控制该产品的品牌和营销渠道。譬如，美国的制鞋企业耐克公司就是这样；另外一些跨国公司则将自己的核心业务定位在产品的研究和开发上。譬如，最早进入我国手机行业的瑞典跨国公司爱立信就基本退出了手机的生产，转而集中于新手机的研究开发上。更有甚者，将几乎所有的生产和经营功能都转包出去，成为名副其实的“虚拟公司”。譬如，美国的玩具生产企业刘易斯·盖路博有限公司。

国际生产网络最早是由20世纪60年代美国电子企业将电子产品生产中劳动密集型的组装和测试阶段向东亚地区转移而引发。70年代初期，随着跨国竞争的进一步加剧，美国和其他发达国家的许多企业开始意识到保持竞争力的重要方法之一是将它们的部分或全部劳动力密集型制造活动转移到生产成本比较低的国家进行，同时，继续控制附加价值比较高的国际营销和研究与开发工作。在这种情况下，一些企业开始将它们的生产设备和生产能力转移到国外并从事“离岸制造”活动。还有一些企业则走得更远，采取“外部筹供”模式将制造或生产活动全部分包给外国企业。正是在这种情况下，发达国家中传统的一体化制造业生产过程开始分离成不同的阶段，譬如，资本密集型的生产阶段、劳动密集型的生产阶段以及技术密集型的生产阶段等；随着制造过程的不断分

离，整个制造过程也与产品的营销以及研究和开发等功能逐步脱离，并形成了制造、营销以及研究和开发在不同国家和地区进行的格局。这样，一些区域性，甚或全球性的生产开始形成，一些落后国家和地区也开始融入到发达国家的国际产业循环之中。其中，东亚地区是国际生产网络的中心之一。

最初，国际生产网络所涉及的主要是制造业中劳动密集型的产业，或者劳动密集型的生产、组装和测试阶段。但是，80 年代，尤其是 90 年代，服务业的外包也开始兴起，同时，制造业的外包也开始向资本密集型，甚或技术密集型的产业或功能转移。

进入新世纪以来，国际生产网络不断深化。这主要表现在以下三个方面：（1）在制造业中，国际生产网络继续快速扩张。2001—2004 年间，美国的产业转移增加很快，转移的国家和地区是墨西哥、中国、印度和其他亚洲国家和地区。根据康奈尔大学一项调查，2004 年 1 月到 3 月间，美国有 255 家企业转移出了美国。其中，69 家转移到了墨西哥，58 家转移到了中国，31 家转移到了印度，39 家转移到了其他亚洲国家和地区，35 家转移到拉美和加勒比地区。和 2001 年进行的类似研究相比较，当时，只有 25 家企业转移到了中国，30 家转移到了墨西哥，1 家转移到了印度。实际上，美国发生的变化只是整个全球新一轮产业转移的一部分，中国将是最大的产业转移的目的地，将吸引全球产业转移的 1/3。（2）服务业，高附加值的服务活动转包活动开始活跃。最近几年，一些高科技跨国公司开始将它们的高收入、高附加值职业转移到海外去。这些工作包括集成电路的设计，工程，样本制作，测试，咨询，医学诊断，统计分析，汽车和航空设计，计算和设计，以及制药和纳米技术研究等。正是由于这类工作的转移，2003 年，美国的高技术人员失业率开始达到了前所未有的水平。譬如，电力工程师的失业率达到了 6.2%，为 20 年来的最高水平。（3）研究和开发中，由研究开发人员工资率巨大差别所引致的新一轮国际化开始兴起。这一点有点像制造业中的国际化过程，涉及的产业主要包括新兴产业，譬如，微电子、生物技术、医药、化学和软件产业等。

2008 年国际金融危机爆发以来，国际生产网络的发展受到很大冲击。从发达国家向外转移的步伐放缓，一些发达国家甚至出现了制造业回流的情况。为了应对金融危机的冲击，一些发达国家甚至推出了促进制造业回流、再工业化的举措。

第二节　世界产业结构变化及其动力

一、产业结构及其高级化基准

所谓“产业”，实质是社会分工现象。它既是国民经济的组成部分，又是同类企业的集合。产业结构则是指国民经济各产业部门之间以及各产业部门内部的构成，是资源（包括自然资源和人力资源）在社会生产和生活各个部门配置的比例关系。社会生产的产业结构或部门结构是在一般分工和特殊分工的基础上产生和发展起来的。研究产业结构，从生产活动的性质看，主要研究物质资料生产部门和非物质资料生产部门两大领域的相互关系；从部门来看，主要是研究农业、轻工业、重工业、建筑业、商业服务业等部门之间的关系，以及各产业部门的内部关系；从社会生产活动历史发展的顺序看，主要是研究第一、二、三次产业之间的相互关系①；从各产业所投入的、占主要地位的资源看，主要研究劳动密集型、资本密集型和技术密集型产业之间的关系。

所谓产业结构的高级化是指生产日益更少依赖于自然资源，更多地依赖科学技术，是指把新而又新、先进又先进的技术应用于生产所形成的新兴产业在产业结构整体中日益占有更重要的地位，起着更大的乃至

---

① 这种分类法是英国经济学家、新西兰奥塔哥大学教授费希尔 1935 年在《安全与进步的冲突》一书中首先提出来的。根据这种分类法，一般把产品直接取自自然界的部门称为第一产业，对初级产品进行再加工的部门称为第二产业，为生产和消费提供各种服务的部门称为第三产业。这种分类方法成为世界上较为通用的产业结构分类方法。我国的三次产业划分是：第一产业：农业（包括种植业、林业、牧业和渔业）；第二产业：工业（包括采掘业，制造业，电力、煤气、水的生产和供应业）和建筑业；第三产业：除第一、第二产业以外的其他各业。根据我国的实际情况，第三产业可分为两大部分：一是流通部门，二是服务部门。具体可分为四个层次：第一层次：流通部门，包括交通运输、仓储及邮电通信业，批发和零售贸易、餐饮业。第二层次：为生产和生活服务的部门，包括金融、保险业，地质勘查业、水利管理业，房地产业，社会服务业，农、林、牧、渔服务业，交通运输辅助业，综合技术服务业等。第三层次：为提高科学文化水平和居民素质服务的部门，包括教育、文化艺术及广播电影电视业，卫生、体育和社会福利业，科学研究业等。第四层次：为社会公共需要服务的部门，包括国家机关、政党机关和社会团体以及军队、警察等。

主导作用。另有人指出，高级化是指这样一种趋势，即技术密集型产业在产业结构中所占比重越来越大，劳动密集型产业比重不断下降。同时，还有人认为，所谓产业高级化实际上就是第三产业占比及其对经济增长贡献率不断提高的过程，服务业越发达，产业结构越优化。

现代产业经济学理论研究表明，一国产业结构是否合理，是否达到一定的“高级化程度”，主要看其是否符合如下几方面基准：（1）收入弹性基准，即每增加一个单位收入与增加对某商品需求量之比。如果由于收入扩大而增加的需求能转化为收入弹性高的商品，出口增长率则可随之提高，对整体经济增长则较为理想。（2）生产率上升基准。[①] 为了使收入弹性高的商品能够出口，必须具备充分的国际竞争能力，因而最佳选择是把生产率上升快的产业或技术发展可能性大的产业作为重点。（3）技术、安全、群体基准。讲技术基准，是因为经济发展的动力是技术革新，故而对于能成为将来技术革新核心部门的产业或者战略性新兴产业，虽然目前处于比较劣势地位，但也不能轻易放弃，甚至国家还要重点支持。讲安全基准，就是指为了一国经济的稳定发展，必须注重发展有利于保障国家安全和国家威望的产业。讲群体基准，则是指为了产业部门之间的平衡发展和相互关联促进，必须形成范围较广的产业群体。（4）环境（低碳经济）基准。近年来，由于能源匮乏、气候变暖以及环境问题的国际化，学者们又提出了一国产业发展和产业结构调整的节能减排基准，认为产业结构应该向“节能减排”的方向演进。（5）充分就业基准。就业是民生之本，是一个国家社会安定的前提。所以，世界各国都把最大限度地提供和创造就业机会作为产业选择和发展的重要依据。（6）人的全面发展基准。即无论是不同产业之间关系的演进，还是产业内部的深化发展都应该以有利于人的全面发展为前提，产业演进

---

① 日本学者筱原三代平 1957 年提出了两基准理论：即是指收入弹性基准和生产率上升基准。收入弹性基准要求把积累投向收入弹性大的行业或部门，因为这些行业或部门有广阔的市场需求，便于利用规模经济效益，迅速地提高利润率；生产率上升基准要求把积累投向生产率（指全要素生产率）上升最快的行业或部门，因为这些行业或部门由于生产率上升快，单位成本下降最快，在工资一定的条件下，该行业或部门的利润也必然上升最快。两基准理论以下列条件为基本前提：（1）基础产业相当完善，不存在瓶颈制约；或者即使存在一定程度的瓶颈制约，但要素具有充分的流动性，资源能够在短期内迅速向瓶颈部门转移，尽快缓解瓶颈状态。（2）产业发展中不存在技术约束。（3）不存在资金约束。如果上述条件不存在，两基准理论就未必成立，利用两个基准理论选择优先发展产业也未必可行。

要防止人的“异化”，防止把劳动者或产业工人沦落为机器的奴隶，成为生产工具的附属物。从理论上说，符合上述六条基准的产业结构状态，就可称之为一定时期一国产业结构的最适状态，同时也就表明该国一定阶段上产业结构高度化达到水准状况。

二、世界产业结构高级化演进的推动力量

世界产业结构及其格局变化是由国际分工及其格局决定的。世界各国产业结构的调整和演进的实践表明，产业结构的演进和升级是由多重力量推动而进行的。

第一，需求结构变动是诱致世界各国产业结构演进和升级的基本动力。马克思认为，“因为消费创造出新的生产的需要，因而创造出生产的观念上的内在动机，后者是生产的前提”①。产业结构的调整、优化和升级，实际也是消费主体需要的产品的升级和增加，是消费主体需要从低层次向高层次逐层递升的对象化及其扩张。消费主体的生存首先要解决吃饭的问题，因而农业作为第一产业首先发展起来并生产出大量的食品。以后随着享受、发展和实现自身价值、发挥自身社会作用的需要，在社会生产力进一步发展的基础上又推动了第二产业和第三产业的发展，并生产出大量的工业制成品和服务产品。现在又向信息产业发展，并生产出大量的信息产品。同时，产业经济理论也认为，产业结构的变化是需求结构变动（在开放经济中包括国际需求结构变动）和相对成本变动相互作用的结果，而且只有当这二者的相互作用趋于一致时，才可能促进产业结构的有序发展。

第二，企业特别是跨国公司是推进世界各国产业结构演进和升级的主体力量。产业是“同类企业的集合”，企业作为资本的化身，是产业升级和结构调整的主体。因此，一方面，追逐“利润最大化”的内在动机驱使企业把资源和生产要素配置到能够提高效率和带来更多“剩余价值”的技术工艺和产业上去，如此决定着不同产业的命运和新老产业的“更迭”；另一方面，资本的本性决定，寻求“低生产成本”成为诱使企业特别是跨国公司跨国配置生产要素和进行全球产业布局的重要动机，

① 《马克思恩格斯全集》第12卷，人民出版社1972年版，第740页。

由此决定发达国家的高成本产业向发展中国家的转移。众多长期从事跨国公司业务咨询活动的国际咨询公司的调查发现，决定全球制造业在不同地区转移最重要的因素是当地制造总成本。它是指在一个地方将原材料和零部件转换成最终可销售产品的总成本。这些成本主要包括：原材料和零部件成本；制造成本（固定成本和可变成本）；交通和物流成本；库存成本；税收和关税等。根据研究发现，从高成本的发达国家向低成本的发展中国家和地区转移制造业的成本门槛是19%，即发达国家的成本要高于发展中国家的19%时，才会有制造能力的转移。低成本国家之间的转移门槛是18%，而从低成本国家到高成本国家的转移门槛是16%。

第三，科技进步是推动世界各国产业结构演进和升级的根本力量。科学技术创新对产业结构演进升级的推动作用主要表现在两个方面：一方面科学技术发展直接创造新的生产技术和产业形态，直接决定着产业升级的方向和速度。知识的不断更替与创新，使产业关联的知识因素不断升级，由此引起产业结构变动，为产业结构跨越转换提供可能，同时又促使产业关联技术趋同，降低产业结构高度化演进的技术准入标准，使产业结构转换可以越过循序渐进的转换过程实现跳跃式转换，进而缩短产业结构升级程序或省略转换的某些阶段。高新技术所具有的高度渗透性，加速了产业边界的模糊和融合；知识产业的全球化趋势造成的产业分工开放化，为产业结构转换实现跨越提供了所需基本要素甚至是整体产业植入的良机，使产业结构跨越转换成为现实。另一方面科学技术创新导致需求结构变化，间接诱导产业结构变迁和升级。因为技术创新使得新产品和新工艺不断涌现，随之而来的是人均收入水平的提高。作为消费者的居民，无论是为了对新产品做出反应，还是收入水平提高的消费效应，都会形成新的需求压力，并改变原来的需求结构，进而诱致产业结构做出相应调整。

第四，市场竞争和国际竞争是促进世界各国产业结构演进和升级的催化力量。马克思指出："社会分工则使独立的商品生产者互相对立，他们不承认别的权威，只承认竞争的权威，只承认他们互相利益的压力加在他们身上的强制。"① 市场竞争的"优胜劣汰"，外在给追逐利润最大化的企业（资本），进而促进企业不断进行技术创新并把生产要素配

① 马克思：《资本论》第1卷，人民出版社1972年版，第394页。

置到“高收入弹性”和“高生产率弹性”的产业，进而催化了产业演进和升级。特别是国际竞争也成为影响国际分工和世界产业结构调整的重要力量。古典经济学家斯密在1776年的《国富论》一书中就提出绝对成本说。他认为，各国按照绝对成本的高低进行成本分工，就必然使各国的生产要素从低效率产业流入高效率产业，从而使资源合理配置和产业结构优化。大卫·李嘉图于1817年出版的《政治经济学及其赋税原理》一书中对斯密的绝对优势学说进行修正，建立了比较优势学说。20世纪30年代，俄林继承并发展其师赫克歇尔的学说，在1933年出版的《域际和国际贸易》中提出著名的要素禀赋论。他们认为，比较成本差异产生的原因在于生产要素禀赋差异。因此各国应从事自己拥有优势生产的那些商品生产，通过自由贸易重新分配各国生产要素，以实现国际商品价格的均等化。依据不同方面的比较优势，无论是要素还是成本，各国的产业先是在本国，然后是溢出本国，经历了不断的竞争。在竞争中，有的被淘汰了，有的发展起来了。

第五，资源环境约束是倒逼世界各国产业结构演进和升级的主要压力。人类社会活动是在一定的资源和环境下进行的。无论是人类为繁衍自身而进行的消费活动，还是为消费而从事的生产活动，都要受到资源和环境的“稀缺性约束”。因此，人类为了更好地满足自己发展的需要，就必然自觉或者不自觉地要“千方百计”地寻找和发展提高资源使用效率或新的替代资源的技术和产业。而人类这种能动的“挑战—应对”机制又内在地成为推动产业结构升级的无限动力。

第三节　当代世界产业结构演进和升级的新趋势

也正是在上一节所述“五大动力”的相互作用和有力推动下，世界产业结构正经历新一轮的深刻调整，并进一步向高级化演进。具体呈现出如下新趋势：

一、第三产业的地位日益重要的趋势依然持续，全球工业化重心向东半球转移

20世纪90年代以来，世界三次产业比重变动的总趋势继续表现为

由“一、二、三”向“三、二、一”的排序转变，服务业占GDP比重不断增加。据统计，1990年与2012年相比，服务业占GDP的比重变化为：高收入国家，从62%上升到74%；中低收入国家，从46%上升到53%；低收入国家，从41%上升到50%。同时，发达国家工业比重下降，而发展中国家工业比重上升。又有资料显示，世界制造业增加值从1980年的27900亿美元增加到2010年的102000亿美元，期间，美国制造业增加值从5840亿美元增加到18560亿美元，占世界制造业增加值的比重从20.93%降低到18.20%；德国制造业增加值从2490亿美元增加到6140亿美元，占世界制造业增加值的比重从8.91%降低到6.02%；法国制造业增加值从1400亿美元增加到2680亿美元，占世界制造业增加值的比重从5.02%降低到2.63%；英国制造业增加值从1260亿美元增加到2310亿美元，占世界制造业增加值的比重从4.52%降低到2.26%。再据联合国工发组织统计（见表3—1），1990—2011年，发达国家制造业占全球的份额由76%降到54%。新兴市场经济国家和地区在全球制造业中的比例，从24%上升到46%，提升了22个百分点。其中，中国从2.7%上升到19.9%，提高了17.2个百分点，贡献了新兴市场经济份额增长的78.18%，并先后超过德国、美国等世界制造业强国在2010年成为世界制造业第一大国。

表3—1 1990—2011年间，不同国家和地区在世界制造业产出中的比例（单位：%）

地区/年份	1990	2000	2005	2006	2007	2008	2009	2010	2011
新兴市场国家和地区	24.0	27.0	31.1	33.9	36.4	39.7	42.4	43.4	46.0
其中：									
中国	2.7	7.0	9.8	11.1	12.7	15.2	18.3	18.85	19.9
其他的新兴市场国家和地区	21.3	20.0	21.3	22.8	23.7	24.5	24.1	25.7	26.1
西方世界	76.0	73.0	68.9	66.1	63.6	60.3	57.6	56.6	54.0
其中：									
美国	21.5	24.1	23.8	22.9	21.2	18.9	19.8	18.2	18.0
日本	16.8	14.0	13.1	11.6	10.3	10.3	10.3	11.0	10.2
其他西方国家	37.7	34.9	32.0	31.6	32.1	31.1	27.5	26.4	25.8

资料来源：UNIDO，2004，Industrial Development Report，p.183；彼得·马什：《21世纪的新工业革命》，《金融时报》2012年9月4日。

二、先进制造业推动工业结构升级加快

一方面，制造业呈现出高技术、高加工度和高附加值的趋势。传统工业改造升级加快，技术水平和生产效率明显改观。另一方面，工业中的高技术产业成长迅速，成为未来经济发展的领航产业。发达国家先进制造业对工业增长的贡献份额持续提高。2008 年，美国、德国、日本的中高技术产业比重分别为 63%、64%、66%，新加坡高达 80%。高技术制造业的市场渗透力日益增强，成为发达国家保持国际竞争优势的重要支柱。

三、服务业向高附加值、知识密集方向加快发展

以金融、保险、房地产和商务服务为主的现代服务业增长最快，就业增加最多。1987—2007 年，在经合组织国家，这四个服务行业在 GDP 的比重从 15.4%上升到 35%左右，教育、卫生和社会服务业的增长位居第二。服务业对技术创新和扩散的推动作用日益重要。服务业促进了多项技术之间的相互渗透和发展。如物流业直接融合了运输工具、仓储管理和信息技术多个领域。服务业自身的发展越来越需要研发的支持，新需求又为技术创新指明方向。从 20 世纪 90 年代以来，发达国家服务业的研发费用占全部研发费用的比重普遍上升。服务贸易迅速成长，其增长速度在 90 年代开始快于商品贸易。1990—2012 年世界服务贸易出口额从 7827 亿美元上升到 4.3 万亿美元。

四、发达国家的产业发展呈现新特征

在发达国家，产业集群和产业融合都有新的发展。一方面，产业集群成为区域经济发展的主导和国际竞争的基础。突出表现为大量产业关联密切的企业和服务机构在一定区域内集聚发展，如：意大利的特色产业区，集中了纺织、服装、制鞋、家具等传统行业；美国硅谷软件产业区；德国南部地区的资本技术密集型产业集群等。另一方面，产业融合正在成为经济增长的新动力。原有产业分工边界逐渐模糊，出现多元化经营和新的产业形态。产业融合正在信息通讯、金融、能源和运输业之间加速进行，制造业的产业融合也将进一步发展。这将为就业增加、经

济增长、消费扩大和文化繁荣安上强有力的发动机。

特别是循环经济、低碳经济、生态产业方兴未艾。以节能降耗、减少排放、循环利用为特征，形成生态产业链和生态工业园，实现最佳生产，最适消费，最少废弃。进入新世纪以来，新能源、新材料、生物技术、生态工业、生态农业、生态旅游业等迅速兴起。同时，发达国家的产业发展的开放性和互补性日益凸显。发达国家既是产业向外转移的主体，又是世界上规模最大的引资国。发达国家产业结构的变动对国际分工体系产生主导影响，同样也在这一体系中不断调整升级，其产业发展越来越依靠在全球范围内配置资源。

当前最值得关注的是，发达国家的“再工业化”导致的制造业从发展中国家向发达国家的回流趋势及其影响。根据美国咨询公司海克特集团的研究发现，在2012—2014年间，全球制造业布局上发生较大的调整，样本企业中大约75%的产能受到影响。其中：（1）23%的制造业产能从高成本的发达国家向低成本的发展中国家和地区流动；（2）24%的制造业产能在低成本国家和地区之间流动；（3）9%的产能在高成本国家之间流动；（4）引人注目的是从低成本国家和地区向高成本的发达国家的制造业回流占制造业产能的19%。与2009—2011年间的类似研究相比，这次制造业调整的范围大大扩大了，受冲击的制造业能力从57%上升到75%。尤其重要的是，向高成本发达国家的转移比例增加最快，增加了13个百分点（发达国家之间的转移增加了3个百分点；回流增加了10个百分点）；而从发达国家向低成本的发展中国家和地区的转移则下降了3个百分点。这表明，发达国家从2008年爆发的这次“百年一遇”的大危机中汲取了其“去工业化”的教训，不再简单追求发展金融、房地产等虚拟经济，而是再次认识到发展实体经济和维持在制造业中的领先地位的重要性。

与此同时，基于全球可持续发展面临的能源与环境压力，以及计算机网络和软件技术不断革新，发达国家又积极推动新的产业革命，提出了“第三次工业革命”、“工业革命4.0”等新产业发展理念和发展战略。

提出“第三次工业革命”理念的杰里米·里夫金在其2011年出版的《第三次工业革命——新经济模式如何改变世界》一书中认为，传统化石能源时代已经走到尽头，人类社会必须靠可再生能源来改变化石能源枯竭、全球变暖等状况，而21世纪初新型通信技术的广泛应用，为可再生能源的开发、使用提供了现实可能。他提出一套“新能源互联网”的设想：新能源与互联网技术的进展和交互，一种建立在互联网和新材料、新能源相结合的第三次工业革命即将到来，它以“制造业数字化”为核心，并将使全球技术要素和市场要素配置方式发生革命性变化。

里夫金认为，第三次工业革命有五大支柱：(1) 传统能源向可再生能源转型；(2) 将每一大洲的建筑转化为微型发电厂，以便就地收集可再生能源；(3) 在每一栋建筑物以及基础设施中使用氢和其他存储技术，以存储间歇式能源；(4) 利用互联网技术将每一大洲的电力网转化为能源共享网络，这一共享网络的工作原理类似于互联网（成千上万的建筑物能够就地生产出少量的能源，这些能源多余的部分既可以被电网回收，也可以被各大洲之间通过联网而共享）；(5) 将运输工具转向插电式以及燃料电池动力车，这种电动车所需要的电可以通过洲与洲之间共享的电网平台进行买卖[①]。

里夫金的“第三次工业革命”的最大特点是其对工业革命的定义。他认为，工业革命必须包含三大要素：一是新能源技术的出现；二是新通讯技术的出现；三是新能源与新通讯技术的融合。当新的能源、通讯技术出现、使用和不断融合时，将极大地改变人类的生产方式，进而改变人类的生活方式。因此，里夫金认为，“第三次工业革命”就是目前新兴的可再生能源技术和互联网技术的出现、使用和不断融合后，将带给人类生产方式以及生活方式的再次巨大改变。他指出，当新的通讯技术和能源技术出现，并相互融合，将会极大地推动经济的发展。

里夫金的“第三次工业革命”的另一个特点是其政策价值。他认为，第三次工业革命将和前两次工业革命截然不同，“第三次工业革命”不仅仅是一个学术概念，更是当前全球摆脱经济危机的必由之路，也是人类历史上最后一次工业革命：“前两次工业革命中的通讯技术都是‘中心化’的，能源的生产方式以及工业生产方式，都是集中生产。但第三次工业革命中的互联网技术，则更多的是一种点对点的分散式技

---

① 〔美〕杰里米·里夫金：《第三次工业革命——新经济模式如何改变世界》（中译本），中信出版社2012年版，第32页。

术，这样将使分散式的能源生产和工业生产成为可能。而这种生产方式将更有效率，同时也能创造更多的就业机会。”

德国政府提出“工业 4.0”战略，并在 2013 年 4 月的汉诺威工业博览会上正式推出，其目的是为了提高德国工业的竞争力，在新一轮工业革命中占领先机。德国学术界和产业界认为，“工业 4.0”概念，就是以智能制造为主导的第四次工业革命，或革命性的生产方法。该战略旨在通过充分利用信息通讯技术和网络空间虚拟系统—信息物理系统相结合的手段，将制造业向智能化转型。

“工业 4.0”计划主要分为两大主题：一是“智能工厂”，重点研究智能化生产系统及过程，以及网络化分布式生产设施的实现；二是“智能生产”，主要涉及整个企业的生产物流管理、人机互动以及 3D 技术在工业生产过程中的应用等。“工业 4.0”计划的主要目的，就是在现代智能机器人、传感器、数据存储和计算能力实现突破的条件下，通过工业互联网将供应链、生产过程和仓储物流智能连接，从而实现智能生产的“四化”：即供应和仓储成本较小化，生产过程全自动化，需求响应速度较大化和产品个性化。最终使制造业脱离劳动力禀赋的桎梏，使全流程成本大大降低，从而实现制造业竞争力的最大化。在工业 4.0 时代，不仅因机器人为主体的自动化生产连线使得制造环节的人工得到节省，而且前端供应链管理、生产计划（互联网接入，实施管理订单）、后端仓储物流管理都将实现无人化，进而大大降低渠道库存和物流成本。该计划将特别注重吸引中小企业参与，力图使中小企业成为新一代智能化生产技术的使用者和受益者，同时也成为先进工业生产技术的创造者和供应者。

第四章　当代世界市场和国际贸易

随着经济全球化与科学技术革命的发展，在20世纪80年代以来的30多年时间里，国际贸易领域发生了巨大的变化。我们在本章将考察当代世界市场与国际贸易的发展，以及当代国际贸易政策。

第一节　当代世界市场

世界市场是世界各国或地区之间商品和劳务交换关系的总和。世界市场的概念包含内涵和外延两个方面。世界市场的内涵指经济学意义上的世界市场，是世界各国或地区之间商品、服务、劳动、资本、货币等交换活动的总和。世界市场的外延指地理概念的世界市场，是世界各国市场以及各国之间市场的总和。按照地理概念划分，世界市场可以划分为欧洲市场、美洲市场、非洲市场、亚洲市场等等；按国别可以划分为美国市场、中国市场、日本市场、德国市场等等；还可以按照经济发展的程度划分为发达国家市场、发展中国家市场等等。世界市场是世界各国或地区之间生产分工的结果，主要由世界货物市场和世界服务市场构成。

一、当代世界市场的快速发展

20世纪80年代以来，随着新一轮经济全球化兴起和贸易自由化的深入，国际分工格局调整，世界市场呈现出蓬勃发展的态势。其主要表现在如下几个方面。

第一，世界市场的规模迅速扩大。当代世界市场规模的迅速扩大得益于新兴经济体的崛起[①]。近年来，以中国等金砖国家为代表的新兴经济体经济的快速增长，带动了世界市场的迅速扩大。据国际货币基金组织和世贸组织统计，在2000—2008年间，“金砖四国”的GDP占全球比重由8%上升到14.6%，货物贸易额占全球比重由6%上升至12.8%。全球贸易量迅速扩大。在货物贸易方面，1980年全球货物贸易总额为1.9万亿美元，到2012年达到18.3万亿美元，增长了8.6倍。在服务贸易方面，全球服务贸易总额在1980年为3650亿美元，到2012年达到4.3万亿美元。[②]

第二，世界贸易的增长速度高于全球GDP的增长速度。当代世界市场的发展不仅表现为全球货物和服务贸易规模的迅速扩大，还表现在其相对于全球产出的快速增长。世贸组织《世界贸易报告2013》指出，1980—2012年，全球贸易年增长率约为全球产出年均增长率的一倍。[③]这种情况在世界经济发展史上是前所未有的，反映了全球化的加速和世界市场的日益完善。

第三，世界统一的国际贸易规则与惯例已经形成。随着世界市场的深化发展，客观上要求形成统一的、覆盖全球的多边贸易体制。1995年1月世界贸易组织替代关税与贸易总协定，成为世界上对国家间贸易关系进行管理的国际组织。截止到2013年9月，共有159个成员国，贸易覆盖范围为全球贸易的97%。WTO组织成员间进行谈判并制定的多边贸易规则涵盖货物贸易、服务贸易，以及与货物贸易有关的知识产权等领域，并且为成员国提供贸易争端解决的场所。在WTO框架下，统一的国际贸易规则已经形成。

---

① 1981年前世界银行经济学家安东尼·范·阿格塔米尔提出“新兴市场”概念，在世界范围内被广泛引用。1993年，美国总统克林顿在制定“国家出口战略”时，将墨西哥、阿根廷、巴西、南非、波兰、土耳其、中国、印度、印度尼西亚、韩国10个新兴市场作为主要贸易对象。进入21世纪以来，更多的发展中国家被纳入新兴经济体和新兴市场国家，西方媒体经常论及的新兴市场国家约30个。

② 数据来源于世界贸易组织数据库。

③ 数据来源于联合国贸发组织数据库UNCTADstata。

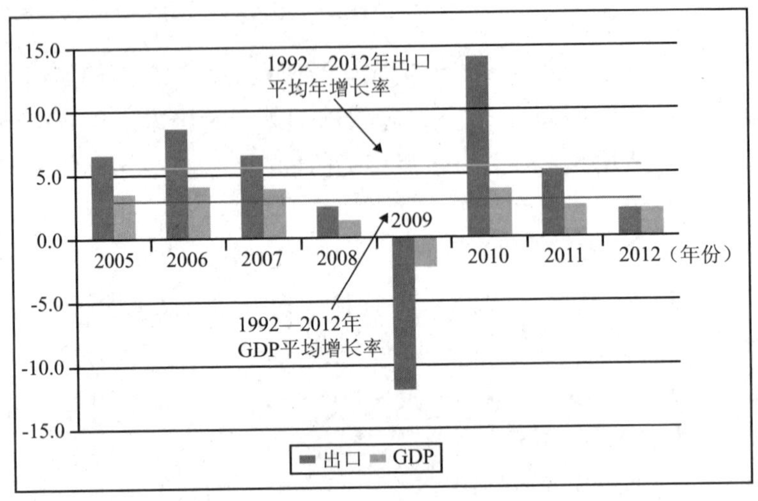

图 4—1　2005—2012 年全球货物贸易与 GDP 年均增长比较

数据来源：世贸组织《世界贸易报告 2013》。

二、当代世界市场发展的新特点

第三次科技革命使世界市场的各个组成部分在时间上和空间上的距离都发生了变化。20 世纪 90 年代以信息技术为核心的新一轮科技革命更是为全球的贸易、投资和金融业务提供了更为便捷的手段，将经济全球化推进到前所未有的高度。在全球化加速的大背景下，当代世界市场也呈现出新的特点。

（一）跨国公司主导世界市场

以企业的集团化和跨国化为基本特征的跨国公司对战后国际贸易的发展起到极大的推动作用。跨国公司通过对外直接投资的方式在东道国生产销售，提高了产品的竞争力，绕过了贸易壁垒，扩大了市场份额。20 世纪 80 年代以来，跨国公司发展出现一个新的高潮。当今，无论是跨国企业的集团数目、其海外子公司数目，还是其海外生产的比重都有了空前的提高，并且主导了全球的贸易模式，这为当今世界市场的发展注入了新的动力。

跨国公司为实现其全球经营战略，利用其自身的竞争优势和东道国的有利条件，在世界各国进行绿地投资或并购，进行集团内部各子公司之间，或与东道国的公司之间进行生产分工和产品交换。这样，无论从其海外投资带动商品出口来看，还是从集团内部各国公司之间的产品交换来看，跨国公司的大发展都极大地推动了当今世界市场的发展。

（二）世界市场区域化趋势加强

国际区域经济一体化是两个或两个以上的国家或地区为了实现共赢的目标，通过签订政府间的协议，实行从成员间减少或取消贸易壁垒到实施统一的经济政策的不同程度经济联合的过程和状态。

迄今为止，全球区域经济一体化出现了两次发展浪潮，第一次出现在 20 世纪 60—70 年代，第二次始于 20 世纪 90 年代，并延续至今。这一轮区域经济一体化打破了狭义的地域相邻概念，出现了跨洲、跨洋的区域合作组织。截止到 2013 年 7 月，向 GATT/WTO 通报的区域贸易安排共 575 个，其中 379 个仍然有效。① 其中 70%左右是近 10 年出现的。

随着区域经济一体化的快速发展，区域集团内部的商品交换发展迅速，并占据世界市场相当大的比例。2012 年，北美自由贸易区的内部贸易比重为 48%、而欧盟内部贸易比重达到 61%。② 由于区域内更多的实现了贸易的自由化和便利化，因而区域内部贸易上升很快，成为了世界市场发展的一个新趋势。

（三）世界市场产品形式多样化、交易形式复杂化

国际分工与国际贸易的深入发展，加之科技进步的突飞猛进，世界的产品形式日益多样化，贸易方式也日益复杂化，既有有形贸易，又有无形贸易。无论是有形贸易，还是无形贸易，均衍生出与以往不同的内容。③

在有形的货物贸易方面，制成品超过农产品等初级产品，成为国际货物贸易中的主体。而在制成品中，高新技术类产品的比重不断提高，知识密集型的创新产品层出不穷，无论是发达国家和发展中国家，出口都更加多元化。从生产水平来看，全球贸易的增长虽然主要还是由于贸

① 数据来源于世界贸易组织网站。

② 数据来源于世界贸易组织：《2012 年国际贸易统计》（International Trade Statistics 2012）。

③ 有形贸易就是指商品的进出口贸易，因为商品是看得见的有形实物，所以商品的进出口被称为有形贸易。无形贸易是有形贸易的对称，指劳务或其他非实物商品的进出口而发生的收入与支出。

易的集约边际增长，但是贸易的扩展边际增长的贡献越来越大。[①]

在无形的服务贸易方面，传统的服务贸易领域如销售服务、旅游服务、运输服务的产业链不断延伸；新兴的服务贸易领域大量出现。世界贸易组织《服务贸易总协定》[②] 将服务贸易分为四个方面：（1）从一成员的国境向另一成员的国境提供服务；（2）从一成员的国境向另一成员的服务消费者提供服务；（3）通过一成员的（服务提供实体）法人在另一成员的商业存在提供服务；（4）由一成员的自然人在另一成员境内提供服务。世界贸易组织按照部门将服务贸易分为 12 个部门：商业服务，通讯服务，建筑服务，分售服务，教育服务，环境服务，金融服务，健康及社会服务，旅游及相关服务，文化、娱乐及体育服务，交通运输服务，其他服务。按照世界贸易组织的分类，仅在商业服务中，就包括法律服务、工程设计服务、城市规划与环保服务、公共关系服务、有关咨询服务活动等专业领域的服务；还包括计算机及相关服务；自然科学、社会科学及人类学中研究与开发服务；不动产服务；设备租赁服务等等。

根据世界贸易组织统计，服务贸易在全球贸易中所占比例已经从 20 世纪七八十年代的 10%左右提高到目前的 20%左右。[③] 发达国家服务贸易在贸易总额中所占的比重更高。根据美国商务部公布的统计数据，2012 年美国对外贸易总额中，服务贸易占贸易总额的比重达到 27.7%。服务贸易的快速增长使世界市场得到进一步拓展。

第二节　当代国际贸易发展的特征及发展趋势

在经济全球化以及科技进步和生产创新的推动下，国际贸易快速发展，贸易领域不断扩大，贸易结构也发生了很大变化。全球贸易总量和总值的增长，其中大部分来自制造业产品贸易的增长。但是，如果以附

---

① 集约边际是指现有出口企业和出口产品在单一方向上量的扩张；而扩展边际则意味着新的企业进入出口市场以及出口产品种类的增加。

② 世界贸易组织：《服务贸易总协定》(General Agreement on Trade in Services)。

③ 根据世界贸易组织发布的《2013 年世界贸易报告》，2012 年服务贸易总额占全球贸易总额 19.1%。

加值来计算，服务贸易发挥了更大的作用。发展中国家迅速崛起，在国际贸易中所占份额不断扩大，发达经济体仍然是全球贸易中的主体。在金融危机的冲击下，贸易保护主义有所抬头，但贸易自由化仍然是世界贸易发展的主流。

一、当代国际贸易的特征

20 世纪 80 年代以来，全球贸易总体上保持了稳定增长的态势，只是在出现经济危机的情况下出现过波动。当代国际贸易不仅发展速度空前，而且在贸易格局、贸易结构方面也发生了巨大的变化。以新兴市场国家为代表的发展中国家在全球贸易中的地位日益上升；服务贸易的领域不断拓宽，在全球贸易额中占比越来越大；尽管贸易保护主义有所抬头，但贸易便利化仍然在不断推进。

（一）国际贸易在波动中保持稳定增长

最近 30 多年，全球贸易增速远快于全球 GDP 的增速。统计数据显示，从 1980 年至 2012 年，世界贸易平均增长率为 5.67%，仅在 1982 年和 2009 年出现负增长。1982 年的负增长是受 1979—1982 年发达国家经济滞胀的影响；2009 年的负增长则是受全球金融危机的冲击。2010 年世界贸易出现强烈复苏反弹，达到 30 年以来的最高增速 12.55%。从目前的情况来看，全球贸易的发展呈现出平缓增长的态势。下图显示了最近 30 多年世界贸易增长变化的情况。

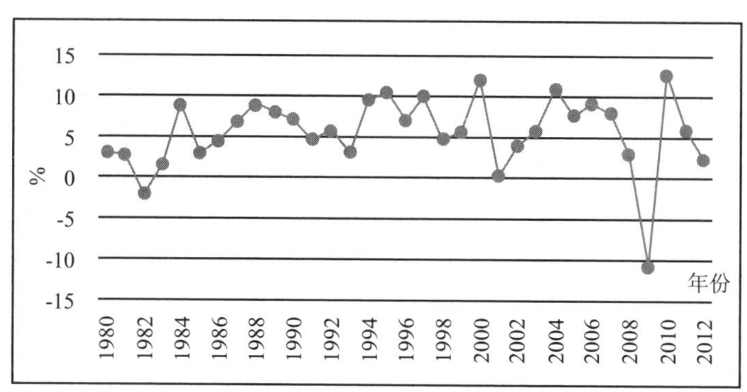

图 4—2　1980 年至 2012 年全球货物与服务贸易总额增长率（单位:%）

数据来源：IMF 数据库。

全球贸易失衡有所缓解。20世纪90年代以来的全球失衡，主要集中在美国与中国、德国、日本、石油输出国之间，表现为美国持续扩大的经常项目逆差和中国、日本、石油输出国家持续扩大的经常项目顺差。另外，欧洲整体对外账户基本平衡，但是欧洲内部存在着德国、芬兰、挪威与希腊、意大利、西班牙和葡萄牙等国之间的巨大不平衡，德国、芬兰、挪威等国为经常项目顺差国，而希腊、意大利、西班牙、葡萄牙为经常项目逆差国。

全球贸易失衡具有不可持续性，因为商品和资本流动的同向性，使得全球贸易失衡背后隐藏的是国际经济秩序的不平等和世界经济发展模式的不稳定。商品和资本从新兴经济体经济和经济不发达国家流向发达国家。

2008年金融危机之后，随着全球经济增长放缓和美元持续贬值，美国的经常账户赤字较预期更快收窄。从某种程度来说，2008年的全球金融危机正是全球失衡发展到一定程度，不能维系所带来的，危机作为全球失衡发展模式的一种强制调整方式，对扭转全球不平衡发展趋势发挥着作用。金融危机后，世界经济已经呈现出了不平衡规模收缩的趋势，向着平衡聚拢的趋势明显。

将危机前2006年和危机后2011年的贸易不平衡的规模进行比较可以发现，几乎所有的国家外部不平衡规模都有一定程度的下降。全球最大的经常项目逆差国美国在2011年的经常项目逆差较之2006年减少了3350亿美元，而全球最大的顺差国中国的经常项目顺差在2011年较之2008年历史最高值下降了2106亿美元。美国的经常项目逆差占GDP的比重从2006年的最高水平6%降低到2009年的2.7%。中国的经常项目顺差占GDP的比重从2007年的10.13%降到2011年的2.76%，并仍然处于下降的通道之中。总体来看，无论是全球逆差还是全球顺差，全球不平衡总体规模都出现了较大幅度的下降。[①]

经合组织经济局发布的2012年政策综述“展望2060年：全球长期增长的愿景”指出：当代全球失衡是各国失衡的经济发展模式带来的，

① IMF数据库。

金融危机迫使全球不平衡发展模式进行艰难调整。总的来说，全球失衡现象的缓解归功于新兴市场国家在经济结构改革等方面所采取的措施。[①] 危机之后全球失衡的调整伴随着世界经济复苏进程的反复，这个调整会是一个长期过程，但全球贸易正在由失衡走向平衡。

（二）产品内贸易和企业内贸易特征突出

出现全球性的产品生产与协作是国际贸易最重要的变化之一。与传统的产品间分工相比，产品内分工更为细致，原来集中于一国的产品生产开始分散到了不同的国家，每个国家开始专业化于产品某特殊阶段或零部件的生产，国际分工由产业间、产业内深化到了产品内部，使得产品成本下降，生产总量上升，还促进了产品内贸易的发展。作为一种新的贸易模式，产品内贸易更有利于各国比较优势的发挥，因此对各国的经济发展具有重要的意义。

产品内贸易既包括发生在不同国家的企业之间的中间品贸易，又包括发生在跨国公司内部的中间品贸易。跨国公司的兴起，创造了企业内部国际贸易，即跨国公司内部母公司与子公司之间、子公司与子公司之间相互交换原材料、中间产品、生产技术和设备的跨国流动。当产品内分工与生产遭遇市场交易成本过高时，跨国公司一般通过垂直 FDI 建立自己的一体化生产企业，由此形成的产品内贸易就是公司内贸易。产品内贸易与跨国公司内部贸易已成为国际贸易的主要组成部分。

（三）发达经济体仍是全球贸易的主体

跨国公司凭借在资本、管理和技术上的优势主导着全球贸易，当今绝大多数跨国公司诞生于发达国家。联合国贸易和发展组织《世界投资报告 2006》估计，全球约有 77000 家跨国公司，至少 770000 家外国分支机构，其中约有 55490 家跨国公司诞生于发达国家，占全球跨国公司数量的七成以上，跨国公司的内部经营网络几乎触及全球的每一个国家和地区。在跨国公司主导全球贸易的时代，发达国家通过其全球网络影响和控制着全球市场。尽管近年来以新兴市场国家为代表的发展中国家在全球贸易中的影响力在不断扩大，但是，发达国家在全球贸易中仍然居主导地位。

根据 WTO 统计，世界上排名前十的主要贸易国家或地区，除了中

① “Looking to 2060：A Global Vision of Long-Term Growth”，2012 OECD Economics Department Policy Notes，No. 15，2012. 11.

国和俄罗斯以外，其余全是发达国家，而前十位的贸易大国进出口总额占据了全球贸易的一半（见表 4—1）。所以，目前全球贸易的主体仍是发达经济体。

表 4—1　2012 年全球货物进口与出口排名前十位的国家

	货物出口贸易排名			货物进口贸易排名		
	国　家	十亿美元	份额（%）	国　家	十亿美元	份额（%）
1	中　国	1898	10.4	美　国	2266	12.3
2	美　国	1480	8.1	中　国	1743	9.5
3	德　国	1472	8.1	德　国	1254	6.8
4	日　本	823	4.5	日　本	855	4.6
5	荷　兰	661	3.6	法　国	714	3.9
6	法　国	596	3.3	英　国	638	3.5
7	韩　国	555	3	荷　兰	599	3.2
8	意大利	523	2.9	意大利	557	3
9	俄罗斯	522	2.9	韩　国	524	2.8
10	比利时	477	2.6	中国香港	511	2.8

数据来源：世界贸易组织数据库。

随着时间的推移，中国、印度、韩国、泰国等发展中国家在全球贸易（无论是制成品贸易还是服务贸易）中所占比重显著提升，国际贸易市场中的新主角不断出现。

（四）国际贸易格局正在调整

当代国际贸易发展的一个亮点是新兴经济体为代表的发展中经济体在全球贸易中的地位显著提高。1980 年发展中经济体在世界贸易中所占份额只有 1/3，但近年发展中经济体的贸易增长率明显高于全球平均水平，更强于发达经济体。

总体上看，新世纪以来是发展中经济体贸易快速增长的时期，发展中经济体参与国际贸易程度不断加深。发展中经济体在世界贸易中的突出表现在“南南”贸易的快速增长，1990 年，“南南”贸易占全球贸易的比重为 8%，到 2011 年提高到 24%；同期“南北”之间的贸易额占全球贸易的比重也从 33%提高到 38%。[①] 尤其是 2008 年国际金融危机以后，发展中经济体的出色表现对全球抵御经济衰退起到了重要作用。2010 年发展中经济体占全球出口总额的 35.6%，占进口总额的

① 世界贸易组织：《2013 年世界贸易报告》。

38.3%，与危机前相比显著提高。在2012年这一比例进一步提高到38.5%和41.6%，发展中经济体在世界贸易中的占比达到了历史新高。[①]

金砖国家是发展中经济体的代表，在全球贸易发展中的表现更为突出。金砖国家的贸易呈现大幅度增长，带来产业链条、产品需求等日益增长，为发展中国家提供了广阔的空间。特别是中国，成为名副其实的超级贸易大国，在2013年全球商品贸易排名中，中国货物进出口总额位列全球第一。[②] 国际贸易的力量对比正在从发达国家向新兴经济体为代表的发展中经济体转移。但是，2012年以来，新兴经济体和发展中国家面临的外部环境明显恶化，国际市场需求下滑，资本流入减少，加之内部结构性矛盾凸显，导致新兴经济体和发展中国家经济增速放缓。

从贸易国的地域分布来看，根据世贸组织统计，在世界七大贸易区域中，亚洲地区成为全球贸易增长最活跃的地区，在2005年至2011年，其货物出口贸易总额增速为7.5%，高于世界平均水平为3.5%。其中，中国为12%，印度为12.5%，亚洲地区占全球出口贸易份额从1948年的14%上升至2011年的31.1%，不仅是在贸易领域，亚洲更是全球经济增长的引擎。欧洲地区，其进出口贸易增长和世界平均水平持平，而北美洲地区（美国、加拿大）的贸易增长明显低于世界平均水平，欧美地区的全球贸易份额呈现出逐渐下降的趋势（见表4—2）。

表4—2 全球货物出口贸易额的地区占比情况

年份 / 地区	1948	1953	1963	1973	1983	1993	2003	2011
北　美	28.1	24.8	19.9	17.3	16.8	18	15.8	12.8
中南美洲	11.3	9.7	6.4	4.3	4.4	3	3	4.2
欧　洲	35.1	39.4	47.8	50.9	43.5	45.4	45.9	37.1
独联体	—	—	—	—	—	1.5	2.6	4.4
非　洲	7.3	6.5	5.7	4.8	4.5	2.5	2.4	3.3
中　东	2	2.7	3.2	4.1	6.8	3.5	4.1	7
亚　洲	14	13.4	12.5	14.9	19.1	26.1	26.2	31.1

数据来源：世界贸易组织数据库。

另外，从20世纪90年代以来，国际商品价格大幅上涨，特别是国

① 数据来源于IMF Direction of Trade Statistics（DOTS）数据库，更新于2013年7月。

② 数据来源于联合国贸发组织数据库UNCTADstat。

际原油、原材料、有色金属的普遍上涨，使得那些以燃料、其他矿产出口的地区，成为世界贸易增长最强劲的地区，独联体地区的进出口增长迅速，其占全球出口贸易份额从1993年的1.5%上升至2011年的4.4%，其中俄罗斯在原油价格上涨中表现最为突出；中东和非洲地区因为其原料和初级产品出口，也成为贸易发展的活跃地区。各个地区贸易势力的变化也导致了国际贸易格局的改变。

（五）服务贸易重要性凸显

经济全球化的发展，国际产业结构的调整有力地推动了服务的可贸易性，如今，服务贸易的发展水平已经成为衡量一个国家现代化水平的重要标志之一，也成为世界贸易的重要组成部分。

第一，服务贸易的规模不断扩大，贡献不断增强。据世界贸易组织统计，世界服务贸易从2000年的1.4万亿美元上升至2012年的4.3万亿美元，占全球贸易总额的比重为19%。虽然，目前全球服务贸易总量相对较小，其占世界经济总量的比重远小于货物贸易，但是服务贸易的增速高于货物贸易的增速，全球服务贸易占比正在逐步提高，无论对世界服务业，还是世界经济而言，随着服务可贸易性的增强，全球服务贸易对世界经济的贡献度总体上呈现出上升的趋势。另一方面，服务贸易在一国经济中地位日益重要。服务业的国际化和跨国转移的发展在全球经济的生产、分配和消费过程中起着重要作用，越来越多的产品融入国际供应链，使得服务贸易也在各国的产业和就业方面发挥着越来越重要的作用。

第二，服务贸易发展不平衡。由于科技、经济以及服务业发展的不平衡，世界各国的服务贸易水平及其在国际服务贸易市场上的竞争力相差悬殊，发达国家在全球服务贸易发展中占据主导地位。服务贸易与货物贸易相对于出口国而言，具有显著的优势，一是对资源、环境几乎没有负面的影响；二是可以有效地提高就业，服务贸易突出的国家无疑将从中获得更多的好处。目前，世界服务贸易的85%左右集中在发达国家和亚洲新兴经济体，欧洲则保持服务贸易额最大的地位。虽然从整体贸易发展的角度来看，发达国家不如发展中国家活跃，但是服务贸易占据优势的贸易结构，表明发达国家仍是国际贸易红利的最大受益者之一。

第三，服务贸易的发展潜力巨大。目前，服务业占世界经济总量的比重为70%，主要发达经济体的服务业比重达到80%左右，服务业领域的外国直接投资也已成为全球对外直接投资总流量的主要部分，但服务贸易仅占世界贸易的20%。另外，全球金融危机暂时减缓了服务贸易的发展速度，但是全球产业升级、国际产业结构由制造业向服务业转移的总体趋势不会改变，今后世界服务贸易将有巨大的发展空间。随着国际产业结构的深入调整，服务业国际转移的加速，跨国公司在全球范围内构建全球服务价值链，服务业和服务贸易在各国经济中的地位还会不断上升，世界服务贸易规模还将不断扩大，服务贸易将是全球经济增长的重要动力。

第四，服务贸易结构日趋高级化。从服务贸易的结构来看，呈现出从传统服务贸易向现代服务贸易发展的趋势，运输、旅游等传统服务贸易占比下降，而金融业、物流、服务外包、信息、商务会展、文化创意、科技服务、总部经济等现代服务业的增长速度远远超过传统服务业的增长速度。现代服务业依托先进技术和现代管理方式，西方发达国家凭借其资本及技术的优势，在知识密集型服务业发展方面居于领先地位。最近10年，发达国家知识密集型服务业对GDP的贡献率已高达50%。

（六）贸易便利化不断推进

贸易便利化是指通过简化程序、增强透明、统一标准、完善规范、减少限制等一系列的措施，降低国际贸易活动中的交易成本，从而促进货物、服务的自由流动。简而言之，就是对国际贸易制度和手续的简化与协调。对贸易便利化程度的衡量包括四个方面：一是市场准入，即衡量一国政策允许外国商品进入本国及本国商品出口到国外市场的程度；二是边境管理，即边境管理部门促进商品出入境便利化的程度；三是运输和通信基础设施，即一国在适当的位置是否有促进商品境内外流通的必要的基础设施；四是商业环境，即管理质量和影响本国进出口商积极性的首要的监管和安全环境特点。贸易便利化无疑将会扩大贸易的益处。①

目前，全球贸易便利化在不断推进，小型经济体开放程度最高。根

① 世界经济论坛（WEF）：《2012年全球贸易便利化报告》。

据《2012年全球贸易便利化报告》显示，贸易便利化指数排名前十的均为相对小型的开放经济体，由于它们内部市场狭小，促进贸易自由化有助于其提升经济效率，特别是新加坡与中国香港，分别位居第一和第二，它们在基础设施的完善与边境管理的良好运作方面表现突出。

发达国家的便利化程度普遍高于新兴市场。发达国家有更低的贸易成本（除了诸如纺织品、农产品外的劳动密集型制造业产品），这不仅是因为它们的关税低，而且因为经济发展自身与其在管理、基础设施、通讯等方面强大的能力。

亚太地区是全球经济与贸易增长最快的地区，地区内的国家大大受益于国际贸易，并将贸易作为经济增长战略的核心组成部分。对于较大的新兴经济体而言，如果能采取更自由的贸易政策，更有效的边境管理，更透明的监管环境，将有效地促进其贸易与经济的发展。作为全球最大出口国，中国在贸易便利化方面，好于其他金砖国家，但仍存在边境管理的效应、透明度以及物流等相关服务、实体安全管理等方面，需要进一步提高（见表4—3）。

表4—3　2012年全球贸易便利化指数排名前20位

1	新加坡	11	英　国
2	中国香港	12	挪　威
3	丹　麦	13	德　国
4	瑞　典	14	智　利
5	新西兰	15	奥地利
6	法　国	16	冰　岛
7	荷　兰	17	澳大利亚
8	瑞　士	18	日　本
9	加拿大	19	阿联酋
10	卢森堡	20	法　国

数据来源：《2012年全球贸易便利化报告》。

二、当代国际贸易发展的新趋势

在全球经济的推动下，国际贸易对世界经济的影响愈加深入。如前所述，与30年前相比，国际贸易的规模、结构和格局已发生了很大的变化，但是目前国际贸易体系、国际贸易规则仍然处在大变革的过程之中，未来还将出现新的变化。

（一）国际贸易统计制度面临改革

在经济全球化的推动下，国际贸易已经进入了全球价值链时代。全球价值链的发展改变了传统的生产和贸易方式，一个企业独立完成某种产品生产全过程的全产业链生产模式正在被一个企业只担负产品生产过程中的某些环节的“区域价值链”、“全球价值链”所代替。跨国公司遍布全球的生产网络使商品从“国家制造”变为“全球制造”。由跨国公司主导的全球价值链约占全球贸易的80%。[①] 经合组织提供的数据显示，全球货物贸易的66%以上是中间品贸易，而在服务贸易中，该数字高达70%。[②] 2011年世界贸易组织发起“世界制造倡议”，推动全球价值链研究，并改革国际贸易统计制度。

联合国工业发展组织将全球价值链定义为：当商品的产品设计、原材料提供、中间品生产与组装，成品销售、回收等所有生产环节在全球范围内分工后，形成的覆盖世界各个国家和地区的庞大生产网络。[③] 在全球价值链的每个生产环节上，附加值被不断地创造、累加，并通过该网络在全球范围内流动。

在这种日趋复杂的贸易形式下，贸易统计显得尤为重要，它是观察贸易的重要途径，实用性很强，既直接影响到宏观的经济政策，也作用于微观主体的经营方针。但是，由于经济全球化和全球价值链的发展，传统国际贸易统计制度已经表现出了其局限性。首先，对国际贸易值存在重复统计问题。由于产品的不同生产环节和零部件生产分布在不同的国家和地区，中间产品和零部件需要多次通过边境，每次跨境流动都会按照总价值记录一遍，导致重复计算。据联合国贸发组织统计，在全球出口中，约有28%是进口国仅仅为了将其作为生产某种出口商品或服务的中间产品而进口，2010年19万亿美元的全球出口中，约有5万亿美元重复计算。[④] 其次，扭曲了双边贸易关系。由于传统的贸易统计制

① 联合国贸发组织：《全球价值链与发展：全球经济中的投资和增值贸易》，http：//unctad.org/en/pages.

② 引自经合组织秘书长 Angel Gurría 2013年6月26日在“中国开放新阶段高峰论坛（三）”的发言。

③ 联合国工业发展组织《工业发展报告2002—2003（通过创新和学习参与竞争）》，中国财政经济出版社2003年版。

④ 联合国贸发组织：《全球价值链与发展：全球经济中的投资和增值贸易》，http：//unctad.org/en/pages.

度，不能反映国际贸易发展的真实规模、趋势和全貌，所以对双边贸易情况的反映也不符合现实，扭曲了贸易不平衡的现象。例如，苹果手机在中国加工、组装，再到国外市场上出售，它的187.51美元出厂价（2010年）全部计入中国对美国的出口总值，但这187.51美元当中其实真正属于中国的增加值只有几美元，绝大部分则归日本、韩国、德国和中国台湾等国家和地区所有。传统的贸易统计夸大了中国与其他国家的贸易不平衡状况。最后，扭曲了国内的经济政策。在全球价值链背景下，传统国际贸易统计关于贸易依存度、对经济增长和就业的贡献度等，一系列重要的经济指标都是不准确的，无法为各国贸易政策制定者提供有益的参考。

这种情况催生了一种新的国际贸易统计方式，即贸易增加值统计。目前，贸易增加值统计方法成为国际研究的热点，欧盟、世界贸易组织、联合国贸发会议、经合组织都非常重视这方面的研究。我国商务部也在积极展开此项贸易统计改革。这种新的贸易统计方式考虑了全球价值链中包含的新商业模式的具体情况，将国民经济核算和国际贸易等数据结合起来，扣除一国进出口中包含的外国成分，计算贸易链条中每一步骤的净额，分析各国在全球贸易中真实关系和收益。

这种新的贸易增加值统计方法可以避免因产品反复跨境流动造成的国际贸易重复计算，有助于客观评估各国在国际贸易中的利益分配，确认国际竞争力和比较优势来源，以及评估对外贸易对不同国家经济增长和就业的实际影响，并且能够提供审查双边贸易平衡或区域贸易的新视角，增强一些贸易政策工具的有效性。国际贸易统计改革看似只是统计问题，本质却是国际标准与利益的博弈，未来国际贸易统计制度的发展将发生巨大的变化。

（二）知识密集型服务贸易发展潜力大

在服务贸易整体快速发展的大背景下，知识密集型服务贸易的发展尤其抢眼，在未来仍然具有巨大的发展空间。知识密集型服务贸易是指具有较高知识水平和技能的服务提供者通过商业存在或自然人流动等方式向其他国家境内消费者提供产品，并取得相应收入的商业活动。[①] 知

① 经济合作与发展组织（OECD）在《创新与知识密集型服务活动》报告中将知识密集型服务活动定义为：企业或公共部门在制造业或服务业背景下所从事的服务活动的生产和集成，它们可以与制成的产品结合，也可以是单独的服务。

识密集型服务包括：通讯服务，建筑服务，保险服务，金融服务，计算机和信息服务，版税和特许费，其他商业服务，个人、文化和娱乐服务等具有高知识度、高技术度、高互动度、高创新度的特征的服务。

近年来，国际服务贸易的重心正在从传统的劳动、资源密集型服务贸易转向现代的知识密集型服务贸易，主要有三个方面的原因，一是发达和新兴经济体在金融、商务服务产业依赖程度的提高，使得此类原有的知识密集型服务贸易的比重上升；二是由于现代信息技术的高度发展，出现了一批以信息技术为基础的新型服务业态，新型的服务贸易也不断涌现；三是由于各国在服务业研发中投入的比重不断上升，服务业自身创新能力的增强也有效地提升了服务贸易的知识密集程度。

目前，知识密集型服务贸易呈现出良好的发展态势。首先，知识密集型服务贸易持续快速增长。知识经济的飞速发展使知识成为重要的生产要素，相应地，密集使用知识要素的现代服务贸易额呈持续快速增长的趋势，而代表劳动和资源密集型的运输服务和旅游服务的贸易额则增长缓慢。其次，跨国并购逐渐转向服务贸易。近 10 多年来，跨国并购大部分发生在服务业，服务业跨国并购业务占全球比例从 80 年代后期的 40%上升到目前的 60%以上，全球金融市场的自由化促使金融服务业跨国并购大幅度增加，主权财富基金中约 75%的 FDI 投向发达国家，其投资主要集中在服务业，尤其是知识密集型的商业服务。最后，国际服务外包以知识密集型服务业为主。发达国家的跨国公司将一部分服务职能转向发展中国家和地区，随着服务贸易创新性和附加值的提高，国际服务外包业务的知识密集性也逐渐提高。

（三）国际经贸规则正在重塑

近年来，以跨太平洋战略合作伙伴关系协定（Trans-Pacific Partnership Agreement，TPP）、跨大西洋贸易与投资伙伴协议（Transatlantic Trade and Investment Partnership，TTIP）和区域全面经济伙伴关系（Regional Com-prehensive Economic Partnership，RECP）为代表的新一轮超大型区域贸易协定的谈判正在进行中。TPP、TTIP 以高标准、高门槛著称，由于美国、欧盟在全球贸易中的巨大影响力，TPP、TTIP 一旦达成，将会推动国际经贸规则的重新塑造。

TPP、TTIP 看起来只是一个自由贸易协定，但其更深层次的影响是建立一套新的国际经贸规则，而这种新规则更多地将触角伸向了一国的国内规则。各国可能通过加入高标准的自由贸易协定，从而达成更高水平的贸易规则。总体而言，未来可能形成多边、区域与双边经贸框架并驾齐驱，共同构建国际经贸规则的局面。

第三节　当代国际贸易政策

国际贸易政策是一国在一定时期内对进出口贸易所实行的法律、规章、条例及措施等。国际贸易政策既是一国总经济政策的重要组成部分，又是一国对外政策的重要组成部分。

一、国际贸易政策的类型

国际贸易政策可以划分为三种基本类型，即自由贸易政策、保护贸易政策和管理贸易政策。

（一）自由贸易政策

自由贸易政策是指一国政府取消对本国进出口贸易的限制和障碍，使商品能够自由地出口和进口，在国际内外市场上自由竞争，既不鼓励出口也不限制进口，对贸易采取放任自由、不干预或减少干预的政策。

自由贸易政策起始于第一次产业革命后的英国，当时英国工业化发展迅速，迫切需要开拓工业品的销售市场。英国逐步放弃重商主义贸易保护政策，采取废除谷物法、废除航海法、取消特权公司、改变对殖民地的贸易政策、与外国签订贸易条约等政策措施，推行自由贸易政策。自由贸易政策促进了英国的发展和繁荣。在英国的带动下，许多国家也开始参照英国的做法，特别是美国和欧洲其他国家纷纷降低关税，相继实行自由贸易政策。

在第二次世界大战后，美国积极推动建立贸易自由化的国际经济秩序，为此成立了关贸总协定这一重要的国际贸易协调机构。在这一时期，世界各国特别是发达国家普遍采取了自由贸易政策，一是大幅度削减关税，在关贸总协定的推动下，各成员国通过多轮谈判，平均关税大幅下降；二是实施普遍优惠制，发达国家对从发展中国家进口的产品给予单方面的关税优惠；三是削减或撤销非关税壁垒，伴随着战后各国的经济恢复，以及国际经济组织的协调，各国不同程度地放宽了进口数量限制、进口许可证、外汇管制等措施，促进了贸易自由化的发展。

（二）保护贸易政策

保护贸易政策是指一国政府对进出口贸易实施干预，限制进口以保护本国商品免受外国商品的竞争，并对本国出口商品给予优待和补贴，鼓励出口。保护贸易政策的根本目的是减少来自外国商品的竞争，保护本国产业的发展和市场的壮大。在不同的历史阶段，保护贸易政策由于其所保护的对象、目的和手段的不同，可以有不同的形式，大体上可以分为：重商主义，保护幼稚工业论，新贸易保护主义。

在16—17世纪，欧洲流行重商主义。这一政策主张认为财富就是货币，出口输入货币，意味着财富的增加，进口输出货币，意味着财富的流失，因此采取限制进口，鼓励出口的政策。此后，相继出现几次世界范围内保护贸易政策的盛行。

德国经济学家李斯特创立的保护幼稚工业理论在19世纪对德国和美国产生了深刻的影响。当英国完成工业革命成为“世界工厂”，并且打着自由贸易的大旗占领他国市场时，德、美等国相继颁布了提高关税的贸易保护主义法令，德国在19世纪80年代中期以后，将农产品关税提高了5倍，美国1890年将工业品关税由原来的20%提高到了49%，法国1892年将制成品的关税提高到69%。

在一战和二战之间还出现了一段时期的超保护贸易政策，西方国家严重的经济危机，使市场问题进一步尖锐化，为了争夺世界市场，发达国家纷纷采取超保护贸易政策，但是与之前的保护贸易政策有所不同，其保护的对象不是幼稚工业，而是国内的垄断工业，增强本国企业在国外市场的垄断势力，这种保护贸易政策没有提高本国的劳动生产率和出口商品的竞争力，阻碍了国际分工的发展。

新贸易保护主义又被称为“新重商主义”。20世纪70年代以后发达国家从经济的高速增长转向滞胀，特别是美国的经常项目逆差不断加大。20世纪80年代初，新的贸易保护政策开始出台，以绿色壁垒、技术壁垒、反倾销和知识产权保护等非关税壁垒措施为主要表现形式。新贸易保护主义打着公平贸易的旗号，规避多边贸易制度的约束，通过非关税壁垒，达到保护本国就业，维持国际竞争力的目的。1988年美国国会修订并通过的《综合贸易及竞争办法法规》，标志着美国新贸易保护主义的形成，该法案的“超级301条款”和“特别301条款”是新贸易保护主义的代表作。在克林顿时期，美国推出“战略贸易理论”，主张产业政策与对外贸易相结合，“积极保护”与“主动出击”并举，在政府强有力的干预下增强经济竞争力，开拓国际市场。政府对高科技产业予以保护和资助，对于被视为损害美国相关产业发展的外国竞争者，不靠多边贸易谈判，而是采取单方面行动的方式来惩罚。

新贸易保护主义虽然在一定程度上平衡了发达国家的经常项目逆差，但是却扭曲了贸易流向，加剧发展中国家贸易条件的恶化，增加了国家间的贸易摩擦，对世界经济发展造成负面影响。

（三）管理贸易政策

管理贸易政策又称协调贸易政策，是指一国通过对内制定一系列的贸易政策、法规，加强对外贸易的管理，实现对外贸易的有秩序、健康发展；通过对外谈判签订双边、区域及多边贸易条约或协定，协调与其他贸易伙伴在经济贸易方面的权利与义务。

管理贸易政策的概念最早由美国学者提出。美国经济学家Raymond J. waldmann于1986年出版的《管理贸易：国家间新竞争》[①] 系统地论述了管理贸易。他认为管理贸易模式是受政府控制和指导的贸易结构模式。美国应该与志同道合的国家建立自由贸易区，以保持最大可能的宽松的经济环境，同时通过强调互惠，强化关贸总协定。美国的两个贸易法案《1974年贸易法》和《1988年综合贸易与竞争法》被视为美国管理贸易的开端。美国政府采取单边、双边、多边协调管理齐头并进的方式，实施管理贸易政策，强化美国的贸易大国地位。

管理贸易政策是全球化和区域集团化并行时代的产物。作为世界贸易组织的成员，既要保护国内市场，又要遵从现行的国际贸易准则，于是一方面遵守WTO的多边贸易规则，一方面加强区域经济合作，建立区域内及跨洲、跨洋的区域合作组织、区域集团。

---

① Raymond J. waldmann：*Managed trade：the new competition between nations*. Ballinger Publishing Company. 1986.

二、多边贸易体制与新区域主义

1947年23个国家签署的《关税与贸易总协定》，奠定了战后多边贸易体制的基础。其宗旨是通过削减关税和其他贸易壁垒，促进国际贸易自由化。1995年1月1日世界贸易组织（WTO）的建立，使多边贸易体制更加完善。20世纪90年代以来，区域集团化成为与全球化并行的世界潮流。一方面，WTO容忍区域集团的存在和发展，并且积极协调多边贸易体制与区域集团的矛盾与冲突；另一方面，区域集团也更具开放性和包容性。

（一）多边贸易体制下的贸易自由化

多边贸易体制即WTO框架下的世界贸易体制。WTO与国际货币基金组织、世界银行并称为世界经济的“三大支柱”。其前身是1948年正式建立的关税与贸易总协定（GATT），简称关贸总协定。关贸总协定是第二次世界大战后在西方国家主导下创立的国际机构，主要负责处理政府间经济贸易关系和制定多边贸易规则，并通过谈判来降低贸易壁垒。1995年WTO正式开始运作，目前拥有159个成员国，成员国贸易总额达到全球的97%，有“经济联合国”之称。

WTO具有三大职能：一是制定多边贸易规则。多边贸易规则涵盖广泛，涉及货物贸易、服务贸易、与贸易有关的知识产权等。二是组织多边贸易谈判。包括削减关税和非关税壁垒，促进国际贸易的自由化和便利化。三是解决成员间的贸易争端。世贸组织的争端解决机制被誉为“世贸组织皇冠上的明珠”，在保障协议实施、解决贸易摩擦方面发挥着作用，是一种相对平和的争议解决方式。

WTO为推进全球贸易自由化做出了积极的贡献。在WTO的框架下，各国不同程度地推进贸易的自由化。首先，大幅度削减关税和非关税壁垒。在1994年乌拉圭回合谈判取得成功，所有工业品的加权平均关税，发达国家从6.3%降至3.8%；发展中国家从15.3%降至12.3%；转轨经济国家从8.6%降至6%。平均进口关税从50%左右下降到了5%以下；非关税壁垒将在10年内逐步取消，农产品的非关税措施全部予以关税化并进行约束和削减；发达国家的纺织品和服装在2005年后全面取消进口配额。其次，推行贸易便利化。2013年12月世贸组织成员签署的巴厘岛协议，其核心就是贸易便利化，通过这个具有法律约束力的多边协定，将简化通关手续、降低费用、增加效率。

对于20世纪90年代以来兴起的新一波区域经济一体化，WTO采取了包容的态度。1996年2月6日，WTO总理事会下设了区域贸易委员会，其目的是对区域小组进行审查，并评价他们是否与GATT的规则保持一致。2001年11月14日通过的《多哈宣言》中，各成员国重申将世界贸易组织视为全球贸易决策和自由化的唯一论坛，同时也承认地区贸易安排在推进和扩大贸易以及促进发展方面起到的重要作用。目前，WTO的159个成员方中只有1个没有参与区域贸易安排。

（二）新区域主义与贸易自由化

始于20世纪50年代的区域主义有明显的排他性，强调区域内部的合作，对外则相对封闭。20世纪80年代以后的区域主义具有开放性、包容性的显著特点，因此被称为新区域主义。新区域主义在强调区域组织内部合作的同时，也鼓励并允许成员参与区域外的其他国际经贸合作，因此被称为开放的区域主义。新区域主义还包容不同社会制度、不同体制、不同发展程度的国家之间的区域合作。成立于1989年的亚太经合组织（APEC）被奉为“开放的地区主义”的代表。其宗旨和目标是：“保持经济的增长和发展；促进成员间经济的相互依存；加强开放的多边贸易体制；减少区域贸易和投资壁垒，维护本地区人民的共同利益。”在1993年APEC西雅图领导人非正式会议宣言提出了APEC的大家庭精神：为该地区人民创造稳定和繁荣的未来，建立亚太经济的大家庭，在这个大家庭中要深化开放和伙伴精神，为世界经济作出贡献并支持开放的国际贸易体制。

新区域主义主导下的区域经济一体化组织具有以下特点：第一，世界主要大国带头在一体化组织中实行成员国间的贸易自由化，如美国在2012年正式成立了与哥伦比亚、韩国、巴拿马的自由贸易区，并积极推动TPP和TTIP，截至2012年共参与了16个自由贸易协定；欧盟除加快自身的经济一体化外，跟欧洲以外的很多国家商谈和建立自贸区，截至2012年欧盟对外共签署了33个自由贸易协定；日本截至2012年共签署了13个自由贸易协定。第二，区域经济一体化组织合作领域广、层次深。如今，区域贸易协定的范围不再仅局限于传统的货物贸易领域，而是扩大到服务贸易、投资措施、知识产权、政府采购、争端解决机制等更广泛的领域，而且有的合作领域已经大大超越了 WTO 的管辖范围。以美国和新加坡自由贸易协定为例，新加坡对美国开放金融、法律、建筑设计等服务业领域，新加坡同时还将扩大对美国产品知识产权的保障范围，将美国在新加坡的版权有效期从 50 年延长至 70 年。未来，国家间自由贸易协定的重点不再是边境措施，而是更多地涉及到与国家内政事务相关的边界内措施。

“新区域主义”对于区域经济合作有明显的推动作用，它通过贸易创造效应和贸易转移效应为成员国创造更多的贸易、投资机会，促进了区域的经济发展，并且通过区域经济发展促进全球经济贸易的发展。

（三）各经济体单方面推行的贸易自由化改革

越来越多的国家和地区认识到贸易自由化的利益和开放所带来的经济收益，从而各国都开始实行单方面的贸易自由化改革。在商品贸易关税壁垒方面，无论是发达国家还是发展中国家的关税水平都呈现明显的下降趋势。如表 4—4 所示，从 1996 年至 2012 年，几个发达国家关税下降幅度明显：美国为 53%，日本为 49%，加拿大为 32%，澳大利亚为 54%，新西兰为 62%。中国作为发展中国家的代表，降税幅度高达 58%。

在非关税壁垒措施方面，除了卫生、安全和环境的原因外，在其他领域很少利用非关税措施，一些国家在消除非关税壁垒措施方面具有一定进展。比如，加拿大从 2003 年 1 月起实施对 48 个最不发达国家进口免税和免配额（除了特定的农产品外）。新西兰自 1992 年以来取消了所有进口许可保护，并且不再进行出口补贴。中国香港消除大米进口配额，取消纺织品和服装上的数量出口限制等，并且不再实施非关税边界措施。新加坡精简了不必要的非关税措施、许可证要求和认证程序。从产业部分来看，各国在农业、汽车、制药和纺织品的非关税保护措施比较严重，在金属、机械、航空领域的非关税措施较少。

在服务贸易自由化方面，工业化成员在总体上服务贸易开放水平较高。比如，澳大利亚在电信业的自由化和竞争性方面发展明显，2009 年对商业和房地产投资制度进行改革。加拿大从 1998 年以来进一步加强服务业市场准入，减少了服务贸易市场准入方面的歧视性要求。新西兰近年来在能源部门推行重要改革，消除非大型公司25%以上海外所有权的申报要求。智利在电信服务业对本国和外国供应商完全开放，没有外国所有权的限制。墨西哥国内立法和优惠协定的市场准入规定比在WTO中的承诺更加自由，改善了电信、广播、旅游、金融和天然气服务业的市场准入。

表4—4　部分国家关税变化情况　（单位：%）

成　员	简单平均关税		零关税比例	
	1996年	2012年	1996年	2012年
澳大利亚	5.9	2.7	40.8	50.3
加拿大	6.3	4.3	32	71.9
日　本	9	4.6	35.5	52.9
新西兰	5.3	2.0	54.3	63.9
美　国	7.3	3.4	17.8	46.1
智　利	11	6.0	—	0.3
韩　国	14.4	13.3	—	15.2
墨西哥	13.3	7.8	14.3	50.4
秘　鲁	16.3	3.7	0	53.2
中　国	23.0	9.6	—	7.5

数据来源：世界贸易组织数据库。

三、新贸易保护主义与贸易摩擦

贸易保护主义是指通过关税和各种非关税壁垒限制他国商品进口，保护本国产业免受外国商品冲击的国际贸易理论和政策。关税贸易总协定的创立，推动了全球的贸易自由化，以关税壁垒为主要特征的传统贸易保护主义得到抑制。但是20世纪70年代，西方国家陷入滞胀，市场竞争趋于激烈，贸易保护主义开始抬头。80年代以后，随着全球化的加速，全球性的竞争也愈演愈烈，一些国家出于在国际竞争中保护本国产业与贸易的需要，推出了新贸易保护主义的各项政策和措施。

（一）新贸易保护主义

20世纪80年代以后兴起的新贸易保护主义与传统的贸易保护主义有着显著的区别。

贸易保护与贸易保护主义是不同的概念。WTO允许在一定的情况下采取正当的贸易保障措施，以避免关税削减使某些成员方由于某些商品进口激增导致国内相关产业造成严重损害或严重损害威胁。除关税外，在 WTO 框架下常见的贸易保护措施主要有以下三种，即贸易救济措施、技术贸易壁垒（TBT）和环境贸易壁垒（SPS）。

贸易救济措施是指当外国进口对一国国内产业造成负面影响时，该国政府所采取的减轻乃至消除该类负面影响的措施，主要包括反倾销、反补贴、保障措施。反倾销措施是指对外国商品在本国市场上的倾销所采取的抵制措施。一般是对倾销的外国商品除征收一般进口税外，再增收附加税，使其不能廉价出售，此种附加税称为“反倾销税”。反补贴是指一国政府或国际社会为了保护本国经济健康发展，维护公平竞争的秩序，或者为了国际贸易的自由发展，针对补贴行为而采取必要的限制性措施。包括临时措施、承诺征收反补贴税。保障措施是指由于不可预见的发展导致一产品的进口数量增加，以致对生产同类或直接竞争产品的国内产业造成严重损害或严重损害威胁时，进口成员方可以在非歧视原则的基础上对该产品的进口实施限制。

技术性贸易壁垒指通过颁布法律、法令、条例、规定，建立技术标准、认证制度、检验制度等方式，对外国进口商品制定的技术、卫生检疫、商品包装和标签标准，从而提高产品技术要求，增加进口难度，最终达到限制进口的目的。它实际上是一些发达工业国家，利用其科技上的优势，通过商品法规、技术标准的制定与实施，通过商品检验及认证工作，对商品进口实行限制的一种措施。

环境性贸易壁垒是 20 世纪 90 年代以来，以保护资源、环境和人类健康为名，制定的一系列标准限制国外产品和服务的进口。

贸易保护是在 WTO 规则允许的范围内对本国经济利益或产业利益实施保护。而贸易保护主义超越了 WTO 允许的范围，通过利用多边贸易规则的漏洞，实施鼓励出口、限制进口的政策和措施，这些保护措施往往是对 WTO 法律中贸易保护措施的滥用，从而会给其他国家的利益造成损害。

贸易自由化与贸易保护主义相伴相生，交替出现。从实施主体来看，经济发展程度高的国家通常倾向于贸易自由化，而经济发展程度低的国家倾向于采取贸易保护主义。可以理解为，经济发展程度高的国家产品竞争力较强，在国际市场上容易具有优势，而经济发展程度低的国家一旦向世界开放，其产品可能会遭到不小的冲击。

从政策结果来看，历史上曾经盛行的贸易保护主义对世界经济的发展都是弊大于利。两次世界大战期间，为了摆脱1929年至1933年的大危机，超贸易保护主义盛行，英国抛弃自由贸易政策，转而缔结英帝国特惠制，美国通过斯穆特—霍利关税法，大幅度提高进口关税，其结果使世界贸易停滞，引发了社会危机和第二次世界大战。[①]

从缘由来看，贸易保护主义往往发生在经济危机时期，由于市场萎缩、企业破产、失业增加，各国政府面临较大的政治压力，所以往往采取以邻为壑的贸易保护政策。以美国为例，第二次世界大战以后，多数发展中国家为发展民族经济实施贸易保护政策，而跃居世界贸易强国的美国为了推行“美国化”，开始推崇自由贸易，并主导在1947年建立的关贸总协定。而在20世纪70年代的经济危机时期，打乱了美国经济发展的节奏，于是它又带头采取了新贸易保护主义。

从形式上来看，当前的贸易保护主义更加复杂多变，隐蔽性更强。在进口方面，从过去的主要是传统的关税和非关税壁垒，发展到技术贸易壁垒、环境贸易壁垒等；在出口方面，采取各种补贴方法鼓励本国产品出口。

随着国际贸易领域范围的扩大，贸易的自由化和保护开始从货物领域向服务、知识产权领域延伸。出于对贸易保护主义措施的抑制，世界贸易组织把贸易自由化从货物领域扩及到服务和与贸易有关的投资领域，其法律条文中可用于保护本国产业的条款日趋减少，保护力度越来越小，保护期限越来越短，所需条件越来越苛刻。

（二）新贸易保护政策的形式

传统贸易保护主义以保护幼稚的工业或弱小的新兴工业为目标，而新贸易保护主义主要保护陷入结构性危机的产业部门和高新技术产业。在WTO的框架下，关税壁垒限制进口等传统贸易保护主义手段难以为继，一些国家采用绿色壁垒、技术壁垒、反倾销和知识产权保护等非关税壁垒措施为手段，规避多边贸易制度的约束，达到保护本国相关产业的目的。

---

① 薛荣久：《经济全球化下贸易保护主义的特点、危害与遏制》，《国际贸易》2009年第3期，第28—31页。

1. 反倾销：从维护公平贸易到变相贸易保护。

最初，反倾销法规的形成是为了维护贸易的自由与公平，国际贸易中确实有企业利用低价倾销进行恶性竞争，为了阻止倾销，美国国会在1921年通过反倾销法规，WTO的反倾销协议在一定程度上以此为蓝本。所以，反倾销在各国国内法律和贸易体制中都是合法的。一直到20世纪70年代，反倾销法规在国际贸易中被各国利用得并不多。

但是在20世纪80年代以后，由于各国在多边贸易体制下大幅度削减关税，传统的贸易壁垒被应用得越来越少，出于自身需要，各国开始转而寻求新的贸易保护工具，而反倾销措施首当其冲，世界反倾销案件的数量与之前相比有很大的提高。作为普通关税的替代工具，反倾销措施具有以下特点：一是定义具有随意性。由于其原本的定义就不十分清晰，关于反倾销措施实施的要件，比如进口国价格与生产成本的比较，进口对国内产业是否带来损害的判断等，都存在各国政府随意操纵的空间。二是数量具有灵活性。反倾销措施实际上也是一种关税，它也是由各国的海关征收的，由于提高关税是不符合多边贸易规则的，但是征收反倾销税却是符合WTO规则的，反倾销税的征收更加灵活，可以针对不同国家的不同产品，而普通的关税只能应用于某种产品的所有进口来源国。而且反倾销税征收多少，怎样征收，政府具有很大的自由裁量权，从某种意义上来说，政府可以通过征收反倾销税来操纵进口产品的价格。三是实施具有冲突性。由于传统的贸易壁垒已经成为一种常态化的存在，而反倾销措施由于它的随意性，所以一旦一国开始反倾销调查，就意味着进口国与出口国有了贸易摩擦，而且持续的时间越长，冲突就越有可能升级，甚至导致贸易战的发生。

从数量上来看，根据WTO的统计，从1995年至2012年，世界各国共实施了4230件反倾销调查。其中1998年至2003年是反倾销发起的一个高峰期，此外，2008年全球金融危机时期反倾销数量有所增长。从被诉方来看，中国、韩国、美国、中国台湾、泰国、印度尼西亚、日本、印度等国家和地区是WTO成立以来受到反倾销调查最多的经济体，其中针对中国的反倾销调查高达916起，远远超过排名第二的韩国。从行业上来看，机械、化工、塑料、汽车等是被反倾销调查最多的行业，占据了反倾销总量的绝大部分，由于它们是国际贸易中的重要产品，使得它们有比较大的被反倾销的可能性。

表 4—5 被反倾销调查最多的二十个国家（地区）

国 家	1995—1999 年	2000—2004 年	2005—2009 年	2010—2012 年	总数
中 国	166	252	343	155	916
韩 国	102	110	52	42	306
美 国	78	75	52	39	244
中国台湾	62	84	52	36	234
泰 国	43	57	51	23	174
印度尼西亚	48	59	49	15	171
日 本	61	64	30	16	171
印 度	48	60	37	21	166
俄罗斯	47	51	21	8	127
巴 西	42	39	27	8	116
马来西亚	21	33	44	9	107
德 国	48	27	12	8	95
欧 盟	14	41	20	17	92
乌克兰	27	25	11	5	68
南 非	21	29	8	4	62
土耳其	14	21	11	13	59
墨西哥	23	14	10	11	58
意大利	23	21	5	6	55
新加坡	11	23	11	3	48
西班牙	25	17	2	3	47
世 界	1253	1439	992	546	4230

数据来源：世界贸易组织数据库。

表 4—6 反倾销案件数量最多的商品类别

商 品 类 别	反倾销调查案件数
机器、机械器具、电气设备及其零件；录音机及放声机、电视图像、声音的录制和重放设备及其零件、附件	1181
化学工业及其相关工业的产品	858
塑料及其制品；橡胶及其制品	553
车辆、航空器、船舶及有关运输设备	369
鞋、帽、伞、杖、鞭及其零件；已加工的羽毛及其制品；人造花；人发制品	317
纺织原料及纺织制品	214
全 部	4230

数据来源：世界贸易组织数据库。

2. 碳关税：从制度设想到贸易政策。

碳关税是进口国对没有在国内征收碳税，或者存在能源补贴的国家出口商品征收的二氧化碳排放的进口关税。碳关税也称碳边境调节税，主要按照相应产品在生产过程中的二氧化碳排放量来征收，针对的是进口产品中的碳排放密集型产品。

碳关税的概念较早是由法国前总统希拉克提出的，认为应该对没有遵守《京都议定书》的国家开征额外的进口关税，但是这个提案没有被欧盟贸易委员会批准。虽然到目前为止，还没有一个国家开始全面实施碳关税，但一些发达国家在这一问题上的先导性的政策提议值得关注。欧盟在2008年通过法案，将国际航空业纳入到欧盟碳排放交易体系之中，从2012年1月开始实施。全球的航空公司都必须为超过免费配额的碳排放支付“航空碳税”。而丹麦、荷兰、芬兰等国开始实行内部的碳税或者选择高耗能行业作为试点。澳大利亚从2012年开始对国内商品征收“碳税”，此外，一些大的跨国企业也开始对其产品制造商或者供应商提出碳排放方面的要求，由于这些跨国公司在发展中国家采购了大量的商品，将对发展中国家的企业提出进一步减少碳排放的要求。

碳关税一旦作为贸易政策普遍推行，将可能对国际贸易产生重大影响。其一，发展中国家将面临更高的技术贸易壁垒。由于发达国家已经完成了工业化阶段，而发展中国家承接了发达国家所转移的高耗能、高排放的重工业和低端制造业。而征收碳关税，意味着发展中国家现有的生产水平将达不到发达国家的技术标准，从而增加发展中国家的出口难度和贸易成本。其二，扭转目前南北贸易模式。目前全球贸易的主要流向是从发展中国家到发达国家，课征碳关税后，由于许多发展中国家没有成熟的可以规模性使用的节能减排技术，将可能迫使发展中国家从发达国家引进新的环保技术、设备等，为发达国家带来新一轮的出口优势。

（三）贸易摩擦的特点及趋势

贸易摩擦是指在某种或某些商品的贸易中，进口国与出口国意见对立相互争执的情况。贸易摩擦是国际贸易关系中的重要变数，其影响不局限于经济层面，会更多的波及政治层面、制度层面。

1. 贸易大国是贸易摩擦的中心。

在当今世界，国与国之间的贸易摩擦难以避免，而且在越来越大的范围内影响国际关系。

从国别来看，贸易大国处于国际贸易摩擦漩涡的中心，从 1995 年至 2013 年 9 月底，在世贸组织被诉次数列前 5 位的成员为：美国（120 次）、欧盟（74 次）、中国（31 次）、印度（22 次）、阿根廷（22 次）。[①] 由此看来，贸易大国是被诉主体，而中国伴随着在国际贸易中地位的上升，后来者居上，直到 2001 年 12 月才正式成为世贸组织成员，作为世贸组织的后加入方，却高居第三位。贸易摩擦的变化伴随着各国贸易地位的变化，原来以美日为主轴的贸易摩擦已经转变为以美中、美欧为主轴。

2. 世贸组织成贸易争端角逐场。

世界贸易组织的争夺解决机制被称为是“世贸组织皇冠上的明珠”，当各国发生贸易争端时，WTO 成员都将诉诸其争端解决机制。从 1995 年至 2013 年 11 月，世贸组织共受理 470 个贸易争端，发达国家和新兴经济体是利用世贸争端解决机制的主体。[②]

世贸组织的争端解决机制作为解决贸易摩擦的工具有其两面性，一方面，有助于缓解贸易摩擦的激烈程度，各国利用 WTO 的法律程序来解决争端，按照 WTO 的裁决来实施贸易政策，这种第三方对国家间贸易关系的管理避免各国由于贸易摩擦升级而导致贸易战的发生。另一方面，由于发达国家对争端解决机制更加了解，相关技术手段掌握得更加深入，在诉讼过程中往往处于优势地位，而发展中国家，特别是经济发展程度较低的发展中国家，很少会应用争端解决机制，而且在诉讼过程中往往会由于经验、技术不足，而无法在诉讼中获胜，这在一定程度上影响了 WTO 争端解决机制的公平性。

3. 金融危机之后贸易摩擦加剧。

从历史经验看，贸易保护主义与全球经济增长有一定关系，当全球经济保持较快增长时，贸易保护整体呈减少趋势，反之则相反。金融危机后，发达国家经济复苏较慢，面临很大的就业压力，有较强实施贸易保护主义的动机。发展中国家虽然受金融危机影响相对较小，但面临中长期工业化和农业劳动力转移的艰巨任务，就业压力长期存在，同样也

① 数据来源：世界贸易组织官方网站。

② 数据来源：世界贸易组织官方网站。

有实施贸易保护主义的动机。

根据世界银行统计，虽然2008年11月G20签署协议承诺避免采取贸易保护主义措施，但仍然有17个国家实施了贸易限制措施。比如，美国实施的“歧视性政府采购”政策，制定优先“购买美国货”和雇佣美国人条款，法国推出60亿欧元的救助汽车产业计划，规定外资持有法国公司的股份不得超过50%等，此外，利用反倾销、反补贴和特殊保障措施限制贸易也是金融危机后贸易保护主义的常用手段，这对像中国这样的发展中贸易大国产生负面影响，同时也阻碍了全球贸易自由化的发展进程。

第五章　当代国际金融和国际货币

本章在介绍汇率制度、国际收支及其调节、国际储备管理、外汇管制与货币可兑换等当代国际金融和国际货币主要问题的基础上，重点分析当代国际金融的主要特征与发展趋势、国际金融危机与金融监管、国际货币体系改革等问题。

第一节　当代国际金融的基本问题

一、汇率与汇率制度选择

汇率又称外汇汇价，是不同货币之间兑换的比率或比价，也可以说是用一种货币表示另一种货币的价格。

（一）汇率决定理论

汇率决定理论是西方外汇理论的核心，人们比较认可的汇率决定理论包括：铸币平价理论、购买力平价理论、利率平价理论、国际收支理论、货币模型和资产组合平衡模型。其中购买力平价理论历史最悠久且影响力最大。购买力平价理论认为，货币的价值在于其购买力，因此，各国货币之间的汇率取决于它们各自具有的购买力之比。购买力平价理论最简单且著名的应用就是《经济学人》杂志的巨无霸指数。该杂志将麦当劳在各国分店中卖的巨无霸汉堡包的价格进行比较，如果一个巨无霸在美国的价格是 3 美元，而在中国是 15 元人民币，那么美元与人民币的购买力平价汇率就是 3 美元＝15 元人民币，那么美元和人民币的汇率就是 1∶5。当然，在现实中的购买力平价要比巨无霸指数复杂得多，一般用一个一揽子商品的价格或一个综合价格水平来进行比较。尽管目前对购买力平价理论有不少质疑，但是它的确揭示了影响汇率变动最重要的因素，因此，各国际组织在比较各国发展水平时往往使用购买力平价下的汇率。

综合各种汇率决定理论，影响汇率变动的主要因素可以分为长期因素和短期因素。长期因素包括：一是国际收支差额。一般认为，国际收支或贸易收支逆差导致本币贬值；国际收支或贸易收支顺差导致本币升值。二是通货膨胀。一般认为，高通货膨胀国家的货币升值，低通货膨胀国家的货币贬值。通货膨胀对汇率的影响一般需要一段时间才能呈现出来，因为它的影响往往要通过间接渠道才能产生作用。三是实际经济增长。一国经济实力强弱对汇率的影响是较长期的。一国较强的经济实力，不仅形成本币币值稳定和坚挺的物质基础，也会使外汇市场上人们对该货币的信心增强。

影响汇率变动的短期因素包括：一是利息率。当一国利率提高，外国资本因追逐高利率资产而可能流入本国，从而使得本币在短期内升值。二是货币供应量。一般认为货币供应量增长意味着银根放松，利率下降，物价可能上升，经济会扩张，进而使一国货币贬值。三是其他短期因素：心理预期、政治因素和新闻舆论等因素也会在短期内影响汇率。

各种因素对某种货币币值的影响，归根结底要作用于外汇市场上该种货币的供求关系上。当外汇市场上一种货币供大于求时其币值会下降；供不应求时其币值会上升。

（二）汇率变动的经济影响

汇率与多种经济因素均存在密切关系，汇率变化会对其他经济因素产生不同程度、不同形式的作用。

1. 汇率变动与贸易收支。

一般而言，一国货币对外贬值，可通过两种方式对本国进出口产生影响：一是等值本币的出口商品在国际上的外币价格将更加便宜，从而扩大出口；同理，等值外币的进口商品在国内将更加昂贵，这将减少进口。二是如果出口商品在国外市场的外币价格不变，那么贬值将使得出口商的外币收入可以兑换成更多的本币，从而增加出口利润，激励出口企业扩大出口。

2. 汇率变动与资本流动。

汇率变动对资本流动的影响表现在两个方面：一是货币升贬值后造成资本流动变化，当一国本币升值，将导致1单位外币折合成更少的本币，外国资本流入减少；1单位本币折合成更多的外币，资本流出会增加。二是预期汇率变化即货币将升未升或将贬未贬时对资本流动的影响。例如这些年出现的人民币升值趋势，在人民币将升未升，或市场预期人民币将持续升值的情况下，会形成大量抢购人民币的现象，使得外国资本流入增加，这与本币升值后资本流出增加的局面正好相反。

3. 汇率变动与价格水平。

当本币升值时，以本币表示的进口商品价格会下降，进而带动国内同类商品价格以及用进口原料生产的产品价格的下降；同时，以外币表示的本国出口商品价格会上升，出口难度加大，部分出口商品转为内销，导致国内物价水平下降。

需要注意的是，汇率变动给经济运行带来的影响是错综复杂的，这一方面在于汇率变动产生上述影响需要一定的条件，另一方面汇率仅仅是影响经济运行的一个因素，其他因素一旦超过汇率的影响，可能使经济运行出现相反的结果。

（三）当前主要货币汇率制度

所谓汇率制度，是指一个国家的货币当局对本国货币汇率水平的确定、汇率变动的基本方式等作出的规定。汇率制度的主要类型是固定汇率制和浮动汇率制。固定汇率制是指政府通过行政或者法律手段确定本国货币与其他货币的汇率，并让汇率固定不变或者把汇率波动幅度控制在一定的范围之内。浮动汇率制度是指一国货币当局不再规定汇率平价，本币汇率随外汇市场的供求关系自由浮动，货币当局没有维持本币汇率在一定范围内波动的义务。1973年布雷顿森林体系瓦解后，世界上各主要发达国家都开始实行浮动汇率制。1997年7月爆发亚洲金融危机后，从泰国开始，东南亚各国纷纷放弃盯住美元的汇率制度，实行浮动汇率制度。

改革开放以来，我国的汇率制度有一个变动过程。改革开放到

1993 年，我国的汇率制度相对比较混乱，存在多种汇率价格，1994 年 1 月 1 日，我国实现了人民币官方汇率和外汇调剂市场汇率的并轨，开始实行以市场供求为基础的、单一的、有管理的浮动汇率制度。1997 年亚洲金融危机之后，中国出于对亚洲地区经济负责任的态度，保持了人民币汇率的稳定，人民币对美元维持在 8.2765 人民币/美元的水平，并持续到 2005 年。[①] 2005 年 7 月 21 日，中国人民银行宣布进行人民币汇率形成机制改革，决定自 2005 年 7 月 21 日起，我国开始实行以市场供求为基础、参考一揽子货币进行调节、有管理的浮动汇率制度。人民币汇率不再盯住单一美元，形成更富弹性的人民币汇率机制。

不同的汇率制度各有其优缺点，一个国家应根据本国的实际情况权衡利弊，选择相适应的汇率制度。一般认为，经济规模较大、对外贸易的地域分布和商品结构多样化、与各国经济交往密切、与国际金融市场联系较紧密的国家，更倾向于实行浮动汇率制。

二、国际收支及其调节

所谓国际收支，是指一个国家或地区与世界上其他国家或地区之间，由于贸易、非贸易和资本往来而引起的国际间收支行为的货币记录。对各国国际收支的记录，就形成了国际收支平衡表。国际收支中最重要的是两类交易，在国际收支平衡表中分别用经常项目与资本和金融项目来反映。经常项目是指对实际资源在国际间的流动行为进行记录的账户，包括货物和服务、收入以及经常转移三个子项。资本和金融项目是指对资产所有权在国际间流动行为进行记录的账户，包括资本项目和金融项目两个子项。资本项目包括资本转移和非生产、非金融资产（各种无形资产）的收买/放弃。金融项目包括对外资产和负债所有权变更的所有权交易，包括直接投资、证券投资、其他投资和储备资产。

（一）国际收支平衡的重要性

一般而言，各国政府和国际经济组织都将国际收支平衡作为一国对外经济运行良好的指标，也是各国宏观经济政策力求实现的目标。但在现实中，国际收支失衡是普遍存在的，按照传统习惯和国际货币基金组

① 易纲：《中国金融改革思考录》，商务印书馆 2009 年版，第 219 页。

织的做法，一般从四个口径来考察国际收支平衡状况：一是贸易收支差额，等于商品出口减去进口。当出口大于进口，称为贸易顺差，反之则是贸易逆差。二是经常项目差额，如果大于零，称作经常项目顺差，反之则为经常项目逆差。三是基本国际收支差额，等于经常项目差额加长期资本流动差额。四是综合账户差额，基本账户差额再加上短期资本流动差额。

国际收支失衡将给一国经济带来重大影响。当一国处于国际收支逆差时，外汇大量外流将导致外汇储备流失，损害该国在国际上的声誉。外汇外流也可能造成本币贬值，一旦本币过度下跌，可能导致该国货币信用的下降，国际资本大量外逃，引发货币危机，进而影响一国经济增长。国际收支顺差虽然意味着大量的外汇流入国内，似乎本国财富增长，但实际上持续的顺差也会给一国经济带来不良影响。持续顺差会使国内总需求迅速大于总供给，导致一国通货膨胀或者经济过热。同时持续顺差意味着在外汇市场上将有大量的外汇供应，导致外汇汇率下跌，本币汇率上升，提高了以外币表示的出口产品的价格，对本国出口将造成抑制。同时，持续的顺差可能导致国际贸易摩擦，甚至遭受贸易报复，不利于国际经济关系的发展。

（二）国际收支调节

正因为持续的国际收支不平衡将严重损害一国经济的稳定和发展，因此当持续的国际收支不平衡出现时，必须采取措施对国际收支进行调节。

1. 国际收支不平衡的自动调节机制。

国际收支不平衡的自动调节是国内经济变量对国际收支一个自动的反作用过程，包括以下机制：（1）货币—价格机制。当一国出现国际收支逆差时，外汇持续外流，本国货币总量减少，国内一般价格水平将下降，这将导致本国出口商品价格下降，出口增加，外汇流入，改善国际收支。另外，当国际收支持续逆差，对外支出大于收入，外汇需求大于外汇供给，本币将贬值，这将导致本国商品价格相对下降，进口商品价格相对上升，从而增加出口，减少进口，国际收支得到改善。（2）收入机制。当国际收支逆差时，外汇支付增加，收入减少，这将导致本国国民收入水平下降，进而引发社会总需求下降，减少进口需求，从而使得贸易收支乃至国际收支得到改善。（3）利率机制。当国际收支逆差时，外汇外流，本国货币供应相对减少，这将导致本国利率上升，对外国资本投资的吸引力上升，外国资本增加对本国金融资产的投资，外汇流入，改善国际收支。

2. 国际收支不平衡的政策调节。

自动调节机制的作用是以纯粹的自由市场经济为条件的，现实经济中这些条件并不完全具备，其作用必然受到影响。为此，当国际收支不平衡出现时，还需要政府通过政策干预来进行调节。主要政策有：（1）支出增减型政策，它是改变社会总需求或支出总水平的政策，包括财政政策和货币政策。例如当国际收支逆差时，可以通过紧缩性的财政政策和货币政策来压低社会总需求，从而降低对外国商品和劳务的需求，减少外汇支出，进而改善国际收支。（2）支出转换政策，是指将国内支出从外国商品和劳务最大限度地转移到国内商品和劳务上来的政策，包括一般性政策和选择性政策。一般性政策主要指汇率政策，选择性政策包括进出口补贴、关税政策以及直接管制等，借助这些措施来改善国际收支。（3）信用政策，指利用国际融资来调节国际收支失衡，包括利用各国政府间的临时性信贷支持、货币互换、向国际金融组织和国际金融市场融资等。

三、国际储备管理

（一）国际储备的构成

国际储备是一国货币当局为弥补国际收支逆差、维持本国货币汇率的稳定以及应付各种紧急支付而持有的、为世界各国所普遍接受的资产。当前，各国的国际储备主要有以下几种形式：

1. 黄金储备。黄金一直是国际储备的主要来源。据世界黄金协会的统计，截至 2012 年底，全球各国拥有的黄金储备为 31706.85 吨，最多的仍然是美国，为 8133.46 吨，中国持有 1054 吨。

2. 外汇储备。外汇储备是一国货币当局持有的国际储备货币，通常表现为货币当局控制并随时可利用的对外资产，包括货币、银行存款、有价证券、股本证券等。外汇储备已成为各国国际储备最重要的组成部分。目前各国外汇储备的主要货币有美元、欧元、英镑、日元、瑞士法郎等。截至2012年底，全球各国持有的外汇储备为109510.76亿美元。

3. 在国际货币基金组织的储备头寸。储备头寸主要是指该国在国际货币基金组织的储备档头寸加上债券头寸。各成员国向基金组织认缴份额，其中25%是以黄金或可兑换货币，75%可用本国货币。储备档头寸就是指成员国向基金组织认缴的25%的可兑换货币部分。债券头寸则包括75%的本币部分和向国际货币基金组织超过份额的贷款部分。

4. 特别提款权。特别提款权是国际货币基金组织为了解决国际储备不足问题，于1969年创设的国际储备资产，是国际货币基金组织分配给成员国的在原有的一般提款权之外的一种资金使用便利。一国国际储备中的特别提款权部分，就是指该国在基金组织特别提款权账户上的贷方余额。

（二）外汇储备管理

一般而言，外汇储备管理可以分为三个方面：

1. 数量管理。外汇储备是一国应对国际收支需要和维护金融稳定的重要手段，但外汇储备的数量并不是越多越好，持有外汇储备是有成本的。决定外汇储备数量的因素很多，国际货币基金组织综合考虑到短期外债、外资持股和其他投资余额、货币量、进出口规模等因素提出各国合理的外汇储备标准值，并建议各国持有的外汇应在该标准值的100%～150%之间。

2. 币种管理。当前国际储备货币存在美元、欧元、日元、英镑、澳元、加拿大元等多种储备货币并存的局面，不同储备货币的汇率走势不同，利率水平不同，以储备货币计价的金融资产的价格走势也不同，外汇储备的币种管理就是要在研究不同国家汇率、利率、通货膨胀率、资产价格的基础上，恰当调度和搭配储备资产的币种构成，在适应本国对外支付需要的基础上，增加持有外汇储备的收益。

3. 投资管理。外汇储备的投资管理包括投资管理体制和资产组合决策。目前全球形成了不同的外汇储备投资管理体制，有的国家由中央银行管理，有的由财政部管理，有的成立专门的政府性投资公司来管理，有的还委托给外部基金管理人进行管理。资产组合决策则是确定投向各种不同类型的金融资产上的外汇储备的比例，通过把资本投向多元化的资产，形成一个资产组合，在一定的收益水平下，降低投资的风险。

四、外汇管制与货币可兑换

（一）外汇管制

外汇管制是指一个国家为了维持本国国际收支平衡，保持汇率稳定，促进本国经济发展，按照法律规定，通过法律、行政、经济等多种手段对其国境内和管辖范围内的本国和外国机构与个人的外汇收支、汇入和汇出，外汇汇兑等进行管理。它是各国调节外汇和国际收支的一种强制性手段。外汇管制通常由各国专设的外汇管理机构或中央银行负责，我国的外汇管制由国家外汇管理局负责。

从现实情况看，外汇管制主要是在发展中国家存在，但在历史上，各发达国家也都实施过外汇管制。例如第二次世界大战后，西方国家的经济遭到了严重破坏，外汇储备枯竭，为了恢复经济，保留宝贵的外汇储备，各国实行了严格的外汇管制。因此，一个国家是否实施外汇管制，与本国的发展阶段和所处的经济政治环境等条件有关。

（二）货币可兑换

20 世纪 70 年代以后，与浮动汇率相伴随，发达国家普遍取消外汇管制，转向货币可兑换。按照国际货币基金组织的定义，一国若能实现经常项目下的货币自由兑换，该国的货币就被列为可兑换货币。具体而言，自由兑换的要求体现在《国际货币基金协定》第 8 条第 2、3、4 款，包括：(1) 避免对经常性支付或转移的限制。(2) 不得实行歧视性货币措施或多重汇率措施。(3) 兑付外国持有的本国货币。

更高层次上的货币可兑换还包括资本项目可兑换。与经常项目的货币可兑换不同，目前，国内外对于资本项目可兑换并没有形成一个严格的、一致的界定。首先在资本项目可兑换的概念上，没有形成一个类似于《国际货币基金协定》第 8 款对经常项目可兑换所作出的严格定义。其次，一个国家的资本项目开放达到什么样的程度才能被称为实现了资本项目可兑换，也没有具体的评判标准。因此对资本项目可兑换的认识，不同国家存在很大的差异。

发达国家资本项目开放经历了一段很长的时间。二战结束后，除美国、瑞士、加拿大基本实现了资本项目的汇兑自由外，其他工业化国家普遍实行资本管制。1961年，经合组织（OECD）提出了《国际资本流动自由化条例》，之后各国对资本的管制出现松动。1973年，布雷顿森林体系瓦解后，发达国家资本项目可兑换的步伐明显加快。到1994年底，随着冰岛取消对资本项目的外汇管制，发达国家基本完成了资本项目的可兑换。发展中国家资本项目开放过程具有很大的差异性。拉丁美洲国家在20世纪60年代以前，资本项目一直处于相对开放的状态。到了70年代，由于布雷顿森林体系的瓦解和两次石油危机的冲击，很多国家开始对资本项目进行管制。到80年代末和90年代初，拉美国家则又重新出现资本项目自由化趋势。亚洲的情况与此不同。从70年代末以来，对资本项目实施管制的国家数量不断减少。到90年代，亚洲国家普遍加速其资本项目开放进程，然而1997年席卷亚洲的金融风波使得亚洲国家开始审慎对待资本项目的开放。对中东和欧洲的发展中国家而言，一直到90年代初，才开启资本项目自由化的进程。

第二节 当代国际金融的主要特征与发展趋势

一、金融发展的自由化

从20世纪70年代开始，发展中国家严格管制的落后金融体系已逐渐制约了经济增长的动力，金融资本的配置严重扭曲，相对廉价的国际金融资本被排斥在本国之外。广大发展中国家逐渐意识到要获得经济增长，必须摆脱金融抑制，走向金融深化。而此时金融理论界也适时提出了“金融自由化”的理论，在实践需要和理论创新的推动下，发展中国家纷纷推进以金融自由化为核心的金融改革。比如：泰国于1983—1987年间，放开了大多数贷款利率，资本流动变得相当自由，大公司大量从外国举债，汇率盯住一揽子货币；阿根廷1977年开始取消对利率的控制，并取消了金融市场准入障碍和对设立分行的限制，1981年取消外汇管制并允许汇率浮动。

在发展中国家普遍进行以“金融自由化”为内容的金融改革的同时，发达国家也掀起了以“放松管制”为核心的金融改革浪潮。20世纪80年代以来，各国兴起了放松外汇管制、资本管制乃至金融管制的浪潮，对本国的银行信贷市场与证券市场逐步放开，允许外国金融机构进入本国金融市场，允许非居民到国内金融市场筹资，放松对金融机构的控制。在放松管制中，一个重要的内容就是取消对资本流动的控制。在对资本流动进行了多年限制后，美国于1974年取消了对资本流动的控制。而英国和日本也于1979年取消了控制，法国则在1984年的国内金融体系改革当中取消了对资本流动的控制。

金融自由化通过放松金融管制增强了金融机构的活力，促进了一些全球性国际金融市场的诞生，也促进了金融资本在全球范围内的自由流动，提高了金融全球化的程度，但是也带来了国际金融市场的无序，加剧了金融风险。

二、金融工具的创新化

20世纪70年代初布雷顿森林体系——固定汇率制解体，牙买加体系——浮动汇率制逐渐形成。国际市场上汇率变化频繁，致使与国际贸易和跨国投资相关的国际金融主体收益与预期收益或实际成本与预期成本发生背离，蒙受经济损失，尤其给商业银行的国际业务和外汇头寸管理带来很大困难，银行经营经常要面对汇率变动带来的风险。为了规避利率和汇率风险，达到转移或分散风险的目的，金融机构开始进行大量的金融创新。金融创新从60年代就开始，70年代日益活跃并成为时代特征，许多重大的金融产品创新都产生于这个时代，到80年代逐渐蔓延至世界，形成全球性浪潮。金融工具创新，包括基础金融工具创新和衍生金融工具创新，而最具时代特征和影响力的则是衍生金融工具创新。70年代以来，金融机构开发了一系列金融衍生产品，如远期利率合约、利率互换、利率期货、货币期货、货币互换等。在金融产品创新的同时，80年代以后，随着信息革命的推进和电子计算机技术的广泛运用，人们传输、收集信息更加便捷，处理财务账目，进行证券投资组合、新产品设计、资金清算、证券交易、证券分析等成本费用大幅降低，促使股票指数套利、抵押担保债券、证券投资组合等新投资策略付诸实践。80 年代银行普遍采用自动柜员机和零售服务出口销售终端，90 年代银行则集中精力开发诸如智能卡、电子货币、借记卡、家庭网络银行和网上银行业务并获得巨大成功。

金融创新一方面帮助金融市场主体管理风险，实现收益，提高了金融交易便利化程度，另一方面也给市场带来了新的风险，成为金融危机一个重要的源头。

三、金融市场的全球化

金融全球化的内涵包括：一是金融机构和金融业务的全球化，金融机构在全球范围内开展金融活动，金融业务突破国界的限制，在全球范围内实现风险和收益的匹配。二是金融市场全球化。国内与国外金融市场连成一体，并可以不受时间和区域限制在全球范围内进行全程 24 小时连续不断的金融交易。三是货币体系全球化，甚至出现一种单一的世界货币。四是国际金融规则和监管活动全球化，金融活动遵循统一的国际性规则，出现了国际性的金融协调、监管机构和机制。在金融全球化过程中，各国的金融活动突破国界，在全球范围内进行资源的优化配置，形成一个无疆界的统一的全球性金融市场。与此同时，金融风险的发生机制及其影响也日益全球化。

从金融发展史来看，历史上存在两次金融全球化的浪潮，一次是 19 世纪 80 年代到 1914 年，另一次就是 20 世纪 80 年代开始延续到现在并且还在进行当中的全球化进程。一个比较有趣的现象是，第一次金融全球化浪潮和目前的金融全球化有着一些共同的特征，比如一个相对开放的世界经济体系，国际贸易和外国直接投资的相对自由，资本流动的限制很少等等，而且这都是金融全球化最本质的一些特征。当然，由于时代的不同，这两次金融全球化浪潮也存在一些差异。比如第一次金融全球化浪潮中的资本流动，无论它是以货币形式还是股权、短期信贷、债券等形式出现，都体现了资本逐利的自然本性，而现在的金融资本全球化则有着更多的政府因素。又比如在 20 世纪早期的全球化浪潮中，没有一个全球性的机构来维持世界经济的稳定性、促进金融发展和制定国际交易活动的规则，同时也没有一个国际性的机构来提供政治性的自由论坛以解决彼此之间的争议。而现在则存在世界贸易组织、国际货币基金组织、世界银行三大世界经济组织，还存在大量的全球性和区域性的经济合作组织。

四、金融方式的证券化

实现资金融通有银行贷款、发行证券、租赁等多种方式和渠道，近些年来，国际资金融通方式出现证券化的趋势，即在国际资本市场上，相对于银行贷款而言，以证券为工具的融资活动在整个融资活动中所占的比例不断上升，融资渠道逐渐由银行贷款为主转向各类有价证券为主。之所以出现证券化趋势，是因为：对于企业来说，由于政府对银行体系的严格管制，通过资本市场，以发行债券、股票和商业票据的方式进行直接融资，往往能够以较为优惠的条件获得资金；对于投资者来说，由于信息技术的发展，银行已经难以垄断企业的经营和资信信息，而各种专业投资基金的出现更加推动了以金融证券化为标志的直接融资的发展。这种新的竞争形势，加之债务危机提高了银行的中介成本，造成了国际金融活动中银团贷款比重下降，而国际证券市场运作效率的提高和各种新兴证券融资方式的出现，使得国际融资活动中的证券化趋势日益明显。

20 世纪 80 年代之前，国际银行信贷市场是长期国际资金的主要供应渠道，在国际资本市场上占主导地位。据统计，1980 年以前，国际银行贷款部分占比大都在 60%以上，债券部分占比不足 40%。而进入 20 世纪 80 年代后，国际金融市场上国际银团贷款日趋减少，筹措资金的渠道日益集中到各类有价证券上。2012 年国际银行业对非银行部门的信贷总额为 69477 亿美元，而国际债券余额为 219216 亿美元，远远超过国际信贷规模。

五、金融格局的多元化

第二次世界大战后，美国利用布雷顿森林体系下美元独一无二的国际货币地位，凭借美国金融机构独步天下的竞争力，建立了美国在国际金融领域的霸权地位。在相当长的一段时期里，国际金融基本上处于“美国时代”，美国在国际金融体系中处于垄断地位。1999 年欧元的诞生极大改变了当时的全球金融格局。欧元诞生之初虽然不为世界看好，但是欧洲央行通货膨胀目标制的货币政策在全球赢得了信任，世界对欧元的信心大大增强，欧元和欧洲金融开始作为一个整体推动着世界金融格局多元化的发展。与此同时，新兴市场经济体在国际金融领域的影响力在不断上升，发达国家的影响力相应下降。中国、印度、俄罗斯、巴西等新兴金融势力迅速崛起，国际金融中心多极化的趋势正在形成。以中国为例，伴随着实体经济的发展，中国金融业已经快速成长起来，具备了大国金融的发展基础。2013 年，中国股票市场总市值 23.76 万亿元，成为全球股票市场融资最为活跃的市场之一。2013 年全球 1000 大银行排名中，中国有 96 家银行入围，仅次于美国。工商银行位居全球最挣钱的银行，建设银行、中国银行、中国农业银行位居前十。2013 年末中国拥有外汇储备 3.82 万亿美元，位居全球第一。新兴市场经济国家的迅速崛起，成为推动全球金融格局变化以及多元化最重要的一支力量。

六、金融交易手段的电子化

早在 1987 年，芝加哥商品交易所就建立了第一个可以在世界范围内进行期货交易的 GLOBEX 电子交易系统。由此，投资者第一次能够 24 小时买卖该交易所金融衍生品种。1999 年，芝加哥商品交易所进一步采用新的金融信息交换应用程序界面技术，使交易者可以同时在交易大厅和电子交易系统进行各种金融衍生品种的交易。这样，交易市场的有形化与无形化完美地结合了起来。投资者通过电子交易系统，可以进行登记开户、买卖委托、清算交割和信息的发布与接收。引入自动化电子交易后，证券的发行、交易、清算模式等都排除了时间和地域上的障碍，人们可以 24 小时在全球任何角落进行证券交易。以计算机通讯网络技术为核心的信息技术的发展，极大地提高了信息的收集、储存、处理和发布的能力，降低了交易成本，提高了交易速度；同时，互联网的全球接触面和互动性质，使它成为发放金融信息、提供金融服务、股东认购股票和股东投票的理想媒介。网络化排除了交易过程对有形场地的依赖，使交易大厅的场地不再成为交易所发展的限制条件。金融市场将互联网技术应用到金融业的实际操作中，引发了金融市场信息传递技术、交易手段和金融服务的再次革命，互联网金融正在深刻改变传统金融业态。

第三节　国际金融危机与金融监管

一、20 世纪 90 年代发生的国际金融危机

金融危机一般是指一个国家金融领域中出现剧烈动荡和混乱，对实体经济的运行产生了极其不利的影响。从 20 世纪 30 年代开始，金融危机就不断出现。但 20 世纪 90 年代以来，伴随着金融自由化、全球化和国际资本大幅度流动而发生的金融危机表现出了与以往不同的特点，成为一种典型的外部冲击。

（一）欧洲货币危机

建立欧洲单一货币是人类金融史上前所未有的创举，随着这一创举的逐步推进和发展，欧洲货币问题引起了人们极大的兴趣，同时，以往在欧洲货币体系中潜在的矛盾和问题也逐渐突出和显现出来。在进入 20 世纪 90 年代短短的一段时间内，由于德国经济持续向好，加之民主德国和联邦德国合并以后，为了抑制通货膨胀，德国中央银行开始提高利率，带动马克不断走强。而同期，由于英国经济状况并不尽如人意，它需要降低利率以刺激经济增长，但这又会使英镑走低。在此背景下，国际投机资金抓住机会，疯狂投机，使欧洲汇率浮动机制经历了 1992 年 9 月、1993 年 1 月和 7 月的几次危机，英镑由于过度贬值导致英国退出联合浮动机制等一系列事件，几乎将欧共体苦心经营长达 14 年之久的欧洲货币体系推到崩溃的边缘。

（二）墨西哥金融危机

在 20 世纪 90 年代初的墨西哥，一方面，尽管通货膨胀得到了有效控制，经济呈现稳定增长，公共部门预算接近平衡，甚至出口也开始增长，被国际社会视为拉美国家政治经济改革的典范和投资的热点。但是，由于政治、社会和经济问题纠缠在一起，贸易收支长期逆差，比索被高估，经济形势隐患重重。另一方面，20 世纪 90 年代以来，墨西哥引进了大约 700 亿美元的外国投资，但是其中很大一部分是短期投资。这种短期证券投资的特点是追求高投资高回报，因而流动性强，随时可

能流向更有吸引力的投资场所。一旦遇到投资东道国经济或政治形势动荡，投资者就会立即抽走资金，造成金融动荡。果然，美国利率一上调，便引起了资本外流，比索面临贬值压力。为维持汇率稳定，墨西哥中央银行动用了外汇储备，加之墨西哥新政府上台后为了轻装上阵，宣布汇率向下浮动 15.3%，结果投资者在两天内将 40 亿～50 亿美元移出墨西哥，大量资本外流使比索汇率一降再降，终至出现金融危机。

（三）东南亚金融危机

东南亚金融危机发生于泰国，后蔓延到马来西亚、印度尼西亚、韩国、中国台湾等，席卷整个东南亚。20 世纪 90 年代以来，泰国出现了长期的经常项目赤字，但它并没有采取有效措施调整国内经济，相反，为了维持固定汇率，平衡国际收支，泰国政府采取了单纯吸引外资的消极办法。为了吸引外资，泰国于 1993 年通过提供“曼谷国际金融便利”和“非居民泰铢账户”等离岸金融业务，事实上实现了资本项目自由化。同时，为了保证外资的持续流入并用以弥补经常项目赤字，泰国中央银行还保持了相对较高的利率。在这些条件配合下，国内机构大量借入外资，国内货币供应增加，股票和房地产等资产价格上升，泡沫经济出现。1996 年开始，在美元坚挺的带动下，盯住美元的泰铢也随之升值，泰国经常项目赤字进一步加剧，国际资本对泰国开始失去信心，泰铢面临的贬值压力越来越大。进入 1997 年，国际投机资本开始对泰铢发动攻击，同时在外汇现货市场和期货市场发难，引发了泰国外汇市场上巨大的抛售压力。泰国政府经过几番干预，在耗尽外汇储备以后不得不放弃了 1984 年以来实行的盯住美元为主的一揽子货币的汇率制度，泰铢大幅贬值，股票和房地产价格暴跌，泰国国内金融机构大量破产，东南亚金融危机由此爆发。

二、2008 年国际金融危机

2008 年，世界发生了堪比 1929—1933 年大危机的百年一遇的金融危机，这场金融危机发生在美国，随后迅速蔓延到全球，给世界经济造成了重大损害。

（一）危机的形成和演变

此次危机的发源地是美国次贷市场，金融创新起了推波助澜的作用，而全球化背景下各国紧密的经济金融联系则让美国危机演变成了一场全球危机。次贷是次级按揭贷款的简称，所谓次级按揭贷款是指那些向个人信用记录比较差，信用评级得分比较低的家庭和个人发放的住房按揭贷款。此次国际金融危机发端于次贷市场，这是导火索。次贷市场的产生与发展可以用三句话来概括，那就是“政府有政策、居民有需求、银行有资金”。在这三个条件的配合下，次贷市场在短期内被迅速做大，从2002年的2000亿美元增加到2006年的1.6万亿美元。

次贷市场虽然发展迅速，但其内部隐含的巨大风险并没有因为市场的扩大而消失，反而越积越大，再加上外部环境的变化，最终导致次贷危机爆发。一是在通货膨胀明显上升和房地产市场泡沫膨胀引起对经济过热的忧虑及超低利率负面影响增大等因素迫使下，美联储连续上调利率，从而使得以浮动利率定价的次贷的月供越来越多，导致很多次贷借款人还不了款。二是2006年下半年美国房价开始步入下降通道。房价下跌使得大量次贷成为不良资产，大量储户因为担忧而到银行取款，银行满足不了这种现金支付的需要，只能被迫破产。2007年3月，美国新世纪金融公司的倒闭正式揭开了次贷危机的序幕。次贷占美国房贷的比重也就15%左右，无论如何也捅不出“天大的窟窿”。次贷危机演变成金融危机的关键在于其后的一连串金融创新。金融创新产品模糊了次贷这个原材料的好坏，当次贷发生巨大损失后，其衍生出来的各种产品价格都下跌，最终给全球金融机构造成巨大损失。2008年9月，房地美、房利美、雷曼、AIG、美林等大型金融机构纷纷陷入破产困境，美国金融危机全面爆发。在不到一个月的时间内，这场金融海啸就通过各种传导机制向主要发达经济体和新兴市场经济体扩散，国际经济危机全面爆发。

（二）危机的原因

目前，国内外关于这次国际金融危机的成因众说纷纭，概括起来有这么几种观点：“制度说”、“政策说”和“市场说”。“制度说”认为，美国发生的金融危机是同新自由主义所强调的自由放任密切关联的，是信奉新自由主义的“华盛顿共识”所推行的一系列经济政策的必然结果。“政策说”则认为，美国长期低利率和宽松的货币政策是这次金融危机形成的主要原因。低利率使得资金成本变得十分低廉，推动人们大量举债和信贷过度膨胀，催生了房地产泡沫的形成和扩大，导致金融产品价格上涨，催生了金融泡沫。泡沫的破灭形成了金融危机。“市场说”则主要从金融市场的角度来分析危机的原因，认为过度的金融创新、宽松的金融监管、金融机构的高杠杆、人类的贪婪都是造成金融危机的直接原因。

以上这些因素从多个层面解释了此次国际金融危机的原因，每个观点都具有其科学性。但把此次金融危机放到二战后世界金融危机的历史长河中来研究，我们还会发现此次金融危机的根源仍然是美国主导的全球经济循环和美元主导的国际货币体系。20 世纪 60 年代以来，随着德国、日本、东南亚、中国等经济体的渐次成长，美国在很多传统产业上的竞争力开始日渐削弱，不得不走上了产业转移的道路。为了维护美国在全球经济中的领导地位，美国有意识地主导全球形成了新的经济循环和经济分工。在这个全球经济循环中，美国享有巨大的利益。但是，美国主导的全球经济循环有一个巨大的缺陷，那就是必然会在美国和生产国、资源国之间形成日益扩大的经常账户的不平衡。美元的超国家货币地位使得美国可以通过发行美元来支持消费，美国不用储蓄就能向全球购买实实在在的资源和商品。这种超然地位使得美国内生地具有扩大美元发行、加大对外购买的冲动。这些大量输出的美元到了生产国、资源国中央银行手中，会成倍转换成相应的本国货币，造成各国国内流动性过剩，酿成泡沫经济，最终形成金融危机。

（三）危机的救助和成效

为拯救金融危机、防止经济衰退，各国政府采取了前所未有的超常规政策措施，开展了自“大萧条”以来规模最大的救市行动。一是流动性危机救助。2007 年 8 月，由于评级机构不断下调贷款支持证券的评级，相关金融产品价格大幅下跌，全球出现流动性紧缩，股市也随之暴跌。面对这一现实，政府主要启动了两种政策手段：投放货币和降低利率。2007 年 8 月 9 日，美联储向金融系统注入资金 240 亿美元。随后欧元区、英国、澳大利亚等都进入了市场注资的行列。同时，各国还先后启动了降息政策。9 月 18 日，美联储大幅降低联邦基金利率，由原来的 5.25%降为 4.75%；加拿大、英格兰等国家也随之降息。二是偿付能力危机救助。随着金融资产价格的不断下跌，部分金融机构资产大幅缩水，出现了资不抵债的实际破产状态，金融机构偿付能力危机凸显。政府的救助重点开始转向金融机构，相关政策主要包括提供贷款资金，帮助收购问题机构；提供存款担保，稳定金融机构负债；政府出资，收购不良资产；直接注资；国有化等。三是实施宽松货币政策。到2008年，很多国家加入降息的行列，不少国家将利率降至有史以来最低的水平。除降息外，各国央行还通过公开市场业务投放基础货币，增加银行可用资金，试图鼓励银行放贷，增加货币供应。美国在2009年、2010年、2011年和2012年分别启动了四轮量化宽松货币政策。四是实行财政刺激计划。鉴于实体经济一步步陷入衰退，而宽松货币政策却没有取得预想的效果，发达国家政府均放弃了不干预的自由市场经济主义，通过扩大财政支出来挽救经济。2008年10月后，各个国家纷纷出台了救助实体经济的经济刺激计划：美国7870亿美元、欧盟2000亿欧元、德国500亿欧元、日本26.9万亿日元、英国200亿英镑。这些经济刺激计划大体都以扩大政府支出和减税为核心。随着各国政府财政支出的增加，世界经济出现了一些积极变化，投资者信心开始恢复，金融市场趋于稳定，国际贸易开始好转，经济出现回升势头。

三、欧洲主权债务危机

（一）欧洲主权债务危机的形成和演变

2009年10月21日，希腊新政府在向欧盟提交的报告中宣布，2009年希腊政府财政赤字和公共债务与国内生产总值之比预计将分别达到12.7%和113%，远远超过欧盟《稳定与增长公约》规定的3%和60%的趋同标准。这一消息立刻引起了国际金融市场的恐慌，随后全球三大评级机构——惠誉、标普和穆迪相继调低希腊的主权信用评级，从而拉开了希腊主权债务危机的序幕。到2010年4月底、5月初，希腊债务危机的传染效应显现，危机迅速向欧洲其他国家蔓延，葡萄牙、西班牙、意大利、爱尔兰等国同时遭受主权信用危机，形成了所谓的“欧猪五国”（PIIGS），同时包括德国、法国等欧元区的龙头国家也受到了危机的影响。至此，由希腊开始的主权债务危机俨然演变成为一场欧洲主权债务危机。

（二）欧洲主权债务危机的原因

原因是多方面的，主要有：一是危机国家经济的自身原因。经济结构僵化，普遍缺乏活力。同时，危机国家面临着高福利社会体制和人口老龄化的双重挑战，财政支出庞大，政府不堪重负。二是欧元区的体制原因。一方面欧元区货币政策统一与财政政策分立之间的对立成为此次债务危机爆发的制度性根源。另一方面欧盟缺乏一套切实有效的财政监督和检查机制。三是外部冲击。在金融危机冲击下，原本就脆弱的欧洲经济迅速下滑，各国财政收入下降；与此同时，各国大规模的救市行动增加了财政支出，而经济下滑带来的失业问题也增加了政府的支出压力，一增一减之间欧洲各国财政赤字和公共债务增加，直接引发了此次债务危机。而信用评级机构的恶意炒作在危机中也扮演了十分重要的角色。

（三）欧洲主权债务危机的救助

由于各国存在的矛盾和冲突，债务危机爆发初期，欧盟并没有出台救助政策，只是在看到危机可能冲击自身乃至整个欧元区的稳定时，大家才开始采取措施。其措施主要表现在三个层面：

其一，短期救助政策。包括：（1）希腊救助方案。2010 年 5 月 2 日，欧盟和国际货币基金组织经过反复磋商，推出一项为期三年、总额达 1100 亿欧元的救助希腊计划。（2）欧洲金融稳定机制。2010 年 5 月 10 日，为了确保欧洲金融稳定，欧洲经济金融事务特别会议在布鲁塞尔通过了一揽子救助方案，其中包括一项总额达 7500 亿欧元的“欧洲金融稳定机制”。（3）宽松货币政策。欧洲央行把降低利率作为刺激经济复苏、降低债务负担的一个重要手段。与此同时，还在 2011 年启动了类似量化宽松的货币政策操作。

其二，中期解决机制。希腊、爱尔兰和葡萄牙三国在接受欧盟和国际货币基金组织救助时是有附加条件的，那就是必须采取财政措施，削减高额财政赤字，并推进结构性改革。例如，希腊的经济调整计划就包括：通过增加税收，出售国有资产，削减支出尤其是工资和养老金等措施减少财政赤字；改革养老金制度；强化预算和财政框架；改革税收体系和税收征管；进行劳动力市场、产品市场、金融部门的改革等。

其三，长期治本之策。长远来看，解决债务危机的根本措施还在于改革落后的经济结构，改善经济发展前景。欧盟已经认识到问题的严重性，于2011年初制定了“欧洲2020战略”，确定了欧盟未来10年发展的3个重点，即实现以知识和创新为基础的“智能增长”，以发展绿色经济、强化竞争力为内容的“可持续增长”，以及以扩大就业和促进社会融合为基础的“包容性增长”。在欧元区体制机制改革方面，2011年3月25日，欧盟峰会通过“欧元公约”。其核心是经济治理改革，促进成员国经济更加融合。

四、金融监管及其国际合作

（一）当前各国金融监管的动向

第一，金融监管模式的调整。在金融危机发生后，各国金融监管模式出现了一个趋势性的调整态势，那就是加强监管机构整合，在强调系统性风险监管的基础上强化各监管机构之间的协调。例如，为更好地进行监管协调，美国决定成立金融稳定监管委员会。英国在金融改革中也曾提出建立金融稳定理事会，替代原有的财政部、英格兰银行和金融服务局联合办公的常务委员会，其目标是分析和调查英国经济金融稳定中出现的风险，并作出反应。①

第二，加强了宏观审慎监管与微观审慎监管的结合。本轮金融监管改革最突出的特点是统筹监管系统性风险和单家机构的风险，强调不仅资本和流动性等量化监管标准要反映系统性风险因子，提高金融体系应对外部冲击的能力，而且通过强化金融市场基础设施、金融安全网建设以及跨境金融监管合作，弱化金融风险的跨境和跨市场传递效应，降低系统性金融危机的发生概率。

第三，强化对系统性风险的监管。各国在金融监管改革中莫不重视加强对系统性风险的监管。美国的《多德—弗兰克华尔街改革与消费者保护法案2010》充分强调了系统性风险的重要性，成立金融稳定监管委员会，负责识别、监控大型复杂金融机构的系统性风险，以及与此相关的金融产品和业务。同时法案还决定由美联储实施执行系统性风险监管职能。英国金融监管改革也高度重视系统性风险的监管。欧盟在监管

① 《2010金融服务法》删除了草案中关于设立金融稳定理事会的相关条款。

改革中则成立了欧盟系统风险委员会，控制系统风险。

第四，扩大监管范围。各国监管范围的扩大可分为以下三个层次：一是被监管机构的扩大，将信用评级机构、保险公司、对冲基金、离岸金融中心等纳入监管范围；二是被监管产品的扩大，将衍生产品尤其是场外交易的衍生产品（包括CDO、CDS、ABCP等）纳入监管范围；三是被监管市场的扩大，包括将衍生产品交易市场、“影子银行体系”和“结算和交割体系”等纳入监管范围。

第五，加强对消费者的金融保护。美国在美联储下设消费者金融保护局。该局虽设在美联储，但独立于美联储，有独立的人事权，局长由总统提名，国会通过。美联储在一般情况下禁止干涉消费者金融保护局的事务。该局有独立制定规则的权力。英国《改革金融市场》白皮书提出必须确保消费者能够获得所需的金融服务；金融机构应该为消费者提供易于理解的高透明度的金融产品；对于给大量消费者造成损害的金融服务和产品，消费者有权提起集团诉讼等。

第六，强化资本金监管。此次金融危机的爆发点很小，就是规模几千亿美元的次贷市场，但引起的后果却很严重。其原因就是金融的过度衍生和金融机构过度的杠杆化。因此，危机后大家普遍强调去杠杆化，把资本金监管作为一项重要手段。巴塞尔委员会通过了《巴塞尔协议Ⅲ》(Basel Ⅲ)，截至2015年1月，全球各商业银行的一级资本充足率下限将从现行的4%上调至6%，由普通股构成的核心一级资本占银行风险资产的下限将从现行的2%提高至4.5%。美国也有意提高金融公司资本充足率，中国则实施了《巴塞尔协议Ⅲ》资本金监管标准。

（二）国际金融监管合作框架逐渐成形

目前，国际社会对金融监管的国际合作已经达成了广泛的共识：(1) 监管者之间的合作和信息交流不应该存在任何障碍，无论是在国内还是在国际上；(2) 要保证监管主体之间共享信息的保密性；(3) 监管者对合作必须有一个前瞻性的态度，无论是作为援助和信息的提供者或者需求者。金融监管的国际合作主要通过以下几种形式进行：(1) 双边的谅解备忘录。它是指两国就金融监管某一领域的问题进行探讨，并取得共识，通过签订协议来明确双方在这一领域的责任和义务。(2) 多边论坛。多边论坛一般就某一监管问题进行会谈，并签署监管声明或文件，这些文件一般都不具备法律效力。(3) 以统一的监管标准为基础的协调。各国或国际监管组织通过彼此的协调和交流制定统一的监管标准，这些监管标准为各成员国监管当局所接受，是各国监管当局所必须遵守的。(4) 统一监管。也就是说由一个统一的监管机构来负责跨国的金融监管。

第四节　国际货币体系的改革

一、国际货币体系的历史演进

国际货币体系是指国际间的货币安排，也就是国际间资本流动及货币往来而引起的货币兑换关系，以及相应的国际规则或惯例组成的有机整体。一般而言国际货币体系包括三大内容：第一，确定国际清算和支付手段的来源、形式和数量，提供国际货币，并规定国际货币及其同各国货币的相互关系的准则。第二，确定国际收支的调节机制。第三，确立有关国际货币金融事务的协商机制或建立有关的协调和监督机构。

(一) 国际金本位体系

国际金本位体系是以各国的金本位制为基础的，金本位制是一种以一定成色及重量的黄金为本位货币的货币制度，1816 年英国颁布铸币条例实行金本位制，到 1880 年西方国家基本实行了金本位制，国际金本位体系随之基本成型。国际金本位体系有四个显著特征：第一，黄金充当国际货币，是国与国之间交易的最终清偿手段；第二，汇率采用严格的固定汇率制度，各国货币之间的汇率取决于黄金平价——两国货币的含金量；第三，国际收支不平衡能够自动调节，例如当一国国际收支逆差，该国黄金输出，货币供应减少，物价下跌，导致出口竞争力增强，出口增加改善国际收支逆差；第四，国际金本位体系缺乏国际协调和监督机构，是一个松散、无组织的体系。国际金本位体系因为体制过于刚性，在第一次世界大战和 1929 年大危机的冲击下瓦解。

(二) 布雷顿森林体系

第二次世界大战结束前，国际货币体系重建开始提上议事日程。1943 年美英两国政府从本国利益出发，分别提出“怀特计划”和“凯恩斯计划”。1944年7月，国际货币金融会议在美国新罕布尔州的布雷顿森林举行，会议一致通过了《联合国货币金融会议的最后决议书》以及以“怀特计划”为基础的《国际货币基金协定》和《国际复兴开发银行协定》，总称《布雷顿森林协定》。布雷顿森林协定确立了二战后以美元为中心的国际货币体系的原则和运行机制。这一体系有以下几个特征：第一，美元充当国际货币。第二，以美元为中心的固定汇兑。美元与黄金挂钩，其他货币与美元挂钩。美元的含金量为0.888671克，其他国家的货币则按各自的含金量确定与美元的汇兑价格，其波动幅度不得超过平价的±1%。第三，通过多种渠道来调节国际收支失衡。第四，建立了国际货币基金组织来协调各国政策，维护布雷顿森林体系。布雷顿森林体系建立后，在一定时期内迅速推动了全球经济发展，为各国战后经济的恢复创造了一个稳定的国际环境。但是其自身内含的固定缺陷也使得该体系问题重重，突出表现为特里芬难题。特里芬难题是国际金融专家特里芬（R. Triffin）提出来的，指以美元这一国货币作为最主要国际储备资产的体系有一种内在的不可克服的矛盾：为了满足国际清偿能力的需要，美国必须通过国际收支逆差源源不断输出美元，这势必会危及美元信用从而动摇美元作为最主要国际储备资产的地位；反之，美国若要维持国际收支平衡稳定美元，则又会发生国际清偿能力不足进而影响到国际贸易与经济的增长。

（三）牙买加体系

1971年8月15日，美国宣布停止美元兑黄金的义务，美元与黄金脱钩，布雷顿森林体系面临解体。1976年1月，国际货币基金组织国际货币制度临时委员会达成《牙买加协定》，同年4月，国际货币基金理事会通过《IMF协定第二次修正案》，对国际货币体系作出新的规定，正式迈入牙买加体系。在牙买加体系下，国际储备货币多元化，从原来的美元垄断过渡到英镑、德国马克、日元等共同构成国际储备货币。汇率安排也实现了多元化，浮动汇率与固定汇率并存。国际间的收支失衡则主要依靠国家间的政策协调和国际金融市场来解决。牙买加体系对各国几乎没有强制性的约束，因此也被称为“没有体系的体系”。在牙买加体系之下，美元独大的地位并没有改变并且延续至今：第一，美元是最主要的国际货币。2012年底，美元占全球外汇储备的比重仍然高达61.25%。全球大宗商品的定价基本上都用美元。第二，美国拥有全球最大的金融份额，有全球最具竞争力的金融中心——纽约。第三，拥有全球竞争力最强的金融机构，引领了全球金融创新风潮。第四，控制国际金融组织，掌控全球金融规则的制定。第五，美国中央银行成为全球央行，美国扮演全球金融警察角色。第六，美国垄断了全球信用评级。

二、国际货币体系改革

（一）当前国际货币体系存在的主要问题

1. 缺乏约束和制衡机制下的货币超发。

美元同时充当本国货币和国际货币，与黄金挂钩的约束制衡机制荡然无存，美国几乎能无约束地向世界倾销其货币，并且借助金融创新产生出的巨大衍生金融资产，造成全球流动性过剩和巨大的经济泡沫及资产泡沫。当这些问题积累到一定程度，必然以更加严重的形式暴露，最终引起国际金融、经济动荡和危机。目前美国主要通过经常项目逆差向全球输出美元。从1960年到2007年，美国通过经常项目逆差输出美元6.7万亿。其中仅2007年一年就通过经常项目逆差输出7386亿美元。美元的大量输出在造成国际市场上美元泛滥的同时，也导致美元的价值大幅下跌，引起其他国家货币升值。

2. 货币地位不对称下的权利义务不对称。

美元在全球经济中处于中心货币地位，全球经济、贸易以及国际储备资产不断增长的需求，客观上都需要美元及美元定值资产的供应不断增加。而美元供应的不断增加，则只能依赖美国不断出现贸易赤字才能实现。美国在全球生产和贸易中占据主导地位，能够让自己的货币走遍全球，并以此来左右国际货币体系的发展动态。这种货币地位的不对称决定了国际经济体系权利义务不对称。美国能够以很低的成本享受着其他国家尤其是发展中国家的廉价产品和劳动力，还能够以极低的成本享受到其他国家廉价的资金。而一旦发生危机，则美国又能够通过经济体系和金融体系顺利将危机转嫁到世界各地。美国作为中心货币国家，只需根据国内经济形势制定单一的货币政策，而非关键货币国家在此情况下还面临对内和对外政策的两难问题。

3. 利己行为主导下的国际协调困难。

当前体系强调国际协调和政策配合，但在利己性主导下，国际协调变得十分困难。近年来美国不考虑世界和其他国家经济形势和金融发展情况，为促进本国经济增长和出口贸易发展，一方面长期采取低利率的宽松货币政策，另一方面凭借美元的霸权地位，过度发行美元，向非储备货币国家征收铸币税，造成了大量的资源从发展中国家向发达国家转移。美元的过剩使得美元持续贬值，在促进美国出口的同时，美国又赚取高额通货膨胀税。这种单方面的利己行为，造成了全球流动性过剩和资产泡沫，也为本次全球性金融危机埋下了祸根。浮动汇率制度进一步助长了世界各国在汇率制度上的利己主义和各自为政倾向，金融领域国际合作削弱，国际货币体系矛盾加剧。

（二）国际社会对国际货币体系改革的讨论

当前国际货币体系存在的种种问题，引起了全球各国的强烈关注，尤其在 2008 年金融危机后，改革国际货币体系成为全球的共识，国际社会提出了多种改革设想，概括起来主要有以下几种观点：

1. 回归金本位。

该观点认为美元本位是引发金融危机的根源，靠增发无黄金基础的纸币，经济迅速发展，但同时造成了货币泛滥，催生了资产泡沫。而黄金因其有限性可以约束货币泛滥。回归黄金本位甚至获得了美国共和党的支持，2012 年美国共和党党纲宣言的一份草案中呼吁对美联储货币政策进行审查，并建立一个“黄金委员会”来重建美元与黄金挂钩的机制。

2. 重建布雷顿森林体系。

这种主张的核心要义是吸收布雷顿森林体系的一些有效要素，对现有的国际货币体系进行改革。当时的世界银行行长佐利克曾主张“考虑将黄金作为通货膨胀、通货紧缩和未来货币价值市场预期的全球参考点”。英国前总理布朗则呼吁改革现行的全球金融体系，建立“布雷顿森林体系Ⅱ”。这些建议的内容主要包括建立宏观经济、货币和市场方面的基本原则，“重返纪律”；加强金融市场监管，增加市场透明度；强化对国际资本流动的监管等。

3. 实行多元国际货币体系。

欧元之父蒙代尔在 2009 年提出了 G3 货币联盟的构想，即通过构建一个以美元、欧元和亚元的货币联盟来形成新的国际货币体系。还有学者提出以美国、欧盟和“金砖国家”为主的多元化国际货币体系。而很多学者则对人民币提出了期待，认为未来的国际货币体系除了美元、欧元和SDR外，人民币将扮演越来越重要的角色。中国也一直支持国际货币体系多元化。

4. 设立超主权货币。

超主权货币在全球的讨论由来已久，1943年凯恩斯在其“凯恩斯方案”中就提出设立国际清算货币——Bancor，IMF在20世纪60年代创立的特别提款权也是一种超主权货币。2008年国际金融危机后超主权货币的设想再次引起全球关注，中国人民银行行长周小川在2009年曾经提出创造一种与主权国家脱钩并能保持币值长期稳定的国际储备货币。由于超主权货币的发行不受制于单个主权国家的货币政策，从而摆脱了对单个国家信用的依赖，因此具有很强的稳定性。

（三）国际货币体系改革的前景

1. 国际货币多元化。

近些年来，发达国家在全球经济中的比重在下降，发展中国家在全球经济中的比重在上升，中国、印度、俄罗斯、巴西等新兴金融势力迅速崛起。经济金融实力的变化成为国际货币多元化最原始的动力，美元虽然仍然将是国际货币体系中最重要的货币，但其地位将有所下降，而以人民币为代表的一些新兴货币将快速成长，成为推动国际货币多元化最重要的力量。

2. 国际协调与合作强化。

当前的经济和金融体系已经高度全球化，但对金融活动的管理却还是单个国家政府的事情，这使得金融监管主体和监管对象之间出现了严重的不对称。对这种矛盾的认识使得国际社会在加强国际货币金融合作方面形成了共识，在继续发挥传统的国际货币基金组织、巴塞尔委员会等合作平台作用的基础上，提升了G20、全球金融稳定论坛等国际组织的作用，开展了一系列国际协调合作。

3. 国际经济金融治理机制多元化。

世界经济发展客观上要求加强在不同层面和不同领域针对不同问题的治理，这种治理的机制安排、层次架构包括：第一，全球多边层面的治理机制，如联合国、国际货币基金组织、世界银行等。第二，区域层面的治理机制，例如欧盟、亚太经合组织、北美自由贸易区、上海合作组织等。第三，同类国家、跨地区层面的治理机制，例如经济合作与发展组织、“金砖四国”等。第四，双边合作、协调的治理机制，例如，“中非合作论坛”，“中欧峰会论坛”，“中美战略经济对话”等平台和机制。

三、区域货币一体化的理论和实践

（一）最优货币区理论

最优货币区（Optimal Currency Area，OCA）理论是在世界金融市场动荡的背景下，在固定汇率制和浮动汇率制孰优孰劣的争论中发展起来的。诺贝尔经济学奖得主蒙代尔于 1961 年发表了《最优货币区理论》的论文，提出将整个世界经济划分为若干个货币区，在每个货币区内实行共同货币或者固定汇率，对区外则实行浮动汇率制度。这样，就可以兼顾固定汇率和浮动汇率两种汇率制度的优点，同时平衡两种制度的缺点。蒙代尔通过研究认为组成最优货币区的标准是生产要素的流动性，即那些彼此之间生产要素高度流动的国家或地区适合组成一个货币区。各成员国的货币间实行固定汇率或采用共同货币，对区外的其他货币实行浮动汇率。后来一系列经济学家对最优货币区的条件进行了研究，结果表明，仅仅满足要素流动标准还不够，形成货币区的国家之间还应当具备开放度高、发展水平相当、金融一体化程度高、通胀相似等条件。

（二）欧洲货币一体化

在最优货币区理论的指导下，从 20 世纪 70 年代开始，欧洲各国逐渐推动货币一体化：（1）1972 年欧共体六国达成联合浮动协议，规定汇率波动幅度不超过当时公布的美元平价的±1.25%。（2）1979 年 3 月成立欧洲货币体系。一是创立欧洲货币单位，二是创立“超蛇形联合浮动”机制，三是成立欧洲货币基金。（3）1991 年 12 月欧共体签订《关于欧洲经济货币同盟的马斯特里赫特条约》，明确了建立欧洲经济货币同盟的步骤。（4）1999 年 1 月 1 日，欧洲单一货币——欧元正式诞生。2002 年 1 月 1 日，欧元纸币和硬币正式进入流通，当年 7 月 1 日，各成员国货币退出流通，欧元作为欧元区唯一法定货币在市场流通。在欧元一体化进程中，欧洲中央银行体系的建立是最为引人注目的。1998年6月1日，欧洲中央银行正式建立，7月1日开始运作。作为一个跨越国界的组织，欧洲中央银行成为有史以来最强大的欧洲机构。[①] 完全的货币一体化意味着建立单一的货币、单一的中央银行、集中的外汇储备和高度协调一致的货币政策，欧盟在实践中进行了一次又一次有益的探索，这个过程还任重而道远。

---

① 白瑞英、康增奎等著：《欧盟：经济一体化理论与实践》，经济管理出版社2002年版，第259—260页。

第六章　当代国际直接投资和跨国公司

二战结束以来，资本在全球的大规模流转和跨国公司力量的迅猛发展，成为当代世界经济的主要特征之一。国际直接投资的规模增长与结构变化，跨国公司的全球扩展与战略演变及对跨国公司投资的国际协调，正在对全球经济和各国经济的发展产生着日益深远的影响。因而，全面而深入地了解和分析当代国际直接投资和跨国公司的理论依据、发展特征、经济影响及发展趋势，对于把握世界经济发展态势、推进中国开放型经济发展具有重要的理论和现实意义。

第一节　国际直接投资的兴起与影响

依据方式不同，国际投资可以分为直接投资和间接投资两种类型。国际间接投资一般是指不以控股为目标的国际证券投资以及中长期的国际信贷，而国际直接投资（Foreign Direct Investment，简称 FDI），则是指以获取海外经营性资产的控制权（通常定义为 10%以上）为特征的股权投资，包括绿地投资（到本国以外的国家或地区创办新企业）、并购投资（购买外国企业的股票并达到控股水平）和利用 FDI 利润在海外的再投资。国际直接投资在全球的扩展，是市场经济体制的本质要求，也是经济全球化发展的必然趋势，它不仅促进了全球分工、贸易的深入扩展，带动了投资母国与东道国的经济增长和社会发展，而且深刻影响着全球经济格局的变迁。

一、国际直接投资的兴起与发展[①]

1. 国际直接投资的规模增长。

当代国际直接投资的大规模增长始于20世纪80年代初。科技的进步、发展中国家的日益开放与社会主义国家的转轨、世界各国对跨国投资的青睐与激励，等等，诸多因素的叠加共同推动了跨国公司的大规模增长。在20世纪80年代上半叶，全球国际直接投资的年度流量平均在500亿美元左右。但80年代后半叶开始，全球的国际直接投资高速增长，到2000年它达到了14000亿美元的峰值。2000年之后，受美国泡沫经济破灭的影响，全球国际直接投资迅速下滑。然而，危机一旦企稳，全球国际直接投资再次恢复高增长状态，在2008年国际金融危机之前，它达到了2.1万亿美元的新高峰。国际直接投资的高速增长使得其增长速度远远超过了世界经济中其他重要经济活动指标（世界生产总值、国际贸易、各国国内投资）的增长速度，对世界经济的影响越来越大。

国际金融危机和经济衰退对全球直接投资产生了不容忽视的消极影响。受经济动荡等诸多因素的影响，2008年起，全球FDI流量开始下降，2009年降至1.1万亿美元。2010年，伴随着全球经济复苏，全球直接投资止跌回稳，逐步小幅回升。总体来看，金融危机并没有改变生产全球化和经济全球化的发展态势。展望未来，全球经济要想摆脱低迷增长、重回上升轨道，仍然需要产业结构和经济结构的重组和重构。在开放条件下，全球产业重构和重组必然会推动新的国际产业转移，国际直接投资作为国际产业转移的载体将获得新发展。

2. 国际直接投资的结构变化。

（1）国际直接投资地理流向的变化。

理论上说，资本总是由资本富余地区流向资本稀缺地区，以求得更高的资本收益和回报，因此，在地理流向上，全球直接投资应从发达国家流向发展中国家。然而，考察当代全球直接投资的地理流向我们发现，与理论推演正好相反，全球直接投资主要在发达国家相互之间流

---

① 除特殊说明外，本部分数据均来自联合国贸发会议《世界投资报告》。

动，发达国家主导了20世纪80年代以来迅猛发展的全球资本流动。自20世纪80年代初至本轮金融危机之前，发达国家始终是引进外资的主体，在全球吸引外资中占据了60%以上的份额，在个别年份还超过了80%。这就使得全球近70%的对外直接投资存量长期集中在发达国家和地区。即便到2012年，发达国家吸引外资的存量仍然保持在62.3%，发展中经济体和转轨经济体的对外直接投资存量在全部投资存量中所占份额刚刚超过20%。资本在国际间的流动，能够让投资母国和东道国双方收益。当资本作为稀缺要素大量流入发达国家，资本流动给双方带来的要素优化配置的收益主要为发达国家所获取。资本在发达国家内部流动的占比越高，发达国家经济增长的动力越强，南北国家之间的差距就越大。尽管如此，流向发展中国家的外商投资在发展中国家的工业化和城市化进程中发挥了重要作用。

（2）国际直接投资部门结构的变化。

对外直接投资的部门分布是全球三次产业发展态势的外在体现。随着科技进步及其推动的产业分工的深入发展，服务业在世界经济中的占比逐步上升，20世纪90年代初，服务业占比首次超过60%，全球经济进入服务经济时代。与此相对应，服务业部门的直接投资也迅速增长，它在国际直接投资中的比重超过制造业和农业，成为对外投资的主体。对外直接投资中服务业投资迅速上升的推动力量首先来自于世界各国服务业的开放性增长与发展。在开放条件下服务业的竞争性发展，是对世界服务业和各国服务业的巨大推动，它加速了参与国服务业的升级换代，也进一步拉开了先行国家与后进国家的差距。同时，不同部门服务业投资的监管成为各东道国面临的新课题。服务业投资迅速上升的推动力量也来自于跨国公司的服务外移与外包。跨国公司在服务业领域正致力于推动国际服务网络的形成和发展。服务业的外移与外包继制造业外移与外包之后，成为影响全球产业运营、影响发达国家产业发展和发展中国家产业成长的重要方式和内容。与此同时，服务外移与外包对发达母国经济的负面影响引起了广泛的关注。

（3）国际直接投资方式的变化。

按照投资方式，国际直接投资可分为绿地投资和并购投资。考察国际直接投资方式的变化可以发现，相对于绿地投资而言，并购投资是直接投资的主导力量。自1990年以来，直接投资中并购投资的比重在多数年份里都超过了50%，一些年份中还达到了70%以上。如果将并购投资的走势与全球直接投资走势同期考察，我们还会发现，两者的波动具有高度的相似性，并购投资的起伏推动了全球直接投资的起伏，成为直接投资的主导力量。国际经验表明，每一次经济危机的开始都带来国际直接投资特别是跨国并购投资的巨量萎缩，而每一次危机的结束都以经济结构调整为标志，因而通常都通过并购重组来实现，本轮危机亦不例外。2009年国际直接投资巨幅下滑，跨国并购衰减是其主要原因。目前，国际直接投资开始重新表现出活力，但尚未恢复到危机前的水平，2013年全球跨国并购的规模不到金融危机前2005年至2007年平均水平的一半。

二、国际直接投资的作用与影响

（一）外商直接投资对东道国的作用与影响

1. FDI的积极影响。

第一，弥补资本短缺与改善投资质量。国际经验表明，任何欠发达国家和欠发达地区在现代经济的起步阶段，都面临着巨大的资本和外汇缺口。通过引进外商直接投资发展对外贸易，发展中东道国不仅可以弥补资本短缺，而且可能形成自主创汇能力。通常情况下，外部资本带来了更高资本和技术密集度的产业链条，在增加投资规模的同时，优化了投资的产业结构。亚洲"四小龙"就是在经济起飞时大量吸收了外国资本，有效地克服了资金短缺的困境，改革开放的中国也是通过吸引外资，迅速形成了出口创汇能力，顺利地迈过了横亘在13亿人口面前的巨大的资本和外汇缺口，启动了现代经济的增长。

第二，促进出口扩张与优化出口结构。通过直接投资，跨国公司把产业链的一部分，特别是产业链中的中低端环节向发展中东道国转移。跨国公司的资金、技术优势与发展中东道国的资源、人力优势相结合，创造了全球最具竞争力的产品和服务，提升了全球要素配置的效率，也促进了东道国出口的扩张和出口结构的优化。20世纪80年代以来的亚洲，先是亚洲"四小龙"，然后是东盟和中国，借助跨国公司大量投资形成了迅猛而持续的出口增长业绩。从20世纪90年代起，外商投资企业出口在中国出口中一度占据了半壁江山，为中国“井喷”式的出口增长做出了巨大贡献。

第三，带动就业与税收的增长。FDI带来生产和运营，增进东道国的就业和税收。在东亚和拉美，资本输入的同时创造了大量就业机会。中国外商投资企业直接吸纳的就业人数近5000万，考虑到FDI企业对就业的间接影响，外资企业对中国的就业贡献更大。研究表明，中国平均每吸收1亿美元外资可创造近3000个就业岗位。金融危机爆发以来，在全球产业链上的外企深受冲击，失业大增，外企在中国就业中的作用从反面得到了凸显。尽管存在逃避税收的问题，外资企业仍然是税收的重要来源。这在各国地方财政中的意义更为突出。

第四，引致技术转移与外溢。跨国公司是全球先进技术的主要生产者和转让者，跨国公司的技术研发占全球研发投入的80%以上，技术转让占全球技术贸易的85%以上。为了保持在东道国市场的竞争能力，跨国公司毫无疑问会应用比东道国先进的技术，而在与跨国公司的合作与竞争中，东道国企业可以获得多种形式和渠道的技术转移与外溢。跨国公司向东道国的技术转移与外溢效果取决于东道国的市场竞争状况和企业的学习能力，因此，提高外资企业的技术转移和外溢水平关键在于加强本土市场的竞争和提升本土企业的学习动能。

第五，强化市场竞争和推动产业升级。跨国公司子公司的建立和发展打破了东道国市场的初始竞争状态，有利于消除垄断，促进更高水平的竞争。在资金投入、技术转移与外溢和产业竞争等多重因素作用下，东道国产业获得了不断升级换代的推动力量。90年代以来，由于大量跨国公司进入中国的高成长性行业和高新技术产业，FDI对中国的产业结构升级做出了重要贡献。在跨国公司投资促动产业全球化的背景下，融入跨国公司的全球化链条是中国产业升级换代的重要途径和手段之一。

第六，促进制度改进与观念更新。FDI进入对发展中东道国经济增长和社会发展发挥的最重要的作用还在于促进制度改进与观念更新。这在转型与变革的中国表现尤为突出。在宏观领域，FDI进入给中国的市场化发展与改革带来了不可或缺的外部动力，促进中国建立一个符合国际规范的、高效率的制度环境。在微观领域，FDI的进入让人们真切地感受到现代化的生产、管理和经营模式，接受并遵循现代市场经济理念，这对于中国的改革和发展都是至关重要的。

2. FDI的消极影响。

FDI的消极影响首当其冲的是对产业的冲击。大量相对于本土企业更为强势的外国资本凭借其先进技术、经营方略等优势，有可能形成对本土企业和产业的冲击，严重时可能产生外国资本对本土市场的垄断和本土经济对外国资本和技术的依附性发展。这是发展中东道国引进外资面临的最大、最普遍也最难以规避的风险。在此意义上说，国民经济的主要产业和重要部门在引进外资的战略性进入时，首先需要采取切实有效措施加以防范。

FDI的第二个可能产生的消极影响是对东道国资源的掠夺性开采、环境的严重破坏。发展中东道国的监管不到位和发展理念的落后，给跨国公司的掠夺性开采和转移高污染产业链创造了可乘之机。因而，遏制跨国公司的这一负面效应需要东道国政府加强监管和树立可持续发展理念。

FDI的第三个可能产生的消极影响是对东道国经济特别是金融货币领域可能产生的扰乱。通过价格转移等手段，跨国公司可以有效逃避东道国税收和外汇管制，给东道国的国际收支平衡、汇率稳定和货币政策的实施造成困扰，甚至引发东道国和相关国家的金融动荡。加强东道国的监管能力和全球对跨国公司的联合规制是针对这一问题的有效措施。

FDI的第四个可能产生的消极影响来自文化和社会层面。20世纪80年代之前，西方发达国家大型跨国公司在对欠发达国家的投资经营过程中，通过强有力的母国政府对东道国施加压力、资助反政府势力挑起事端等行为产生了强烈的负面效应，其对东道国主权的干预和对国际事务的影响力正面临着越来越多的质疑和担忧。另外，许多欠发达国家在引进跨国公司投资的同时，本国文化受跨国公司影响所发生的负面变化引发了人们日益增长的关注和忧虑。

（二）海外直接投资对母国的作用与影响

1. 海外直接投资的贸易效应和国际收支效应。

海外直接投资对进出口和国际收支的影响包括相互对立的两方面：一方面，对外直接投资引起资金流出和国外子公司对母国的出口，构成贸易替代和母国外汇的流出，对国际收支起着消极作用；另一方面，对外直接投资在初期带动母公司的设备出口、在投产后带动母公司的中间产品和原材料的出口，以及子公司支付的专利费用、管理费用、薪金、汇回的股息、红利和贷款本金等，构成贸易创造和母国的外汇收入，对母国的国际收支起着积极作用。因而，对外直接投资既有可能带动出口和扩大顺差，也有可能减少出口和扩大逆差。实践中，各种实证研究表明对外直接投资对贸易和收支的影响具有不确定性，但多数国家的实践证实积极作用更为显著。

2. 海外直接投资的技术进步效应。

外部获取先进技术的路径是技术进口和引进外资，海外直接投资则意味着先进技术的输出。实践中，海外直接投资成为获取先进技术和提升技术创新能力的更加重要的路径。直接投资可以通过设立海外研发机构和并购先进技术的当地企业，来利用当地人力资源优势和体制优势，增进企业创新思维，改进创新路径和模式，提升企业技术创新能力。技术获取型对外直接投资最早起源于日本。在韩国等亚洲“四小龙”的产业升级换代中，通过对外直接投资取得国际技术溢出、获得产业技术进步的案例也比比皆是。对外直接投资在各国技术进步中的作用正在受到越来越多的关注和推崇。

3. 海外直接投资的产业结构调整效应。

海外直接投资对母国产业结构调整的作用包括截然相反的两方面：一方面，通过对外直接投资，母国可以将传统产业转移到国外，以促进国内结构调整。同时，母国还可以获取先进技术、品牌、营销网络和研发等优势资源，推动本国产业结构升级换代；另一方面，对外直接投资可能引发东道国与母国重合产业的竞争，影响母国国内的就业和投资，大量产业外溢甚至导致产业空心化。因而，对外直接投资既是母国产业调整和升级换代的战略举措，也有可能给母国产业结构调整带来负面影响。实践中，对外直接投资对产业结构调整的积极效应非常显著，但其对产业结构调整的消极因素也不容忽视。事实表明，制造业海外投资带来的空心化现象如果没有后续新兴产业填补，会迅速影响就业和宏观经济稳定。

4. 海外直接投资的就业与收入效应。

对外直接投资对于就业的影响也是双重的。原在母国进行的生产运营转移到国外，不仅这部分生产运营和其上下游产业的就业机会会丧失，而且返销回国的进口对本土产业冲击还会继续降低就业，这被称作替代效应；另一方面，向海外子公司出口中间产品和原材料会引致新的就业机会，公司由于业务增长而引起对本土机构以及其上下游机构的人员需求也会相应增长，这被称作刺激效应。海外投资的就业效应取决于替代效应和刺激效应的作用总和。当资本流出，投资母国国内资本的收益率会提高，国内资本的实际收入增加，加上在国外投资的收入，国内资本总收入显著增长；而劳动力和其他要素则由于国内资本投入减少导致利用不足，竞争加剧，要素稀缺性降低，价格下降，在国民收入分配中的占比下降。但长期里资本的自由流动带来国民经济结构调整和劳动生产率提高，有助于一国国民收入的长期增长。

（三）国际直接投资对世界经济的作用与影响

1. 国际直接投资与分工、贸易和工业化。

我们可以用一系列数据概括今天国际直接投资在世界经济中的地位与作用。比如，直接投资流量已占世界固定资本形成的10%以上；投资存量约占全球GDP的20%以上；跨国公司海外分支机构价值增值是全球GDP的1/4；全球1/3的贸易来自跨国公司内部贸易；跨国公司子公司出口值占全球出口总量的1/3；跨国公司的研发活动占全球研发活动的80%。跨国公司的技术贸易占全球技术贸易的85%以上。但是，国际直接投资对世界经济的影响远非这些数字所能概括。国际直接投资对世界经济的影响更加突出和深入地显现在它对国际分工、国际贸易和工业化进程的改变。

首先，国际直接投资促进了国际分工的深化，改变了国际分工格局。20世纪60年代之前，国际分工以产业间分工为主，国与国之间的分工基本上是工业国与农业国之间的分工，是轻纺产品生产国与机电产品生产国之间的分工，是产业之间的分工。但是，国际直接投资带动的产业链全球配置和产业链条的转移推动了国与国之间产业内分工的发展，各国进出口同一产业的产品，但产品的附加值和技术含量完全不同，国际分工向产业内分工发展。

其次，国际直接投资促进了产业内贸易的发展，改变了国际贸易格局。与国际分工相对应，当国际分工向产业内发展时，国与国之间的贸易更多地是产业内贸易，越来越多的产品，从原材料、中间产品、加工组装成品，都是由不同国家的企业完成的。进口中间产品加工复出口成为普遍现象，纯粹的一国产品在国际贸易中的比重越来越低，中间产品比重越来越高。目前，国际贸易中40%以上是中间产品。当产业内贸易替代产业间贸易成为主体时，国际贸易的规模因大量中间产品在国与国之间的往返而显著增长，国际贸易特别是制成品贸易的格局从原来完全由发达国家出口到发展中国家演变为更多地由发展中国家返销发达国家。

最后，国际直接投资改变了产业升级换代的内涵，促进了发展中国家的工业化。传统的产业升级换代路径通常是指欠发达国家和地区从农业逐步发展农产品加工业，从农产品加工业升级为劳动密集型轻纺产业，从轻纺产业升级为资本密集型的汽车钢铁行业，从汽车钢铁行业再升级到技术密集型的电信IT行业，这是一个产业间的依次升级换代路径。但是，国际直接投资改变了这一传统内涵，通过产业链条的分解和转移，在全球化背景下，产业的升级换代还包括同一产业内从低端链条向高端链条的演进。于是，发展中国家的工业化获得了一条新路径，即从任何一个产业链的底端、从最终产品的加工组装做起，向上游升级到标准零部件的生产制造，再升级到中间产品的生产制造，然后实现整个产品的生产制造，最后自创品牌经营。在全球化背景下，通过融入跨国公司全球产业链，发展中国家获得了工业化的一条新路径，东亚国家和地区的实践表明，这条新路径加速了发展中国家的工业化。

2. 国际直接投资与全球格局的变迁。

国际直接投资对世界经济更重大的影响是，它推动了全球格局的变迁。资本超越国家间壁垒的自由流动是市场经济的本意。在市场力量推动下，资本的自由流动实现了生产要素的优化配置，改进了全球经济发展的效率，促进了全球经济更高水平的增长。资本在自由流动中形成了产业链的全球配置和转移，国际产业转移是资本要素流动的载体，也是资本要素流动的结果。全球经济增长的源泉其实更多地得益于全球产业通过直接投资从高梯度区向低梯度区的转移，以及由此带来的全球产业的升级换代。在产业的国际转移中，在全球产业的升级换代进程中，欠发达国家加速了工业化进程，启动了现代经济增长，全球经济格局随之发生改变。

国际直接投资推动全球格局的变迁贯穿于本轮全球化进程。统计表明，外商投资在发展中世界是高度集中的，前十位的发展中引资东道国吸引了全球对发展中世界投资的2/3。这些经济体中，大多数是东亚和拉美的新兴工业化国家。在这些新兴工业化国家的现代产业成长历程里，外商直接投资给东道国带来了资本、技术、先进的经营管理理念、激烈的竞争和广阔的海外市场空间，它成为东道国产业成长和发展的推动力量，拉开了新兴经济体崛起的序幕，也助推了90年代以来新兴经济体在全球格局中地位的日益提升。

在东亚，直接投资带动的产业转移显著地改变着东亚的地缘格局。从20世纪80年代起，产业链通过直接投资从日本转移到亚洲“四小龙”，再从亚洲“四小龙”转移到中国和东盟国家，由此形成了所谓以日本为主导的“雁阵”发展模式。在“雁阵”的飞翔中，这些东亚经济体依次崛起，创造了东亚在全球经济中“一枝独秀”的发展态势。进入90年代之后，中国大规模吸引外资、承接国际产业转移，全球制造业产业链在中国东部沿海的聚集，打破了“雁阵”模式，代之而起以中国为生产平台的新的东亚生产分工模式。在这个新的生产分工网络中，各东亚国家或者把中间产品出口中国，在中国加工组装再出口，或者把终端产品出口中国，在中国大市场消化沉淀。以中国为中心的新的东亚地缘经济格局浮出水面。

在市场力量的推动之下，作为助推经济发展和产业成长的“要素包”，国际直接投资推动了全球的产业转移，通过全球产业转移，新兴经济体克服了资本要素的短缺，加速了工业化，启动了现代经济增长，实现了群体性崛起，全球格局因之改变。这一进程在东亚表现得尤为精彩和生动。这一进程在东亚的演进激发了东亚的活力，崛起了全球新的第二大经济体——中国。这一进程向我们充分展现了要素自由流动的必然性与要素自由流动带来的格局变迁，也充分说明了资本要素流动对于大国崛起的重要战略意义。

第二节　当代跨国公司的发展动因与战略

跨国公司是国际直接投资的主体。综合国内外学术界对当代跨国公司经营特征的考察与归结，跨国公司是指这样一种企业，它在两个或两个以上的国家进行直接投资，从事生产经营活动，达到一定的跨国经营指数标准，拥有不同国籍的高级管理者和员工，拥有全球性的战略目标和动机、组织构架和产品，遍布全球的子公司在统一的中央决策体系下资源共享并分担相应责任。当代跨国公司的快速增长及其对各国经济和全球经济的深远影响，引发了学术界对跨国公司海外投资动因和经营战略的关注与研究，同时也让各国政府从全球和区域及国家层面探索对跨国公司的管理、规制与政策协调。

一、当代跨国公司的发展动因

20 世纪 60 年代以来，针对发达国家跨国公司迅速发展的海外直接投资行为，西方学术界展开了专门致力于跨国公司本身而区别于传统的国际金融与国际贸易理论的研究。这些研究基本以发达国家跨国公司为对象，探讨海外投资的驱动因素、投资方式与区位及海外投资的共同规律和行为特征。进入 80 年代之后，伴随着发展中国家跨国公司的兴起，以发展中国家跨国公司为研究对象的理论应运而生。90 年代以来，理论界的研究视角开始转向各类具体的直接投资行为，围绕产业集聚、非股权安排和外包生产等新现象展开讨论。这些从不同层面和角度进行的理论研究为跨国公司的投资经营和各国的跨境投资政策提供了理论依据。

（一）发达国家跨国公司投资动因理论

1. 垄断优势理论。

垄断优势理论开对外直接投资理论研究的先河，它的创立者是美国学者海默和其导师金德尔伯格。该理论认为，市场的不完全竞争使得跨国公司拥有了垄断优势，这是跨国公司能够开展对外直接投资的决定性因素。这些垄断优势包括：（1）来自产品市场不完全竞争导致的垄断优势，如跨国公司拥有的商标、销售技术与销售网络、价格联盟等；（2）来自要素市场不完全竞争导致的垄断优势，如先进技术优势、雄厚的资本要素优势、先进的管理经验优势和全面而灵通的信息优势等；（3）来自规模经济带来的垄断优势，如巨额初始资本投入、国际专业化生产等；（4）来自政府干预带来的垄断优势，如政府提供的税收减免、补贴、优先贷款等。垄断优势理论用垄断替代竞争，并将资本国际流动的研究从流通领域转向生产领域，不仅使国际直接投资的理论研究成为一门独立的学科，而且为后来的理论研究奠定了基础，对跨国公司投资理论的发展和国际直接投资实践产生了深远影响。

2. 内部化理论。

内部化理论由英国学者巴克莱、卡森和加拿大学者拉格曼共同提出。内部化理论认为，当要素市场和中间产品市场的竞争不完全时，企业有可能建立内部市场以替代外部市场，统一管理经营活动，以克服外部市场上的交易障碍，弥补市场机制不完全所造成的风险与损失。国际直接投资是企业内部化超越国界的表现。四个方面的因素可能导致市场机制的不完全进而产生超越国界的企业内部化行为：一是与产品的特性、产品外部市场的竞争结构和规模经济等有关的行业特定因素，二是与地理位置、文化差异和社会特点相关的区位特定因素，三是与政治、法律和财经制度相关的东道国特定因素，四是与企业的组织机构、管理经验和控制协调能力相关的公司特定因素。内部化理论是跨国公司理论研究的一个重要转折。它将传统微观经济理论与交易成本理论相结合，从外部市场对公司内部资源配置效率的影响出发，研究跨国公司对外投资的动机与行为。该理论的这一研究角度有助于对跨国公司成因及其行为的深入研究与理解。

3. 产品生命周期理论。

产品生命周期理论是由美国教授弗农提出。该理论认为，产品的生命周期可以分为创新、成熟和标准化三个阶段。在产品的创新阶段，产品的需求价格弹性很低，生产成本的差异对公司生产区位的选择影响不大，最有力的安排就是在国内生产，并向具有类似经济结构和消费水平的国家出口；在产品的成熟阶段，产品逐步标准化，需求价格弹性逐步增大，降低生产成本成为企业竞争的最关键因素，创新国企业开始进行对外投资，投资地区集中在经济结构和消费水平类似、但劳动力成本略低于创新国的地区；在产品的标准化阶段，产品的生产技术、工艺和规格等都已经完全标准化，产品已经完全成熟，创新国企业的技术优势已经丧失，企业间的竞争更加激烈。创新国企业通过海外投资将产品的生产转移到工资最低的发展中国家和地区，然后返销发达国家市场。产品生命周期理论将企业优势与企业的投资行为与企业产品的生命周期变化联系起来，弥补了以往理论静态分析的局限，为跨国经营的动态研究做出了开拓性的贡献。

4. 比较优势理论。

比较优势理论的创立者是日本学者小岛清。该理论有三个基本命题：(1) 运用赫克歇尔—俄林模型分析国际直接投资时，可以用比资本更广义的经营资源来替代资本要素；(2) 建立在比较成本或者比较利润率基础上的国际分工原理既适用于国际贸易，也适用于国际直接投资；(3) 日本式的国际直接投资与美国式的国际直接投资是两类不同的对外直接投资。从这三个基本命题出发，比较优势理论以国际分工的比较成本原理为基础，指出一国的对外直接投资应该从本国所有产业中已经处于或即将处于比较劣势的产业（即边际产业）开始，并依次进行。当这些产业在投资国处于不利地位时，它可能在东道国拥有比较优势。因而，凡是在本国处于或即将处于比较劣势的生产活动，都可以也应当通过直接投资依次向国外转移。比较优势理论从不同于欧美学者的全新角度，给出了更富于宏微观决策指导性的理论含义，对于各国经济特别是后起国家经贸发展具有政策启示。

5. 国际生产折中理论。

国际生产折中理论是英国经济学家邓宁在规避以往直接投资理论缺陷、概括和综合以往直接投资理论研究成果的基础上形成的。按照该理论，企业在以下三个条件得到满足时，将从事对外直接投资。(1) 所有权优势（Ownership Advantage）。即企业拥有或者掌握某种财产权和无形资产的优势。它具体包括专利、专有技术、管理技能、创新能力、企业规模、金融与货币、市场控制能力等等。企业是否拥有所有权优势是企业能否对外投资的必要条件。(2) 内部化优势（Internalization Advantage）。即企业将其资产或所有权内部化过程中所拥有的特定优势。由于市场的结构性不完全和信息不完全等各种不完全状况的存在，企业需要对其优势进行内部化，内部化要求是企业海外投资的根本动机。(3) 区位优势（Location Advantage）。区位优势是指企业在投资区位上具有的选择优势，它取决于东道国的自然资源、劳动力等要素禀赋，政治、经济、文化和社会环境，以及政治经济制度和相关政策等。区位优势是企业海外投资的充分条件。各国经济活动的结构、经济环境和政府政策的不同与变化，决定了各国在不同行业中三种优势的现实状态及其动态变化，从而决定了各国企业国际生产方式的选择（见表 6—1）和企业对外直接投资类型的差异。

表 6—1　企业国际生产方式的选择

方式＼优势	所有权优势	内部化优势	区位优势
对外直接投资	有	有	有
出口贸易	有	有	无
许可证安排	有	无	无

沿着国际生产折中理论的思路，邓宁通过对 67 个发达国家和发展中国家 1967—1978 年直接投资状况的研究，进一步提出了投资发展周期理论，从动态角度解释了各国在国际直接投资中的地位（见表 6—2）。20 世纪 80 年代以来，投资发展周期理论也被广泛地用来评估处于不同收入水平的世界各国在跨境投资领域中的发展现状与趋势。由于它吸纳、归结和整合了各种已有的国际直接投资理论，具备高度的概括性和较强的适用性，因而被认为是迄今最完备、被人们最广泛接受和认同的一种国际直接投资理论。

表 6—2　邓宁的投资发展周期理论

人均 GDP	跨境投资状况
400 美元以下	只有少量的外国直接投资，几乎没有对外直接投资
400～2500 美元	利用外资量有所增加，对外直接投资量仍较少，净对外直接投资额为负值
2500～4000 美元	在利用外资进一步增长的同时，对外直接投资开始大幅增长，净对外直接投资额仍为负值
4000 美元以上	对外直接投资增长速度高于引进外国直接投资速度，净对外直接投资额为正值

（二）发展中国家跨国公司投资动因理论

1. 小规模技术理论。

小规模技术理论由美国学者威尔斯提出。该理论认为，发展中国家企业之所以能够进行海外投资，是因为这些企业在母国特定的市场环境的生存发展中，获取了特殊的技术优势。这些优势包括：（1）小规模技术优势。为了适应母国市场规模不大、需求多样化的特点，发展中国家企业的生产技术逐步具有了小规模技术的特征，这些小规模技术成为发展中国家企业到类似市场进行直接投资的特有优势；（2）当地采购和特殊产品优势。为了适应母国的原料供应和零部件配套生产的要求，发展中国家企业培养了当地采购和配套生产的技术能力；（3）物美价廉优势。由于与发达国家相比，发展中国家具有劳动力成本低廉、广告支出较少等特点，这些国家的企业就拥有了物美价廉优势。小规模技术理论是研究发展中国家跨国公司的早期代表性成果，它将发展中国家跨国公司的竞争优势与其母国市场特征结合起来，为后人研究发展中国家跨国公司提供了充分的分析空间。

2. 技术地方化理论。

技术地方化理论是拉奥在对印度跨国公司的竞争优势和投资动因研究之后提出的。该理论认为，发展中国家跨国公司可以对外国技术进行消化、改进和创新，培养出更适合当地要素结构、产品需求和购买力水平的技术。这种技术的再创新过程不是单纯的被动模仿和复制，而是企业技术引进的再生过程，是在不同于发达国家的环境下发生的，它同样可以让发展中国家的跨国公司拥有竞争优势。该理论强调了形成发展中国家跨国公司竞争优势所特有的技术创新活动，对于分析发展中国家海外直接投资具有重要意义。

3. 技术创新产业升级理论。

技术创新产业升级理论由坎特威尔和托兰惕诺提出。该理论认为，不断的技术积累可以促进一国经济的发展和产业结构的升级，而技术能力的不断提高和积累与企业的对外直接投资直接相关，它影响着发展中国家跨国公司对外直接投资的形式与增长速度。发展中国家对外投资的顺序通常应该是：首先，在周边国家投资，积累海外投资经验；其次，从周边国家向其他国家扩展直接投资；最后，在经验积累的基础上为获得更加复杂的技术开始向发达国家投资。该理论揭示了发展中国家企业海外直接投资的进程中技术积累与产业升级的关系，符合亚洲新兴工业化国家和地区的对外直接投资的轨迹。

（三）国际直接投资理论的新发展

1. 公司战略理论。

公司战略理论从公司战略发展的角度解释跨国公司对外直接投资行

为的公司战略理论，以迈克尔·波特的价值链分析、泰吉和奥兰德的战略缺口假说、鲍尔曼和柯伽特的战略期权论最具代表性。迈克尔·波特用“价值链”的理念解释跨国公司的战略形成过程和竞争优势来源，他认为，企业跨国经营的决策和跨国经营的优势取决于企业对两方面因素的战略性整合，一是在世界各地对价值链上各种当地要素资源的整合；二是对位于不同国家的企业价值链环节的整合。按照泰吉和奥兰德的战略缺口假说，所谓战略缺口，指的是国际竞争环境的变化要求企业取得的战略绩效目标与企业依靠自身资源及能力所能达到的战略绩效目标之间的差距，战略缺口的存在是跨国公司在全球竞争开展战略联盟的重要动力。鲍尔曼和柯伽特的战略期权论认为，企业当期进行的投资相当于企业购买了某种权利的选择权，即期权，而当期的不投资则意味着获得了不投资的选择权。企业跨国投资的时机确定与企业的内部化优势和所有权优势紧密相连。

2. 投资诱发要素组合理论。

投资诱发要素组合理论综合考量国内外各类环境因素对跨国公司投资行为的影响。按照该理论，任何类型对外直接投资的发生都是由直接诱发要素和间接诱发要素组合而产生的。所谓直接诱发要素是指投资国和东道国拥有的各类生产要素，包括劳动力、资本、技术、管理和技能等。企业可以携投资国优势到东道国投资，也可以为了获得东道国优势到东道国投资。所谓间接诱发要素是指除直接诱发要素之外的其他非生产要素，包括投资国和东道国的法令法规、政治稳定性、宏观经济发展态势等等。该理论的实证研究表明，一国的对外直接投资建立在直接诱发要素与间接诱发要素的综合作用基础之上，间接诱发要素在当今国际直接投资中的影响日益提高。通常情况下，发达国家的直接投资主要受直接诱发要素影响，而间接诱发要素则在发展中国家的直接投资中发挥更重要作用。

3. 产业集群理论。

针对 20 世纪 90 年代以来跨国公司投资日益凸显的地区集聚现象，迈克尔·波特和保罗·克鲁格曼等人纷纷从产业集群的角度加以研究。他们的研究认为，跨国公司投资在发达国家形成的产业集群现象，源自于发达东道国战略性资产在特定区域和环境中的集聚分布。这些对跨国公司至关重要的战略性资产包括高新技术、知识以及高素质的人力资源。跨国公司希望通过直接投资获取这些战略性资产进而提升自身的核心优势。跨国公司投资在发展中国家的产业集群现象更多源自于产业上下游配套发展的需要。这种上下游配套发展满足于产业内分工合作的要求，能够显著降低成本、提高产品竞争力。

4. 非股权安排理论。

非股权安排是新一轮全球化进程中跨国公司越来越多采用的方式。所谓非股权安排是指跨国公司并没有在东道国企业中占有股权，而是通过与东道国企业签订有关技术或管理方面的合同，取得对东道国企业的某种控制管理权。非股权安排理论认为，跨国公司之所以选择非股权安排，是因为跨国公司拥有核心优势，这些核心优势具有独特性、绝缘性、整体性和隐含性，能够让跨国公司通过非股权安排而不必一定采用股权安排，迅速在东道国扩展和获利。

二、当代跨国公司的发展战略

跨国公司战略分为两个层次：一是总体战略，致力于跨国公司的长远发展和全球经营，二是具体战略，致力于跨国经营中某一领域的具体决策与实施。着眼于世界经济发展中当代跨国公司的成长及其与世界经济的互动，本部分探讨跨国公司的总体战略和这些战略推进进程中跨国公司的行为特征及其对世界经济的影响。20 世纪 80 年代以来，伴随着经济全球化的浪潮，跨国公司投资采取了与以往不同的新的经营方略，这些经营方略的新特征显著地推动了经济全球化进程，也提升了跨国公司在世界经济发展中的地位和作用。

（一）产业链条配置的全球化

全球竞争的加剧使得跨国公司传统的根据主要地缘市场或者国家市场建立竞争优势的经营战略难以应对，为此，跨国公司开始由简单一体化经营战略逐渐向复合一体化战略转变。在复合一体化战略下，跨国公司将生产过程的各个阶段加以分割，形成由多个相互关联的环节组成的产业链条（见图 6—1），然后通过直接投资，以海外子公司形式将各个产业链条配置于最适合的区位，形成了产业链条配置的全球化。通常情况下，跨国公司将研发、核心零部件生产以及销售和售后服务等资本、技术、知识密集型的高附加值链条放在投资国或较低成本的发达国家，而将标准零部件生产和加工组装等劳动密集型的低附加值链条放在拥有劳动力优势的发展中国家，借此，跨国公司得以通过全球产业链的经营和拓展来整合全球资源，创造全球最富有竞争力的产品和服务，长期保持对所在产业的领导权，引领产业发展。产业链条配置的全球化是20世纪80年代以来跨国公司经营发展战略的最典型、最首要的特征。

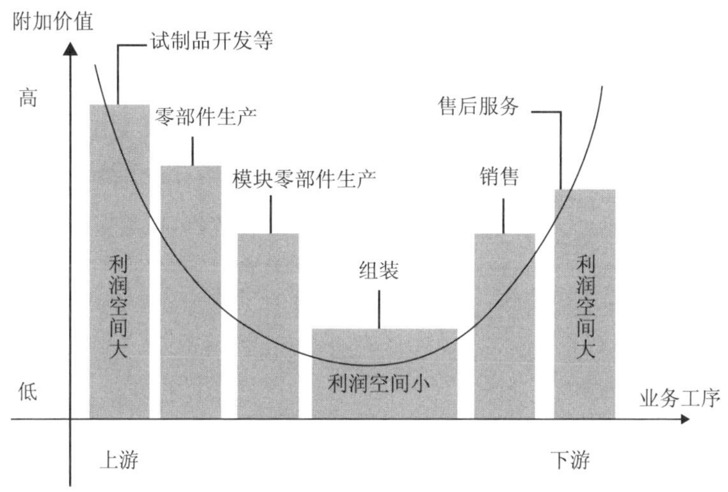

图6—1　产业链条与微笑曲线

（二）经营业务的服务化

随着制造业零部件的模块化生产，跨国公司把越来越多的生产制造链条转移到发展中国家，而自身业务则向价值链两端集中，包括研发、设计、营销及售后服务。这些位于价值链两端的环节通常都是服务环节，它们的附加值相对较高，这就形成了跨国公司经营业务服务化的特征。这一特征意味着跨国公司的竞争优势进一步向技术和资本密集型高端环节集聚。在跨国公司全球化扩展中，劳动密集型产业如服装鞋帽等，跨国公司基本退出了制造链条，甚至退出了研发环节，专门经营品牌和全球营销网络。在计算机等资本、技术密集型产业，跨国公司通过外包生产，将越来越多的制造环节转移到欠发达国家，而将自身业务集中于高附加值的服务业部门。

（三）经营资源的外部化

与经营业务的服务化同步，跨国公司退出制造业链条的过程事实上同时也是跨国公司经营资源外部化的过程。全球竞争的加剧和信息技术的发展使得越来越多的跨国公司正在从过去自我完善型的运营系统向资源外取型的运营系统转变，即把产业价值链的各个环节外包。外包首先始于生产外包，它主要包括原始设备制造（即贴牌生产）和原始设计制造。与经营业务服务化一样，跨国公司进行外包生产，主要目的在于将公司业务归拢到有竞争优势的行业部门，将经营重点放到价值链增值最高的产业环节，从而培育、保护和增进核心竞争力。目前，外包已经从本土逐步走向海外，从劳动密集型产业发展到技术、知识密集型产业，从制造业发展到服务业，成为现代产业发展的典型特征。这一特征使得国际分工进一步深化，加工制造和服务业务的转移与外包为发展中国家制造业和服务业进一步引进 FDI 提供了机遇和空间。

（四）公司责任的强化

公司责任分为经济责任、社会责任和环境责任三个不可分割的组成部分。每一个企业都关注经济责任，这是企业运营发展的本意。但是，随着现代社会的进步，企业需要在经营发展中同时兼顾社会责任和环境责任，实现三者的统一，全球经营的跨国公司尤其如此。注重公司在东道国和全球发展中的社会责任和环境责任，做模范的企业公民，是许多著名跨国公司在百年兴衰中获得全球声誉、在东道国如鱼得水的成功之道。公司责任包括跨国公司对环境、员工、顾客、竞争对手、投资者、所在社区及东道国等等不同层面各个相关利益主体的责任，先行发达国家的跨国公司在这方面拥有长期实践，后起的发展中国家跨国公司也正快速推进，各国政府对于如何促进跨国公司的社会责任进行着积极探索，国际组织在此过程中发挥了重要作用。

第三节　跨国公司和直接投资的国际协调

伴随着跨国公司直接投资在全球大规模的扩展，其对各国经济和全球经济的影响日益广泛而深刻，对跨国公司直接投资进行规制与国际协调的必要性和重要性变得更加凸显。有效规避跨国公司直接投资对东道国和投资母国的负面影响，充分发挥跨国公司直接投资的积极作用，是世界各国对直接投资规制政策的主要目标；协调跨境投资引发的国与国、国家与企业之间的利益冲突，推进跨境投资的便利化和自由化发展，是双边、区域和多边投资协定的根本宗旨。

一、对跨国公司直接投资的管理

（一）东道国对外商投资的政策管理

东道国对外商投资的政策管理框架包括保护政策、鼓励政策与监管政策三部分。

东道国对跨国公司投资的保护政策通常都涵盖外国投资者待遇、征收与国有化及其补偿、对原资本与利润转移的保护等三个方面。通常情况下，外国投资者待遇包括最惠国待遇和国民待遇两种。目前，大多数国家采用国民待遇标准；为了保护外国投资者的财产权益，世界各国通常都对征收和国有化行为规定前提条件，明确给予投资者补偿，补偿部分应以可自由兑换的货币不迟延地给予支付；对于原资本与利润的转移，各国通常采用自由汇出的原则，只要符合法律规定的程序，即可自由汇出。在外汇管制情况下，东道国会附加一定的合理限制。

东道国对跨国公司投资的鼓励政策一般涵盖财政、金融和其他三个方面。财政措施旨在通过各种税收减免减轻外国投资者的税收负担，包括所得税减免、关税减免、折旧优惠和再投资优惠等政策；金融措施旨在通过向跨国公司提供各种融资资助降低投资经营成本，包括政府赠款、补贴贷款、优惠保险等政策。在财政与金融优惠之外，东道国还会通过简化审批手续、土地使用优惠等措施在投资者投资运营的各个环节增加投资者的投资回报。这些鼓励措施会依据东道国不同阶段的不同引资目标，实施对不同产业、地区和不同类型企业的倾斜。

东道国对跨国公司的监管政策主要涵盖外国投资的资本构成、投资范围、股权限制、准入管理及雇用管理等方面。各国法律通常都会对从国外输入的有形或无形资产作出严格规定。出于国家安全考虑，各国都会保留一些领域不对或不完全对外国投资开放，这些领域通常包括国防、军事、通讯、宣传及关乎国家经济命脉的核心产业或部门。采用正面清单的国家列出允许外资进入的部门，未在列举范围内者不允许进入；采用负面清单的国家列出不允许外资进入的部门，未在列举范围内者即为允许进入。对于市场准入管理而言，发达国家在多数情况下采用备案制，发展中国家相对严格，往往依据投资项目的金额、所在部门等采取审批与备案两者相结合的方式，前者即为准入前国民待遇，而后者就是准入后国民待遇。金融危机爆发以来，欧美国家积极推动全球投资规则的改进，负面清单和准入前国民待遇成为全球未来发展的主流。

（二）母国对海外投资的政策管理

母国对海外投资的政策管理框架包括鼓励政策与监管政策两部分。

鉴于海外投资对于母国在产业结构调整、要素资源整合等诸方面的积极作用，世界各国对跨国公司海外投资采取了积极的鼓励政策。这些鼓励政策包括金融税收方面的优惠政策和保险、信息、外交支持等方面的服务政策。为了规避跨国经营带来的双重税收负担，跨国公司在东道国已经缴纳的税款，在母国通常可以在应纳税额中抵扣，或免于征税；为了克服海外投资的融资困境，海外项目投资可以得到母国的优惠贷款，也可以得到政府专门设立的特殊基金的融资服务。建立海外投资的服务促进体系，是世界各主要投资母国的通常做法。相关的服务促进措施包括建立健全海外投资保险制度、建立与完善海外投资法律法规、提供充分的东道国信息、加强相关领域的培训与智力支撑、给予及时充分的外交支持与保障。

鉴于海外投资可能给国家发展带来的负面效应，世界各国在积极鼓励海外投资的同时也在不断加强对海外投资的监管。海外投资监管主要集中在经营业务、资本流出和技术输出三个方面。跨国公司利用转移价格逃避税负的行为，是世界各国在经营财务领域监管跨国公司的首要内容；通过境外投资转移资本会在国际收支严重失衡时加剧母国的金融动荡，因而对资本流出的有效监管是允许和鼓励海外投资的前提；出于国家安全和国家竞争战略的考量，一些母国对跨国公司向特定国家的技术输出实施监管，以防止在海外投资进程中包括国防工业和高新技术战略产业的核心技术向这些国家转让。美国等西方国家对中国技术出口限制就是典型案例。

（三）国际组织对跨国公司的管理

国际组织对跨国公司的管理在全球跨境投资中发挥着重要的作用。1974 年 12 月，联合国跨国公司委员会成立（目前该机构的名称为联合国贸发会议国际投资、技术与企业发展司），它是联合国规范跨国公司行为、增进跨国公司对全球和各国经济积极影响、消除跨国公司消极影响的专门机构，它的主要任务是研究跨国公司影响、审查关于跨国公司问题的可行性措施或协议、提交关于跨国公司发展建议、召开跨国公司问题研究会议、制定跨国公司行为守则。1982 年 5 月，联合国《跨国公司行为守则》草案完成，主要包括跨国公司定义、跨国公司活动、跨国公司待遇、政府间合作以及跨国公司行为守则等内容。由于各国政府观点的严重分歧，该守则至今并未付诸实施。但守则中的相关议题和规定展示了国际社会对跨国公司管理的基本理念和发展方向。

除了联合国之外，相关国际经济组织也纷纷参与到跨国公司管理中来。1976 年，经合组织通过了《关于国际投资与多国企业宣言》，该宣言是发达国家达成的第一个跨国公司行为准则，确立和阐发了跨国公司在维护自由竞争、避免转移定价、保障信息公开等方面的行为标准。1977 年，国际劳工组织理事会制定了《关于多国企业与社会政策的三方面声明》，要求跨国公司承担向东道国就业者提供就业信息、就业和培训机会的责任。同年，国际商会通过《对付勒索与贿赂行为准则》，要求跨国公司避免商业贿赂行为。这些理念和规则成为跨国公司行为守则的基础和前身。

二、对跨国公司直接投资的国际协调

对跨国公司直接投资的国际协调是指国与国之间通过谈判制定一系列协定、条约或公约，以保护和协调相关利益方的权益及其关系。二战结束以来，特别是 20 世纪 80 年代之后，跨国公司直接投资的迅猛增长推动着投资协定的快速发展，截至 2012 年末，国际投资协定制度共有 3196 项协定，其中包括 2857 项双边投资条约和 339 项其他国际投资协定。从内容上看，国际投资协调已经从投资保护向投资便利化、自由化方向发展，从形式上说，双边、区域投资协定迅猛增长，金融危机爆发以来，区域协定替代双边协定成为各国国际投资协调进程中更倾向于采取的形式，多边投资协定发展受阻，但构建被国际社会广泛认可的多边投资协定一直是全球关注的焦点和努力的目标。

(一) 双边投资协定

双边投资协定(Bilateral Investment Treaties,缩写为 BITs)是两个国家之间签订的旨在鼓励、保护和促进双方私人直接投资活动的协定与条约。二战结束以后,发展中国家大规模的国有化运动和政局的动荡给国际投资带来很大风险,无论是发展中国家还是发达国家国内的投资保险制度还是发展中国家的投资鼓励政策都不足以消除发达国家投资者的顾虑。为促进引进外资和保护海外投资,各种形式的双边投资保护协定应运而生。

双边投资协定主要包括两种类型,第一类是投资保证协定,这是由美国创立而后被一些拥有海外投资保险制度的国家效仿实施的模式,故也称作美式 BITs。美式 BITs 以对国际投资中的政治风险提供保证为主要内容,主要规定了代位求偿权、争端解决等程序性问题;第二类是促进与保护投资协定,这是由前联邦德国创立的投资协定模式,故也称为欧式 BITs。欧式 BITs 以促进和保护两国间私人直接投资为主要内容,既包括了促进和保护投资的实体性规定,也含有代位求偿权、争端解决等程序性内容,因而更加符合当前海外投资的实际需要。因而,20 世纪 80 年代之后,美式 BITs 开始向欧式 BITs 靠拢,不仅加入了促进和保护投资的实体性规定,而且其保护要求更高,条件也更为苛刻。

与需要多国利益达成平衡才能成型的区域协定和多边协定相比,双边投资协定易于在平等互利的基础上达成缔约双方的利益一致,因而,双边投资协定被世界各国广泛采用,成为国际投资协定的主体。双边投资协定以国家信誉与责任为前提,比国内法对外国投资者的保护更富有效力,为东道国引进外资创造了良好的制度条件;双边投资协定对投资促进与保护所作的实体性和程序性的规定,为缔约双方及投资者在投资促进与保护方面建立了有效的法律规范和框架,提供了稳定的发展环境和有力的制度保障。因而,双边投资协定成为迄今为止国际投资法律体系中最行之有效的国际法制。

(二) 区域投资协定

区域投资协定是指特定区域内的国家之间或者区域型经济组织成员之间签署的旨在促进和保护相互投资的协定或条约。作为区域经济一体化的重要组成部分,区域投资协定是推进成员国之间经济合作发展的制度保障，既能够强化对成员间相互投资的促进与保护，也能够有力地推进区域内国际投资的自由化发展。它应区域经济一体化而起，伴随着区域经济合作的深入和广泛发展而迅速增长。

区域投资协定主要包括两种类型。第一类是专门针对外国直接投资的协议或协定，如安第斯条约组织于 1970 年制定的《安第斯共同市场外国投资规则》和东盟于 1990 年制定的《东南亚国家联盟促进和保护投资协定》；第二类是内容涉及国际直接投资的协议或协定，如区域性自由贸易协定（即 FTA）、区域性经济协定，前者如《北美自贸区协定》、《欧盟联盟条约》，后者如亚太经合组织的《茂物宣言》和《投资便利化行动计划》。

与双边投资协定相比，区域投资协定追求的目标更高，除了相互间给予的非歧视性待遇，区域投资协定将投资便利和自由化扩展到对投资经营范围和投资股权限制的消除；区域投资协定涉及的内容也更多，除了双边投资协定的内容外，区域投资协定还包括了知识产权保护、政府采购、竞争政策、环境标准和劳动标准等等。作为区域经济一体化的产物，区域投资协定更能够适应经济全球化的趋势，其内容和要求也展现了全球化发展的态势和国际投资协调的方向。相对于多边投资协定而言，地理相邻或拥有共同利益的几个国家相互之间达成区域投资协定要容易得多，其影响力也因更高目标、更广泛内容和更多国家而更显著和深远。2008 年金融危机爆发以来，面对多边回合止步不前的状态，欧美发达国家推进的区域自贸区签署掀起新浪潮，区域投资协定在推进投资自由化和经贸一体化方面发挥着更为重要的作用。

（三）多边投资协定

多边投资协定是指在全球范围内签署的促进直接投资、规范跨国公司行为的国际投资规则。早在二战结束初始《哈瓦那宪章》的框架内，各主要国家就尝试着建立针对海外投资的规则和协议，但是，由于各国立场相去甚远，各方面条件也不成熟，统一的国际投资框架并没有达成。到 20 世纪 80 年代之前，各国达成的多边框架下的与跨国公司直接投资相关的协定局限在劳工组织、限制性商业惯例等具体问题上。20 世纪 80 年代以来，伴随着经济全球化浪潮，跨国公司直接投资在经济全球化中的作用日益提升，政府间围绕直接投资加强合作、监管与促进成为全球共识，多边谈判和协定不断扩展。迄今为止，已经达成的多边协议近 20 个，但由于各国观点态度各异，真正付诸实施并具有约束力的协议并不多。目前付诸实施的多边投资协议主要包括：世界贸易组织框架下的《服务贸易总协定》（GATS 协定）和《与贸易有关的投资措施协议》（TRIMs 协定）、《与贸易有关的知识产权协议》（TRIPs 协定）、《解决国家与他国国民之间投资争端的公约》（又称《华盛顿公约》）、《多边投资担保机构公约》（又称《汉城公约》）等等。

按照世界贸易组织的分类，服务贸易中的第三种形式“商业存在”，指的是一成员方的服务提供者到另一成员方境内建立经营企业或专业机构提供服务，因而，这种形式主要是通过跨国公司服务业投资实现的，因此，服务贸易规则包含了服务业的跨境直接投资规范，《服务贸易总协定》也就为成员方服务业直接投资及其管理提供了行为准则。《服务贸易总协定》关于服务业投资规则主要体现在市场准入方面，成员方在服务业市场准入领域需要承担两方面义务：一是通过谈判，签署承诺义务计划表，承担特定的市场准入义务；二是在承诺市场准入的部门中，除了承诺表另有规定外，不得采用六种限制性措施，这六种限制性措施包括对外资股权限制、外资方式限制及各种相关数量限制。

《与贸易有关的投资措施协议》是世界上第一个专门规范贸易与投资关系的国际性协议。作为世界贸易组织法律体制的重要组成部分，《与贸易有关的投资措施协议》从适用范围、国民待遇和取消数量限制、例外、发展中成员方、透明度、措施与争端解决等方面对与货物贸易相关的投资措施作了相关规定。其中，对货物贸易投资采取国民待遇原则和一般取消数量限制原则是《与贸易有关的投资措施协议》的核心内容。将关贸总协定中的国民待遇原则和一般取消数量限制原则通过多边协定和规则的方式引入国际投资领域，具有重要意义。在贸易与投资日益一体化的背景下，成员方对这两个贸易领域的基本原则在投资领域的应用与贯彻，无疑将更加有力地推进全球贸易和投资的发展。

为了化解各国之间因投资争端而对直接投资产生的不利影响，1965 年，《解决国家与他国国民之间投资争端的公约》在世界银行支持下签署，1966 年生效，中国于 1993 年正式加入。根据公约设立了解决投资争端国际中心，该中心具有完全法人资格，有权订立合同、处置动产和不动产、进行法律诉讼。中心设有行政理事会和秘书处，采用调解和仲裁的方式，管辖发生在缔约国之间的国民或机构因投资产生的法律争端。为了降低和规避在发展中国家投资的政治风险（非商业性风险），促进国际投资流向发展中国家，1985 年，《多边投资担保机构公约》在世界银行年会上得到通过，1988 年生效，中国是该公约的创始国。多边投资担保机构主要承保货币汇兑险、征收及类似措施险、违约险、战争和内乱险。《多边投资担保机构公约》鼓励会员国之间的生产性投资，充分考虑到发展中国家利益，并为东道国与投资国之间的投资争端提供了非政治性解决的途径。

总起来看，上述多边投资协议的签署已经在风险担保、争端解决等关键环节、服务贸易和货物贸易等主要领域为全球投资初步确立了一些基本规则，这些投资协议的签署和实施，在全球直接投资的发展进程中发挥着积极且重要的促进作用。但是，与国际贸易相比，国际投资领域尚未形成一部统一的综合性的具有强约束力的多边投资规则。由各国的外资法、双边和区域投资协定以及针对特定投资问题的多边投资公约构成的国际投资规则体系和框架，存在着难以避免的缺陷和不足，不仅法律层次复杂、体系零散、内容重叠，而且多有相互矛盾之处，并普遍缺乏约束力。这些缺陷和不足使得现有多边立法越来越难以满足当前快速发展的经济全球化与国际投资自由化态势的需要，因而，国际社会推进多边投资协议谈判的愿望近年来持续增强。顺应全球投资自由化潮流，达成一个兼顾发达国家和发展中国家、投资者、东道国和母国利益的多边投资协议，是大势所趋。在国际投资领域，中国是全球最大的发展中东道国，也是近年来最强劲的海外投资母国，积极参与国际投资规则谈判，促成国际投资多边协议的签署与实施，符合中国的发展利益。

第七章 国际经济一体化和当代区域化发展

区域化是国际经济一体化发展的一个重要表现，从而是当代世界经济研究必须涉及的一项重要问题。本章首先概述区域一体化的一般含义和基本组织形式；而后分析当前世界三大区域组织的发展态势及其最新特征；最后分别探讨区域化发展趋势与发展不平衡及其国际格局转换的关系、区域化发展趋势与国际经济一体化及其全球治理不断完善的关系，以便在更广阔的视野上观察区域化趋势，特别是该趋势的内在本质和发展动因。

第一节 区域化的含义和组织形式

一、区域化的含义

分析当代世界经济区域化发展趋势，首先要对区域化自身的一般规定性，有一个概要的了解。

区域化，即区域经济一体化，就广义而言，应该包括两重含义：

一方面，所谓区域经济一体化，是指在国际分工、国际市场发展的基础上，世界某些区域的组成部分（国家或地区）之间通过资源（商品、资本、技术、劳务等）流动而实现的相互开放、相互融合、经济联系越来越紧密的状况和进程。简言之，区域一体化在这里是指客观的经济联系、结合的关系或进程。

另一方面，所谓区域经济一体化，又是指在客观的国际经济联系、结合发展的基础上，两个以上国家或地区为了谋求共同利益或解决矛盾，通过条约、协议、会谈等实现的经济联合、调节机制的进程。简言之，经济一体化在这里是指经济联合、调节的机构或行为。

对区域经济一体化概念，应该从上述两个方面的结合去理解，才是完整的。即区域一体化是地理相邻近的国家，在客观的经济联系愈益密切的基础上，相互采取比对区域外国家更为开放、自由的政策，并在体制框架、调节机制上结成经济联合组织甚或国家集团的进程。

二、区域化的形式

区域一体化的“内涵”，一般是指区域化涉及的经济领域、达到的层次和程度。根据这个内涵的不同，区域一体化一般认为有五种基本的组织形式：特惠关税区，自由贸易区，关税同盟，共同市场，经济联盟。[①]

（一）特惠关税区

特惠关税区的特点是，其成员国相互给予第三国不能享受的减免关税的特别优惠待遇。它是区域经济一体化的最低级、从而较为易行的组织形式。东南亚国家联盟就是这样的对部分商品给予特惠关税待遇的区域一体化组织。

特惠关税区是区域经济一体化的最低级形式，以至于许多区域组织并不以此为初始形式，而是一开始就从自由贸易区形式搞起。

（二）自由贸易区

自由贸易区的特点是，组成自由贸易区的国家取消了它们之间商品贸易的关税；但各成员国仍按照各自的标准对非成员国征收关税。

自由贸易区分为两种：一种是工业的自由贸易区，区内贸易取消关税的商品仅涉及工业品；另一种是完全的自由贸易区。

---

① 此外，还有其他分类方式，2009 年 1 月 WTO 的 RTA 委员会创建了“RTA 信息系统”（Regional Trade Agreements Information System），将区域经济组织分为四种，即关税同盟（CU）、部分商品优惠关税贸易协定（PS 或 PSA）、自由贸易协定（FTA）以及经济一体化协定（EIA），EIA 实际是服务贸易自由化协定。

完全自由贸易区，是指取消成员国之间工、农业产品贸易关税的自由贸易区，例如15个西非国家于1975年成立的非洲最大的区域一体化组织——西非经济共同体，到20世纪80年代末基本上取消了成员国间商品贸易的进口关税，成为一个完全的自由贸易区。

自由贸易区的一体化只包括消除内部的贸易歧视，是区域经济一体化的较低级形式。

（三）关税同盟

关税同盟的特点是，两个或两个以上的国家之间对内取消相互间的进口关税，实现自由贸易；对外采取共同的贸易壁垒，实行统一的对外关税。结盟的主要目的在于使参加国的商品在统一关税的市场上处于有利地位，发展成员国之间的商品贸易和限制非成员国的商品进口。

关税同盟是区域经济一体化诸形式中比较重要的一种。一方面，关税同盟的一体化程度适中、适度，既有较大的一体化作用，又有较易达到的一体化程度；另一方面，关税同盟是“历史的原型”，战后才出现比它一体化程度较低或较高的其他形式。

建立关税同盟的主张，是19世纪德国经济学家李斯特（1789—1846年）首先提出来的。历史上最早的关税同盟是1826年六个日耳曼邦国建立的北德意志关税同盟。战后成立最早的关税同盟是于1948年建立的比荷卢关税同盟。

关税同盟不仅对内取消关税，而且对外实行统一关税，因此是比自由贸易区一体化程度更高的形式。然而关税同盟与自由贸易区一样，都只是商品贸易领域中的一体化。

（四）共同市场

共同市场，是在关税同盟的基础上进一步发展起来的经济一体化组织。其特点是，除了取消成员国之间的关税和对外实行统一关税外，还要取消对生产要素移动的一切限制。即在共同市场的成员国之间不仅商品可以自由流通，而且人员、劳务和资本也可以自由转移。因此，它是区域性国际经济一体化程度较高的组织形式。目前真正达到这种一体化程度的，是欧洲经济共同体在1993年1月正式启动的“欧洲统一大市场”，在该市场内，基本实现了商品、人员、劳务、资本自由流动。

（五）经济联盟

经济联盟，是在共同市场基础上进一步发展起来的一体化组织，其特点是，除了包括共同市场的要求之外，还统一了成员国的经济政策，包括货币、财政、经济发展和福利政策。为此，需要成立一个共同权力机构，把成员国的经济结成一个整体，各成员国把经济主权移交给这个超国家的权力机构。

经济联盟是区域性国际经济一体化程度最高的组织形式。可以说当今世界尚无一个区域一体化组织已经是完全的经济联盟。不过，目前世界上一体化层次最高的区域组织欧洲联盟已包括经济联盟的一些内容。

三、区域化的外延

所谓区域一体化的“外延”，是指一体化涉及的地域范围、广度、包含的成员数量、规模。根据这个外延的不同，区域一体化有三种基本的组织形式：区域组织、次区域组织和跨区域组织。

（一）区域组织

区域组织，是区域一体化组织的原型或者说典型形式，广义地看任何两个以上国家结成的经济联合组织都可以视为区域组织，无论是上面提到的东盟、西非经济共同体、加勒比共同体、欧盟，还是尚未提到的世界现存的其他区域组织。当原型的区域组织内部并未产生和包容更小的区域组织、外部并未联合其他组织形成更大的区域组织时，这里所说的作为区域一体化组织形式之一的“区域组织”与广义的区域一体化组织是同义语；但是当出现了上述的组织内部包容或组织外部联合时，则产生了外延上的三种类型划分。因此，这里的区域组织只是相对于次区域组织和跨区域组织而存在的一种组织，在外延上不同于次区域组织、跨区域组织的形式。

（二）次区域组织

次区域组织，是一个区域组织内部包含的外延更小但一体化程度（即内涵）更高、更深的区域组织。例如欧盟中包含的欧元区、甚至联合程度更紧密的荷比卢三国集团等。另外，同一区域组织中的一些国家（也可以有非成员国）将其地理相邻的局部地区组成一个区域组织，也属次区域组织。例如同为亚太经合组织成员的中国、俄罗斯、日本、韩国与朝鲜在图们江入海口周边区域组成的东北亚经济合作区。可以说，一体化外延缩小的次区域组织出现、发展的动因，在于使一体化内涵深化、程度更高。

（三）跨区域组织

跨区域组织，是某个区域组织与另外的区域组织或国家通过外在的联系甚或合并，形成一个外延扩大的新的区域组织。这一联合而成的新的区域组织与作为其组成部分的原来的区域组织同时并存，保持各自的组织机构的相对独立性和调节活动的特点。区域组织一般是某一地理区域范围内的经济一体化，跨区域组织往往是相邻的两个以上地理区域间的一体化。例如，东盟、北美自由贸易区、东亚国家、大洋洲国家和拉美一些国家共同组成的亚太经合组织，北美自由贸易区与欧盟之间拟议中的跨大西洋的“美欧自由贸易区”，墨西哥与欧盟签署的关于在两者间实现商品进出口减免关税的自由贸易协定，欧盟与拉美南方共同市场商讨建立的两集团间自由贸易区等等，都属跨区域组织。如果说次区域组织出现、发展的动因在于一体化内涵的深化，则跨区域组织出现、发展的动因在于一体化外延的扩大，也就是使一体化组织范围更广、规模更大、实力更强。

第二节　国际格局转换中主要区域组织的发展态势

上面论述了区域一体化内涵和外延上的几种组织形式。无论哪一种组织形式都在迅速发展，都体现着当代特别是 20 世纪 90 年代以来世界经济区域化趋势方兴未艾。然而，20 世纪 90 年代以来国际格局进一步变化，尤其是 2008 年国际金融危机之后，20 国集团（G20）、“金砖国家”等国际组织地位开始上升，这些区域组织的发展，也有了新的态势和动因。尤其是那些为数不多的几个包含着世界经济大国的、从而对世界经济发展意义重大的区域组织，以“欧洲联盟”、“北美自由贸易区”、“亚太经合组织”为代表，集中体现了转变格局下的新特点。

一、欧洲联盟及其欧元区

欧洲联盟（欧盟）是一个由 28 个会员国组成的政治和经济共同体，

总部设在比利时首都布鲁塞尔，是由欧洲共同体发展而来的。欧盟发展有两个方向：外延上不断东扩，内涵上逐步升级。

欧盟一体化“外延”上的扩大已经多次。1957 年 3 月 25 日，法国、联邦德国、意大利、比利时、荷兰、卢森堡 6 国签订了《罗马条约》(该条约 1958 年 1 月 1 日正式生效)，这标志着欧洲经济共同体的成立。1973 年，英国、爱尔兰、丹麦加入欧共体；1981 年希腊加入欧共体；1986 年，西班牙、葡萄牙加入欧共体。奥地利、瑞典、芬兰三国于 1995 年 1 月 1 日正式加入欧盟。进入新世纪，又有一些国家相继加入欧盟，2013 年 7 月 2 日克罗地亚正式入盟，成为第 28 个欧盟成员国。

如果只是一体化的扩大而无一体化的深化，则势必成为一个庞大的但又是松散的组织。所以，欧洲一体化“内涵”的深化是与其“外延”的扩大同时进行的过程。欧洲一体化“内涵”的深化，有四个层次。

第一，商品自由流动——欧洲关税同盟。

欧洲经济共同体一体化的基本目标，是建立一个商品、人员、劳务、资本自由流动的共同市场，但作为起点是先建立起关税同盟以实现商品的自由流动。

建立关税同盟，首先是通过欧洲煤钢联营条约拆除了在煤、钢、铁矿砂等方面的关税壁垒。之后，于 1968 年 7 月又实现了工业品贸易对内取消关税，对外统一关税。同时进行的是实现了农产品统一价格，而且到 1969 年共同体内部完全取消农产品关税，对外征收统一差价税，从而实现了主要农产品在共同市场内的自由流通。但是，从关税同盟的建立直到 90 年代初，仍谈不上商品完全的自由流通。因为关税壁垒虽然取消了，非关税壁垒犹在，例如技术标准、卫生标准、财税壁垒等，仍阻碍着成员国之间的商品自由流通。

第二，人员、劳务、资本自由流动——欧洲统一大市场。

在成员国间废除阻止人员、劳务和资本自由流动的障碍，这是欧共体成立时签订的《罗马条约》中规定的一个内容。随着一体化的发展，到 90 年代初，这方面就已经取得了很大的进展。

欧洲经济共同体于 1985 年提出“到 1992 年取消共同体内的所有国界”，以真正形成一个商品、人员、劳务、资本自由流动的“欧洲统一大市场”。一体化的具体内容包括：取消边境检查和手续；欧共体所有公民可以在任何成员国内定居、工作和上学；协调或相互承认各国在工业、安全、卫生、环保和消费者保护等领域的技术标准；在运输方面促进竞争；实行成员国间的投资自由化，银行、保险、经纪人可在各成员国内开展业务；取消边境税，代之以间接税，逐渐统一税种和税率等等。1993 年 1 月 1 日，欧洲大市场正式启动，基本上实现四大要素的自由流动。

第三，全面一体化——欧洲联盟条约。

西欧区域一体化到 1992 年 2 月 7 日正式签署《欧洲联盟条约》，标志着步入其一体化的更高层次。其实早在欧共体致力于实现商品和其他要素自由流动的同时，程度不同的各方面的一体化，甚至包括统一各国的某些经济政策，建立某种超国家机构等等，都已在进行。其中的货币一体化，至今已取得了具有历史意义的重大进展。

1978 年 12 月，共同体在布鲁塞尔召开的首脑会议上通过了建立欧洲货币体系的方案，于 1979 年 3 月 13 日正式实施（英国暂不参加）。欧洲货币体系的主要内容有：（1）确立“欧洲货币单位”。这是各成员国的货币按其经济实力（国民生产总值、商品劳务出口总额）比重综合构成的一揽子货币。其主要作用是：成员国之间的结算工具；成员国的储备资产；各成员国货币强弱的衡量标准；对第三世界援助的记账单位。（2）建立货币联合浮动汇率制度。1978 年，以美元为中心的国际货币体系崩溃，固定汇率制为浮动汇率制所取代。为防止货币汇兑的混乱，欧洲共同体建立了货币联合浮动制度。这种共同体成员国货币的联合浮动体系，对内实行可调整的固定汇率制，对共同体外的货币实行联合浮动。（3）建立“欧洲货币基金”。这是共同体为干预货币金融市场而建立的基金。其用途是资助国际收支出现困难的成员国，维持共同体内货币的稳定。

欧洲货币体系的建立是欧共体一体化的重要步骤。它对稳定成员国货币汇率，促进内部贸易和经济发展，巩固经济一体化的成果，起着积极的作用。但其发展也面临着重重困难，而且仅限于欧洲货币体系阶段已不适应西欧经济发展的要求。因此，20 世纪 90 年代以后的十余年，欧共体一直为完善和深化其货币一体化而努力，特别是 1991 年 12 月欧共体首脑会议上通过的《经济与货币联盟条约》（即《马斯特里赫特条约》），更是把西欧货币一体化推向了一个新的高度。

欧洲《经济货币联盟条约》于 1993 年 11 月 1 日正式生效。而后，尽管货币一体化目标的实现困难重重，而且就是连原有的欧洲货币体系都因 1992 年、1993 年两次欧洲货币危机的冲击而发生倒退，但是毕竟最终实现了其原订的一体化目标——1999 年 1 月欧元正式诞生。

欧洲货币一体化意义重大。它既使得欧盟一体化达到一个新的高度，为欧盟经济的发展提供新的动力、创造更好的条件，也会在动荡不已、危机迭起的世界货币金融领域，为欧洲货币地位的提高增加一个新的筹码。原来业已存在的美元、欧洲货币、日元三极世界货币格局，随着欧元的问世，发生了新的变化。欧元比之原本地位就最弱的日元，其地位会进一步增强；就是比之雄风犹在且地位最高的美元，从长远看欧元也会构成新的挑战，这种挑战的结果不一定就是欧元取代美元成为世界货币之王，而是欧元抢占美元的一些地盘，缩小在地位上与美元的差距，形成“两强（美元、欧元）一弱（日元）”的三极世界货币格局。

第四，欧洲主权债务危机——推进财政制度建设。

2009 年 12 月 8 日全球三大评级公司下调希腊主权评级，2010 年起欧洲其他国家也开始陷入危机，整个欧盟都受到债务危机困扰。伴随德国等欧元区的龙头国都开始感受到危机的影响，整个欧元区正面对成立以来最严峻的考验。

本轮经济衰退充分暴露出欧元区体系深层次的制度性缺陷，即在欧元区内部货币政策由欧洲央行统一行使，而财政政策却由主权国家分而治之，这种分散的财政政策和统一货币政策之间的失衡导致成员国失去了熨平危机的宏观经济调控手段——货币政策。财政政策与货币政策是一个主权国家调节经济运行的两个最基本、最核心工具，只有二者松紧搭配才会有效地对经济运行实施调节。由于欧元区实施统一货币政策，各国缺少了利率和汇率两大工具的支持，为了走出由美国次贷危机所带来的经济衰退，成员国只能借助扩张性财政政策来刺激经济复苏。加之，这些国家的债券也会成为国际市场上的投机对象，结果造成希腊、爱尔兰、西班牙等国家物价和工资迅速上涨，财政赤字不断扩大，各国早已突破了《稳定与发展公约》规定的财政赤字不得超过本国 GDP 的

3%，以及主权债务总额不得超过60%的上限，已经完全脱离了经济发展水平与国家还款能力，以至于投资者对政府债券的信任度降到了冰点，进而引发主权债务危机。

欧元区各国经济发展不均衡，经济结构差异很大，预算状况千差万别。各国经济发展所处的不同阶段也使财政政策难以有效协调，但为了政治目标，欧盟极力拉拢那些希望加入进来但经济状况却不容乐观的国家。加入欧元区后，各国自身的优势与劣势逐步明显地表现出来，例如希腊这样的国家没有资源优势，没有领先的创新优势，而德国、法国这样的大国就垄断了对外出口，强势国家与弱势国家之间的矛盾越来越突出。以往在维护欧元与欧洲一体化的更高诉求下，经过欧洲政治精英的努力得以调和妥协。但全球金融危机爆发后，外围国与核心国之间的财政政策与货币政策存在着明显的不相适应，欧元区无法满足成员国不同的货币政策偏好。外围国无法利用货币贬值快速形成对外盈余，也无法维持当前的财政赤字，使其陷入一种结构性的衰退。

欧债危机发生以来，希腊、爱尔兰、西班牙、葡萄牙和意大利等危机发生国纷纷采取财政紧缩政策，强化财政纪律，削减赤字和债务，推进结构性改革。欧元区国家出台大规模救市政策，创立和启动金融救助机制，运行新的监管框架，不断向希腊等国提供紧急救助。欧洲央行也采取一系列措施提升市场流动性，减少金融市场波动，推出长期再融资操作。2013年欧盟峰会在布鲁塞尔举行，债务危机问题由台前退至幕后，标志着欧洲主权债务危机基本进入末期。

欧洲一体化继续发展，主要解决三个问题。

首先，继续深化经济一体化。尽管欧盟的经济一体化已进入一个新的层次，建立了统一的欧洲中央银行、实现了单一货币的货币一体化，但还是不完善的；更不用说，财政政策的统一尚有很长的路要走。

其次，加快政治一体化进程。经济决定政治，政治是经济的集中表现。一方面经济一体化为政治一体化奠定了基础，另一方面经济一体化也需要政治一体化来保障。西欧一体化的目标也不仅仅是经济方面，还涉及政治领域。早在1957年建立共同体的《罗马条约》签订时，就确定了这样的目标：在经济一体化达到一定阶段时，将考虑政治一体化问题。1991年与《经济货币联盟条约》一道，也通过了《政治联盟条约》。从政治一体化的实际进展看，就协调政治外交立场、改革共同权力机构和加强防务政策合作等方面而言，西欧在政治领域的协调、合作与一体化，已取得了一定进展。但迄今为止，西欧的政治一体化仍处于低级阶段。由于政治一体化是增强共同体的超国家因素，牵涉到敏感的成员国的国家主权问题，比经济一体化更加复杂、更加困难。现在28个成员国，欧盟机构已不能很好地运转了，如若不进行共同权力机构的改革，下一步可能将无法运转下去。譬如，欧盟的执行机构——欧盟委员会、欧洲议会决策拖沓；再加上欧盟最高权力机构理事会的投票决策机制是“一致通过表决制”，只要一个成员国投反对票，一项决定就不能实施。可见，欧盟共同权力机构必须改革，才不致使扩大后的欧盟陷于运转失灵甚或瘫痪；而机构改革又必然触动现有的权力结构和各成员国的权力与利益，具有相当大的难度。

最后，一体化外延进一步扩大。在20世纪90年代，欧盟一体化的主要任务不是“外延”的扩大，而是“内涵”的深化。直至2013年7月，20世纪90年代以来的这项欧盟跨世纪的重要战略，进入新千年加快了实施的步伐，把2000年的15国变成了28国。

欧盟加快东扩步伐有其重要的意义。一方面，欧盟力图通过扩大、集合更多国家的力量，进一步增强和提高该国家集团在多极化世界中的实力地位。与美国、日本作为单独国家成为多极世界之一极不同，欧盟是以28国集合而成的国家集团作为世界之一极的。另一方面，欧盟力图通过扩大拓展出一个更广阔的经济空间、市场空间，以利加快发展经济、积聚实力。换言之，欧盟的扩大，对于欧盟在世界上的实力地位的增强与提高，除了直接的通过“集合”力量来发挥作用，同时还间接地通过“聚合”力量来发挥作用。欧洲多为中小国家，单个国家的地域面积、人口数量、经济规模、市场容量相对较小，从而资源配置、经济发展的空间受到限制。这就需要通过结成区域一体化组织把若干国家的市场合并成一个更大的区域共同市场。当然，伴随着外延扩大而来的内部差异增大，也是欧盟一体化发展不能不考虑的问题。

总之，金融危机后，欧盟区域一体化的发展，在国际格局转变的压力下，仍有较大的动力。但相对于北美市场的活力，亚太市场的潜力，欧洲市场的发展态势不会抢眼，将在曲折中艰难向前迈进。

二、北美自由贸易区及美洲自由贸易区

美国与加拿大1988年1月签订了自由贸易协定并于1989年1月1日正式实施，美加自由贸易区成立。美加自由贸易区的建立，有其自身的客观经济联系的基础。美国和加拿大之间，历来经济联系十分密切。加拿大是美国的重要资源来源国，美国是加拿大最大的资本来源国，美加还互为最大的贸易伙伴国。同时，20世纪80年代美加两国的贸易摩擦也不断加剧，需要加强协调。这些都是美加80年代末建立自由贸易区的客观基础。美加自由贸易协定的宗旨是，以适当的保证措施来消除两国之间商品与劳务的贸易壁垒，建立必要的机构与程序来处理两国争端，改善投资环境。

1992年8月，墨西哥与美、加签约，加入自由贸易区。1994年1月1日，“北美自由贸易协定”正式生效，该协定规定在15年内取消三国之间的关税、非关税壁垒，建成一个实现商品和其他生产要素自由流动的“世界最大的自由贸易区”。

北美自由贸易协定从其执行情况看，已有不小进展。特别是在商品贸易的关税减免上尤为如此。美加之间的贸易绝大部分已免除了关税，墨西哥的平均关税率也迅速降低。无疑北美自由贸易区的困难和矛盾也不少，但由于成员国数量少，其一体化进程相对来说还比较顺利。

北美自由贸易区目前基本上处于一体化的较低级的阶段。其自由贸易协定并未规定对地区外的国家实行统一的贸易关税壁垒，故不是关税同盟，更未提出统一成员国的经济政策，从而也根本谈不上经济联盟。但是，就某些方面而言，它已超出了自由贸易区的范围，因为它不仅涉及商品自由流动，而且还包括了其他生产要素的自由流动，从而，其21世纪初一个时期的发展，将会成为共同市场性质的区域一体化组织。

北美一体化发展主要解决两方面的问题。对内，尽管北美自由贸易区成员数量少，从而内部一体化的进程相对顺利些，但也仍然面临着不少的困难要解决。特别是发达的成员国美国、加拿大与发展中成员国墨西哥之间的经济水平差异以及由此造成的利益矛盾和政策不协调，就是可能影响北美区域一体化进程的一个不能忽视的因素。

对外，也是最重要的，是一体化的对外延伸。北美自由贸易区尽管

经济规模、产出不小，但毕竟地处世界之一隅、且成员国数量较少，因此对外扩展、谋求更广阔的市场联系，就成了至关重要的问题。这种一体化对外扩展包括西向、东向和南向三个方向。西向已有跨太平洋的亚太经合组织的联结纽带和方式。东向是跨大西洋的北美自由贸易区与欧盟的联姻。南向则是北美与南美的经济一体化，谋求一个“从阿拉斯加到火地岛”的全美洲自由贸易区。

美洲自由贸易区（Free Trade Area of Americas，FTAA）的设想是在1994年美国迈阿密西半球首脑会议上提出的，目的是于2005年初在西半球建立一个世界上面积最大、年GDP总值达14万亿美元、拥有8亿人口的自由贸易区。然而由于如巴西等拉美国家与美国在建立自由贸易区的问题上存在较大分歧，谈判遇到了前所未有的困难，谈判进度受到遏制。作为替代模式，一些国家纷纷与美展开了多、双边自由贸易谈判。

美洲自由贸易区从倡议到构想虽是在美国主导下进行的，但也得到了拉美国家的响应，在最终建成自由贸易区这个问题上，拉美国家和美国是基本一致的。因为组建美洲自由贸易区具有多方面的动因，既有经济上的缘由，同时也有政治上的考虑。

1994年12月，第一届美洲国家首脑会议在美国迈阿密举行，来自美洲大陆和加勒比地区34个国家的领导人一致同意建立美洲自由贸易区，并确定2005年为谈判达成建立美洲自由贸易区协定的最后期限。

1998年4月，第二届美洲国家首脑会议在智利首都圣地亚哥举行。与会的34国领导人就教育改革、巩固民主进程、经济一体化和自由贸易以及消除贫困和歧视等主题进行了广泛讨论，并签署了《圣地亚哥宣言》和《行动计划》两个重要文件。会议决定，正式启动关于建立美洲自由贸易区的谈判。

2001年4月，第三届美洲国家首脑会议在加拿大魁北克市举行。与会的34国领导人着重就建立美洲自由贸易区等问题进行讨论。会议通过了涉及美洲自由贸易区、民主、安全等问题的《魁北克城宣言》。

2005年11月，第四届美洲国家首脑会议在阿根廷海滨度假胜地马德普拉塔召开。由于各方分歧严重，会议最终未能就是否重启美洲自由贸易谈判问题达成协议。

美国历史上早已存在“门罗主义”，但美国过于强调自身利益，北美与南美的关系一直存有芥蒂。美洲自由贸易区从1994年12月启动以来，已历经多年，但进展甚微，在消除商品和服务贸易壁垒这个主要目标方面几乎没有达成任何有意义的协议。虽然历次首脑会议一再重申建成美洲自由贸易区，但谈判一直停留在议程和框架层面上，无从深入。作为替代模式，一些拉美国家与美国展开了多、双边自由贸易谈判。

三、亚太经合组织及跨太平洋战略合作伙伴关系协议

亚太经合组织（Asia-Pacific Economic Cooperation，APEC）

成立于1989年，当时有12个成员：澳大利亚、文莱、加拿大、印度尼西亚、日本、马来西亚、新西兰、菲律宾、新加坡、韩国、泰国和美国。总部设在新加坡。1991年增加了中国、中国台湾省和香港地区3个成员，1993年增加了墨西哥、巴布亚新几内亚，1994年增加了智利，而后又增加了俄罗斯、越南和秘鲁。目前该组织已经由21个国家和地区组成。

亚太经合组织作为一个区域组织，其特点是松散。主要表现为：第一，没有国家间协定。亚太经合组织不像西欧一体化和北美一体化那样具有法律约束性很强的“欧洲联盟条约”和“北美自由贸易协定”。领导人就地区发展和合作所作出的承诺不是法规，具有“政治义务”的性质。第二，没有权威性很强的共同机构。亚太经合组织是一个经济论坛，不是一个具有管理职能的地区经济组织。与一般的区域一体化组织不同，它是通过一种共同参与、自主自愿、协商一致和承诺机制来推动成员间合作的方式。第三，成分复杂，差异性巨大。目前的21个成员，既有亚洲的中国、日本、韩国等，也有大洋洲的澳大利亚、新西兰等，以及北美洲的美国、加拿大等和南美洲的秘鲁、智利等；既有发达资本主义国家的美国、日本、加拿大等，又有发展中国家的墨西哥、韩国等，还有社会主义国家的中国、越南；既有美国、中国、日本这样的大国，又有新加坡、文莱、巴布亚新几内亚这样的小国。这一松散的特点使得亚太地区形成一体化程度较高的区域组织十分不容易。

然而，尽管该区域组织如此的松散、不平衡，但毕竟区域内实际的经贸联系在加强，而且该区域一体化也有了初步的目标和发展。1994

年11月在印度尼西亚召开的第二次非正式首脑会议通过的《茂物宣言》规定："不迟于2020年在亚太地区实现自由、开放的贸易和投资这一目标"，并首次把贸易投资自由化与经济技术合作并列为该组织活动的两大支柱。1995年11月在日本召开的第三次首脑会议通过了《大阪行动议程》，涉及关税、服务、投资等15个领域的合作，明确了"工业化国家在2010年之前、发展中国家和地区在2020年之前实行自由和开放的贸易与投资"的目标，以及为实现这一目标确定了9点原则。2001年11月21日，亚太经合组织第九次领导人非正式会议通过了《上海共识》，明确了共同承诺，确定了一些实现共同目标关键性的步骤。2003年10月泰国曼谷第11次峰会通过了《领导人宣言》，决定加强伙伴关系，推动贸易投资自由化与便利化，保障民众和社会免受安全威胁，并能从自由开放的贸易中充分受益。2008年11月秘鲁利马第16次峰会发表《利马宣言》和关于全球经济的声明，重点阐述了各成员就世界经济金融形势、多哈回合谈判、粮食安全、能源安全、区域经济一体化、企业社会责任、气候变化、防灾减灾等问题达成的共识。2011年11月美国夏威夷第19次会议领导人宣言称各国承诺加大区域经济合作，使经济和市场更加紧密地联系起来以造福各国人民，经合组织的主要任务仍是促进区域经济一体化和扩大贸易规模。

2014年亚太经合组织第22次峰会在中国北京雁栖湖举行，主题是共建面向未来的亚太伙伴关系。此次会议成果丰硕：明确了未来亚太合作的方向与目标；作出了启动亚太自贸区进程的重大决定；勾画了建设亚太互联互通网络的新蓝图；找到了支撑亚太经济发展的五大新支柱；开辟了一系列全球性问题的合作新领域。《亚太经合组织推动实现亚太自由贸易区路线图》获得通过，亚太自由贸易区（FTAAP）进程正式启动，是此次会议最为瞩目的成果。亚太自贸区的推进将会降低关税和非关税贸易壁垒，使区域内的商品、服务、知识、人文流动都会更加低成本、高效率和便捷化。亚太自贸区将建立在已有和正在谈判中的区域贸易安排基础之上，整合融通现有自贸安排，降低各种自贸协定重叠化、碎片化风险，把亚太区域经济一体化提升到新的更高水平。

亚太经合组织成立至今已逾20年。20多年来，该组织对促进区域经济合作，协调成员间经济利益，推动亚太地区乃至全球经济的发展，做出了贡献；同时，该组织自身也得到了发展壮大，已成为亚太地区乃至世界上最重要的经济合作组织之一。应该看到，亚太经合组织的过去不是一帆风顺的，现在更不是完美无缺的，今后还有向何处去的问题。

跨太平洋伙伴关系协议就是在这个大背景下出现的。美国希望将跨太平洋伙伴关系协议打造为“一个面向21世纪的、高标准全面的多边自由贸易协议”。协议成员所进行的经贸自由化谈判包含更高标准，包括更加关注工人、中小企业、农民利益，更加强调知识产权、劳工政策、环保标准，更加严格对待政府采购、国有企业等。协议正式条款外附加有两个补充协定：《关于劳动合作备忘录》和《环境合作协定》。协议寻求缔约国10年内取消所有关税，实现贸易自由化。协议一旦达成，就具有法律约束力。

跨太平洋伙伴关系协议的前身是跨太平洋战略经济伙伴关系协定(Trans-Pacific Strategic Economic Partnership Agreement，P4)，是由亚太经济合作会议成员国中的新西兰、新加坡、智利和文莱等四国发起，从2002年开始酝酿的一组多边关系的自由贸易协定，原名亚太自由贸易区。

2008年2月美国宣布加入，并于当年3月、6月和9月就金融服务和投资议题举行了3轮谈判。2009年11月，美国正式提出扩大跨太平洋伙伴关系计划，澳大利亚和秘鲁同意加入。美国借助跨太平洋伙伴关系协议的已有协议，开始推行自己的贸易议题，全方位主导谈判。自此跨太平洋战略经济伙伴关系协议更名为跨太平洋伙伴关系协议，开始进入发展壮大阶段。

2013年3月15日，日本首相安倍晋三正式宣布日本加入跨太平洋伙伴关系协议谈判。安倍表示，参加谈判符合日本的利益，但可能会对农业领域有一定影响，希望能够得到理解。

跨太平洋伙伴关系协议将突破传统的自由贸易协定模式，达成包括所有商品和服务在内的综合性自由贸易协议。它将对亚太经济一体化进程产生重要影响，可能将整合亚太的两大经济区域合作组织，即亚太经合组织和东盟重叠的主要成员国，成为亚太区域内的小型世界贸易组织。

四、欧美一体化态势及跨大西洋贸易与投资伙伴关系协定

美国参与推动的区域化，有西向、东向和南向三个方向，南向和东向前文已述，现在看西向。北美与西欧是传统的贸易伙伴、政治和军事同盟，目前正在谈判推进的是跨大西洋贸易与投资伙伴关系协定。

2013年八国集团（G8）峰会上，欧盟领导人和美国总统奥巴马启动跨大西洋贸易与投资伙伴关系协定谈判。3月12日，欧盟委员会宣布，正式授权展开“欧盟——美国跨大西洋贸易与投资伙伴关系协定”的谈判。欧美约占世界国内生产总值的一半，世界贸易额的1/3，平均每天贸易额达27亿美元，相互投资达3.7万亿美元。这个协定如果达成，将成为史上最大的自由贸易协定：美欧关税降至零、覆盖世界贸易量的1/3、全球GDP的1/2。很大程度上，协定将改变世界贸易规则、产业行业标准，挑战新兴国家，包括金砖国家间的准贸易联盟。

美欧对协定有巨大的需求。虽然跨大西洋关税平均水平只有3%～5%，但取消关税作用仍然巨大，不仅简化通关程序，而且可以开放公共采购市场、刺激经济。据欧盟独立研究报告，协定生效后，欧盟对美国出口总体上将增长28%，欧盟每年将从中受益1190亿欧元，按平均计算欧盟每个四口之家每年将增加545欧元的可支配收入，同时也将为世界带来1000亿GDP增长。而这些收益大部分是建立在协定所带来的监管负担的下降、手续的简化、服务贸易和公共采购的自由化基础上的。

协定前景不容小视，谈判进程中的难度可想而知。目前来看，双方至少要在以下方面达成一致：第一是立即或在一定时期内，将产品关税从目前的平均3%～5%降至零；第二是在服务和采购上扩大市场准入；第三是处理双方市场内部的监管和国内标准；第四是将食品安全、转基因生物、音像制品等行业问题上观念的差别消弭或达成一致。

同跨太平洋伙伴关系协议一样，跨大西洋贸易与投资伙伴关系协定的谈判规格也非常高。一旦谈判达成，美欧将在知识产权、劳工标准等方面制定新的规则，这对想进入美欧市场的企业来说无疑提高了“门槛”。另一方面，由于自贸区具有对内开放、对外限制的特征，在美欧之间贸易壁垒降低的同时，对区外经济体则构成更高的壁垒，会产生贸

易转移的效果。

更重要的是，协定之外的国家也许重新成为规则的被动接受者，因为任何由美欧采纳的技术和法规标准都将可能成为未来双边、多边和地区间贸易谈判的参考标准，进一步巩固美欧在全球贸易规则制定方面的垄断地位和话语权。

美国主导的跨太平洋贸易伙伴关系协议和跨大西洋贸易与投资伙伴关系协定标准差异较小，整合成本较低。如果这两大自贸区整合，就会形成一个由美国和欧盟共同主导，横跨亚、欧、美三大洲，涵盖几乎所有发达国家和部分发展中国家的超大型自由贸易区。

第三节　世界经济区域化发展的内在本质

从以上两节分析可见，世界经济区域一体化正以其强劲的势头发展。至于发展的动因何在，可以从多方面进行分析。比如，从霸权国家维持霸权地位角度，从国际格局转变角度，从世界贸易组织等多边机构陷入低潮角度，等等。这一节将综合上述多方面，但主要就影响区域一体化发展作用最大的发展不平衡规律的作用，进行一些探讨。发展不平衡，既有动态（速度）不平衡与静态（水平）不平衡之分，又有内部不平衡与外部不平衡之别；区域一体化，既有一体化内涵（程度）深化与一体化外延（规模）扩大之分，又有一体化向心力与一体化离心力之别。这种种因素相互影响、相互作用的交织、组合，形成了种种复杂的情形。

一、区域之间发展不平衡是区域化的条件

一个国家或区域集团、组织与外部的发展不平衡，无论是静态观察实力水平的不平衡，还是动态观察增长速度的不平衡，都会给其加入或结成区域化组织以及区域化的发展以向心力。

世界上任何一个国家都不愿自己的经济发展落在别的国家后面，都力求以较快的速度发展自己的经济，而结成区域化组织则是促进本国经济发展的有效途径。

区域一体化的市场，兼有国际市场和国内市场两者的长处。从市场外延看，区域市场也是一种国际市场，突破了国内市场的界限；从市场内涵看，区域市场比一般国际市场自由度更高，无论何种层次的区域一体化，都有比一般国际市场更多的市场内部优惠。而像目前一体化层次最高的欧盟，其市场障碍已不多，市场自由度越来越接近一个国家国内市场的自由度。这无疑会使参与区域一体化的国家之间商品和其他生产要素的流动加快，从而促进相关国家经济的发展。可见，区域—体化不在于有关各国经济力量的简单相加，而在于有关国家通过联合产生的协作力，而这种协作力使各相关国家受益，使其经济更快地发展。发展中国家也基于同样的动因谋求区域一体化。1992 年墨西哥与美、加签订一体化协定，是想借助于北美自由贸易协定来加快经济发展，成为一个经济强国；1995 年越南加入东盟是期望入盟后能促进东盟各国对其增加投资和扩大贸易，从而在经济上腾飞成为新的一条“龙”。

在世界经济联合协调趋势发展的同时，世界经济竞争、斗争趋势也在发展。经济竞争、斗争靠的是经济实力、水平、地位，而世界各国经济实力、水平、地位是很不平衡的，有经济大国、小国之分，经济富国、穷国之别。在这种情况下，任何一个国家为了在经济竞争中谋取本国的利益，都力求一个相对优势的经济实力地位。通过结成区域集团，不失为增强自身经济实力地位的一个途径。

二、寻找区域利益共同点是区域化的动力

“富”而“小”的国家，需要通过区域一体化增强经济实力地位从而增强与外部竞争、抗衡的能力。例如，欧共体成立多年来，与外部的经济实力地位不平衡所产生的一体化向心力作用始终存在着。今天欧盟的 28 个成员国，大部分是中小发达国家，但作为一个区域集团却是世界最大的经贸集团，其经济实力早已超过了包括美国在内的世界任何一个国家。对成员国来说，以欧盟的身份，而非单独一个欧洲国家的身份与其他国家协商、谈判解决国际经贸问题，显然是更为有利的。

“富”而“大”的国家，需要通过区域一体化增强经济实力地位从而增强与外部竞争、抗衡的能力。美国既是一个世界经济富国，又是一个世界经济大国。但是美国在世界经济中的实力地位相对而言已比战后

初期大为下降。1950 年，在美欧之间、美日之间的经济实力对比不平衡状况中，美国占有很大的优势，日本的国民生产总值仅相当于美国的 6%，西欧 6 国（即后来成立的欧共体 6 个创始国）的国民生产总值相加之和也仅相当于美国的 1/4。而 60 多年后的今天，欧盟已经超过了美国。所以，美国尽管仍是大国、富国，但在与外部经济实力对比不平衡状况已经变化的情况下，单靠自身一国的力量，与外部竞争、抗衡，已感不足，需要通过与一些国家结成区域一体化组织来增强自己在世界经济中的实力地位。这样，自 80 年代末，以美国为主导的北美区域一体化也开始起步，差不多是在欧洲联盟条约正式生效（1993 年 11 月）和亚太经合组织非正式首脑会议首次召开（1993 年 11 月）的同时，1994 年 1 月 1 日，北美自由贸易协定正式生效。

"穷"而"大"的国家，需要通过区域一体化增强经济实力地位从而增强与外部竞争、抗衡的能力。在今天的世界上，一些幅员较大的国家由于自身经济实力水平不高而影响其在世界经济中的地位。为了改变这一状况，聚合自身所在地区的国家建立区域一体化组织，并在其中发挥主导或重要作用，无疑会增强该地区大国在整个世界经济中的实力地位。例如，南亚区域合作联盟 7 国中的大国印度，希望借助于本地区各国形成的合力来提高自身在世界经济中的实力地位，这一动因是该区域一体化向心力的一个重要方面。

"穷"而"小"的国家，需要通过区域一体化增强经济实力地位从而增强与外部竞争、抗衡的能力。经济不发达的中小国家是世界经济中的多数，也是世界经济实力水平不平衡中处于劣势的国家类型。从单一国家个体看，实力地位低下，竞争、抗衡能力弱小，但若结成区域一体化组织，则会增强集体自力更生的能力，提高与外部竞争、抗衡的实力地位。这种一体化的向心力作用，促进了 20 世纪 80 年代以来遍及亚、非、拉各地区各种南南合作性质的区域一体化的较快发展。

经济是政治的基础，政治是经济的集中表现。经济不平衡会发展为政治不平衡，经济不平衡状况也要求有相应的政治不平衡状况。正如任何一个国家都力求一个相对优势的经济实力地位一样，任何一个国家也都力求一个相对优势的政治实力地位；正如单独一个国家经济实力地位有其局限性一样，单独一个国家政治实力地位也有其局限性；因此，正如结成区域一体化组织可以成为增强自身经济实力地位的一个途径一样，结成区域一体化组织也可以成为增强自身政治实力地位的一个途径。

当然，根据世界各国情况的不同，这种与外部政治实力地位的不平衡对区域一体化向心力作用的表现，也有不同：第一，“聚众增强”作用。一些中小国家为了在政治实力地位不平衡的世界上拥有相对有利的实力地位，通过区域一体化把不甚强大的单个国家的力量聚合为一个增强了的整体实力面对世界。通过“聚众”不仅可以“增强”，甚至还可以“成强”——以区域集团（而非单独一个国家）的身份成为世界格局诸极中的一强。西欧一体化起步之初，除了前述与外部经济不平衡产生的向心力作用外，也有与外部政治不平衡产生的向心力作用，当时西欧国家只有联合起来，才能具有摆脱作为美国的政治小伙伴地位的实力，才能增强与所谓“苏联威胁”相抗衡的能力，才能拥有在国际事务中发挥举足轻重作用的权力。进入 21 世纪的欧洲一体化也同样，既有经济的动因，又有政治的考虑。第二，“挟众增强”作用。在世界政治发展不平衡的情况下，特别是在世界趋于多极化的今天，即便是大国、强国也越来越感到单靠自身的实力在世界上行事力不从心，也需要通过区域一体化，挟众多国家的力量来提高自身在世界政治中的实力地位。拿美国来看，战后相当一个时期与之抗衡的大国只有苏联，苏联崩溃后，尽管美国成了唯一超级大国，但同时又面对后来崛起的世界多强。因此，美国与其他北美国家搞一体化，进而再使北美与南美一体化，就不仅具有一体化的经济动因，同时也有借一体化增强美国与愈益一体化的欧洲、东亚相抗衡的能力的政治考虑。同样，外部政治实力地位不平衡给区域一体化的向心力作用，也发生在日本、德国等大国、强国身上。第三，“依大增强”作用。一些自身政治实力地位较低的小国、弱国，通过与某个或某几个大国、强国结成区域一体化组织，可以依靠、借助于大国、强国的威势，提高自身在政治发展不平衡的世界上的政治实力地位。

三、区域内部发展分化是区域化的障碍

内部发展不平衡是分化、分离、离心力的渊薮。意大利南北的不平

衡，使得分离主义倾向历久不衰。1996年5月4日，意大利北方联盟领导人博西在其自行成立的议会上说，联邦主义已经过时，分裂具有战略重要性，现在是像1993年的捷克斯洛伐克那样，坐在桌旁分割国家的时候了——把意大利繁荣的北方和欠发达的南方一分为二。在一个主权国家，内部的不平衡尚且会产生离心力，而在多个主权国家组成的区域一体化组织内部，不平衡产生的离心力作用会更甚。这种内部不平衡的离心力作用，既表现为影响区域一体化的深化，又表现为影响一体化的扩大。

先来看看这种内部不平衡产生的离心力对区域一体化“内涵”深化的作用。一体化组织内部各成员国发展不平衡，使各国在一体化深化过程中的利益也不平衡，从而各国对一体化深化的态度也不尽相同，甚至大相径庭；同时，一体化深化的意义在于同一的目标以及相应于该目标的相同或相近的标准、条件，而各成员国间愈是不平衡，意味着愈是难以形成相同、相近的标准、条件，从而一体化深化的目标愈难以实现。

欧洲一体化，当其在减免关税这一较低的阶段进行时，还是比较顺利的，比原计划提前2年建立了关税同盟。但是，一体化越深入，内部不平衡产生的离心力作用越凸现。农业是欧共体一体化较深入的领域，共同体集中掌握的财力（共同预算）大多用于调节和干预农业。但农业又是共同体各成员国间不平衡严重的一个领域，相应于农业上的不平衡状况，共同体各成员国在共同农业政策上的得失是不同的。鉴于这种情况，在欧洲共同农业政策上的分歧和矛盾从20世纪70年代一直持续到今天。在这期间，该政策的最大受损人英国要求持续补偿其在农业上的损失，多次不惜以退出共同体相要挟。由此可见内部不平衡对一体化深化所产生的离心力之一斑。

区域内部不平衡产生的离心力不仅作用于区域一体化“内涵”的深化，也作用于区域一体化“外延”的扩大。一个区域一体化组织经济实力地位的增强，既靠“积聚”，又靠“集中”。所谓“积聚”，是指一体化组织现有成员国以其自身的经济发展而逐步积累该区域组织的经济实力。所谓“集中”，是指一体化组织通过“外延”的扩大，增加新的成员而使该区域组织的经济实力增强。外部的不平衡给一体化以向心力作用，促进一体化“外延”的扩大；但一体化“外延”的扩大、成员的增多，又使一体化组织内部不平衡加剧，从而给一体化带来离心力。所以，一体化“外延”的扩大取决于两种相互矛盾的力量合力的作用——外部不平衡产生的向心力要求“外延”的扩大，内部不平衡产生的离心力约束“外延”的扩大。

东盟这个主要由中小国家组成的区域一体化组织，为了增强其与外部对比的实力地位，有着“外延”扩大的动力。像1995年越南的入盟，一方面的确起到了加强东盟实力地位的作用。但是另一方面，越南的入盟使东盟内部的不平衡性加剧，使得东盟一体化遇到了来自自身内部的新的挑战。当时，越南的经济发展水平比其他东盟成员落后，因而人们担心越南有可能成为东盟各国经济关系中的包袱。而且作为一个较小的组织取得共识是比较容易的，而越南的加入可能使东盟取得共识变得更为困难。东盟“外延”扩大、增加了越南一个新成员，尚且如此，而后来把与越南同样、甚至更为落后的缅甸、老挝、柬埔寨等扩大进来，东盟不能不在一体化“外延”扩大到10国的诱惑与一体化“内涵”深化难度增加的挑战面前仔细权衡。当然，权衡的结果还是首先解决了扩大的问题。

上述区域内部不平衡产生的离心力对区域一体化“内涵”的深化和“外延”的扩大的影响作用，是客观的，不以人们的意志为转移的。人们不能无视、也不能违背这一客观影响作用，只能根据各区域一体化组织的具体情况，在一体化发展上作出艰难的、不得不为之的选择。为了使区域一体化能够维持、巩固并继续发展，人们能够做的事无非有三。

一是使一体化的扩大缓行。譬如欧洲一体化，在20世纪80年代末90年代初，随着国际环境的变化和自身发展的要求，对于“外延”的扩大充满了热情，其理想化的成员国数目多达30个。近年来，这种对“外延”扩大的理想和激情为扩大可能带来的内部不平衡的疑虑和担忧所代替。光是在目前占欧盟共同预算一大半的共同农业政策和支援欠发达地区政策这两大支出上，由于东欧等国的加入使其困难重重，欧洲有的人甚至认为，如果把这两项政策都运用于东欧国家，那将会导致欧洲联盟破产。因此，欧盟的扩大有其必要性，但扩大的速度不可能很快。

二是使一体化的深化放慢。为适应一体化组织内部的不平衡、考虑到各个成员对一体化轻重缓急的不同要求，一体化的深化不能急于求成，而是要循序渐进、稳步发展。1994年确定的亚太区域一体化和后来的实际进程可见，尽管是比较低浅层次的一体化，深化速度也不快。

三是使一体化深化多种速度、多种层次。在一体化组织内部不平衡的情况下，如果强求一体化的较快发展，则会有一些成员不愿意、也不可能跟上一体化的步伐；如果放慢一体化的进程，则会另有一些成员得不到满足而耿耿于怀。在这种情况下，一体化组织内部，多种速度、多种层次地进行一体化，就成了一种不得已、但又现实的选择。

第四节　区域化与全球化的关系

经济全球化是世界经济的一个发展趋势，经济区域化也是世界经济发展中愈益显示其强劲势头的趋势，两个趋势是什么关系？对此本节做一个概要的阐述。

一、区域化与全球化本是同根生，又有各自的特点

区域化是与全球化并存的世界经济发展趋势，而且两个趋势本是同根生。经济资源跨越国界自由、全面、大量、结合地流动和配置，并在体制框架上加强国际联合与调节的进程，发生在全球范围内就是经济全球化，发生在各区域范围内就是区域化。两个趋势都是同一个进程发展到一定程度的体现，不过全球化在范围上比区域化更广，而区域化在层次上比全球化更高。

世界各国都要参与经济一体化进程。今天的世界是开放的世界。国际分工、国际市场、开放性的世界经济的发展，客观上要求世界各国要更快、更好地发展自己的经济，必须跨越国家界限，参与国际分工、国际市场活动和经济全球化进程，并通过这种参与，运用国内外资源、国内外市场来促进本国经济的发展。由于全球化与区域化各有自己的特长，世界各国都既要参与全球化，又要参与区域化，因此，全球化与区

域化两个趋势不能相互取代。

一方面，世界上所有国家都要参与全球范围的资源流动，以便在广阔的国际空间中合理地配置自己的资源，有效地运用自己的比较优势，得到发展本国经济的条件和好处，从而全球化迅速发展起来。与此相应，全球性的经济组织和协调机制，如世界贸易组织、国际货币基金组织、世界银行等，逐步发展和完善起来。

另一方面，一体化的规律是，其内部差异与其范围成正比，同时，其程度与其内部差异成反比。全球化由于其范围广泛，参与者众多，差异巨大，利益协调较难，从而一体化程度、层次不易提高。在这种情况下，地缘经济关系密切，相对经济差异不大，从而一体化程度较高的区域化以及相应的区域合作组织、机制蓬勃发展起来。区域化的资源流动比全球化的资源流动更为便捷、自由——例如 1993 年 1 月 1 日“欧洲统一大市场”正式启动，实现了区域范围的商品流动、资本流动、服务流动、人员流动的“四大自由”，而全球范围的资源流动只能说是在与各种障碍、保护的冲撞中朝着自由与开放的方向发展。同时，区域化的协调功能比全球化的协调功能更为强健、有效——例如 1999 年 1 月 1 日“欧元”正式登场，实现了区域范围的货币金融一体化，而全球范围的货币体系自布雷顿森林体系崩溃后 30 多年，仍在苦苦寻找新的有效的国际货币调节机制。

所以，全球化再怎样发展，也是不可能完全取代区域化的；反而会给区域化的进一步发展带来新的刺激和驱动力——通过推进区域化而增强区域集团和区域组织的成员在全球化进程中的地位和作用，以便得到更多的全球化利益。正因为如此，在 20 世纪 80 年代末 90 年代初以来，全球化方兴未艾，区域化也再掀新浪潮。

二、区域化是全球化发展的组成部分，可以带动全球化向着更高层次发展

在一定意义上讲，区域化是全球化的组成部分，全球化可以通过若干个区域的区域化发展体现出来。

静态看，区域化是与全球化相悖的，确实如此。区域化无论哪一种方式，都有别于区域组织之外的特殊优惠，其带来的特殊利益区外不能

分享。这种区域化直接利益的独享性，无疑不符合倡导全球贸易、投资、服务自由化的世界贸易组织的基本精神，虽然还是为世贸组织的有关条文、规定所不情愿接受和容许的。除了直接利益的独享性外，区域化具有的另一个倾向性是排他性，即对内自由，对外保护。这种倾向若不加抑制，形成了对外壁垒，就会加剧世界范围的保护主义倾向和世界市场的分割，不利于全球化的发展。

但是，动态分析，正是这种区域化，标志了当时全球化水平最高的一个局部高度，以此为标准，长远看，可以带动整个经济全球化的水平向上发展。

这是因为，区域内部的经济自由度的增强，毕竟也意味着世界经济整体变得更为自由与开放。而且，实际情况表明，区域内一体化深化的内容，有一些是会向全球范围扩散的。例如有关信息技术产品的贸易实行零关税的《信息技术协议》，最初是亚太经合组织这个区域组织提出并在该组织内部获得原则性支持的，后来在世界贸易组织框架下达成了全球范围适用的协议。除了这种区域一体化“内涵”的对外扩散，区域一体化“外延”更要对外扩张。因为区域化有着范围、广度上的局限性，它不可能不力图冲破区界的局限，向更广阔的全球空间开放与扩张。这种开放与扩张既包括客观经济联系（经济资源的流动与配置）上的扩大与加强，甚至也包括组织方式上的扩大与联结（例如“北美自由贸易区”成员与“东盟”成员，加上中国、日本、韩国等国家和地区，就组成了一个比“北美自由贸易区”和“东盟”更大的区域一体化组织或跨区域一体化组织——亚太经合组织）。

因此，只要努力减少区域一体化的排他性，增加其开放性，作为全球化组成部分的区域化就会促进前者的发展，同时区域化自身也会得到更好的发展。

三、全球化是区域化发展的动力，也是区域化进一步发展的条件

全球化联系日益加强，不仅各国、各个地区之间的合作、联合程度会加深，而且全球化也会导致更大的不平衡使矛盾甚至冲突加剧。经济全球化导致的贸易市场的扩大，科技水平的提升，文明观念的冲撞，都成为区域化发展的动力甚至是源头。

经济全球化是与区域化互为因果，相互交织，密不可分的。区域化既是全球化中的一部分，又是区域内这些国家对经济全球化的直接回应。在主权国家时代，区域合作对主权国家而言，具有经济上的高效率和政治上的可接受两大吸引力，所以全球化优先表现为区域化。参与区域合作又使这些国家的经济政策、发展理念发生改变，可以更好的参与全球分工与合作。

第八章　当代国际经济调节和全球经济治理

随着经济全球化的不断深入发展，跨国经济交往前所未有地增加，涉及当事国各方利益的国际经济问题和矛盾与日俱增，国际经济调节和全球经济治理也就显得越来越重要。国际经济调节和全球经济治理既是经济全球化过程中国家间交往日益密切的必然，也是经济全球化过程中克服各种矛盾和冲突的需要。国际经济调节和全球经济治理的广度和深度是与经济全球化的广度和深度相一致的。

第一节　当代国际经济调节的成因与形式

所谓国际经济调节，是指在国际分工高度发达的基础上，世界各国为解决彼此间在国际经济利益中的矛盾与问题，保障世界经济以较正常的秩序运行，由各国政府出面通过一定的形式，以各个国家或地区的政府或国际经济组织为主体，在承认世界经济相互依存的条件下，就汇率政策、贸易政策、货币政策和财政政策等宏观经济政策在有关国家或地区之间进行协商和调整，或对国际活动采取联合干预、管理和调节的行为。国际经济调节的根本目的是维持和促进世界各国经济的稳定增长与发展。

一、当代国际经济调节产生、发展的因素

第二次世界大战以后，推动国际经济调节产生并广泛发展的因素主

要有以下几个方面。

（一）经济全球化的迅猛发展

第二次世界大战后，随着国内经济的发展，各国对外经济活动的规模和范围不断扩大。首先，对外贸易在各国国民经济活动中所占比重普遍提高。战后世界贸易长期以两倍于GDP的速度增长。在经济全球化的进程中，国际贸易既是全球范围内首先实现多边协议的领域，又是经济全球化的一个根本性的推动力量。其次，随着解除金融管制运动的兴起和信息革命的发生，金融交易越来越跨越政策和地理的障碍，把世界连接成为一体。巨额资金的交叉流动使越来越多的国家金融市场对内对外的分割性都大大降低，资金流动完全超越了时空限制。最后，跨国公司是经济全球化的主角，尤其是在制造业和服务业，跨国公司是对外直接投资发展的主要推动力。过去那种由“国家生产”的产品，早已变成了“公司生产”的产品，这充分反映了各国生产活动相互依赖的深化。此外，国际人员流动、技术贸易、信息交流等对各国经济活动的影响也不断增强。各国对外经济关系的这种日趋广泛、深入的发展，加强了它们在经济上的相互依存，一国经济的发展不再只取决于本国的条件，而是在很大程度上依赖于外部环境的改善。

（二）外部经济利益障碍存在

一国实行对外开放是为追求外部经济利益，而这种利益的实现在很大程度上要受到其他国家的经济状况和经济政策的影响和阻碍，这种利益障碍来自于两个方面。一是市场进入障碍。随着世界经济发展不平衡的加剧，各国在实行对外开放、扩展对外经济关系的同时，也都实行了某些限制措施，如限制进口、限制对外投资及金融交易、实行外汇管制、限制移民等等。这些限制措施的实施，严重阻碍了外部利益的实现，并引发了国际经济领域的矛盾和冲突。二是过度竞争。参与国际经济活动各方的利益常常是对立的，如不加以协调，很容易引起它们之间日趋激烈的恶性竞争，最终不仅不会实现外部利益，还会造成两败俱伤并加剧世界经济的动荡。由于市场进入障碍和过度竞争主要受非市场因素即各国宏观经济政策的调节，要克服其带来的弊端，除发挥市场机制的作用外，更重要的是对各国经济政策进行协调。

（三）政府对经济活动的干预

第二次世界大战以后，随着国家垄断资本主义的全面发展，发达国家普遍采纳凯恩斯的宏观经济理论，对国民经济活动实行干预和调节。与此同时，发展中国家政府也以各种方式调整本国经济环境，以促进本国民族经济的发展。尽管在20世纪80年代以后，发达国家逐步摒弃了凯恩斯主义的经济政策，放松了国家对经济的干预；发展中国家也普遍实行了市场化的改革，但国家对经济活动的干预和调控职能并没有取消，只不过程度有所减弱。国家干预作为一种普遍的经济运行方式，为国际经济调节的开展提供了深厚的基础，并且保证了国际经济调节的有效性。

二、当代国际经济调节机制的主要形式

（一）国际经济组织

国际经济组织是指活动于经济领域的跨国或地区的政府间组织。成员方是国际组织的主体，也是国际组织权利的授予者。成员方为了实现所规定的共同目标，需要在一定范围内约束自身行为，赋予国际组织某些职权。但国际组织不能违反国家主权原则干涉本质上属于各国国内管辖的事项，它是介于国家之间，而不是凌驾于国家之上的组织，不能超越成员国政府对其地方机构、法人或国民直接行使职权。国际组织明确规定自身的宗旨和职能，并建立常设机构开展活动。因此，它所进行的国际调节具有相对稳定、经常和持续的特征。目前，国际经济组织主要有：联合国的经济机构，世界贸易组织，国际货币基金组织，世界银行，原料生产国及输出国组织，亚洲开发银行，经济合作与发展组织（OECD），G8，G20等等。

（二）国际经济条约和协定

国际经济条约和协定是两个或两个以上主权国家为确定它们之间在经济关系方面的权利义务而缔结的书面协议。国际公约、条约是国际经济法的渊源，是以国际法形式规范、管理、协调国际经济交往，使世界经济运行受法律秩序的约束。国际条约和协定可以通过有效期结束、就有关问题达成新的协定、废除等方式，解除签约国进行国际调节的责任。所以，它不同于具有永久性和不可逆性质的国际经济组织与区域经

济集团的调节方式，具有时效性。而且，协定由签约国政府分别组织实施，没有常设专门机构进行管理和监督。执行中的矛盾和问题，通过各签约国临时协商予以解决。

（三）国际会议

国际会议是主权国家间政府代表通过会晤，就相互间经济关系和有关国际经济问题进行协商，进而规定各方权利和义务的调节形式。国际会议往往没有固定的议题，与会国主要就当前迫切需要处理的经济问题交换意见，调节各自的政策立场。会谈的结果，有时可能导致前述国际经济调节形式的建立，有时仅就采取某些共同措施达成原则性协议，或仅仅表明进行某方面政策调节的意见。与会国所承担的责任会随着国际经济环境的改变自动解除，或持续到下一次国际会议的举行。因此，国际会议所进行的国际调节约束力不强，大多是临时性的，而且很不稳定。

第二节　当代国际经济调节的三大支柱

世界贸易组织、国际货币基金组织、世界银行并列为世界经济组织三大支柱，是战后国际政治经济秩序的一个极其重要的组成部分。它们不仅调节世界经济，而且对世界政治的发展都具有重要的影响。

一、关贸总协定和世界贸易组织

（一）从关贸总协定到世界贸易组织

1948 年 1 月 1 日起“关税及贸易总协定”临时生效。作为国际贸易组织夭折后管理和调节各国贸易的多边贸易体制，关贸总协定尽管只是一个临时性的“君子协定”，但对于战后国际贸易的发展起到了巨大的保证和促进作用。关贸总协定作为国际贸易的谈判场所，启动和推进了各国的贸易自由化进程；关贸总协定作为国际贸易争端的解决场所，缓和了各国在国际贸易中的矛盾和摩擦；关贸总协定建立的有关发展中国家的一系列贸易制度和机制，对于发展中国家贸易和经济的发展也起到了一定的推动作用。

尽管关贸总协定的作用是明显的，但由于其自身是一个临时性的产物，存在许多难以克服的内在缺陷，在日益加速的经济全球化潮流面前显示出越来越多的局限性。第一，从地位上来讲，关贸总协定不是一个正式的国际组织，不具有国际法主体资格。关贸总协定的这一非正式的地位，妨碍了其正常活动的进行，限制了其功能的发挥，使其作为管理和调节世界贸易的机构的权威性大打折扣。第二，关贸总协定的管理范围过于狭窄。它的管理范围仅限于货物贸易，不适应在当代世界贸易和经济发展中越来越重要的服务贸易和知识产权保护等发展的需要。第三，关贸总协定的规则很不严格，存在许多漏洞。这些漏洞严重影响了多边贸易体制的权威性和有效性。第四，关贸总协定的争端解决机制存在诸如专家小组的权限很小、争端解决的过程冗长、惩罚监督后续行动不力等严重缺陷，成员国尤其是贸易规模和经济实力巨大的成员国在践踏多边贸易规则时得不到应有的惩罚，从而使整个多边贸易体制经常面临崩溃的危险。

针对关贸总协定存在的无法克服的内在缺陷，为适应日益复杂的国际贸易和经济全球化发展的需要，乌拉圭回合谈判各方决定建立一个崭新的多边贸易体制——世界贸易组织。1995 年 1 月 1 日，世界贸易组织正式成立。世界贸易组织的成立标志着一个新的多边贸易体制的诞生。

（二）世界贸易组织的宗旨和目标

世界贸易组织的宗旨是：提高生活水平，保证充分就业和大幅度稳步提高实际收入和有效需求，扩大商品和服务的生产和贸易，按照可持续发展的原则有效地利用世界资源，寻求既保护和维持环境又符合不同发展水平国家的各自需要和利益的发展方式，尤其是确保发展中国家特别是最不发达国家在国际贸易增长中享有一个与其经济发展相适应的份额。

为实现其宗旨，世界贸易组织规定了下述目标：通过互惠和互利的安排，大量减少关税和其他贸易壁垒，消除国际贸易关系中的歧视性待遇，产生一个完整的、更具有活力的和永久性的多边贸易体制来巩固原来关贸总协定以往为贸易自由化作出的努力和乌拉圭回合谈判的所有成果。如果用一句话来归纳，世界贸易组织的目标就是要实现贸易自由化。

（三）世界贸易组织的基本原则

世界贸易组织继承了原来关贸总协定的基本原则，同时又对其进行了发展和完善。概括起来主要有：

1. 非歧视原则，又称无差别待遇原则，具体通过最惠国待遇原则和国民待遇原则来实现。最惠国待遇是指 WTO 任一个成员方对另一成员方所做出的某种兼容必须推广至所有其他成员方，从而实现多边化。国民待遇意味着对待本国产品或服务和进口产品或服务要一视同仁。总之，保证国际贸易中的“市场机会均等”，为 WTO 成员提供平等竞争的机会。

2. 互惠原则，指世界贸易组织成员之间相互给予对方以贸易上的优惠待遇，相互开放市场，共同实行贸易自由化。

3. 贸易自由化原则，指所有世界贸易组织成员方限制和取消一切关税和非关税壁垒，消除国际贸易中的歧视待遇，提高本国市场准入的程度。贸易自由化原则主要体现在关税减让原则、一般取消数量限制原则和促进公平竞争原则中。关税减让原则是指通过谈判削减并尽可能消除关税壁垒，并且削减后的关税不得再进一步提高。一般取消数量限制原则又称只允许关税保护原则，是指在成员方实行规则允许的贸易保护措施时，禁止实行数量限制，而只允许实行关税手段。促进公平竞争原则是指通过消除各成员方对贸易活动的人为干预及其带来的扭曲，维护自由市场原则，促进各成员方生产者之间的公平竞争。促进公平竞争原则的最主要体现是世界贸易组织的反补贴规则和反倾销规则。

4. 透明度原则，指各成员方一切影响贸易活动的政策和措施都必须及时公开，以便于各成员方的政府和企业的了解和熟悉。

5. 允许例外和差别待遇原则，这具体体现在两个方面：允许例外和保障措施原则和发展中国家优惠待遇原则。允许例外和保障措施原则是指在某些特殊的条件下，世贸组织成员可以不履行已承诺的义务，对进口采取一些紧急的保障措施，如提高关税、实施数量限制等。发展中国家优惠待遇原则具体体现在三个方面：第一，允许发展中国家用较长的时间履行义务或者有较长的过渡期；第二，允许发展中国家在履行义务时有较大的灵活性；第三，规定发展中国家在履行某些义务时发达国家成员应当提供技术援助。

二、国际货币基金组织

（一）国际货币基金组织的宗旨和准则

国际货币基金组织的宗旨包括：通过设立一个就国际货币问题进行协商的常设机构，促进国际货币合作；促进国际贸易平衡地发展，并借此提高和保持高的就业率和实际收入水平，开发所有成员国的生产性资源，以此作为经济政策的主要目标；促进汇率的稳定，保持成员国之间有秩序的汇兑安排，避免竞争性通货贬值；协助建立成员国之间经常性交易的多边支付体系，取消阻碍国际贸易发展的外汇限制；在有充分保障的前提下向成员国提供暂时性资金融通，以增强其信心，使其有机会在无需采取有损于本国和国际繁荣的情况下，纠正国际收支失衡。

为了实现上述宗旨，国际货币基金组织制定了成员国必须遵守的行为准则。主要包括稳定汇率、维持与其他成员国之间有秩序的汇兑安排、避免竞争性通货贬值、建立自由的国际支付体系即实行货币自由兑换并取消外汇限制等。

另外，国际货币基金协定第 8 条还规定了成员国的一般义务：未经基金组织许可，任何成员国不得对经常性交易的支付实行限制；任何成员国不得实行歧视性汇兑安排；各成员国有义务兑换其他成员国持有的本国货币；提供基金组织认为其行使职能所必需的材料和数据；经基金组织同意保留过渡性汇兑安排的成员国必须与基金组织定期磋商，并逐步取消这种限制；各成员国必须与基金组织和其他成员国合作，保证各成员国的有关储备资产政策符合实现对国际清偿手段进行更好的监督，符合使特别提款权作为国际货币体系的主要储备资产的目标。按照规定，符合上述条款的成员国被称为第 8 条会员国，该国货币被视为自由兑换货币。

（二）国际货币基金组织的经济调节功能和作用

国际货币基金组织成立初期，由于除了美国之外，世界上许多国家都面临国际支付困难，特别是西欧和日本面临美元短缺和从战争的废墟中重建家园的艰难任务，因此国际货币基金组织在 20 世纪 60 年代之前主要发挥着保障美国在国际货币金融领域中领导地位的作用，国际货币基金组织的援助主要对象是经济恢复中的发达国家。同时，国际货币基金组织在布雷顿森林体系下实行的固定汇率制，在客观上抑制了各国的汇率波动，使其保持相对稳定，为国际贸易和投资创造了有利环境，促进了战后各国经济的恢复和发展。

按照国际货币基金组织的协定，其调节功能主要有三个方面：第一，汇率监督。是指基金组织检查监督成员国是否与其他各成员国进行合作，以作出有秩序的汇兑安排，并建立一个稳定的汇率制度。基金组织主要是通过多边监督和个别监督两种形式来促使成员国遵循有关义务。第二，磋商与协调。即IMF设立一个常设机构，用于国际货币问题的商讨与协作，促进国际货币合作。除此之外，在原则上基金组织还每年与各成员国进行一次磋商，对成员国的经济、金融形势和政策作出评价。第三，金融贷款。国际货币基金组织的贷款主要包括普通贷款、补偿与应急贷款、缓冲库存贷款、中期贷款、补充贷款、信托基金贷款、临时性信用基金贷款和结构性贷款等多种形式。国际货币基金组织贷款与一般的贷款不同，它的贷款对象是成员国的财政部、中央银行等政府机构，贷款项目仅限于贸易和非贸易的经常性支付。成员国贷款的方法有两种：一是购买，即用本国货币购买外汇；二是提款，即在缴纳的份额中提用一部分资金。成员国还款的方法是以外汇或特别提款权购回本国货币。

20世纪60年代以后，随着布雷顿森林体系逐步走向瓦解，纠正国际收支失衡所需的资金量不断增加，迫使国际货币基金组织对其职能进行调整。布雷顿森林体系解体后，国际货币基金组织调整和强化了其调节、监督和援助职能，在世界经济中的作用不断加强。这主要表现在：(1）国际货币基金组织以多种形式提供的贷款，对会员国特别是对发展中国家会员国克服国际收支困难与危机，提供了一定帮助。(2）国际货币基金组织促使许多会员国主要是发达国家解除了外汇管理制，实现了货币的自由兑换，停止了双边清算办法，为世界贸易的开展排除了外汇方面的障碍。(3）国际货币基金组织对会员国的汇率政策实行监督，推动了会员国的货币合作，对避免国际金融秩序的混乱具有积极作用。(4）国际货币基金组织积极参加国际债务会议，帮助债务国维护借款资信和恢复偿债能力，监督债务会议协定的执行，在克服国际债务危机中发挥了作用。

三、世界银行集团

世界银行集团是联合国下属的经营国际金融业务的机构，它由国际复兴开发银行、国际金融公司、国际开发协会、多边投资担保机构和解决投资争端国际中心等共同组成。世界银行集团着重从发展的角度使国际合作与协调得以进行，其日常业务活动中所体现的原则也有较强烈的政治性和多国平衡性。世界银行集团的宗旨是通过向发展中国家提供中长期资金，帮助发展中国家实现长期、稳定、持续的经济社会发展。其中，国际复兴开发银行主要负责向发展中国家提供利率低于市场利率的中长期贷款，国际金融公司负责向发展中国家的私人企业提供贷款或直接投资，国际开发协会只向低收入发展中国家提供长期免息优惠贷款，多边投资担保机构则是为投资的非商业性风险提供担保，解决投资争端国际中心为投资争端提供解决机制。

世界银行集团的经济职能主要有：(1) 促进长期发展。促进发展中国家经济的长期稳定发展是世界银行集团的最根本的职能。与一般商业银行不同，世界银行不强调投资项目的短期财务收益，而追求投资项目对贷款国经济发展的长远影响。(2) 协调南北经济关系。世界银行集团是以发达国家为捐赠国、以发展中国家为受益国、以促进发展为宗旨的国际开发机构，这一性质决定了世界银行必须承担起协调南北关系的重任。世界银行集团通过春、秋季各1次的年度会议和执行董事会会议等形式，为南北双方提供论坛，就各自的主张和要求进行讨论和交流。(3) 稳定世界经济秩序。面对经常发生的危机或冲突，世界银行集团力求作出迅速有力的反应，以稳定世界经济秩序。例如，它在促进苏联、东欧国家经济转轨、消除海湾战争后遗症和处理亚洲金融危机等方面都做了大量较为有效的工作。

世界银行集团的直接经济作用有：(1) 通过支持民族国家经济恢复或发展，提高了生产力，加速了经济增长；(2) 促进发展中国家私人部门的发展及市场体系的完善；(3) 促进解决发展中国家从20世纪70年代末期开始变得非常严峻的国际债务问题；(4) 世界银行集团的活动有力地支持了发展中国家人力资源的开发；（5）促进了环境保护。

第三节　国际经济调节的实践与积极作用

一、二战后国际经济调节的实践

国际经济调节在二战前已在西方工业国之间实行过。例如20世纪30年代几个大国之间出现的货币战、贸易战损害了彼此间的利益，各有关国家政府便出面协调，采取某些共同政策加以弥补或解决。不过，这时的调节一般是临时性的、应急性的、有特定目的的，范围也很有限，因此称之为“危机管理”。二战后，各国政府为了维持国际经济的稳定和促进其发展，对国际经济活动进行了系统的管理和调节。国际经济调节的内容和形式也经过了一个从局部到全部，从依靠少数组织到多层次、多方式的发展过程。

（一）二战后国际经济调节的初级阶段

二战结束至20世纪70年代初是国际经济调节发展的初级阶段，是构筑战后国际经济调节体制框架的奠基时期。当代国际经济调节机制中最核心的部分都是在这一阶段建立起来的。

1944年7月在美国新罕布什尔州布雷顿森林举行了有美、英、苏、中、法等44个国家的代表参加的会议。会议通过了《联合国货币金融会议的最后决议书》以及《国际货币基金协定》和《国际复兴开发银行协定》两附件，根据这两个协定，建立了国际货币基金组织和世界银行。

1946年2月，在美国提议召开的联合国经济及社会理事会第一次会议上，通过了关于筹建国际贸易组织的决议，并成立了国际贸易组织筹备委员会。1947年4月，在美国的积极推动下，美国、英国、加拿大和印度等23个国家在双边谈判的基础上签订了100多项关税减让协议。这些协议与联合国经济及社会理事会通过的有关商业政策的协议合并，称为“关税及贸易总协定”，以此作为一项过渡性的临时协议来处理各国在关税和贸易方面的问题，待国际贸易组织成立后再用国际贸易组织宪章来取而代之。1947年10月，以美国为首的签订“关税及贸易总协定”协议的23个国家中的7个国家签署了“关税及贸易总协定临时生效议定书”，宣布自1948年1月1日起“关税及贸易总协定”临时生效。

这一时期的国际经济调节实际上是以布雷顿森林体系为框架，辅之以关贸总协定，并以美国为核心的机制。当时美国在军事、经济、政治上具有绝对优势，实际上操纵着国际经济调节。因此，国际经济体系的三大支柱——关贸总协定、国际货币基金组织和世界银行，都是在美国的主导下，以美国强大的综合实力为基础成立的。它们的活动很大程度上反映了美国的全球战略要求。但它们对当时世界经济的快速和相对稳定的发展，也起了不可忽视的作用。

（二）国际经济调节的重组阶段

20世纪70年代初至80年代后期，是战后国际经济调节体制的重组阶段。这一阶段的基本特征是，原有的调节体制部分解体，向新的体制过渡。同时，一些新的体制逐渐建立起来并趋于完善。

1973年，布雷顿森林体系解体，转变为所谓以管理浮动汇率和储备资产多元化为主要特征的新货币体制。此时，西欧、日本崛起，美国虽有支配力量，但已失去了昔日的霸主地位。世界已出现某种程度的多极化形势。在此情况下，原有的关贸总协定、国际货币基金组织、世界银行虽然依然存在，并继续开展活动，但在复杂的国际关系和严峻的世界经济形势下，越来越显得力量单薄。为了继续有效地调节世界经济，西方大国间开始频繁地举行多层次、多方面的会议，其中最重要的是每年一度的七国首脑会议。而全球性的国际经济机构对世界经济的调节则退居辅助地位。

在这一时期，欧共体的顺利发展，美加自由贸易区、澳新自由贸易区、亚太经济合作部长级会议等区域性合作组织的建立，使区域经济调节活动覆盖了整个发达地区，也改变了原有的以全球性国际经济组织为核心的调节体制。

另外，联合国在国际经济调节中也发挥了重要作用，分别于1974年4月9日至5月5日和1975年9月1日至16日举行了联合国大会第六、第七届特别会议。与会的发展中国家发出打破国际垄断，捍卫国家主权，保卫国家资源，发展民族经济和国际合作的强烈呼声。但是，发展中国家的斗争受到了发达国家，特别是超级大国的顽固阻挠，进展不大，到 20 世纪 80 年代，斗争形成了僵持状态。

（三）20 世纪 80 年代末以来的国际经济调节

20 世纪 80 年代后期至今，国际经济调节的深化是这一时期的主要特征。

1. 区域性经济调节的加强。在欧洲，欧共体与欧洲自由贸易联盟在大自由贸易区的基础上，建立了欧洲经济区。欧共体国家则签订了《马斯特里赫特条约》，制定了建立欧洲经济联盟的计划，1993 年欧共体变成欧盟。1999 年 1 月 1 日，欧元正式启动发行。2002 年 1 月 1 日，欧元全面取代欧盟各国货币，这标志着欧洲经济一体化在原来的基础上又迈进了一步。在北美，美、加、墨三国签订北美自由贸易区协定，首次在发达国家与发展中国家之间实行经济一体化，使区域经济一体化发展跃上新的阶段。

2.《巴塞尔协定》的通过。由于国际金融创新、科技的发展、经济的全球化，使得国际金融风险的规避越来越成为世界经济的一个重要问题。为此，巴塞尔委员会经过多年努力，终于在 1988 年 7 月正式通过了《关于统一国际银行的资本计算和资本标准的建议》，即《巴塞尔协定》。它是 20 世纪 80 年代以来，加强国际金融统一监督和管理的一个划时代的文件，对各国银行业务的发展均具重大影响。

3. 关贸总协定作用的扩大和世界贸易组织的诞生。这一点主要反映在乌拉圭回合的多边贸易谈判的议题和结果上，它将一系列以前没有包括的内容，如农产品贸易、服务贸易、与贸易有关的知识产权保护和投资等纳入了谈判议程。乌拉圭回合就 15 个议题达成了协议，取得了进一步协调统一各国政策规范的效果，并直接导致了世界贸易组织的诞生。与关贸总协定相比，世界贸易组织在国际经济调节中的作用又大大提高了一步。

二、当代国际经济调节机制的积极作用

（一）促进世界经济增长

这一作用主要是通过以下途径实现的：（1）促进国际贸易的发展。二战后初期，各国进口关税水平为 40%左右。而到乌拉圭回合结束时，

所有工业品的加权平均关税水平均比谈判前有较大降幅，发达国家从6.3%降至3.8%；发展中国家从15.3%降至13%；转型经济国家从8.6%降至6%。1950年至2008年，全球贸易总量从579亿美元上升至195050亿美元，增长了336倍，这是迄今为止人类历史上国际贸易增长最快的时期。(2) 推动国际资本的流动。在世界银行、国际货币基金组织以及其他各种组织的调节下，战后各国逐步取消外汇管制，实行货币自由兑换，调整投资政策，放松资本流动和管制。这些措施便利了国际资本的自由流动，使国际投资的增长速度逐渐超过国际贸易的增长速度，成为带动世界经济增长的又一主力军。(3) 促进国际分工的发展。贸易的扩大促进了各国国际分工的发展，国际投资、劳动力流动、技术转让等生产要素的流动，为各国开展国际分工创造了有利条件，特别是一些一体化组织，直接组织开展了生产协作和联合技术开发。这些调节活动推动了国际分工的发展，使各国和世界经济总体的劳动生产率大为提高。

（二）稳定世界经济发展

这是国际经济调节的一个基本目标，也是调节机制所具有的主要功能之一。国际经济调节的起动和运行采取政策反应和政策调节的形式，是一种集中调控方式。这与市场的事后调节不同，因此可以减少经济过程的振荡，从而稳定世界经济的发展。这种稳定作用特别体现在缓和世界经济危机上。每逢经济危机来临，世界贸易组织（关贸总协定）和国际货币基金组织总是呼吁各国采取措施，调节各国宏观经济政策和对外经济政策，运用各种手段来阻止经济衰退。20世纪70年代以后，西方七国首脑会议针对世界经济危机，也进行了一系列经济政策的国际调节。上述国际经济调节机制对稳定战后世界经济的发展发挥了重要的作用。

（三）纠正世界经济不平衡

在世界经济和各国对外经济活动中，存在许多不平衡现象，影响了经济的发展和稳定。如贸易和国际收支不平衡，债务危机，在不同国家分别存在的资金过剩和短缺等资源分布不平衡，贫富程度和经济发展水平的差距，各国相互关系的不平等，等等。针对世界经济的上述失衡，国际社会采取了一系列的政策调节活动，例如，在国际贸易领域，通过世界贸易组织（关贸总协定）、洛美协定、普惠制等，对发展中国家给予特殊照顾，实行各种贸易优惠；在国际金融领域，国际货币基金组织积极促成债务重议，以缓和发展中国家的债务负担，并帮助它们进行经济调整；发展中国家间也通过多种形式开展经济合作。这些措施对于纠正世界经济的不平衡发展发挥了重要作用。

（四）改善世界经济运行机制

市场经济机制和各国孤立进行的政策调整，对世界经济和各国对外经济活动的调节具有某些固有缺陷。如市场调节是借助于供求不平衡起动和关闭调节机制的，这种调节方式很容易产生较大幅度的经济波动。又如，市场机制的短期调节比较灵敏，但在长期调节方面比较迟钝，对世界工业布局、国际分工等结构调整需要花很长的时间，且力度不够，无法有效地纠正资源配置的倾斜。另外，各国自主政策调节是分散进行的，较少考虑他国的反应，往往造成各国经济政策的对立和干扰，削弱了政策调节的效果。与市场调节和各国自主政策调节不同，国际调节具有预见性、规范性和统一性等特征，因而能够在一定程度上弥补市场调节不力、波动过大、政策对立和政策效果相互抵消的缺陷，从而收到更好的效果。

第四节　全球经济治理视角下的二十国集团

2008 年全球金融危机爆发以来，二十国集团机制成为全球经济治理的主要平台，这是国际格局演变的代表性事件。2008 年 11 月—2013 年 9 月，为应对此次金融危机并调节未来全球经济的平衡发展，G20 先后举行了八次首脑峰会，并取得了一系列重要成果。G20 机制能够相对客观地反映世界经济格局乃至国际权力体系的演变，因此，比以前的全球经济治理机制更富有生命力。

一、G20 机制形成的背景

二战后的国际机制基本上都是在美欧发达国家主导下建立起来的，在世界经济领域的基本特征就是以美国为主导，以世界贸易组织（关贸总协定）、国际货币基金组织和世界银行为基本架构，以七国集团（G7）为主要协调平台（俄罗斯加入后为G8）。而随着经济全球化进程的不断加快及深入发展，发达国家与发展中国家之间的经济相互依存日益加深，伴随着这种国家间政治经济发展的不均衡状况，作为调节全球经济发展的八国集团（G8），由于缺乏具有代表性的新兴市场经济国家，在应对世界经济等一系列发展议题上显得捉襟见肘，面临着巨大的合法性危机。另外，以“金砖国家”为代表的众多新兴市场经济国家综合国力不断增强，在世界范围内的影响力也日益上升。而要解决全球性经济难题，没有广泛的代表性则无从谈起。因此，国际社会迫切需要制度创新，冀期构建一个超越G8的全新多边参与框架。G20机制正是在这种背景下成为全球经济治理的一个主要平台。

G20创建的直接诱因是1997年开始的亚洲金融危机。1997年亚洲金融危机的爆发使国际社会认识到，国际金融问题的解决除西方发达国家外，还需要有影响的发展中国家参与。1999年9月，西方七国集团财政部长和中央银行行长在华盛顿发表声明表示，同意建立由主要发达国家和新兴市场经济国家组成的G20就改革国际金融问题进行磋商。1999年12月16日，G20创始会议在德国柏林举行，参加者有G8成员国（美国、德国、英国、法国、日本、意大利、加拿大和俄罗斯）、11个新兴工业化国家（中国、阿根廷、澳大利亚、巴西、印度、印度尼西亚、墨西哥、沙特阿拉伯、南非、韩国和土耳其）以及作为一个整体的欧盟。这一机制最初只是一年一度的财长和央行行长会议，主旨是应对国际金融危机的非正式协商论坛。初期，会议在每年秋季举行，由各成员国轮流主办，为便于交流，各国会议代表仅限于财长、央行行长和一名助手。由于没有常设的秘书处，为保证工作的连续性，G20建立了由前任主席、现任主席和下任主席组成的“三驾马车”管理体制，负责准备会议议题、挑选会议发言者以及处理会议后勤工作等。

随着国际形势的发展以及世界经济形势的演变，G20已经开始从一个协商论坛向着有明确宗旨并采取集体决定的国际机构发展，并作为在发达国家与发展中国家之间沟通的一个独特国际机构，其宗旨是推动发达国家和新兴市场经济国家之间就实质性问题进行讨论和研究，以寻求合作并促进国际金融稳定和经济持续发展。

实际上，在2008年金融危机爆发之前，由于世界经济秩序并未出现系统性风险，G20在世界经济治理中处于边缘化的位置，出席G20会议的部长与官员级别也不断下降。而由于这次全球性金融危机的爆发源于处在世界经济体系中心的美国，发达国家发现，在世界经济高度相互依存且存在经济失衡的状况下，企图依靠传统的G8等大国协调机制已经无法摆脱危机，必须将新兴市场经济国家纳入某种形式的国际调节机制，从这个意义上说，G20从全球经济治理的边缘走上中心舞台带有某种实用主义的因素，这也是后来一些国家担心G20在走出危机后又被边缘化的根源。

二、G20历次首脑峰会的主要成果

2008年9月15日，拥有百年历史的美国老牌投资银行雷曼兄弟申请破产保护，这一事件标志着由美国次贷危机引发的全球金融危机达到顶峰。为了拯救市场信心，欧美各主要发达经济体纷纷出台相应的银行救助计划，以提振萎靡不振的金融体系。正是在这次"百年一遇"的金融危机处于高潮的背景下，2008年11月在华盛顿举行了G20第一次首脑峰会。

G20第一次首脑峰会的主要任务包括：了解金融危机的成因；反思世界各国应对危机所采取措施的效果；为改革金融和监管制度定下原则；制订相应的行动计划；确保自由市场原则。

根据会后发布的最终公报，G20一致认为需要在加强宏观经济协作的基础上采取更广泛的政策行动以恢复经济增长，同时承诺帮助发展中国家获得融资渠道。与会领导人达成了五项原则，包括提高透明度和可信度，改善监管，促进市场诚信，加强合作和改革国际机构。

G20华盛顿峰会的成功，更大意义上是政治上而非经济上——虽然在一些重大原则性问题上取得了一致，但此次峰会缺乏具体的全球经济治理措施。之所以说它的政治意义更大，最重要的原因是发展中国家首次与发达国家平等讨论国际经济事务，在此之前，有关世界经济的重要问题都是通过G8体制来进行协调。虽然从2003年开始，几乎每年的G8首脑峰会都会邀请中国、印度、巴西、墨西哥和南非五个发展中国家参加，形成所谓的"8＋5"体制，但发展中国家只是被邀请方，并无真正意义上的平等协商。G20华盛顿峰会标志着发展中国家正式参与到全球经济治理中来。

2009年4月2日，第二次G20首脑峰会在伦敦举行。这次峰会的主要目的是：复苏全球经济；增资IMF；恢复放贷；加强金融监管；反对保护主义；帮助发展中国家。

伦敦峰会在各国联手采取一致行动上取得了成效。首先，各国决定联手进行财政扩张行动，维持扩张性货币政策，确保金融机构的健康。同时加强金融监管，建立更加具有一致性和系统性的国际合作，扩大监管范围。在G20内部建立金融稳定委员会，取代G7主导的金融稳定论坛。其次，各国同意改革国际金融机构，使新兴市场经济国家和发展中国家获得更大的话语权和代表权，并将IMF的可用资金提高两倍至7500亿美元，同时支持2500亿美元的最新特别提款权配额。再次，各国承诺确保所有经济体公平而持续的复苏，将共同致力于实现联合国千年发展目标，信守对发展中国家的承诺；利用IMF已经同意的出售黄金储备的所得资金，在未来2—3年内为最贫穷国家再提供60亿美元的特惠贷款。如果说G20华盛顿峰会的主题是政治信号和原则性宣言，那么伦敦峰会则更具有行动力。

2009年9月24日，第三次G20首脑峰会在美国匹兹堡举行。主要议题包括：确保国际经济稳定复苏；全球经济再平衡；刺激政策退出；抵制贸易保护主义；国际金融监管改革；限制金融高管薪酬；IMF改革与增资；汇率和储备货币问题。

各国承诺在长期复苏得到巩固之前，避免过早取消经济刺激政策；不过各国可以根据自身情况准备退出政策，并在合适的时机通过合作与协调退出各自的刺激经济政策。这次峰会的另一个重要成果是在推进国际金融机构的改革上达成共识。各国承诺将新兴市场经济国家和发展中国家在IMF的份额至少提高5%；决定让发展中国家和转型经济体在世界银行的投票权至少增加3%。这次峰会取得的另一个重要进展是：各国承诺提高能源市场透明度和市场稳定性；合理调整并逐步取消化石燃料补贴；为应对气候变化威胁，承诺推动对清洁能源、可再生能源和能源效率的投资。为实现有弹性、可持续和绿色的经济复苏，力争在哥本哈根世界气候大会上达成协议。第三次峰会上各国同意在气候问题上加强国际合作，这标志着G20峰会开始从更广泛的意义上推动全球经济治理。

当然，匹兹堡峰会最重要的意义是G20正式取代G8成为全球经济治理的首要平台，美国总统奥巴马更是建议G20取代G8成为永久机构。

2010年6月27日，第四次G20首脑峰会在加拿大多伦多举行，这次峰会主要讨论了世界经济形势；欧洲主权债务危机；强劲、可持续和平衡增长框架；国际金融机构改革；国际贸易和金融监管等议题。

由于欧美间存在明显的利益差别，相比于前三次峰会各国面临危机时的团结一致，多伦多峰会的分歧明显增多。不过，在会后发表的声明中，各国同意削减赤字的目标，发达国家同意在2013年前将赤字削减一半，并在2016年前稳定本国的债务与国内生产总值之间的比例。G20同时承诺继续推动目前的经济刺激手段，并采取“协调一致的行动”来维持经济复苏。声明同时指出，必须建立“适当的分段的”计划来对抗赤字。根据声明，降低赤字和维持经济增长的目标将根据各国实际情况的不同有所区别。新兴市场国家也承诺采取措施加强社会保障网络，增加基础建设开支，并提高货币汇率的灵活性。

2010年11月12日，第五次G20首脑峰会在韩国首尔举行。这次峰会以汇率、全球金融安全网、国际金融机构改革和发展问题为四大议题。

由于在这次峰会前的财长和央行行长会议上，美国提出了限定一国经常项目顺差不高于GDP 4%的建议，在峰会前夕又出台了第二轮量化宽松政策（QE2），这种试图将国内危机转移到国外的做法遭到了包括其盟友德国和日本的强烈反对。峰会最后通过的“首尔宣言”中说，与会各方表示将推动更为市场化的汇率机制，避免竞争性货币贬值。同时，包括国际储备货币发行国在内的发达经济体承诺对汇率过度波动和无序变化保持警惕，以减轻部分新兴市场国家面临的资本流动过度波动的风险。这其实就表达了大多数国家对美国货币政策的疑虑，但G20本身只是一种论坛，并不制定具有约束力的决议。

2011年11月，第六次G20首脑峰会在法国戛纳举行，这次峰会的主要议题是：欧债危机；全球经济增长；金融监管。

这次峰会的主要成果体现在“戛纳行动计划”中，即：制订全球增长和就业策略，建立一个更稳定和富有弹性的货币体系，改革金融部门和加强全球市场整合，解决大宗商品价格波动和刺激农业发展，改善能源市场和推进应对全球气候变化，避免保护主义和加强多边贸易体系，应对发展挑战，加强反贪污及改革面向21世纪的新全球治理格局。

2012年6月17日至18日，第七次G20首脑峰会在墨西哥洛斯卡沃斯举行。G20共同努力加强需求和重塑信心，通过支持经济增长和促进金融稳定来创造高质量的就业机会，为此，峰会通过了《洛斯卡沃斯增长与就业计划》来促成各方合作以达到目标。

2013年9月5日至6日，第八次G20首脑峰会在俄罗斯圣彼得堡举行，会议主题是：全球经济和金融体系；造福所有人的可持续发展；创造性就业和包容性增长：投资和结构改革；国际贸易。

回顾历次首脑峰会，在经历了2008年金融危机之后，发达国家力量有所削弱，但美国依然占据主导地位，新兴经济体地位有所上升，但话语权仍然有限。G20的建立反映了世界权力格局的转变，发达国家邀请新兴经济体参与全球经济治理，固然反映了新兴经济体在世界经济体系中地位在上升，但同时也意味着新兴经济体要在全球经济治理中承担更多的责任和代价。

三、G20未来发展中面临的挑战

国际体系转型是一个漫长的历史过程。G20体制要成为一种成熟并且得到世界上绝大多数国家认可的国际机制还面临着众多的挑战。

（一）G20机制的合法性问题

这种合法性一方面取决于该机制的程序是否适当，即程序合法性，另一方面取决于其目标是否符合代表广泛主体的共同体价值，即实质合法性。从目前来看，G20在议题设立以及议事程序上并无统一规则，每次承办G20的东道国在首脑峰会前通过外交渠道和各国协商选择主要议题，议事规则是通过协商一致达成共识，而不是投票制。[①] 而在首脑峰会上遇到分歧较大的问题时，由于G20机制的非正式性并不要求达

① 参见方晋：《G20机制化建设与议题建设》，《国际展望》2010年第3期，第23页。

成约束性协议，最终的解决方法往往只是发布一些原则性的声明以避免矛盾公开化。

G20体制的合法性问题最重要的解决途径就是加强制度化建设。这至少包括四点：第一，要明确G20的宗旨和定位。G20不能仅仅充当救火队员，更应当成为未来全球经济治理的经常性国际调节机构。要实现世界经济的可持续增长，不能仅仅在出现危机时才团结一致，在经济全球化和各国相互依存度不断深化的背景下，加强国际合作与协调，尤其是发展问题，把均衡的概念扩展到弥补发达国家与发展中国家的差距应该成为未来G20的主要宗旨。第二，要扩大合作机制的领域和层次。目前G20体制主要由两方面会议构成，即财长和央行行长会议以及首脑峰会。保持政府高级别的常态沟通机制当然很重要，但除了官方的定期磋商机制之外，为了能集思广益并提高效率，应当着眼于建立全方位、多层次的磋商机制，倾听更多来自企业界以及学术界的声音。第三，应当考虑设置常设秘书处。由它来关注峰会以及相关会议所做的决议，并与其他重要国际机构保持联络。第四，要建立合适的评估程序来加强G20机制决议的执行力。鉴于G20成员国内部巨大的差异性，这种执行力的加强并不具有强制效果，它一方面来自于具有领导力的大国应该具有的示范效应，另一方面来自于其他国家的相互监督与促进。[①]

（二）如何处理G20与G8的关系

在匹兹堡峰会上G20被正式确定为国际经济合作的首要论坛，但围绕着G20是否取代G8的争论也就由此展开。虽然欧美各发达经济体对外都宣称欢迎G20体制，但G20本身就是在原有体制难以应对全球治理带来的挑战下出现的，这必然意味着在某种程度上要打破原有的体制，这就必然影响到既得利益者的利益分配格局。对于原来G8中的一些发达国家，如加拿大和日本，担心G20地位的上升使其国家对国际事务的影响力降低，因而对G20的机制化持消极态度。因此，G8总是倾向于将自身的利益偏好来影响G20的议题和程序。每次G8峰会都会在G20峰会前举行，并早早地为即将举行的G20会议主题定调。实际上，在发达国家眼中，G20的主要目的是“分担国际责任，重建并强化

---

① 参见张幼文等著：《金融危机后的世界经济：重大主题与发展趋势》，人民出版社2011年版，第532页。

其实力地位，将新兴大国纳入其规则和框架之内，使之承担责任，并做负责任国家”。[①] 而美国目前的基本战略意图是借助 G20 这个平台与新兴国家合作应对危机，进而重整美国金融体系，重塑其全球领导地位。正是这个原因，还是有相当数量的发展中国家不信任 G20，仍然把它视为发达国家维护原有国际政治经济秩序的工具，而不是对原有秩序进行彻底的变革。

从目前来看，这两者不是取代与被取代的关系，而是它们承担的角色有所差异。G8 现在越来越多地讨论政治和安全议题，而 G20 则主要关注世界经济。从这个意义上而言，未来两者将并行不悖。短期来看，G8 仍然会影响甚至主导 G20 的议程，但随着新兴经济体实力的不断增强，G20 的议题会不断多元化，因此长期来看，更能客观反映国际力量对比变化的 G20 将更有可能成为未来全球治理的平台。

（三）G20 成员国的数量与效率平衡问题

二十个国家的代表性仍然不够，应该增加一两个最贫穷国家来反映这些边缘国家的利益。印度等新兴国家就质疑为什么 G20 有那么多欧洲国家。此外，还应该在结构安排上更加灵活，如让 G20 成为南北方之间的沟通渠道，同时与全球市民社会形成制度化互动。G20 还应该包括更多的地区性组织。此外，还应该以议题为纽带吸收一些国家作为观察员参与进来，并在特定领域，如贫困、卫生和环境等问题上给予 NGO 更多的参与机会。

目前对 G20 提出质疑的力量主要来自两方面：一方面，许多发展中国家对峰会机制深表怀疑，他们坚持联合国在全球治理中仍应扮演首要角色。另一方面，国际市民社会对 G20 的质疑和责难声音也越来越高，国际市民社会主要以各种 NGO 和私营业主为代表，是近年来反全球化的主力军。他们认为，G20 并非全球民众选举出来的机构，因此不具有合法性，而由 G20 主导推动下的全球化导致了全球环境恶化、贫富分化加剧等一系列恶果。[②] 如果能加强与国际市民社会的良性互动，将有助于增强 G20 的合法性。实际上，G7/8 峰会也曾经历过各大国与

---

① 刘宗义：《“G20 机制化与中国参与全球经济治理”学术研讨会综述》，《国际展望》2010 年第 2 期，第 99—100 页。

② 参见赵春珍：《“二十国集团”的作用与发展趋势评析》，《和平与发展》2010 年第 4 期。

国际市民社会从彼此漠视到相互重视并展开协调的过程①，但与要求增加成员形成悖论的是，参与者越多，利益差别就越大，就越难以达成共识，就必然牺牲效率，从而损害G20的生命力。②

第五节　全球治理的制度缺陷与机制重构

2008年爆发的国际金融危机再次暴露了国际制度对全球性危机的预防与调节能力的严重不足，也激发了国际社会对全球治理制度的信心危机，进一步推动了国际社会对完善和改革现有全球治理制度的强烈呼吁。

一、全球治理中的制度及其缺陷

随着经济全球化进程的逐步加深，人类整体不仅有着现实而紧迫的共同利益，同时也面临着威胁生存的共同问题，这些全球性问题使国际关系呈现出整体性发展，也给当今国际秩序带来深刻的变化，对世界各国政府提出了挑战。因此，全球治理成为时代需要，全球治理制度的建立和发挥作用成为各国和国际社会的内在需求。但是，现有全球治理制度存在诸多缺陷，影响了全球治理的进程。

（一）全球治理中的制度

全球治理是指个人和公共或私人机构管理公共事务诸多方式的总和，是使各种相互冲突和不同利益得以调和并且采取联合行动的持续过程。其中，全球治理制度是指一系列用以解决跨国性问题和管理全球公共事务的制度安排，它包括各种多边实体如世界贸易组织、国际货币基金组织，也包括各种环境制度如围绕京都议定书建立的气候变化机制等。国际制度在全球治理中处于核心地位，因为没有一套能够为全人类共同遵守、确实对全球公民都具有约束力的普遍规范，全球治理便无从

① 〔加拿大〕彼得·哈吉纳尔著：《八国集团体系与二十国集团：演进、角色与文献》，朱杰进译，上海人民出版社2010年版，第128—168页。

② 参见龚伟、赵春珍：《二十国集团——21世纪全球治理中心?》，《当代世界》2008年第6期。

谈起。制度既是全球治理的本质内容，同时也是全球治理的重要工具。因此，全球治理离不开国际制度，制度的建设是完善全球治理和实现有效全球治理的关键。

（二）全球治理制度的缺陷

现有的全球治理制度存在内在性、结构性、价值性缺陷，这些缺陷影响着全球治理制度作用的发挥。

1. 全球治理制度的内在性缺陷。这表现在全球治理制度固有的妥协性和强制力有限方面。全球治理制度是建立在国家主权的基础之上，并由主权国家相互协商和多重博弈的结果，是各种利益相互权衡的结果。因此，妥协性是其本身固有的属性。这种妥协性将使全球治理制度的目标与全球公正的标准可能不一致，从而影响制度的合法性和权威性，影响国际制度作用的发挥。全球治理制度没有像主权国家那样的强制力作为后盾。大多数全球治理制度是由特定问题领域内具有共同利益的民族国家的政府组建的，一方面这种共同利益并不一定导致合作；另一方面，也没有一个最高的公共权力机构来监督国际制度的运行和成员国的遵约状况。因此，成员国的参与和认同是国际制度产生和具有效力的前提。但是在很多情况下，各国一般从自身国家利益最大化的逻辑出发，违背国际制度协议的行动常有发生，使国际制度的条文名不副实、强制力有限。

2. 全球治理制度的结构性缺陷。全球治理制度带有强烈的权力色彩，不平等的全球治理权力结构以及正在加速进行的权力结构转型都深刻制约全球治理制度，使其具有结构性缺陷。国际制度多由霸权国家建立或主要大国协调建立，它主要反映大国尤其是霸权国家的利益，受到霸权国家和主要大国的制约，在维护世界和平与发展上存在较大局限性。

3. 全球治理制度的价值性缺陷。国际制度的价值理念决定了国际制度的核心内容。国际金融危机的爆发冲击了现存制度背后的自由主义主导理念，新兴国家群体提出的理念衍生了国际制度的多重价值困境，严重制约着制度的功能和效力的发挥。（1）全球治理制度追求的实用价值与全球治理追求的价值存在不一致。（2）全球治理现有制度体现出鲜明的西方规范性，这种西方规范主导性压制了发展中国家的诉求主张。

（3）崛起的新兴国家群体提出的关于国际体系的理念衍生了国际制度多重价值竞争的困境。

当前全球治理的制度是二战后西方大国协调建立的，大多建立在所谓“内嵌的自由主义”政治思想基础之上，打上了深深的自由主义烙印。世界贸易组织就是典型的例子。该组织的宗旨是推动国际贸易自由化，通过多边谈判削减关税、减少乃至最终消除民族国家之间普遍存在的贸易和投资障碍。这种贸易自由化集中体现了经济贸易的自由主义。由美国次贷危机引发的国际金融危机起源于美国，对世界经济造成了严重影响，也对现存制度背后的自由主义理念产生了严重冲击。危机爆发后，美国出台了有史以来最大规模的救市措施。随后奥巴马政府加强了政府对金融部门的监管力度。这些措施虽然并不意味着自由主义的终结，但它反映了自由主义理念在金融监管领域遭受了重大的挫折。自由主义强调的以市场为导向，主张贸易、金融、投资自由化、市场化，反对国家干预，主张商品、服务、资本、货币的跨国自由流动，以及在金融市场和金融监管领域内信奉的“最少的监管就是最好的监管”的理念受到了充分的质疑。①

与此同时，新兴经济体群体性崛起，正从国际体系的边缘走向中心，在国际社会中的地位和作用不断加强，它们关于国际体系的理念也在逐步形成。新兴经济体在环境领域内提出的“共同但有区别的责任”原则，在经济领域内的“政府一定程度的干预和监管”和发展模式都将更加受到国际社会的关注，形成多元价值竞争的局面，从而有利于推进国际制度的民主化，使制度更多体现发展中国家的理念和思想。

二、后危机时期全球经济治理制度重构

随着经济全球化不断加深，全球问题也在不断出现并深入发展，传统的经济治理机制已不再适应当前的世界经济发展，重构现有国际经济制度，纠正其缺陷，使其更能符合世界经济变化的要求，这已成为一个重大的国际议题。目前，主要问题领域的国际制度都在尝试进行转型和改革，为适应时代需要而进行重构成为全球治理制度发展的主旋律。在

---

① 张幼文等著：《金融危机后的世界经济：重大主题与发展趋势》，人民出版社 2011 年版，第 538—539 页。

国际经济领域内，世界贸易组织、国际货币基金和世界银行都在进行调整，世界贸易组织加强了原有的争端解决机制，国际货币基金组织向中国、墨西哥、土耳其等增加了投票权，世界银行也决定增加新兴经济体和转型国家的投票权。

（一）构建新的正式的国际经济机制

金融危机后，构建一个可以在全球范围内进行金融监管的机构成为全球经济治理制度的重中之重。在金融全球化和自由化的深入发展下，全球金融市场融为一体，资本跨国流动大量增加，在汇率变动、国际收支调节和金融危机防范等方面，迫切需要构建一个与国际金融体系相对应的新的国际机制来进行国际金融监管的协调和合作。现有的金融监管机构都属于国家层面，这些机构无法对跨境投资和融资业务进行有效的监管。因此，建构一个新的国际金融监管机制成为国际社会的需求。同时，在国际金融方面，构建新的抑制金融机构过度投机的制度，从而阻止接受储蓄的金融机构进行高风险投资，也可能是国际社会的需要。

（二）促进新的非正式制度的建立

全球治理委员会指出全球治理既包括有权迫使人们服从的正式制度和规则，也包括各种人们同意或认为符合其利益的非正式制度。因此，在已有的正式制度维持正常的国际经济秩序的基础上，可以通过非正式制度来塑造出新的制度，由此来弥补制度的“真空地带”。当前，G20作为国际社会中一个重要的非正式机制，已经成为全球经济治理的重要平台。它包括了10个左右的发展中国家，在应对国际金融危机和防止贸易战等方面发挥了重要作用，成为国际经济合作与协调的首要全球性论坛。

（三）强化全球治理制度与NGO的互动

当前许多制度的成员资格由主权国家垄断，非国家行为体没有在其中表达意见的机会。强化全球经济治理制度与NGO的互动，加强NGO的参与，能够进一步健全全球经济治理制度的框架，促进经济治理制度的社会化和多元化。联合国全球治理委员会就提出，治理在世界层次上一直被主要视为政府间的关系，如今必须看到它与NGO、各种公民运动、跨国公司有关。

（四）改革现有经济调节制度的决策机制

现有国际经济调节制度是二战后由西方大国协调建立起来的，是一种基于国际实力对比基础上的利益分配体系。这使得在制度创始阶段没有发挥作用的国家以及国际制度后来纳入的一些国家的关切都没有得到国际制度的充分照顾。因此，改革现有制度的决策机制，增强发展中国家的发言权，这是当前全球经济治理制度改制的一个重要方向。[①]

（五）加强制度的问责制和透明度

当前多数国际制度的决策过程缺乏必要的监督，成员国/NGO很难对制度的机构和人员实行问责。比如在国际货币基金组织中，没有评估执行董事会的机制，没有检查执行董事会工作的机制，也没有考核总裁工作的机制，总裁的任免程序也不透明。这样，制度的合法性和有效性都受到质疑。透明度是对制度进行监督和问责的重要因素，问责制对信息的需求意味着关于制度运作的透明性程度对于任何形式的问责制来说，都是必要的。透明度是使责任有意义的重要因素。同时，透明度也是关系国际制度合法性和效率的重要因素。

总之，2008年爆发的国际金融危机的全面性、系统性和破坏性是前所未有的，它牵动世界格局和经济体系、国际关系和国际秩序的变动和调整，是当前国际形势最具全球性影响的一个重大事件。它暴露了全球经济多方面的失衡和结构性的矛盾，凸显了现有国际经济体系的重大缺陷，是最主要的全球经济治理的对象之一。危机爆发后，国际社会合作的意愿空前增强，从而积极推动相关国际制度的改革和建设。在国际货币基金组织和世界银行的改革下，发展中国家的代表性和发言权增加了。当然，现有的全球经济治理制度不是一种临时性的安排，它指导下的行为也不是以短期利益考虑为基础，它具有稳定性和持久性特征，因此其重构和完善必然将是一个长期、艰难的过程。

① 张幼文等著：《金融危机后的世界经济：重大主题与发展趋势》，人民出版社2011年版，第540—544页。

第九章　当代世界经济周期与危机

伴随全球经济持续发展，世界经济周期性波动的现象并没有消失，世界各国宏观经济依然出现周期性地收缩与扩张，特别是经济波动加剧时期往往还面临着经济风险上升甚至出现危机的问题，世界经济周期与危机已经演变为客观的经济现象，成为理解全球经济发展的重要视角。在新的背景下，世界经济周期与危机尽管依然存在，但却包含了新的内涵，具有新的表现特征及生成传导机制，也预示着其内容更加复杂。

第一节　当代世界经济周期与危机的表现与特征

经济周期意指经济运行出现的周期性扩张与收缩交替反复的现象，体现为工业产出、国民收入、就业水平等宏观总量的上升与下降，通常划分为四个阶段，即衰退、谷底、扩张和顶峰。特别的，世界经济周期就是在世界经济运行的过程中，由于某些特定因素的影响，导致世界主要国家的实际经济活动呈现同步的高涨、衰退、萧条和复苏，表现出高度相似的周期性运行态势，这种态势会重复发生，最终形成世界经济周期运动。2008 年金融危机被视为 20 世纪 30 年代以来最大的危机，同时也展现世界经济周期新的特征，本次危机以来的经济复苏预示全球经济已经步入了新的阶段。综合当代世界经济的表现，世界经济呈现周期持续时间缩短且非对称性增大、世界各国经济周期同步性显著提高、美国经济主导世界经济周期走势等显著特征，世界经济金融危机呈现更加频繁、危机源转变及危机治理创新等新的特点。

一、世界经济进入新的周期

尽管世界经济周期理论颇为复杂，但19世纪中叶以来，经济学家提出了不同长度和类型的经济周期理论，为理解经济周期奠定了重要的理论基础。这些理论大致可以划分为三类，即短周期、中周期及长周期视角。典型的代表有，1923年英国经济学家基钦提出的短经济周期；1860年法国经济学家朱格拉提出的中周期；1925年俄国经济学家康德拉季耶夫提出的长周期；1930年美国经济学家库涅茨使用大量美国建筑业的统计资料而分析提出的建筑业周期；1934年奥地利政治经济学家熊彼特对各种周期理论进行综合分析后提出的“熊彼特周期”。其后还有很多经济学家对相关理论作进一步的深入探讨，但总体来看大多离不开短、中、长三类，接下来将分别结合不同的视角，依据相关的理论，揭示当代世界经济周期所处的位置。

（一）世界经济处于短周期的复苏阶段

短期周期理论较早可以追溯至英国经济学家约瑟夫·基钦在1923年发表的《经济因素中的周期与趋势》，该书分析了1890年至1922年间英、美两国的物价、银行结算和利率等统计资料，在此基础上计算出这两个国家在这一段时期内存在着大周期和小周期，一个大周期包括2～3个小周期，一个小周期平均为3—4年。这个小周期被熊彼特“命名”为基钦周期，并指出这是一种短周期。本次金融危机的冲击导致世界经济在2009年陷入了衰退，此后世界主要国家通过G20平台共同倡导实施大规模财政货币扩张政策，2010年以来全球经济便摆脱衰退步入复苏增长通道，预示2009年构成了全球经济的底部，形成了短周期的谷底。2010年以来世界经济迅速企稳并回升至年增速5.2%，但此后经济出现了减速，2012年下降至3.15%。2013年以来尽管全球经济复苏增长出现波动，世界经济复苏增长开始分化，这种分化不仅体现在发达经济体与新兴经济体之间，也体现在主要经济体内部，但不可否认的是全球经济正逐步改变减速态势，全球经济正步入新的短周期复苏增长阶段。

(二) 世界经济处于中周期的复苏阶段

典型的中周期理论由医生转为经济学家的法国克里门特·朱格拉提出，他在研究人口、结婚、出生、死亡等统计时注意到经济事务存在着有规则的波动现象，在1860年发表的《论德、英、美三国经济危机及其发展周期》一书中，提出平均9—11年的经济周期思想。这个周期被熊彼特“命名”为朱格拉周期，并指出是一种中周期。后来经济学家汉森用朱格拉的计算方法使用英国1795年至1937年的统计资料，计算出了平均周期长度为8.35年，从而把朱格拉周期改为8—11年。自从20世纪70年代石油危机引发全球经济下滑以来，世界经济大致经历了四个中周期，即1971—1982年、1982—1991年、1991—2001年及2001—2009年。从近几个中周期来看，世界经济大致符合8—11年中周期的波动规律，每个周期的复苏阶段1—3年，衰退和萧条阶段大概1—4年，还有3—5年是在高位徘徊的繁荣阶段，从形态上呈现一个下窄上宽的梯形。2009年构成了全球经济的底部，2010年开始了复苏增长的进程，尽管其后宏观经济出现了波动，但全球经济仍然持续增长，预示世界经济进入中周期的复苏增长阶段。

(三) 世界经济处于长周期的下降阶段

俄国经济学家尼古拉·D. 康德拉季耶夫在1925年发表《经济生活中的长波周期》，对1789年以来英、美、法、德等国的批发价格水平、利率、工资、外贸以及煤炭、生铁等数据进行分析，认为存在着50年左右长波周期循环，这个周期被熊彼特“命名”为康德拉季耶夫周期。熊彼特沿袭了康德拉季耶夫的说法，用“创新理论”作为基础，把世界经济发展过程进一步分为三个“长波”。熊彼特认为，经济周期是创新所导致的旧均衡的破坏和新均衡的建立过程。创新为创新的企业家带来超额利润，吸引其他企业仿效，促使创新者和仿效者扩大生产规模，增加投资最终导致经济繁荣。随着新技术的普及，超额利润变小，投资需求减少，经济收缩导致衰退。

根据熊彼特在《经济发展理论》中对18世纪中后期以来世界经济的长周期所作的划分，第一个“长波”从大约1783年到1842年，持续时间为59年，是所谓“产业革命时期”。第二个“长波”从1842年到1897年，持续时间为55年，是所谓“蒸汽、钢铁和铁路时代”。第三个“长波”从1897年开始到20世纪20年代首次提出“长波”理论为止，是所谓的“电气、化学和汽车时代”。按照后续的经济发展情况来看，20世纪30年代大萧条至70年代石油危机全球经济滞胀期间，可以看做是第四个“长波”，这一阶段进入了“核、航天技术及计算机时代”。从20世纪80年代末期以来，随着信息网络技术的快速发展，世界经济迎来了第五个“长波”，截止到本次金融危机引发全球经济衰退之前，全球经济经历了将近20年的上升期，金融危机既反映了全球经济结构性问题，同时也体现了长周期的客观规律，预示全球经济开始进入下降调整阶段。

二、当代世界经济周期的特征

从以上各种周期视角的分析来看，当代经济周期并没有违背相关经济周期理论，但近年来经济全球化深化发展，各国经济联系程度较以前更加密切，国际经济环境出现了显著变化，各国应对经济波动的宏观调控举措也出现了优化调整，这些都构成了对经济周期的直接或者间接的影响。从周期的具体表现来看，世界经济周期波动呈现出一些新特点。

（一）世界经济周期持续时间缩短且非对称性增大

从1991年到2001年，以网络信息技术的新经济为特点的朱格拉中周期结束后，新一轮朱格拉世界经济周期的扩张期从2001年11月开始持续到2007年12月。受金融危机影响，2007年12月世界经济进入衰退期后，于2009年到达谷底，2010年世界经济步入复苏阶段并进入新一轮朱格拉世界经济中周期的复苏阶段。2009年结束的这轮朱格拉世界经济中周期的持续时间共8年，其中扩张期为6年，收缩期为2年，而上一轮世界经济周期持续时间为1991年到2001年，持续时间为10年，其中扩张期将近10年，收缩期仅为8个月。

可见，刚刚结束的这轮朱格拉世界经济中周期长度缩短，且扩张期较之前的经济周期有所缩短，收缩期有所延长，经济周期的非对称性很明显，且经济周期波动上升阶段长于下降阶段①。即便考虑到布雷顿森林体系之后的世界经济中周期表现，整体上也呈现类似的趋势特征②。

---

① 参见王悦：《当前世界经济周期波动特点与趋势分析》，《亚太经济》2010年第6期。

② 参见宋玉华、徐前春：《世界经济周期理论的文献述评》，《世界经济》2004年第6期。

世界经济周期出现持续时间缩短，经济上升与下降呈现非对称性的特征。

（二）世界经济周期波动强度减弱

根据IMF在2007年发布的《世界经济展望》报告显示，20世纪60年代至21世纪初，世界经济周期波动幅度显著降低，测算全球GDP增长的10年标准差发现，波动标准差由20世纪60—70年代的1.5左右大幅下降到本世纪以来的1以下。测算波动幅度有很多角度，这里再根据每个周期内世界经济周期峰值与谷底之间的差来衡量周期内的波动幅度。测算结果显示，2001年以来至金融危机之前的中周期，波动幅度为6，而此前1991—2001年中周期的波动幅度为2.6，1982—1991年中周期的波动幅度为4.2。相比之下，2001—2009年的中周期波动幅度最大，是前一次波幅的两倍多。当然，如果考虑到本次周期恰好落到被视为百年一遇的金融危机内可能会引起偏差，那么剔除2009年的衰退来看，2001—2008年波幅仅为3.1，相比之前下降了一半，体现了本次危机对世界经济周期的波动幅度确实造成了显著影响。由此可见，世界经济周期波动幅度呈现逐步下降并在低位保持稳定的特征。

（三）美国经济主导世界经济周期走势

美国作为世界超级强国，其经济总量及科技创新能力均处于世界前列，对其他国家乃至全球影响举足轻重，这决定了美国经济主导世界经济周期走势的特征。从20世纪80年代至今，世界经济经历三个中周期大体上与美国经济周期重合。20世纪80年代美国经济经历70年代石油冲击衰退之后步入扩张增长阶段，并在80年代末步入经济增速下调的周期阶段，此后美国经济经历了新经济、网络泡沫后的新的经济周期，全球经济也呈现类似的现象，这验证了美国经济周期与世界经济周期相关性较大的事实。

为何说美国经济主导世界经济周期呢？一方面，在于美国经济总量在全球经济的比重巨大，尽管由于二战后其他国家相对较快发展而在全球的比重出现下降现象，但自20世纪80年代以来，美国经济地位总体保持稳定，从80年代美国GDP占全球30%以上下降到80年代末的30%以下，但90年代末美国经济总量占全球GDP比重再次回到30%以上，2000年以来新兴经济体较快追赶，促使美国经济比重适度回落，但截止到 2012 年美国经济总量依然占据全球 1/5 以上，显示美国经济总量具有主导世界经济周期的基础。另一方面，美国经济周期具有其内生性，不是外部冲击引起的。20 世纪 70 年代美国经济周期沿着滞胀、新自由主义、新经济、金融创新等内生路径逐步依次展开，在此背景下全球经济周期与其相关性密切预示美国主导世界经济周期的事实。

（四）中国经济周期与世界经济周期协同性增强

改革开放以来，中国经济经历了 80 年代、90 年代及本次金融危机之前的三次飞跃，与全球经济经历三次中周期相吻合，尽管其中有亚洲金融危机、美国金融危机等外部冲击的影响，但不可否认的是，中国通过融入全球化而逐步深化与外部的联系，促进了中国与世界经济周期的协同性。特别是中国加入 WTO 以来，对外经济取得了高速的发展。若按照人民币对美元当时的汇率测算，2012 年中国进出口总额占 GDP 比重超过 47%，加工贸易占据将近半壁江山，反映中国宏观经济与外部经济体联系极为密切，这不仅构成世界经济周期影响中国的基础，而且也形成世界经济增长不可忽视的中国因素。

2008 年中国经济对全球经济增长贡献将近 1/5，而金融危机期间的 2009 年全球经济出现负增长，但中国经济仍然保持 9%以上的增速，中国成为对全球经济增长贡献最大的国家。中国经济迅速成长伴随着对大宗商品需求的持续增加，大宗商品价格持续攀升的背后逐渐显露中国大国因素。可以说，当前中国经济既离不开全球化，全球经济的发展也离不开中国。没有改革开放，便没有中国经济总量的稳步提升，而没有经济全球化，便没有中国经济周期与世界经济周期协同性增强的现象。

三、当代世界经济危机的特征

经济危机作为世界经济周期的某种表现，伴随人类经济社会发展而不断演变，尽管表现形式或者爆发程度存在差异，但危机已经成为周期性的现象，在当代经济全球化环境下，世界经济金融危机不仅没有杜绝，反而呈现新的特征。

（一）世界经济金融危机更加频繁

经济金融危机已成为世界经济周期的特有现象。据 IMF 资料表明，自1980年至1996年，该组织中有133个成员发生过重大银行问题，52个国家的大多数银行多次失去支付能力。进入20世纪90年代以来，金融动荡和危机频繁发生，比如1991年英国货币危机、1992年欧洲汇率机制危机、1994年墨西哥金融危机、1995年英国巴林银行破产、1996年保加利亚和俄罗斯的银行倒闭、1997年亚洲金融危机、2000年网络泡沫、2008年金融危机、2010年欧债危机，等等。相比过去，当下危机显得更加频繁、更加复杂。

危机频发爆发的新特征尽管与各国内在原因有关，但显然离不开对全球化的关注。20世纪80年代以来倡导的华盛顿共识治理理念，随着全球化快速发展而在世界范围内持续扩散。自由化有助于促进要素流动而提升市场效率，但在缺乏国际协调、国际协作的背景下可能形成无序性，进而经常性陷入危机困境。20世纪70年代前经济危机的间隔时间较短、强度较小、持续时间较短、周期的阶段性不分明，而80年代后的经济危机持续时间长、强度大、同步性大、危机后增长缓慢且延续时间特别长，美国金融危机与欧债危机都验证了这一事实。

（二）发达经济体取代发展中经济体成为新的危机源

传统经济理论认为，发展中国家缺乏资金而仰仗外部借贷，但外部货币政策缩紧或者资本市场波动都将导致发展中国家资金跨境流动加剧，发展中国家容易陷入财政债务困境。特别是随着20世纪80年代金融自由化发展迅速，许多发展中国家金融体制尚不健全，政府缺乏有效的调控和管制手段，在条件还不具备的情况下过早地实行金融自由化，也经常导致发展中国家爆发金融危机。然而，21世纪以来，发达国家普遍实行较为宽松的货币政策，引发金融过度创新，促使金融杠杆化程度加深，美国次贷危机进而金融危机的爆发预示发达国家面临着更大的风险，而欧债危机的爆发链条警示世界上最富有的国家爆发财政危机的可能性和脆弱性。

先前认为风险较低的发达经济体，本次却集体面临困境，预示发达经济体取代发展中经济体成为新的危机源。欧债危机的问题不仅暴露欧元区危机国家高福利引发财政不可持续，也揭示了货币一体化而财政没有一体化潜在的难题，但财政联盟的构建涉及各国主权让渡，从而具有长期性且充满不确定性，极端情形下还可能爆发欧元危机。2013财年美国财政债务绝对水平达到16.7万亿美元，位居全球最高，美债风险上升倒逼财政整顿诉求，但两党关于财政整顿分歧让美国政府出现关门的窘境，而且债务上限僵持险些在2011年让美国技术性违约，预示美国超级大国财政风险上升的事实。日本财政债务占GDP比重位居世界主要国家最高水平，显然预示债务风险较高的问题。

（三）系统性经济危机的破坏性呈现减弱迹象

在本次金融危机爆发之时，世界主要经济体呼吁世界各国警惕危机的重大影响，有评论人士甚至将本次危机与20世纪30年代大萧条相提并论。回顾20世纪30年代大萧条期间，道琼斯股指从高点到低点下跌80%以上，金融机构等私人部门资产大幅缩水，导致商业银行持续大规模倒闭，美国在1929—1935年年均商业银行倒闭数量达到1406家，在1933年曾经达到4000家，促使信贷等货币供应急剧紧缩，美国等主要经济体出现了4—5年的长期衰退，美国最大的年度衰退幅度甚至达到两位数以上，这些都预示了30年代经济危机对世界的重创。相比之下，本次危机以来，尽管商业银行业出现倒闭，但美国2008—2010年年均倒闭商业银行仅仅109家，2010年倒闭数量达到最高也仅为157家，金融危机的中心国家美国仅仅在2009年出现衰退，全球经济也仅衰退两年。这些都预示本次金融危机虽然与大萧条相提并论，但其影响已经大幅减轻。尽管当前全球经济仍然充满不确定性，但不可否认的是自2010年以来全球经济已经进入了多年的复苏增长。

为何当代经济危机造成的影响弱化，其中的原因复杂多样。但归结起来有两条。一方面，以史为鉴促使当代社会经济制度的不断创新完善。20世纪30年代大萧条引发人类的担忧，此后政府及学术界都进行了深入的研究，针对大萧条暴露出来的制度缺陷进行修补完善，1934年1月1日正式实施美国联邦存款保险制度，促使2008年金融危机期间商业银行倒闭数量大幅降低，为金融稳定性构成重要保障。同期推出的社会保障法案也为危机期间财政自动稳定器作用的发挥创造条件。另一方面，全球化促使世界各国联系密切引发国际协调的内在需求，当代危机具有强大的溢出效应使得其他国家难以幸免，国际协调的深化发展增强世界应对危机的能力。本次危机期间的美联储主席伯南克曾在其专著《大萧条》中刻画了30年代大萧条期间贸易保护、货币竞争性贬值及资本流动管制等非合作行为引发的巨大负面影响。本次危机以来世界主要国家倡导全球协调共渡难关，中国等新兴大国积极推行超常规财政货币扩张刺激政策，对于遏制或者减缓危机的影响起到重要的作用。

第二节　当代世界经济周期与危机的生成及传导机制

经济全球化促使世界各国经济联系更加紧密，从而世界经济周期与危机的分析要突破单纯局限于对世界经济总量的考察，也要避免单个国家简单分开讨论，而是应该着力探讨各国经济之间的内在联系，注重各国经济周期协同性增强的事实，在某些国家发生的外部冲击或者经济波动，会通过国际传导和各国的内生机制相互作用持续扩散，引发世界相关国家形成同步的扩张、衰退的周期运动。为此，有必要对当代世界经济周期与危机的生成及传导机制进行研究，以此揭示世界各国经济运行之间的内在有机联系以及这些联系对世界经济周期波动的影响，客观反映新时期世界经济波动运行的本质规律。

一、当代世界经济周期的生成机制

引致世界经济周期波动的因素十分复杂，但大致来看有三类，一是包括技术进步、气候变化、自然灾害、资源发现和世界市场原材料价格波动的供给冲击，二是包括财政政策、货币政策和汇率政策等宏观经济管理当局的政策冲击，三是来自于包括由预期和偏好变化引起的私人投资和消费支出变动的私人需求冲击。这些因素往往不是独立发挥作用，而是相互联系，在不同的时代具有不同的表现形式，在经济全球化环境下有以下几种世界经济周期的特殊的生成机制。

（一）世界生产模式调整影响世界经济周期

经济全球化的持续深化有力推动了世界生产模式的改变。现代科技革命缩小了不同国家、地区之间的通信成本及交通距离，世界成为“地球村”，为经济全球化奠定了物质基础。国际金融深化发展促进资本自由流动，为经济全球化提供资金支持。世界主要国家市场经济体制改革深化为经济全球化创造了共同的市场制度。冷战的结束为经济全球化创造了和平的发展环境。在上述条件下，跨国企业携带先进的技术、管理经验及资金，在全球范围内进行生产投资，成为推动经济全球化发展的重要载体。

经济全球化促进资本流动日趋自由化，但劳动力无法自由流动的问题却没有改变，即便在欧元区经济一体化的环境下，劳动力也没能实现充分流动，结果是劳动力工资在各国之间存在客观的差异，具有劳动力优势的国家竞争力相比其他国家也就更强，缺乏竞争优势的国家的产业会转移到其他国家。这是继美国网络泡沫之后经济全球化形成的新的世界生产模式，中国等新兴及发展中经济体通过劳动力、资源等比较优势承接全球产业链，一方面面向世界供应能源资源等初级产品，另一方面承接全球制造加工等低附加值产业，而发达经济体则致力于产品研发、设计、销售等附加值高的产业，世界分工模式由传统的产业间向产业内或者产品内分工转变，世界各国联系日益紧密，由此构成对世界经济周期的重要影响。

（二）资金配置模式创新影响世界经济周期

20 世纪 70 年代的滞胀让理论界反思二战以来凯恩斯思想主导的宏观调控有效性，政策思路转向放松管制的自由化模式，利率、汇率市场化浮动为金融创新发展奠定了制度基础。20 世纪 80 年代以来，发达经济体相继推行金融市场化改革，发展中国家在华盛顿共识的倡导下也开始逐步推行金融自由化改革，国际金融创新深化成为当代社会重要的特征。美国主导世界经济周期，因而美国在新世纪以来所形成的过度金融创新消费模式也就成为世界经济周期的重要生成机制。在网络泡沫以后，在相对开放的经济全球化环境中，在世界技术—产业前沿革命相对沉寂然而新兴经济体生产率快速推进阶段，给定国际工资、汇率和其他要素相对价格体系，美国企业难以在国内发现足够数量并与开放环境兼容的投资机会，是美国这样处于全球技术前沿国家面临的尖锐挑战。这时要勉强追求高增长，势必就要靠刺激消费。观察美国近十多年来的经济发展，美国从网络泡沫以来实施自由宽松的货币政策，促进金融创新及资产价格上涨，并以此拉动消费、实现经济发展的目标，尽管这次金融危机预示美国金融创新过度，但适度的金融创新依然是当前世界经济稳步发展的重要条件，金融自由化引发的当代资金配置模式改变，已经成为世界经济周期波动的重要生成机制。

（三）金融财政危机影响世界经济周期

按照中周期及长周期的规律来看，2010 年后将迎来世界经济的减速期，即使没有危机等各种外部冲击，世界经济也将由过去较高的经济增长逐步回调。然而，期间发生的一系列危机无疑加快或者加重了经济周期的波动。2007 年美国房地产市场发生了次贷危机，2008 年爆发了金融危机，使 2000 年以来的新一轮世界经济中周期结束并由此进入衰退。次贷危机、金融危机是世界经济周期运行中的一个非周期性波动影响因素，同时本身也是该轮世界经济周期调整过程中的一个阶段。次贷危机引发的金融危机是朱格拉世界经济周期进入减速调整阶段的一个助推器。此后全球经济开始进入了新一轮的世界经济周期，然而，2009 年底以来希腊出现财政困境，2010 年欧洲多国向 IMF 及欧盟申请援助，爆发了主权债务危机，引发欧洲经济集体再次陷入衰退，并且构成对其他经济体的外部冲击，促使世界经济新的周期阶段面临扰动，给世界经济造成影响甚至促使其产生巨大的不确定性，干扰和放大了世界经济周期的正常波动。

（四）全球经济再平衡影响世界经济周期

本次金融危机预示依赖金融创新维系的全球失衡模式难以持续，全球经济出现强制性的平衡。美国主导的消费驱动模式首先遭遇冲击，住房市场出现次贷危机，由此动摇了基于住房抵押债券发展的各类为数众多的金融衍生产品，持有相关资产的金融机构资产大幅度减值，以雷曼兄弟公司为代表的众多金融机构资不抵债而纷纷倒闭，金融市场遭受重大打击，维系全球经济外部失衡的发达国家外部资本借贷戛然而止，全球经济失衡的模式难以持续，全球经济出现外部强制性平衡，中国等新兴市场国家出口大幅下降，而发达国家经常项目赤字也急剧缩小，全球贸易急剧萎缩，金融危机对全球经济的影响骤然扩大。

国际金融危机以来，全球经济再平衡的问题提到议事日程，G20 提出实现全球经济“强劲、可持续、平衡增长”的目标。世界各国在 G20 框架下加强协调沟通，世界主要国家推行深层次结构改革，世界经济步入再平衡的发展模式。新兴经济体注重扩大内需，降低经济增长的外部依赖。而发达经济体则必须降低消费，亟待提高储蓄，同时辅以再工业化等战略调整。在此背景下，世界主要国家致力于构建更加平衡、可持续的发展模式，全球经济再平衡对世界经济周期构成影响。

二、当代世界经济周期的传导机制

封闭经济的经济周期理论有特定的假设前提，就是国家间不能进行商品和资本的交换，而一旦将经济周期置于开放经济形态下，商品和资本的国际交换便成为经济周期跨国传导的渠道。经济周期的传导表现为经济总量的规模膨胀和经济周期的地域扩张，而在世界经济周期的传导中，规模膨胀和地域扩张是同时发生的，寻找膨胀和扩张的出口往往是经济周期在世界经济中传导的重要内容①。

（一）国际贸易发展强化世界经济周期的贸易传导机制

国际贸易的联系日益深化客观上强化了世界经济周期的贸易传导机制。截止到2012年8月22日，俄罗斯结束了18年的入世长跑正式加入世界贸易组织，成为WTO第156个成员，至此，WTO覆盖98%的国际贸易。世界出口名义额从1900年到2010年这110年间增加了1000多倍。一般说来，贸易渠道传导大概可分为三种类型。首先，从总需求角度来看，世界各国的贸易联系越来越紧密，外向型的发展中国家的经济周期越来越受到工业国总需求状况的影响。发达国家的经济放缓会削弱从发展中国家进口商品的需求，这一点可以从发展中国家的出口量与西方七国集团国家的经济周期之间呈强正相关上看得出来。本次金融危机对中国金融部门并没有构成大的影响，但却通过贸易渠道导致中国经济出现剧烈波动，验证了贸易渠道对总需求影响的事实。其次，从生产率冲击来看，对于许多发展中国家而言，技术转移是通过来自工业国的进口来实现的。因此，在与工业国有着紧密贸易联系的国家中，技术扩散对其宏观经济的波动的影响也较强。据估计，发达工业国家的生产率冲击引起了发展中国家产出波动的5%～20%。最后，从贸易条件来看，国际商品价格的变化更容易受到发达国家经济周期的影响。发达国

---

① 参见夏斌：《从全球通胀到金融危机——这一轮世界经济周期的发展逻辑》，《中国金融》2009年第3期。

家的经济放缓通常会伴随着许多发展中国家贸易条件的恶化[①]。

（二）国际金融深化强化世界经济周期的金融传导机制

传统的周期理论认为金融因素不会对真实经济产生实质性的影响，强调实体因素在经济周期传导中的作用。然而，历次货币危机和金融危机证明，金融因素对经济周期运行的影响十分显著。1890年巴林危机不但令阿根廷身陷囹圄，而且波及奥地利和土耳其；1914年美国的金融恐慌导致经济衰退；1931年中欧货币危机波及全世界，并引发大规模国际债务违约；发生在1980年前后的发展中国家债务危机，使拉美经济增长在随后十几年里持续萎靡；1994—1995年，墨西哥比索危机再现了拉美债务危机的阴影；1997年，东南亚金融危机对世界各国经济的消极效应至今犹忆[②]。2008年金融危机更是验证了金融对世界经济周期传导的巨大影响。

世界经济周期的金融传导渠道包括三种机制。其一，私人资本流动机制。全球外商直接投资从1970年的130亿美元上升到金融危机之前2007年的19755亿美元，增加了140多倍。其中，在过去的几十年中，从发达国家流向发展中国家的FDI以及其他跨境流动的私人资本迅速增长，这些资本流动的规模以及波动性对发展中国家的投资和产出有着重大的影响。而且，近年来各国资本市场之间相关性的不断增强也是该机制的表现形式之一。其二，援助及其他金融流动机制。援助的波动影响着那些严重依赖援助的发展中国家（如一些非洲国家）的经济周期。其三，国际金融市场的影响。美国等发达国家利率水平的波动通过国际金融市场的作用影响着许多发展中国家（尤其是债务国）的产出水平。

（三）全球化强化核心大国对世界经济周期的溢出传导机制

美国、英国、欧元区和日本是世界核心的发达经济体，它们具有较为完善的市场，国际经济联系深化，拥有贸易结算、储备等国际货币地位，在全球化深化的背景下，它们对国际金融市场、大宗商品、国际贸易等都具有较大的影响，2008年金融危机及2011年美国国债评级遭受

---

① 参见伍戈：《经济周期波动的国际传导与宏观经济政策》，《经济与管理研究》2006年第8期。

② 参见宋玉华、李泽祥：《金融经济周期理论研究新进展》，《浙江大学学报（人文社会科学版）》2007年第7期。

标普下调所引发的全球市场波动，生动诠释美国影响世界的巨大功能。而欧元区则由于陷入债务困境而使其对世界经济周期的影响主要集中在财政风险。日本基于其在全球供应链中的重要位置而释放对外影响，这一点在2011年地震等灾害中表现得尤其突出。当然主要发达国家相互交织，整体上还会形成相互强化的溢出效应，比如国际流动性的影响就体现为多国的特征。

核心大国向其他国家传导的机制主要有以下三个方面。

一是对大宗商品价格的影响。大宗商品大多是美元标价，美元汇率波动与大宗商品价格之间的关系息息相关。对1985年5月至2011年5月之间的原油价格指数与美元指数相关性分析发现，原油价格指数与美元负相关系数高达0.71，美元指数与大宗商品价格具有较强负向关系，统计检验显示两者负向相关系数达到0.76，显示两者的强相关性，潜在的含义是影响美元指数的经济政策就可能对大宗商品产生溢出效应。

二是对金融资本市场的影响。IMF构建了5个发达国家和地区的流动性指标，即将美国、欧元区、日本、英国和加拿大五国以美元标识的基础货币之和，测算其变化量。数据显示，5个发达国家和地区的流动性指标提前1年指标值与流向新兴市场的资金之间呈现明显的相似趋势，即波动特征十分相似。表明影响资本跨境流动的主导因素在于发达经济体的流动性，其背后的含义是影响流动性的发达经济体的宏观货币政策将对资本跨境流动产生较强的溢出效应。

三是对总需求及产业链的影响。影响总需求及全球产业链的机制如下，总需求方面，主要是由于宏观政策变化引起进出口变动，进而影响总需求水平，这一方面在经典的教科书中得到深刻的阐释。全球产业链方面，主要是由于发达经济体在全球产业链或者产品内分工中居于上游水平，发达经济体产业政策对产业链或者产品生产形成冲击，最终构成对实体经济的影响。根据IMF于2011年发布的全球出口增加值的国别分布数据，可以看出，日本在出口产品增加值中所占的比重在亚洲主要国家中最高，而且在其他国家出口产品的外国附加值中所占比重也位居世界前列，表明日本在全球供应链的位置十分重要。尽管日本没有出现大的产业调整政策，无法实证产业政策对国际贸易的溢出效应，但2011年3月日本发生的地震及次生灾害，引起全球主要股指大幅下挫，重要原因在于日本在全球产业链中居重要位置，地震等引起日本产业动荡波及到外部经济体，这反映了核心大国通过全球供应链对实体经济的影响①。

三、当代世界经济危机爆发的根源

关于世界经济危机的根源，马克思曾经作了深刻的阐述。马克思认为危机的根源在于生产的社会性和资本主义私人占有制之间的矛盾，即个别企业生产的有组织性与整个社会生产的无政府状态之间存在矛盾，导致资本主义生产的盲目扩大，而生产资料的私人占有却使国民贫富差距拉大，广大民众日益相对贫困导致整体社会购买力的下降，限制了社会实际消费能力的增长，供需矛盾不断扩大直到不可调和的时候便出现了危机。马克思从理论上揭露了危机根源在于资本主义制度，实质上揭示的是资本主义社会存在的供给与消费失衡的关系。这在当代全球化条件下，危机已经不单纯是资本主义国家的特有现象，而是世界经济联系日益密切背景下新的矛盾的表现形式，但本质反映的依然是经济发展失衡问题。

（一）实体经济与虚拟经济的失衡

虚拟经济与实体经济的发展相匹配，则可以促进资源有效配置，促使实体经济快速发展。虚拟经济可以使有风险的实体资产转化为更安全保值的金融资产，虚拟资本的多样、可转换、高流动性质，使企业能够以较低风险实现实体资本存量的积累。各种金融工具分散实体经济部门运作风险，可以有效减少经济的波动。同时，自身的增长也拉动 GDP 的增长，提供大量白领就业机会，带动相关服务业的发展。相反的，如果虚拟经济过度发展，实体经济无法与之相匹配，则可能产生“泡沫”经济，对实体经济产生伤害。虚拟资本价格的决定并不完全遵循价值规律，更多地取决于社会公众千差万别的主观预期和变化莫测的宏观经济形势。一些风险偏好者就会借此机会“贱买贵卖”获取利差，引发高投机性。当某种资产价格预期将上涨而成为集中追捧的对象时，大量地买入使价格节节攀升，形成泡沫，一旦价格上涨的预期发生逆转，价格暴

① 参见陈建奇、张原：《G20 主要经济体宏观经济政策溢出效应研究》，《世界经济研究》2013 年第 8 期。

跌，泡沫破灭。特别是金融衍生品，具有以较少保证金垫付实现较大倍数交易额的杠杆效应，使交易的利润成倍增加，在人们心理的预期收益和预期风险影响下引发投机活动。

2008 年爆发的金融危机是由 2007 年美国的次贷危机引发的，两者之间的关系颇令人瞩目。总值 0.78 万亿美元的次贷本身对一个大国应该说并不算什么大问题，但是通过证券化（次债 MBS，达到 1.2 万亿美元）、担保债务凭证抵押（CDO，达到 6.4 万亿美元）、信贷违约掉期（CDS，达到 68 万亿美元），竟然使总金融资产达到了 2008 年全世界 GDP 的 120%。这样一个传导、演化的机制，与经济全球化、金融化，虚拟经济过度膨胀，虚拟经济与实体经济严重失衡有关，同时也包含全球的货币体系等方面的深层次问题，其中，金融衍生品产生的杠杆化起了重要的作用。经济加速金融化，实体经济则日益空心化；金融的极度虚拟化、泡沫化和实体经济的严重背离，加之经济全球化下全球股市、证券市场的紧密相连。这成了全球爆发严重金融危机和经济危机的深刻背景和制度性根源。

（二）核心大国生产与消费的失衡

美国作为世界核心大国的经济模式不仅影响自身增长，还将主导世界经济周期，但新世纪以来美国缺乏收入支撑的过度消费显然构成了当代经济危机的重要原因。结合长期总需求增长结构数据，观察美国危机前一段时期面临投资增长乏力问题。数据显示美国消费增长对 1950—2009 年 60 年总需求增长贡献率平均为 79.5%，投资增长对总需求增长的贡献率平均为 22%，20 世纪 90 年代投资贡献率高达 34%，也是当代美国经济综合表现最佳时期。然而进入新世纪后，美国总需求增长结构发生显著变化。2001—2009 年美国消费增长对总需求增长贡献率为 112%，投资贡献率为－17%，说明美国经济在近十年时期投资总体呈现疲软衰减状态，经济增长从总需求角度看过度依赖消费推动。

然而，2001—2009 年头尾经历两次衰退和危机，由于经济衰退时投资降幅较大，上述数据显示的消费过度和投资乏力程度可能包含某些夸大因素。不过即便掐头去尾剔除两次危机，仅仅观察 2002—2007 年景气增长时期，有关经验证据仍然显示美国过度消费的结构事实。2002—2007 年间消费增长对美国总需求增长贡献率仍高达 89.5%，超过过去60年平均值10个百分点。这一时期投资增长贡献率为19.3%，可见即便是仅仅观察投资通常应更为活跃的经济繁荣时期，新世纪第一个十年美国投资增长对总需求拉动作用仍低于同时包含衰退阶段的半个多世纪长期投资贡献率水平。另外2002—2007年间净出口对总需求增长贡献率为−9.0%，显示经济增长建立在贸易逆差持续扩大这一不可持续条件基础上。可见进入新千年后美国一直面临投资相对疲软和消费过度扩张的不可持续的失衡结构性模式①。

（三）全球经济国际收支账户的失衡

以2008年美国金融危机为代表的当代世界经济危机，直接原因是华尔街金融疏于监管而出现过度创新的问题，但实质上不仅是美国内部投资与消费的失衡，更是全球化以来全球范围内的世界经济失衡的因素所主导。这一轮全球经济周期伴随世界经济发展不平衡的扩大。中国等新兴经济体是高储蓄、低消费；美国等发达国家是高消费、低储蓄，通过扩张信用，靠借穷国的钱来过日子。美国等发达国家以金融创新为经济动力，以开发高收益的金融产品为导向，向世界各国出售金融衍生产品，具有外部盈余的国家的储蓄资金源源不断流入美国等国际金融市场，美国等发达国家吸收资本流入弥补外部失衡，如此循环，支撑着世界经济失衡模式的持续进行。发达国家特别是美国经济是寅吃卯粮的经济。不过，在借钱中同时带动发展中国家的经济增长。这一轮周期中全球物价上涨的基本原因，是全球化红利和人口红利高回报出现转折和美元发行过多现象的共同结果。

当然，全球经济失衡背后深刻的制度原因是国际货币体系存在问题，对美元供给没有约束，或者说这一制度给美国政府发行过多的美元提供了可能。

第三节　当代世界经济周期与危机的发展态势及其应对

从上面的分析可以看出，世界经济周期呈现出新的特征，影响世界

① 参见卢锋、陈建奇等：《复苏不易、景气难再——奥巴马元年美国经济透视》，《国际经济评论》2010年第3期。

经济周期的因素出现显著的变化，其生成及传导机制多样化，与此同时，世界经济危机的根源突破了传统一国经济制度缺陷，而更多表现为世界各国之间的不平衡，世界经济周期和危机呈现复杂化。接下来将重点讨论未来世界经济周期与危机的发展态势及其应对。

一、当代世界经济周期与危机的发展态势

在世界经济周期与危机日益复杂的背景下，其演变发展的推测也就更加困难。然而，结合当前世界主要国家发展态势，世界经济周期的发展态势仍然呈现出一定的规律，而在经济全球化的背景下，世界经济周期与危机所面临的环境也具有内在的特征。因此，可以推断出以下几个方面的演变态势。

（一）全球化深化将增进世界各国经济周期的协同性

全球化尽管伴随失衡的扩大，本次金融危机也预示失衡调整的必要性，世界某些国家在危机以来诉诸贸易保护等反全球化的措施，但全球化的方向不以人的意志为转移，全球化是人类不可逆转的前进方向。美国在 2009 年以来主张推进 TPP 谈判，而 2013 年以来启动 TTP 谈判，再加上北美自由贸易区，美国希望主导塑造下一代贸易投资规则，以解决 WTO 谈判僵化的难题，显示投资贸易区域化一体化的诉求，中国等新兴国家也在加快推进自贸区建设，稳步推进金融开放改革，目标也在于促进区域化一体化。可以预期，世界主要国家在未来将更加开放，通过降低贸易投资壁垒，实施日益趋同的关税水平，全球日益一体化，世界各国的联系将更加密切。从而一国经济的波动将更加容易传导到其他国家，世界各国经济周期协同性持续增强成为基本态势。

（二）技术创新将成为引领世界经济走出周期低谷的重要动力

不管是从短周期、中周期还是长周期来看，世界经济周期已经进入了新的阶段，但当前世界经济是在经历了号称“百年一遇”金融危机冲击的背景下步入复苏增长通道的，新一轮经济复苏增长面临着巨大的挑战。观察历史上巨大经济金融危机之后，大多迎来技术创新甚至新的技术革命。1857 年的世界经济危机引发了以电气革命为标志的第二次技术革命，1929 年的世界经济危机引发了战后以电子、航空航天和核能等技术突破为标志的第三次技术革命。这次金融危机在很大程度上反映

了全球经济失衡模式的不可持续。依靠科技创新创造新的经济增长点、新的就业岗位和新的经济社会发展模式，是摆脱危机、创新经济增长模式的根本出路①。目前，新能源、3D打印、大数据等预示新技术初露端倪，这将极大地激励和加快科技创新突破与新科技革命的到来，新的世界经济周期阶段将以新的科技革命作为新的增长动力。

（三）美国仍将主导世界经济周期波动

尽管美国在金融危机时受到一定的影响，而且本次危机发生在美国，但并不意味着美国出现不可调和的难题，美国在世界经济社会中具有内在的比较优势，其不仅拥有较为完善的市场经济体制，还有很强的自我纠错能力，国际金融中心的地位客观上促使其拥有从虚拟经济到实体经济的高效传导渠道，美元国际货币地位依然为美国奠定坚实的金融霸权基础。因而，即使经历了金融危机，但美国仍然是世界上最强大的国家。未来尽管充满不确定性，新兴发展中经济体的较快追赶，使得其与美国的差距正在缩小，但短时间内很难出现综合实力超越美国的国家。英国在19世纪末经济总量就低于美国，但英国的全球霸主地位直到第二次世界大战之后才被美国所真正取代，如果没有第二次世界大战，那么英国在全球的领导地位丧失可能还要经历较长时间。从这个方面说，美国在较长时期内仍将是全球最强经济体，仍将主导世界经济周期波动。

（四）中国对世界经济周期的影响将逐步增强

中国作为新兴国家，尽管市场发展特别是金融市场仍不完善，人民币汇率形成机制也正在改革之中，资本还没有实现自由流动，但中国经济已位居世界第二位，外汇储备位居世界第一，对外开放持续深化，中国经济变化不仅会受到外部的冲击，而且对外部经济体也开始构成溢出效应，这在本次金融危机得到清晰验证，本次金融危机以来，发达经济体衰退导致中国出口深度下挫，金融资本市场也出现大幅震荡，但中国4万亿元等大规模经济刺激政策，不仅促使中国经济V形快速回升，而且对全球经济止跌并且快速复苏具有重要的作用。

（五）发达经济体主权债务高企成为引发世界经济危机的重大风险

金融危机以来美欧日发达经济体债务风险升级成为当下全球经济重

① 参见路甬祥：《经济危机往往催生重大科技创新》，《浙江日报》2009年2月16日。

要的不确定性因素。美国尽管短期不会出现违约的极端风险，但美国政府关于财政整顿方式难达共识容易引发技术性风险升级，而人口老龄化及医疗保险构成影响美国国债长期可持续性的深层次因素，如果美国不进行深层次的财政整顿，那么财政债务风险可能面临持续升级的长期挑战。欧债危机不是危机国家实施高福利政策的必然结果，欧洲“猪群”集团在19世纪末也曾经历债务负担高位运行的困境，但并没有出现集团危机的问题，本次欧洲多国集体爆发危机深层次上根源在于欧元货币一体化而财政没有一体化所暴露的失衡调节机制缺失问题，实现欧债危机企稳的财政联盟乃至政治联盟等条件尚未建立，欧债危机不确定性依然较大。日本尽管债务负担水平极高，但日元本币主导的国债、国内公众为主体的财政负债结构、高额外汇储备、较高储蓄率等因素有助于保障短期国债风险可控，但经济增长面临老龄化、投资乏力等约束，日本经济已经陷入“低增长稳态”，客观上不仅无助于降低国债负担率，而且日本安倍晋三推行的超常规扩张性政策将加剧国债上行压力，日本国债长期可持续性难以保障。种种迹象表明，发达经济体财政风险不容乐观，未来应积极构建防范相关主权债务风险乃至危机的体制机制。

二、应对世界经济周期波动的宏观政策选择

全球化背景下，世界经济周期波动的应对不仅需要各国宏观政策调整及经济结构改革，而且需要各国之间的宏观政策协调，尤其是需要解决国际公共产品如何提供的问题。世界主要国家除了关注自身经济发展之外，还应顾及自身政策的外溢效应，必须倡导实施负责任的宏观经济政策，构建宏观审慎的危机防范机制，着力构建兼顾效率与代表性的国际经济协调机制。

（一）倡导核心大国实施负责任宏观经济政策

本次金融危机以来，世界主要国家积极协调配合促进全球经济较快走出衰退，但危机以来世界经济增速出现分化，这种分化不仅体现在发达经济体与新兴经济体之间，也体现在主要经济体内部。在此背景下，全球宏观经济政策出现了分化，美国由于经济改善而退出量化宽松政策，日本安倍内阁提高通胀目标意味着量化宽松政策将持续推行，中国等新兴经济体则着力进行深层次结构性改革调整。国际经济环境出现较

大变化，美联储量化宽松货币政策退出预期变化引发资本跨境频繁流动，新兴经济体面临国际金融风险上升问题，叙利亚等地缘政治因素构成全球经济潜在的外生冲击，全球经济出现了新的不确定性，全球经济复苏增长分化的现象短期难以逆转。必须重视培育发挥 G20 这个全球治理新平台的特殊作用，积极改革 IMF、世界银行等国际机构，加强国际经济协调及推动治理机制优化。

中国国家主席习近平 2013 年 10 月 7 日在印度尼西亚巴厘岛亚太经合组织第二十一次领导人非正式会议发表重要讲话提出，经济全球化背景下各经济体一荣俱荣、一损俱损，应该争取通过宏观经济政策协调，放大正面联动效应，防止和减少负面外溢效应。要秉持开放包容、合作共赢精神，不能互相踩脚，甚至互相抵消。主要储备货币发行经济体要实施负责任的宏观经济政策，对有关政策特别是货币政策调整尤其需要慎重，不管是进入还是退出，都要考虑对本地区的影响，加强同其他经济体的沟通和协调。亚太经合组织也应该发挥同样作用，推动形成亚太地区政策协调、增长联动、利益融合的开放发展格局。G20、IMF 等国际机构应对世界主要国家宏观政策作出明确的警示，以防止非常规手段对某些国家乃至全球构成重要的负面溢出效应。特别是在当前经济全球化逐步深化的现实情况下，世界各国的资金联系日益紧密，资本自由化倾向增强，美国作为国际金融中心，应加强金融管制，由此避免类似 2008 年金融危机的外溢效应。

（二）倡导系统重要性经济体构建宏观审慎的危机防范机制

相比其他风险，金融全球化引发的风险最大，其他危机常常伴随金融危机而快速向外扩散，2008 年以来的金融危机、欧债危机成为最好的例证。金融深化伴随着金融风险的大幅增加，需要完善金融管理体系，推崇宏观审慎管理，即从金融系统性稳定的角度出发，在保持微观健康的前提下，考虑宏观总体的系统性稳定和健康。以两个维度来设计宏观审慎管理工具，时间序列维度上实施逆周期监管措施，跨行业维度上控制或降低某一时点上金融机构的关联性和共同风险敞口。最终实现跨产品、跨机构、跨市场、跨国界的监管，统一、综合的逆周期金融宏观审慎监管模式必将成为各国金融管理体制的客观选择。

宏观审慎管理制度框架的意义主要表现为以下两点：一是有利于提

高金融系统的稳定性，避免系统性金融风险的发生。传统的监管理念是微观审慎，注重对特定金融机构风险的防范和控制，缺乏对宏观环境、政策及金融市场的关注。而宏观审慎监管恰恰是着眼于整个金融体系，重点关注金融机构之间的相互作用及金融机构面临的共同风险，有利于增强整个金融体系的稳定性，防范系统性风险，特别是防止金融危机的发生。二是有利于增强宏观经济发展的稳定性，降低经济波动的风险。采用逆周期的监管理念和措施可以依据经济金融周期进行反向调整，在经济金融繁荣时，提高监管标准，比如提高资本充足率指标、降低杠杆率等，适当控制资金投放；相反，当经济金融萧条时，金融监管当局可以采取反向措施，使金融机构有足够多的资金应对危机，进而达到增强经济发展稳定性、熨平经济周期的目的。

构建逆周期的金融宏观审慎管理制度框架亟待从以下几个方面着手。第一，确立宏观审慎监管理念和适当的调控目标。从本质上看，宏观审慎管理是宏观流动性管理，它要求不仅关注传统意义上的货币供给，还要考察整体流动性状况以及流动性在各部门之间的分布和流动。可以考虑将社会融资总量作为宏观审慎管理的重要目标。第二，合理界定和监管“大而不能倒”的金融机构。全球金融危机期间，各国暴露出缺乏应对濒临破产金融机构的处置制度或其覆盖范围有限等问题。政府要么让企业破产，要么政府注资，事实证明这两种选择的代价都十分昂贵。加强对大型复杂金融机构监管，要求完善并监管，同时还要采取措施，加强对其日常监管和持续跟踪。第三，建立健全金融风险防范预警体系和处置机制建设。金融危机往往是由各种冲击与宏观经济金融脆弱性相互作用的结果，但并不是所有潜在的脆弱性都会引发危机。因此构建早期危机预警系统不仅要识别系统性风险及金融脆弱性，还要将其按政策影响程度排列。第四，加强金融监管协调。宏观审慎管理政策既不同于货币政策，也不同于日常对微观机构的金融监管政策，它不仅需要一系列对单个金融机构的审慎监管，同样也需要包括逆周期政策在内的利率政策、汇率政策、资本管理政策等一系列政策的配合。同时，应加强国内金融监管机构与国际货币基金组织、世界银行、国际清算银行、金融稳定委员会等国际金融监管机构的沟通协调。

（三）倡导构建兼顾效率与代表性的国际经济协调机制

尽管G20在金融危机期间尤其突出，不仅有效发挥新兴及发展中经济体对全球经济的积极作用，而且提出了促进全球经济“强劲、可持续、平衡”增长的国际协调理念。但目前来看，国际经济秩序并没有同步调整改革，发达经济体主导国际经济秩序的本质特征依然没有改变：美元、欧元、日元、英镑占据国际外汇储备份额的95%左右，国际货币体系依然由发达国家主导；世界银行历任总裁都由美国人担任，国际货币基金组织总裁全部由欧洲人担任；尽管2010年IMF份额改革将中国提升为第三大份额国，但美国依然拥有16%以上的份额，而IMF重大事项通过需要85%以上的份额同意才行，因而美国事实上拥有了IMF的重大事件否决权。综合来看，美国主导的现代国际经济秩序尽管经历多次波折，但在较长时期内没有发生根本性的变革，深层次原因还在于美国强势经济的支撑。然而，在当今经济全球化深入发展的背景下，世界主要国家经济表现存在显著变化，新兴国家经济持续追赶，发达国家代表性持续下降，G20取代G7或者G8预示国际经济秩序亟待同步改革，但当前相关改革滞后使得国际经济秩序效率与代表性出现了较大问题，客观上促使国际经济秩序面临众多挑战。

历史经验表明国际经济秩序调整具有内在复杂性，未来国际经济秩序必须考虑两个重要的内容，即效率与代表性。从效率角度看，联合国最具代表性，但其执行效率非常低；而美国主导的格局具有较高的效率，但却缺乏代表性，G20平台的发展演变也呈现代表性与效率的矛盾。但不可否认的是，国际经济秩序已经进入调整期，新兴大国追赶伴随发达大国减速，新兴大国话语权有望逐步提升，国际经济秩序代表性的诉求促使G20平台具备持续发展的基础，但效率缺失又迫切需要大国主导秩序的建立。大国多极共治是梦想，世界大国开始步入推动国际经济秩序调整的博弈期，国际经济协调亟待建立更加高效的机制。

第十章　当代知识经济发展与新产业革命

当今世界经济正面临着一场极其深刻的变革，其突出的特点是知识经济的兴起。知识经济作为一种崭新的经济形态的出现，其意义比200年前工业经济的出现更加深远。如果说，由于工业经济的出现，资产阶级在它不到一百年的阶级统治中所创造的生产力，比过去一切世代创造的全部生产力还要多，还要大；那么，在知识经济时代，人类已经并且将继续在更短的时间里，以知识为手段，推动新产业革命，创造出比以往更加辉煌的物质文明和精神文明。

第一节　知识经济及其基本特征

一、知识经济概念的出现

科学技术的进步，是人类社会向前发展的根本推动力之一，也是世界经济形成和发展的决定性因素之一。特别是当代发生的新科技革命，以巨大的威力深刻地影响着社会经济的发展。技术和知识在经济发展中的作用越来越大，它们以无比伟大的力量把人类带进了一个崭新的经济时代——知识经济时代。

早在1962年，美国经济学家弗里茨·马克卢普在其出版的《美国的知识生产和分配》一书中就详细分析和论证了知识和信息在经济发展中的作用，并根据美国自二战以来至20世纪50年代末的经济发展和产业结构的变化，提出了“知识产业”的概念。概念的外延包括教育、研究开发、传播业、信息设备、信息服务等。马克卢普的研究发现，美国在这一时期其知识产业的增长速度是国民生产总值增长率的2倍，平均每年为10.6%，美国1958年国民生产总值的29%来自知识产业，1959年美国从事知识产业的劳动力已占全部劳动力的31.6%。

1973年，美国学者丹尼尔·贝尔出版了其名著《后工业社会的来临》，形成了“后工业社会”的完整概念。这一概念最早是他在1959年提出的。贝尔分别对前工业社会、工业社会和后工业社会作了定义：前工业社会依靠原始的劳动力并从自然界提取初级资源；工业社会是围绕生产和机器这个轴心并为制造商品而组织起来的；后工业社会是围绕着知识组织起来的，其目的在于进行社会管理和知识革新与变革，这反过来又产生新的社会关系和新的结构。贝尔认为，在后工业社会中，产品生产经济已转变为服务型经济，在职业分布方面，专业与技术人员处于主导地位。1979年，贝尔鉴于“后工业社会”的提法含糊，认为“信息社会”的概念更为确切。

1980年，未来学家阿尔温·托夫勒出版了其广为传播的《第三次浪潮》，认为人类已经历了农业化浪潮、工业化浪潮，作为第三次浪潮的信息浪潮也即将到来。他说：“我相信我们已处在一个新综合时代的边缘”，信息革命将给人类社会带来一个新的巨变。10年后的1990年，他在其新著《权力的转移》中进一步提出，随着信息革命的发展，知识的权力正在代替财富的权力成为主宰世界的力量。

另一位未来学家约翰·奈斯比特于1982年出版了《大趋势》一书，从10个方面论述了美国社会的发展趋势，他认为信息经济社会是真实的存在，是创造、生产和分配信息的经济社会，知识是我们经济社会的驱动力，起决定作用的生产要素不是资本，而是信息知识。

进入上世纪90年代后，知识、信息和技术对经济发展的贡献越来越大，成为经济和社会发展的关键。产生这种现象的原因，是世界经济已变成为信息化的经济，信息技术具有独特的经济属性。1994年，C. 温斯洛和W. 布拉马共同出版了《未来工作：在知识经济中把知识投入生产》一书，明确提出了“知识经济”的概念。世界管理大师彼得·德鲁克在此前后则提出，我们正在进入知识社会，知识社会是一个以知识为核心的社会，智力资本已成为企业最重要的资源，知识的生产率将日益成为一个国家、一个行业、一家公司竞争的决定因素。1996年，以发达国家为主要成员的经济合作与发展组织（OECD）发表了研究报告《1996年科学、技术和产业展望》。该报告对知识经济内涵作了界定：知识经济是建立在知识和信息的生产、分配和使用之上的经济。报告把人类迄今创造的所有知识分为四大类型：事实知识、原理知识、技能知识和人力知识。报告指出，经合组织主要成员国国内生产总值的50%以上是以知识为基础的。至此，知识经济的概念初步确立。为了便于测算知识经济，知识经济被设置了四个支柱，人力资本、创新、信息和通信技术的基础设施、体制环境，并给每个支柱若干指标。20世纪90年代以来，世界银行每年都依据这四组指标发布一个综合指数，用来衡量一个国家或地区的知识经济水平。以中国为例，在164个国家（地区）中，2012年的知识经济指数排序为第84位，比2000年的第91位提高了7位。

二、知识经济的基本特征

知识经济是和农业经济、工业经济相对应的一种经济形态，它虽然还处于萌芽和发展过程之中，但已经可以看出它与传统的工业经济相比确有明显的特征。

（一）科学和技术的研究开发日益成为知识经济的重要基础，知识已成为生产力发展中起决定作用的关键因素

在工业经济时代，整个社会的经济基础是工农业生产和服务业，随着科学技术的进步和生产力水平的提高，知识在生产产品和服务的过程中起着越来越重要的作用。据估计，科技进步在经济增长中的贡献，20世纪初在发达国家也只占5%～10%，到第二次世界大战前，已经上升到20%左右，在第二次世界大战后的初期，逐步上升到30%～40%，到20世纪七八十年代，发达国家开始逐步步入后工业社会，科技进步对经济增长的贡献率提高到50%以上，目前甚至已上升到60%～80%。科技进步对经济增长的贡献已明显超过资本和劳动力的作用，与此同

时，在生产要素的投入中，科技投入、知识投入的比例越来越大。从20世纪70年代以来，发达国家高技术产业在制造业中的份额和在出口中的份额都在大幅度增长。同时投资正在向技术商品和服务倾斜，特别是向信息和通信技术领域倾斜，用于研究与开发、教育、培训的投资额也很大。可见，发达国家高度重视知识的生产和应用，知识创新、知识传播和知识的应用已成为经济增长和社会进步的主要因素。

（二）知识经济建立在信息技术的基础之上

20世纪下半叶，出现了信息技术为先导的高技术群的迅速发展，促进了整个经济向知识经济的过渡。当代信息技术的迅速发展得益于微电子技术的突破和巨大进展。1958年世界上第一块集成电路研制成功，几十年来，从初始的集成电路到超大规模集成电路，集成度的增长已达数百万倍，而成本则相应地下降了上万倍。电子设备的不断小型化、廉价化为电子技术在国民经济中的普遍应用创造了条件，同时，信息的获取、传输和处理技术的迅速发展也促进了信息产业的飞速发展。进入新世纪，互联网技术、新一代移动通信技术、移动智能终端技术、新型广播电视视频技术以及文化传媒等方面的技术创新齐头并进，并产生产业融合和协同效应。信息技术对社会经济的各个产业和社会生活的各个方面影响进一步加强。因此信息技术的快速发展就成为加速经济发展和社会变革的强大推动力，成为促进知识经济时代到来的推动力量。

（三）在知识经济条件下，产业结构发生了重大变化

工业经济向知识经济转变，在产业结构上一方面表现为经济重心由制造业向服务业转换。服务业在产业结构中所占比重已占据主要地位，目前在发达国家经济中，服务业已占到60%甚至70%以上。同时，服务活动在现代企业生产活动中也起了越来越大的作用，诸如研究开发、职工培训、会计、计划、决策、管理、咨询等，已成为企业活动的中心，占投入成本的一半以上，在国际贸易中，服务贸易所占比重也越来越大。由于高新技术的不断涌现，新兴产业群迅速崛起，同时也带动了与之相关的服务性产业如雨后春笋般蓬勃发展。另一方面则体现在，新知识和新技术应用于国民经济的各行各业，深刻地改变着传统的产业结构和经济形态。从2012年信息和通信技术的基础设施产业数据看，

2012年全球信息和通信技术的基础设施制造保持在5%左右的增速，而软件和IT服务增长率回升到5%以上；受云计算、物联网等新兴服务和政策推动的影响，软件业结构将持续调整完善，总体增速保持在20%以上，其中数据处理和运营服务、集成电路设计和嵌入式软件或保持30%以上增速。信息技术与制造技术融合正催生工业生产力的重大飞跃；大数据技术将加速革新传统资源驱动的经济增长方式；物联网应用将持续推动着服务型制造的快速发展；而云计算平台则推动着生产性服务业的创新发展。自组织、分布式能源网络的可能方向增强了摆脱资源能源环境的约束能力。从这个意义上来说，如果20世纪90年代的知识经济是版本1.0的话，目前后危机时代的全球知识经济将进入版本2.0时代。

（四）在知识经济条件下，企业管理的核心将是激励创新

成功的企业在于能不断创造新的知识，并在企业内迅速把新知识运用于新的技术和产品中，因此，企业管理的重点将放在对研究和开发的组织和激励方面，以加速科研成果转化为现实生产力。同时，企业管理的重点也将放在对职工的培训和教育方面，以提高企业全体职工的科学技术水平，激发他们创新的意识和提高他们创新的能力。总的说来，工业经济时代的企业管理主要是对原材料、产品生产以及行销的管理。由于知识成为经济和社会发展最重要的资源，创新人才成为竞争取胜的决定性因素，从而成为企业间甚至国家间争夺的最重要的资源。

（五）知识经济是建立在信息化、数字化和全球知识共享之上的，因而自然具有全球性竞争和合作的特征

现代信息技术的发展，使科学技术进入无国界的网络化时代，现代计算机信息处理和远程通讯系统，将各国的高等院校、科研机构和技术研发机构的信息交流联成网络。市场交换方式的电子化、信息化减少了贸易的许多环节，使国际市场的规模空前扩大，交易费用显著降低。新兴服务业将为世界经济创造一个全球基础设施，各国和各地区的经济活动已紧紧联结在世界市场之网上。知识型人才在全球范围内的流动和竞争，知识在全球范围的即时传播和利用，知识化产品全球性的合作开发、生产和行销，使经济加速走向全球化的发展。作为

全球化发展的一个重要结果是，高收入国家和低收入国家之间出现了数字鸿沟。

第二节　知识经济推动下的新产业革命

知识经济带来了产业的巨大变化，无论是传统产业还是高新技术产业、服务业都随着知识经济的发展而越来越知识化，新的产业革命已初露端倪。

一、高新技术产业的发展

“高技术”一词起源于20世纪70年代的美国。近40年来，由于信息技术、新材料技术、新能源技术、生物技术、空间技术、海洋开发技术等所形成的高技术群的重大突破以及以此为基础的高技术产业的迅速崛起，带动了世界产业结构的调整和升级，推动了一系列生产领域的出现和经济规模的扩大，从而极大地促进了社会生产力的发展及知识经济的形成。

（一）信息技术产业

信息技术革命带动了信息产业的发展。所谓信息产业，是社会经济中从事信息技术、设备、产品的生产以及提供信息服务的产业部门的统称。信息产业大致可以分为两个部分：一是信息技术和设备制造业，包括微电子技术与器件制造业、计算机技术与硬、软件制造业、通信与网络以及设备制造、多媒体技术与设备制造、视听技术与设备制造、缩微复印技术与设备制造、电子出版技术与设备制造等；二是信息服务产业，包括传统的文本式的科学信息（图书、文献、档案、专利等）和公共服务信息为主体的信息服务和咨询业，以及计算机信息处理，数据库的开发和应用、软件的开发、电子出版物、通信和网络系统、办公自动化等各种新兴的电子信息服务和咨询业。随着知识经济的出现，发达国家经济的产业结构发生了深刻的变化，与信息技术相关的新的产业群不断成长壮大，成为国民经济的重要支柱。此外，其他一些高技术及其产业化，都有赖于信息技术的新突破和综合应用，例如，空间技术和海洋技术无不以先进的信息处理系统为基础，它们的发展首先需要信息技术的新突破和信息产业的发展。事实上，许多高新技术及其产业化的障碍都只有在信息技术及其产业化取得突破后才能消除。因此，信息产业的发展还是促进其他高新技术产业形成和发展的基础。

（二）新材料技术与产业

材料、能源和信息技术是现代文明的三大支柱。每一种重要的新材料的发现和应用，都把人类支配自然的能力提高到一个新的水平，给社会经济发展带来重大的变化。事实上，每一项重大的新技术的发明，往往依赖于新材料的出现，例如，半导体材料的出现对于电子工业的发展就具有巨大的推动作用。由于半导体材料和半导体器件的相继研制成功及广泛应用，计算机技术获得极其迅速的发展，经历了产品的一代代更新。大规模集成电路的问世导致微型计算机的出现。当前，新型材料的研究开发将加速整个信息技术革命的进程，在这类材料基础上发展起来的光电子技术正代表21世纪头二十年新型产业的特色。未来主要的新材料领域还包括超导材料、陶瓷材料、合金材料、磁性材料和化学合成材料等，以及这些材料加工生产方法的发展。新材料技术的发展对国计民生、国家安全等都将有更深刻的影响，并且将引发未来更为深刻的产业革命。

（三）新能源技术与产业

能源是国民经济的动力源泉。当前世界的能源消费以石油和煤炭等为主，这些能源的资源本身是有限的，并且它们的使用总是伴随着环境污染。因此如何寻找并获得既能提供动力又不污染环境的新能源仍将是人类在新世纪追求的目标之一。太阳能、核能、海洋能等都是潜在的主要能源。太阳能是到目前为止最受关注的新能源，经过几十年的研究和开发，技术上也较为成熟，很多国家都制定了中长期发展规划。核能技术的发展越来越受到重视。虽然在2010年日本福岛核事故之后，核电的安全性引起各方关注，但由于核电站具有较高的效率，许多国家都将发展核电作为替代传统能源的主要对策。海洋能源主要是利用海浪发电，如今，英、美、日本、挪威等国都在积极研究和开发海浪发电技术，以期充分利用大自然赐予的新型能源。

（四）生物技术及产业

随着生物学特别是分了生物学理论的发展和当代各种尖端技术在生

物领域的应用，从 20 世纪 70 年代中期开始，诞生了一种具有划时代意义和战略价值的生物高技术——基因工程技术，它彻底改变了传统的生物技术，使我们能够按照自己的意愿改造生命。以基因工程为核心的现代生物技术迅速渗透到传统生物技术的所有领域，产生了包括酶工程、发酵工程、细胞工程和基因工程等四大领域在内的当代生物技术体系。

生物技术的崛起引起了人们的广泛关注，生物技术的应用直接关系到农业、医药卫生、食品工业和化学工业的发展，并在解决人类面临的粮食危机、能源危机和环境污染等方面发挥巨大作用。生物技术及产业将与信息技术及产业一起，成为 21 世纪最重要的技术和产业。

（五）空间技术及产业

人类的活动领域经历了从陆地到海洋，从海洋到大气层，从大气层到宇宙空间的扩展过程。当人类的活动领域扩大到宇宙空间后，人类开始开发和利用空间资源。空间技术产业的发展为人类提供了新的机会，宇宙空间蕴藏着极其丰富的资源，诸如高真空和高清洁环境、强辐射环境、太阳能、超低温、其他星球资源等。从 20 世纪 80 年代以来，发达国家的空间探索已由往常的单一航天活动计划向综合性探测计划发展，由短期活动计划向长远目标计划发展，由多项目标任务向综合性系统目标发展。进入新世纪以来，中印等发展中大国的航天活动也日趋增多，正逐步成为新兴的空间大国。

（六）海洋技术及产业

海洋总面积占地球表面的 71%，它制约着整个地球环境，海洋是生命的摇篮，又是人类赖以生存和发展的空间。整个 21 世纪，人类都将不断地探索海洋，庞大的海洋水体和它所覆盖的海底蕴藏着极其丰富的资源，有待于我们去开发利用，因此，海水淡化和深海挖掘将是 21 世纪海洋技术及产业发展的重要部分。此外，深入地研究海洋生物、海洋地质、海洋温度和流速、海洋的形成和消失、海洋与大气的相互作用、海水侵蚀、海水潮汐等，对知识经济发展都有着重要意义。

二、传统产业知识化的发展

（一）农业知识化的发展

农业从其产生开始，在漫长的岁月里，一直是经济的基础，它使人类生存和发展的首要需求得到了满足。在传统的农业社会里，由于知识水平和技术水平的低下，劳动生产率处于很低的水平。农民们世世代代都以同样的方式生产和生活，他们年复一年地耕作同样类型的土地，种植同样的作物，使用同样的生产工具。第一次科技革命以后，情况发生了变化，先进国家农业的技术开始向改进迈开了步伐。农业在科学技术的推动下，由传统农业向现代农业过渡。20 世纪初，先进国家中出现了现代农业的萌芽。但是，真正的农业科技革命则完全是在第二次世界大战结束之后发生的，其结果使传统农业转向了真正意义上的现代农业，使世界农业发生了翻天覆地的变化。目前，随着知识经济的出现，农业技术革命又进入了一个新的阶段。信息技术、电子技术、基因技术等相继进入农业部门，使农业呈现出知识化发展的趋势。农业科技革命极大地提高了农业生产力和农业生产社会化水平，最终塑造了一个新型的现代化农业。

最能反映农业知识化发展的当属生物技术在现代农业中的发展和应用，其中最重要的是良种培育。高产优质的良种不仅对农业的发展，而且对整个经济和社会发展都具有重大意义。生物遗传学的成果应用于农业使战后发达国家的农业掀起了良种化的浪潮。生物技术在非作物部门如畜牧业等方面也获得了极大的成功。上世纪 60 年代末 70 年代初在一些发展中国家发生的“绿色革命”实际上是一种生物技术变革。七八十年代后，生物工程研究取得重大进展，在农业中的应用范围逐步扩大，从而开始了第二次绿色革命。以培育超高产、优质、适应性强的农作物为代表的新生物技术，并伴以农田灌溉技术、精量施肥药与环境保护等措施，将作为第二次绿色革命的主导领域。

随着生物技术在农业的开发利用，生物技术在本世纪大放光彩，不仅在选育高产、优质、适应性强的农作物品种，创造和开发新的物种资源方面；而且在节约能源、连续生产、简化生产步骤，缩短生产周期、降低成本、减少环境污染等方面都大显神通。依靠生物技术解决世界所面临的粮食问题成为人们共同希望，许多国家都把现代生物技术的开发应用作为一项战略任务，现代生物技术已为人们展示了无限美好的前景。

此外，在知识、技术不断进步的条件下，电子技术、信息技术等高新技术在农业中也会获得进一步的发展和应用，如通过信息技术建立的各种农业数据库、运用计算机和传感装置进行的自行监测和调控系统、计算机网络的大范围信息共享、计算机系统建立的各种农业模型和方案等，将使农业进一步走上知识化发展的道路。

（二）制造业知识化的发展

从工业化初期开始，制造业就是社会经济的支柱。时至今日，在发达国家的经济中，尽管制造业的首要地位已经让位于第三产业，但它仍然占有相当比重，在国民经济中起着极其重要的作用。制造业的内部结构受历次技术革命影响发生了很大变化，尤其是第二次世界大战之后的新科技革命，在这方面产生了最为巨大的影响。随着知识经济的到来，知识技术进步使制造业内新产业不断崛起，老产业得到改造或被替代，从而使制造业得到重新改造并不断高级化。

知识技术革命所产生的结果之一是，在经济中出现了夕阳产业和朝阳产业。所谓夕阳产业是指随着知识技术革命的深入发展，其产品在社会需求结构中比重逐日下降，同时因缺乏技术创新而在开发新产品和新市场的竞争中丧失优势，且生产率低下而处于不断衰落过程中的传统工业。夕阳产业多为发达国家的传统基础产业，它们有一些共同的特征：第一，技术要求低，劳动作业重复，生产周期长，产品标准化，知识含量少；第二，消耗大量的能源和原材料，属于耗能型工业和原料导向型工业，它们在生产过程中还产生大量的废弃物质和污染物质。

朝阳产业则是指随着知识技术革命的兴起和展开，其产品在社会需求结构中比重日趋上升，技术创新不断涌现，从而在开发新产品和新市场的竞争中居于有利地位，劳动生产率高，处于兴盛状态下的产业。朝阳产业也有一些共同特征：第一，技术先进，技术密集，其研究与开发费用比率和技术人员数量大大高于一般产业；第二，耗能和原材料少，对环境污染程度大大低于夕阳产业，甚至有利于环境保护。作为新技术革命产儿的朝阳产业，其发展速度非常迅速，它们很快成长为主导产业并促进整个经济的产业结构不断向高级化发展，从而极大地推动经济增长。

知识对一个产业的影响是具有决定意义的，知识可以影响资本、劳动等生产要素，同时知识也决定了产业本身的兴起与衰落。知识对劳动要素的影响是通过技术来传导的。首先，知识的积累将提高劳动者的生产技术水平；其次，知识的积累也会提高资本的效率。事实上，每一个新型产业的出现总是建立在对新知识的发现和运用的基础之上的，当一个产业的知识积累和技术进步刚开始而处于快速上升阶段时，这个产业就是所谓的朝阳产业，反之则为夕阳产业。因此，产业进步实际上就是知识技术进步，产业停滞也就是知识技术停滞。为了维持朝阳产业强烈的发展势头，必须不断进行知识积累和技术进步，而夕阳产业也可以通过技术创新而重新焕发青春。

三、服务业与知识经济

服务业的发展与知识经济有着非常密切的关系。一方面，服务业的发展推动了知识经济的萌芽和成长壮大；另一方面，知识经济的发展又进一步推动了服务业的发展。对此我们可以作进一步的分析。

首先，服务业的发展推动了知识产业的成长，从而为整个经济从工业经济过渡到知识经济做了必要的准备。知识经济是建立在知识和信息的生产、传播和使用的基础上的经济，它表现为知识技术产业的发展，科学技术人才的增加以及由此引起的社会生产力的增长。科学研究、教育和培训，信息等知识产业的成长壮大，是国民经济迈向知识经济的关键，而这些知识产业本身就是服务业的重要组成部分。因此服务业的发展必将推动知识经济的发展。服务业的发展也为知识经济的出现提供了其他必要条件。如果没有电信业提供的便捷的服务，没有金融业提供的资金支持，没有各类服务行业提供的生活服务，知识经济的发展是不可设想的。因此，知识经济的发展在很大程度上有赖于服务业所提供的条件。

其次，服务业的发展又奠定了知识的重要地位，在更大程度上发挥了知识的重要作用。现在人们都已认识到，知识是财富的源泉。在农业社会，土地是财富的代表，人们为获得较多的农产品，必须拥有较多的土地。由于科技没有受到应有的重视，所以农业社会发展缓慢。随着工业革命的开展，农业经济过渡到工业经济。由于技术革命对工业化所起的作用，人们开始认识到知识对工业生产的强大推动力，但知识仍然作为工业生产的外在推动力而存在。在工业经济中，资本成为财富的代表，是工业生产必不可少的要素，谁掌握了资本，谁就掌握了工业经济的命脉。服务业的发展使人们开始把注意力从有形商品转向无形商品，商业、运输业、通信业的迅猛发展大大提高了它们在整个国民经济中的地位，而金融业、保险业等行业交易金额之大，发展速度之快更是超出了人们的想象。在知识经济条件下，知识成为财富的代表。服务业的发展在更大程度上发挥了知识的重要作用，知识已成为经济发展的最重要的动力。

再次，知识经济的发展增加了服务业自身的知识技术含量，推动了服务业在更高层次上的发展。在服务业内部，知识含量较高的产业得到了较快的发展，在服务业中的比重也越来越大，发达国家第二次世界大战以来服务业内部结构的发展状况清楚地证明了这一点，商业、交通运输业等知识技术含量较少的产业虽有增长但在整个服务业中所占比重却有下降趋势，而邮电通讯业、金融保险业等知识含量较高的部门则得到了飞速发展，其中金融产业发展尤为迅速，在上世纪 80 年代初就超过商业，成为服务业中的最大行业。作为现代经济的支柱之一，金融业又是知识信息高度密集的产业。金融业与知识技术的结合在两个方面展开：一是信息技术的进步推动了金融业电子化的发展，为金融业的大规模扩张奠定了技术基础。应当说，没有信息技术的进步，金融业不可能达到今天这样的规模，从而也不可能在经济中产生这样巨大的作用。二是知识技术进步推动了金融创新，特别是金融衍生产品的发展。金融衍生产品是金融知识与电子计算技术相结合的产物。金融创新推动了金融产品的多样化，使金融市场不断推陈出新，发展到了一个崭新的阶段。在金融日益全球化的今天，谁控制了金融创新，谁就掌握了金融武器，从而就能在世界范围内调动资源和积累财富，因此，在金融业领域我们看到，知识直接转化成了生产力。

第三节　知识经济对世界经济的影响

一、知识经济对发达国家的影响

在发达国家，以知识经济为基础的产业已经在国内生产总值中占据相当大的比例。在这方面，美国又独占鳌头。自上世纪 90 年代初以来，美国经济持续增长十年，成为第二次世界大战以后美国经济最长的增长期。美国经济增长之所以如此强劲和持久，在很大程度上就是拜知识经济所赐。许多人认为美国出现了“新经济”，从一定的意义上说，所谓“新经济”就是指以信息革命和全球市场为基础的经济，是产业结构不断调整和优化并上了新台阶的经济，是适度增长并持续发展的经济。

当然新经济的发展也不会一帆风顺。2001 年，美国经济的持续增长结束。随后，许多信息业的大公司爆出丑闻，有些甚至破产。但是，新经济的兴起和发展无论对经济、社会的发展模式，还是对人类的生存和思维方式，都产生着深刻的影响。例如，虽然美国又经历了 2008 年的金融危机，但从 2000 年到 2011 年间，美国网民增加了一倍之多。随着网民的激增，互联网作为一个行业开始在美国经济中起着越来越重要的作用。美国的网络零售业从 2006 年到 2011 年年平均增长速度接近 20％。互联网经济产业的产值在 2010 年占美国国民收入总产值的 4.7％，而且进入本世纪的第二个十年，增长势头依旧。

日本国土狭小，人口众多，资源贫乏，却是当今的世界经济大国。日本根据自身的条件在高技术产业化方面走出了一条独特的道路。

日本的高技术产业深受日本科技发展特点的影响。在战后相当长的时期内，日本主要是依赖引进吸收欧美各国技术施行“快速模仿者策略”。从 20 世纪 60 年代开始，日本已意识到技术竞争的趋势，着眼于从战后“贸易立国”逐步转向“技术立国”的轨道，从强调应用研究逐步转向注重基础研究的方向。要从“最佳模仿者”的道路转向创造性开拓的道路。20 世纪 90 年代初日本泡沫经济崩溃后，经济陷入长期低迷状态。但在追赶知识经济时代的步伐上，日本并没有懈怠。1996 年，日本政府公布了“科技基本计划”，进一步提出了增加科技投入、强化人才培养和加强独创性的基础研究等新措施。1997 年 12 月，日本政府还决定成立科学教育技术省，以适应知识经济时代的需要。在 2000 年年初公布的“21 世纪构想”中，日本政府再次提出了“教育立国”与“科技立国”两大目标。新世纪以来，面对方兴未艾的信息技术革命，日本不断推出新计划，出台新举措。2013 年提出：将推进信息对民营企业的开放，并力争在 2020 年前后建成全球顶尖的“IT 应用社会”；

创造全新产业，实现健康放心生活的社会；提出尽快建立跨政府部门的信息检索网站，以便于企业利用政府的大量信息资源，计划到 2015 年末达到与其他发达国家同等的信息开放度。

积极推进科技产业化进程也是欧盟各成员国的共识。1995 年 3 月初，欧盟提出要建立“全球信息社会”，准备在 10 年内投资 2000 亿埃居，发展欧洲信息高速公路，创建欧洲信息社会，迎接 21 世纪的挑战。1997 年 7 月，欧盟委员会公布了《2000 年议程》，提出了“将知识化放在优先地位”的口号。同年底，欧盟委员会又发表了《为了建设一个知识欧洲》的白皮书，提出了欧盟迈向知识经济时代的基本思路，强调全面推进科研、创新、教育和培训，建设知识化社会。1998 年 5 月，欧盟制定出第五个《科研和技术发展框架》，该规划指出，欧盟未来的科研重点领域是：生命科学和生态系统、信息技术、可持续发展。2002 年欧盟第六个《科研计划框架》又确定了 7 个优先发展领域：生命科学、有利于人类健康的基因组技术和生物技术；信息社会技术；纳米技术、智能材料、新的生产手段；航空与航天技术；食品安全与健康；可持续发展、全球变化及生态系统；欧洲知识社会的公民与管理。欧盟第七个研发框架计划（2007—2013 年）则把 10 个方面确定为发展重点：健康；食品、农业和生物技术；信息通讯技术；纳米科学、纳米技术、材料和制造新技术；能源；环境；交通；社会经济学和人文科学；空间；安全。2013 年又推出了投资总额达 770 亿欧元的欧盟“地平线 2020”科研规划。一个个的规划和伴随着规划的庞大投入，宣示了欧盟各国一刻也没有放松对经济知识化的关注。

二、知识经济对发展中国家的影响

联合国教科文组织 1993 年 2 月首次发表的《世界科学报告》指出，当今世界上发达国家和发展中国家的差距是“知识的差距”，强调“没有科学技术的传播就不会有经济的持续发展”。报告指出，目前全世界 80%的研究与开发活动集中在工业化国家，这些国家每年用于科研的经费占国内生产总值的 2.9%，而许多发展中国家的这一比例还不到发达国家的 1/10。世界银行编制的题为《知识与发展》的 1998—1999 年世界发展报告中也指出：“穷国和富国以及穷人和富人之间的差别不仅在于穷国和穷人获得的资本较少，而且也在于他们获得的知识较少。创造知识往往成本较高，绝大多数知识都是由工业国创造出来的，其原因就在于此。”该报告还指出：“缩小知识差距不是轻易就能完成的。由于高收入工业国永远在不断扩展知识的疆界，因而发展中国家追赶的是变动着的目标。实际上，比知识差距更大的差距是创建知识的能力上的差距。与收入上的差距相比，穷国和富国在知识创新方面用某些重要标准来衡量的差异要大得多。”随着知识经济时代的来临，发展中国家如果不采取科教兴国的战略，南北差距将会越来越大。对于发展中国家来说，知识经济无疑是新的挑战，但也是新的机遇。

面对知识经济的挑战，许多发展中国家开始改变过去主要依靠自然资源或劳动力的发展战略，纷纷实施“科教兴国”与可持续发展战略，并采取一系列与此有关的新的经济发展对策。

三、知识经济对世界经济整体的影响

随着知识经济的发展，经济全球化将达到一个新的水平，网络经济时代。信息高速公路利用现代通信技术的光导纤维为主干道，通过网络向众多的用户终端传输各种信息，提供广泛的信息服务。信息高速公路从本质上讲是一个高速度、大容量、具有大量服务对象的信息传输网络，它的建成将引起人们生活和工作方式的巨大变革，也将对国际贸易、国际金融乃至整个世界经济产生深远的影响。

互联网的高速发展为全球网络化的发展奠定了一个良好的基础。互联网的发展迄今已经历了三个阶段，即国防应用阶段、教学科研应用阶段、商业和社会应用阶段，目前的互联网在继续提供大量其他方面信息的同时，正日益成为各类企业大显身手的商业战场。一个全新的“网络社会”正在形成，互联网正在把整个地球变成一个“地球村”。

全球范围信息网络的形成将使信息在世界范围内迅速、准确地传递，从而将大大推动生产、资本、金融、贸易和技术的国际化进程，使全球化趋势进一步加强。信息传递的网络化，使整个经济的效率大大提高，跨国公司可以把其研究开发部门、加工基地和销售部门设在世界各地，这些部门之间的信息交流极为方便，不受空间距离的任何影响。由于跨国公司可以在任何地方设立生产据点，所以它可以把过去与经济发展比较隔绝的国家和地区吸纳进来，从而使生产进一步国际化。全球金融市场的联网使金融交易可以跨时区不间断地进行，金融市场急剧扩大，金融创新层出不穷，金融交易手段日益多样化，资金的流动更为方便、迅捷、安全。全球信息网络也将使国际贸易发生巨大变化，国际贸易效率和规模将大为提高，贸易双方将在国际范围内用网络联系起来，展开网上贸易。全球信息网络还将使国际间的科技合作与交流得到进一步的拓展，跨国科技活动将不断增加，许多科研成果将通过网络迅速传遍全世界。

知识经济的发展极为深刻地影响着经济全球化的趋势，它将对各国的经济发展带来新的冲击和机遇，同时也会对整个世界经济发展的进程产生深远的影响。

第四节　世界各国迎接经济知识化和新产业革命的基本对策

一、重视教育和人才

拥有丰富知识的人才是知识经济最基本的要素，现代国际竞争实质上是人才和智力的较量。因此，各国政府都把培养优秀人才以及广泛吸纳各国的智力资源作为迎接知识经济时代挑战的一项重要措施。

教育是培养人才的基本途径。因而各国都将教育的发展视为头等大事，不断改革旧的教育体制，完善教育制度，以适应知识经济对人才素质的要求，同时，政府通过对高等教育的财政资助，加快了学术研究成果转化为现实生产力的进程，促进了人才的培养。美国政府强调要加强美国的科学和工程技术教育，依靠提高全民的受教育水平和增加职工受培训机会，保证经济增长。日本政府把建立高度发达的教育体系作为高科技产业发展的重要基础，强调培养人的创造能力和创新精神，通过各类教育为本国经济的发展提供有力的人力资本支持。各发展中大国也不断出台改进本国教育的规划。其结果，无论是在最基础的提高识字率方面，还是在引进技术和推进创新方面都有了长足的进步，促进了经济的持续发展。

二、促进科技创新和科技成果的产业化

在当今世界，科技进步已成为经济增长的决定性因素，随着知识经济时代的到来，各国政府都努力地促进本国的科技创新，并使科技成果迅速产业化。

各国政府为了促进科技创新以及科技成果的推广应用与加速商品化，采取了以下主要措施：

第一，加强政府、研究机构与企业间三方的密切合作。由于高技术的开发要求高、投入大，必须由政府出面组织研究机构和企业界共同完成。政府的组织能分散研究开发的风险，保证研究开发得到有力的政策支持，而研究机构与企业的合作则保证了研究开发的效率，使研究成果能更快地面向市场进行产业化。三者合作的形式主要是政府资助研究开发机构与企业界合作，或者政府和企业、研究开发机构共同组成技术开发联合体。

第二，建立技术成果推广机制。为促进科技成果尽快进入市场，许多国家都努力建立有利于技术扩散的激励机制，形成了不同形式的技术转让网络。通过技术转移和扩散措施，促进了科技成果的商品化和产业化。

第三，大力兴办各类高科技园区。通过在园区内提供多方面的优惠待遇，集中一批高级科学研究与技术开发人员，推进科研、开发、生产三位一体，推动知识和技术密集型产业的发展。目前世界上的高科技工业园区已有许多，其成功经验一是政府的优惠政策支持，二是著名大学的智力依托，三是充足的风险资本的支撑。高科技工业园区有利于把政策、人力、技术、资金、管理等方面的优势综合起来，是 20 世纪科技产业化方面最重要的创举。高科技工业园区的创建大大推动了以新兴高技术产业为支柱的知识经济的发展，因此被称为知识经济的新细胞。

三、增加经济的知识、技术含量

与知识经济的发展相适应，世界主要国家的投资正越来越多地流向高技术产业和服务业，特别是流向信息技术产业。这种趋势，发达国家出现得比较早。1990 年，美国对信息产业的投资首次超过对其他产业

的投资而排名第一。20世纪90年代以来，美国经济增长的主要源泉是以微软为代表的5000家计算机软件公司，微软公司的市场价值在美国大公司排名中已名列前茅，超过通用汽车公司和福特汽车公司的总和。到了21世纪，这种趋势在发展中大国也开始出现，阿里巴巴2014年9月上市当天，按开盘价92.70美元计算，公司市值高达2285亿美元，在其他生产“软”产品且市值在2000亿美元之上的上市公司中，排Facebook之前，谷歌、苹果和微软之后。而且，不仅国民经济中知识型的“软”产品所占比重越来越大；随着知识经济的发展，很多传统制造业也越来越“软”化。如汽车、飞机等的设计、检验完全可以在计算机上进行。很多产品的价格中，商标、品牌等“软”的成分所占比重也越来越高。

四、保护知识产权

在知识经济社会中，对知识产权的保护是关系到企业和国家经济发展的关键性问题。知识产权是重要的无形资产，又是强有力的竞争手段，对于企业的生产和经营来说，知识产权是一种不可缺少的重要资源，只有取得了知识产权，企业才能取得优势，保持优势，发展优势。知识经济是直接建立在知识与信息的生产、扩散和应用基础上的经济形态，以知识和技术作为经济增长的主要推动力，因而与知识产权问题有着不可分割的必然联系。

近年来，随着知识经济的发展，知识产权在企业乃至国家科技、经济发展中所处的战略地位进一步加强，从而使对知识产权的保护更迫切地提上了各国政府的日程。美国已明确把知识产权问题列为其全球贸易政策优先考虑的问题，声称保持知识产权就是要加强美国在市场和技术创新领域的现有优势，美国非常关心在世界各地保护其知识产权。欧盟、日本也把保护知识产权作为延续它们在科技、经济领域现有优势的重要措施。发展中大国也越来越重视保护自己的知识产权。中国在2013年11月的十八届三中全会决定中提出了要“加强知识产权运用和保护，健全技术创新激励机制，探索建立知识产权法院”。作为联合国一个专门机构的知识产权组织，目前已有133个成员国，每两年召开一次大会，以对世界性的知识产权保护起到规范、协调和促进作用。

在激烈的市场竞争中，作为竞争主体的企业不仅要重视知识产权的开发利用，更需重视对自己的知识产权的保护。在知识经济时代，许多跨国公司在利用知识产权制约竞争对手、维护自身利益方面采取了更加有力的行动。例如，依据《专利合作条约》（Patent Cooperation Treaty）规定，向多个国家申请专利的数量出现了持续快速增长。2013 年，全球范围内共提起约 250300 件 PCT 申请（首次突破 200000 件大关），较 2012 年度增长了 5.1%，从而实现了 PCT 申请数量连续四年增长。日本松下公司在 2013 年度以 2839 件被公开申请傲视群雄。来自中国的中兴公司以 2309 件紧随其后。值得一提的是，松下和中兴自 2009 年来一直轮流占据该排行榜的榜首位置：松下在 2009 年、2010 年和 2013 年排名第一，中兴则在 2011 年、2012 年位列榜首。在被公开申请数量排名前 50 位的企业申请人中，有 19 家来自日本，16 家来自美国，3 家来自中国。在高科技领域取得的大量知识产权，使这些企业不仅通过收取高额的专利许可费用而获得巨大的经济利益，更因对其他国家和企业在技术上和市场上都形成封锁而确保了它们在这些领域中的竞争优势和垄断地位。

第十一章　当代世界经济社会的可持续发展

全球性生态环境危机与资源耗竭危机日益加深，为保持环境所必需的支出也在持续增加，自然生态环境已对我们人类的生产与生活产生了巨大压力。这种状况，迫使我们不得不认真地对待和思考它们，并寻求相应的对策。

第一节　可持续发展的由来及其演进

一、当代世界经济和社会的可持续发展问题的形成

第二次世界大战结束后，世界各种类型国家虽然经济制度和经济发展水平存在很大差异，但由于恢复经济的迫切需要，相当大程度上普遍实施了片面追求经济增长的传统模式的工业化战略。其结果，在获得较高经济增长率的同时也引发了一些严重的全球性问题。

（一）资源短缺问题

地球上的自然资源量是有限的，随着世界经济的增长，人类可以利用的自然资源在加速耗竭。地球的自然资源可分为再生性和非再生性的两大类。再生性资源有水、土地以及森林等。而矿产和金属等则属于非再生性资源。20 世纪 60 年代末以来几乎所有种类的资源都出现了短缺，特别是诸如水、土地和能源等人类生存所必需的资源短缺

危机尤其严重。

第一，土地资源短缺日益明显。土地资源是人类生存和发展的最基本的自然资源。据统计，1975年世界人均耕地只有0.31公顷，而到2000年已经下降到0.15公顷。2011年联合国粮食及农业组织题为《世界粮食和农业领域土地及水资源状况》的报告又指出，所有大洲均存在不同程度的土地退化问题。无地可耕，人类可生存的土地不断减少的梦魇将长期伴随着人类社会。第二，水资源紧缺。人类真正能够利用的淡水资源是江河湖泊和地下水中的一部分，约占地球总水量的0.26%。全球淡水资源不仅短缺而且地区分布极不平衡。占世界人口总数40%的80个国家和地区里约有15亿人淡水不足，其中26个国家约3亿人极度缺水。预计到2025年，世界上将会有30亿人面临缺水，40个国家和地区淡水严重不足。第三，森林资源大幅度减少。20世纪90年代，每年大约有1600万公顷的森林被转作其他用途（包括转为农业用地）或因自然原因消失，2000年至2010年的十年间，每年大约有1300万公顷的森林面积在减少。虽然根据联合国粮农组织2011年的报告，由于亚洲森林面积的恢复，世界范围内的森林退化现象有所减轻。但世界上生态系统的生物多样性仍然面临很大威胁，排在前四位的都是亚洲地区的森林。第四，能源供需常常处于紧平衡。能源危机是指因为能源供应短缺或是价格上涨而影响经济运行的状况。在刚刚过去的20世纪里，已经发生过三次石油危机，即1973—1974年的第一次石油危机，1979—1980年的第二次石油危机和1990年的第三次石油危机。国际能源署发布的《2013年世界能源展望》认为，到2035年，化石能源在世界能源需求中仍占主导地位，全球石油需求将增长至10100万桶/日，常规原油产量将下降至6500万桶/日。虽然，原油的缺口可以用别的能源弥补，但这种弥补也常常难以赶上需求。人类不断开拓新能源，节约能源成为必需。

（二）粮食紧缺问题

土地和水等自然资源的短缺，直接影响到世界粮食的供给能力。粮食是维持人类生存的基本农产品，世界范围的粮食短缺危机和未来短缺的可能性，仍然威胁着世界上许多人的生命和健康。

虽然，由于人类社会的努力，1990年以来，世界粮食生产的增长速度总体上快于人口增长的速度，也就是说人均粮食产量是在提高的。根据世界粮农组织的数据，2005—2007年的平均数与1990—1992年的相比，按世界各国人均产量增长率的算术平均计算，小麦人均产量增长16.96%，玉米增长接近70%，大豆增长172%，水稻增长22.9%。但是，该组织2012年的数据也显示，全球饥饿人口仍然停留在比较高的水平，约为8.7亿。饥饿人口分布情况，主要是在发展中国家，特别是集中在亚洲和非洲。如何解决眼前的饥饿问题，仍然是摆在人类面前的重大难题。

而且，世界粮农组织在2005年的一个展望，预期到2050年世界人口将增长34%，达到91亿，城市化率达到70%。那么到2050年，单是满足口粮和饲料粮的需求，粮食产量就需要增长70%，其中谷物需要增加10亿吨（现在谷物产品23亿吨，到2050年还需要再增产10亿吨），肉类需要增产2亿吨。如何把这些粮食增产出来，也是人类必须面对的问题。

（三）生态环境的退化和破坏问题

生态环境是指由生物群落及非生物自然因素组成的各种生态系统所构成的整体，主要或完全由自然因素形成，并间接地、潜在地、长远地对人类的生存和发展产生影响。生态环境的破坏，最终会导致人类生活环境的恶化。自第一次产业革命以来，人类影响生态环境的能力迅速增强。第二次世界大战以后已经能够通过自己的活动大规模地影响生态环境。这种影响带来了生态环境的退化与破坏。包括：第一，全球温度升高或者说温室效应，臭氧层耗竭。由于人类生产与生活排放出的氯氟碳等，地球大气平流层中的臭氧层被不断耗损。第二，酸雨蔓延，水污染，空气污染。第三，水土流失，土地荒漠化，森林破坏等。第四，森林、海岸、内陆湿地、珊瑚礁以及其他的生物环境系统都在以空前的速度退化。第五，地球的生物物种因自然栖息地的收缩或消失等等。上述状况从根本上动摇着人类社会所赖以生存的基础，人类社会面临的不仅是生活质量和水平下降的问题，而更面临着生存死亡、能否延续下去的重大问题。据统计，世界上每年因生态环境破坏而患病的高达数十亿人次。

（四）社会贫富悬殊问题

单纯或片面的经济增长的展开，并没有带来真正的普遍繁荣，没能使每个人都享受到经济增长所带来的好处。相反，贫富的两极分化越来越严重，贫富差距不断扩大。从全球角度看，这种贫富悬殊表现在南北关系上。北方国家享受着由发达的经济、先进的技术所带来的很高的生活水平；而发展中国家则生产技术水平低下，经济落后，收入水平和生活水平都很低。在此基础上，形成了相互对立的南北格局。20 世纪 80 年代以来，随着新技术革命的逐步展开，南北之间的差距不但没有缩小，反而出现了进一步拉大的趋势。在体现新技术革命的主要领域中，如信息技术、生物工程，以及新材料等领域基本上是由发达国家所垄断的，而代表新兴的强大经济力量的跨国公司绝大部分是属于发达国家的。南北之间在科技和组织等方面的差距拉大，使发展中国家在国际经济活动中处于更为不利的地位，诸如贸易条件的恶化、债务以及资金倒流等问题的解决变得更为复杂化，致使世界范围的贫富分化加剧。长时期的经济增长并没有使穷人摆脱贫困，也没有实现社会公正。贫富两极分化的趋势在发达国家和发展中国家普遍出现。一方面是少数人随着经济增长暴富起来，另一方面则是众多的贫穷民众既缺乏必要的生产条件从事生产性活动，也缺乏必要的生活条件，如食品、住房、教育和卫生保健等。

二、全球性严重问题的主要原因

人类所面临的这些全球性问题已经严重威胁着当代世界经济与社会的健康和持续发展。形成这些问题的原因主要有：

（一）传统工业化的生产模式和消费模式

自 18 世纪产业革命以来，西方各国沿用传统工业的生产模式，实现了从农业社会向工业社会跃升。传统工业化生产模式的特点，是资源和能源的高投入与高消耗，以及对环境的高污染。这种生产模式将自然当作被征服的、可无限从中获取资源的对象，而不考虑人类的生产活动对生态环境可能造成的消极影响。随着经济的增长，资源的有限性和生态环境的脆弱性日益暴露出来，直至全球性危机的爆发，表明了这种生产模式的不可持续性。与传统工业化生产模式密切相联系的是浪费性的消费模式。丰富多样的产品与服务在经历了短暂的消费过程后便匆匆转变为生活废弃物。资本主义生产方式通过鼓励浪费性消费来刺激生产，以维持和促进经济增长。

西方国家的发达经济和丰裕的生活水平，是以巨大的社会代价和生态环境的代价换来的。从历史的角度看全球资源消耗和污染物的排放，不论在总量还是人均的指标上，发达国家都远远超过发展中国家，发达国家人口只占世界人口总数的20%左右，长期以来消耗着世界70%以上的资源和能源。发达国家经济活动和生活消费，是造成世界资源耗竭和生态环境退化的主要原因。

近数十年来，一批又一批发展中国家相继进入了工业化阶段。它们中的大多数依然沿袭着发达国家曾走过的道路，采取的是传统的工业化生产模式。在一些发展中国家，虽然其社会发展的一般水平尚不高，但在西方社会的影响下也在不同程度上模仿浪费性的消费模式。尽管发展中国家迄今对全球性的资源耗竭和生态环境退化的影响比发达国家要小得多，但是，考虑到发展中国家的发展前景，对其未来的资源耗竭与生态环境退化方面可能造成的威胁绝不能掉以轻心。在现有的资源与环境条件下，发展中国家是绝不可能靠传统的工业化生产模式与消费模式达到发达国家目前的生活水平的。

（二）发展中国家的贫困与落后

发展中国家的贫困与落后或者说发展不足，是造成资源耗竭和生态环境退化的重要原因。二战结束以来，虽然各发展中国家经过长期努力，在世界经济与社会发展方面取得了不同程度的进展，但总体来看大多数发展中国家仍然处于贫困和落后的境地。在发展中国家，贫困、落后和愚昧使得人们为了维持生存去滥采、滥用资源而不顾对生态环境的破坏。许多发展中国家的人口激增，资金短缺，技术落后，资源能源的利用效率低，生产加工能力差，为了获取收入只能靠过度开发本国的资源，廉价出卖初级产品。这样做加剧了资源与环境的危机。对粮食短缺危机来说，所谓短缺，实际只是发展中国家中的短缺，发达国家从整体上看是不缺粮的，多数发展中国家的农业生产效率大大低于发达国家，而其人口增长的速率又比发达国家快得多，不可避免地导致粮食短缺直至促成了全球性的粮食危机。许多发展中国家陷于贫困的恶性循环，以致其同发达国家的差距越来越大。

（三）不合理的国际经济旧秩序

现存的国际经济旧秩序是从殖民主义时期延续下来的，虽然战后以来发生了一些变化，但发展中国家对发达国家经济上的依附以及这一秩序不公正的基本性质依然存在，这种不公正的国际经济旧秩序的存在是全球性危机的重要原因。国际经济旧秩序使发展中国家在世界再生产过程中处于非常不利的地位。在国际分工领域里，发展中国家大多仍主要从事初级产品的生产与出口，不少国家仍然未能摆脱经济单一化的格局；在国际贸易领域中，各种交易产品的价格、数量、内容，以及质量标准主要仍是由发达国家控制的；在国际金融领域里，发达国家掌握着援助资金和各种商业性资金，是各种援助条件和贷款条件的制定者。为了发展经济，发展中国家进口设备与技术需要外汇，相当多的发展中国家通常只能靠开发本国的自然资源、出口初级产品去换取外汇，经济单一化也使发展中国家难以满足自己的粮食需求而不得不依赖粮食的进口；而在国际贸易领域里发达国家又将发展中国家出口产品价格压得很低，致使发展中国家的贸易条件恶化，发展中国家为了获取更多的收入不得不过度开发其资源；发达国家在提供援助资金和商业性贷款时所附加的各种条件，又使发展中国家难以自主、有效地将这些资金运用于本国的经济与社会发展。结果，相当多的发展中国家陷入了贫困的恶性循环，促成了各种全球性危机。

（四）人口的急剧增长

第二次世界大战以前，世界人口的增长率相对来说是很低的，如从1800年到1900年期间世界人口的平均增长率只有0.6%。第二次世界大战后随着工业化的进展和各国人民生活的改善，人口的死亡率大大下降。世界人口的年均增长率在1950年到1970年期间约达2%。如此高的增长率使世界人口从1950年的15亿猛增到1970年的约40亿。1999年，世界人口达到了60亿，2011年突破了70亿，这样的人口急剧膨胀，给人类生活的各个方面造成了沉重压力。人口增长过快，使自然资源的短缺和限度问题更为突出。即使人们仅维持原有的生活水平，在其他条件不变的情况下也要耗费更多的粮食、资源，对环境造成更大的破坏。二战结束以来，世界各国的人口增长速度是不平衡的，发展中国家的人口增长比发达国家要快得多。1950年发展中国家的人口为16.9亿，占世界人口比重的66.9%，发达国家则为8.3亿，占世界人口比重的33.1%；到1990年，发展中国家的人口增长到40.4亿，占世界人口比重为76.9%，同年发达国家的人口只增到12.1亿，在世界人口中的比重降到23.1%。目前，发展中国家占世界人口的比重已经超过了80%。发展中国家的人口增长过快，使这些国家更加难以解决其所面临的各种社会经济问题，也使发展中国家同发达国家之间的差距进一步拉大。

（五）发展中国家的普通民众被排除在发展进程之外

战后各发展中国家实行的单纯追求经济增长和工业化的发展模式，造成了严重的社会后果。广大的普通民众通常只是被作为被发展的消极对象卷进发展进程。而一些弱势社会群体中的人们，甚至被排斥在发展进程之外，他们不仅不能有效地参与同自己切身相关的经济、社会和政治决策，而且在很多情况下连起码的知情权都不具备，基本的社会服务很难得到。这种状况也是造成各种全球性问题的重要根源。

第二节　当代世界经济与社会的可持续发展的思想与战略

一、当代世界经济与社会的可持续发展的思想与战略的形成

传统的发展模式的缺陷日益暴露，迫使人们对已有的各种发展思想与战略进行反思。经过长期的反思与探索，20世纪70年代以来全球发展思想与发展战略逐步出现了重大转折，即由单纯或片面追求经济增长的发展逐步转变为以人为本的、公平分配的、在环境上和社会上可持续的发展。联合国体系在全球范围倡导和促成可持续发展方面起了一定的作用。在联合国各个机构和各次会议所通过的一系列文件中，包含了关于可持续发展的基本思想。这些基本思想得到了各成员国的普遍认同。

一般认为是在1980年制定的《世界自然保护大纲》中，第一次正式使用可持续发展这一措辞的。这一文件是国际自然保护联盟受联合国环境规划署的委托而制定的。但是，真正给予可持续发展以普遍可接受的定义的，是联合国世界环境与发展委员会在1987年提交的名为《我们共同的未来》的报告。因这份报告的主持人是当时的挪威首相布伦特兰夫人，所以有时也被称作布伦特兰报告。该报告认为，可持续发展是

“在不损害后代人满足他们自己需要的能力的条件下，满足当代人的需要的发展”。布伦特兰报告对环境与发展的关系作了许多阐述，如增长与环境的关系，人的基本需要与发展和环境的关系，以及如何在发展与环境保护中贯彻社会公正的原则等。

1990 年，联合国开发计划署吸收了有关注重人的发展的各种思想，发布了它的第一个人文发展报告。这一报告围绕着人的发展的各个方面作了阐述。该报告认为：“发展的基本目标，就是创建一种能够使人长期地享受健康和有创造性的生活。”发展的首要目标应是消除贫困以及造成贫困的原因。该报告中的所谓人文发展除了包括收入增长之外，还包括人的各方面能力的提高。这一报告强调，应把人的需要、期望和选择放在一切发展活动的中心，该报告指出：贫穷民众最需要的东西，是食品、住房、医疗保健，以及教育培训和工作的选择机会。但是，人除了物质需求之外，还有许多非物质的需求，如地域流动的自由，言论的自由，独立等。这一报告还运用了人文发展的指标，在以往衡量发展的指标之外，增加了实际购买力、教育和卫生保健等方面的指标，提供了远比国内生产总值更为综合性的衡量发展的指标体系。

1992 年，在巴西的里约热内卢召开了联合国环境与发展大会。这次会议是人类历史上的一次盛会，有 170 多个国家的代表团参加了这次会议，有 110 多位国家元首或政府首脑出席了这次会议。这次会议的整个进程，是在可持续发展的主题下进行的，在这次会议上通过了《里约环境与发展宣言》和《21 世纪议程》两个纲领性文件以及《关于森林问题的原则声明》，另外还签署了《气候变化框架公约》和《生物多样性公约》。这些文件集中体现了为各国政府所普遍接受并作出承诺的关于可持续发展的一般思想、理论和要求，标志着可持续发展的全球战略的形成。

2002 年 8 月 26 日至 9 月 4 日，在南非约翰内斯堡召开的第一届可持续发展世界首脑会议，是继 1992 年在巴西里约热内卢举行的联合国环境与发展会议和 1997 年在纽约举行的第十九届特别联大之后，全面审查和评价《21 世纪议程》执行情况，重振全球可持续发展伙伴关系的重要会议。会议全面审视了自 1992 年里约首脑会议以来可持续发展的进展情况和当前存在的问题。尽管发展中国家和发达国家的代表们提出的议题、关注的重点和对会议的期望各不相同，而且在实质性问题上的论争也很激烈，但会议最终还是基本取得了预想的成果，在没有任何一国提出反对的情况下，通过了《执行计划》和《约翰内斯堡可持续发展承诺》。《执行计划》和《约翰内斯堡可持续发展承诺》被与会各国代表认为是关系到全球未来10—20年环境与发展进程走向的指南。

2012年，共188个国家的代表，130位国家元首和政府首脑在里约热内卢出席了联合国可持续发展大会，与会各方围绕“可持续发展和消除贫困背景下的绿色经济”和“促进可持续发展机制框架”两大主题，就20年来国际可持续发展各领域取得的进展和存在的差距进行了深入讨论。大会官方发布了题为“我们憧憬的未来”的最终文件。

2014年，在美国纽约召开了联合国气候变化峰会。包括120多位国家领导人在内的政府企业、金融机构和民间组织的代表与会。会议发表了一份主席总结与成果性文件，包括减排目标，市场与融资、碳交易、整合政府、商界和公民社会资源以充分应对气候挑战等内容。

二、当代世界经济与社会的可持续发展思想与战略的主要内容

迄今为止，在全球范围关于世界经济与社会的可持续发展思想和论述与可持续发展战略的阐述有很多，虽然尚没有具有权威性的成熟理论的出现，但有关可持续发展的一些基本内容，特别是体现在联合国体系内各次重要会议的文件、各种国际条约、各双边援助组织的文件之中的那些论述，已初步为世人所公认。一般来说，可持续发展包含如下一些基本内容：

（一）可持续发展是人类与自然协调和谐的发展

我们发展经济的根本目的是为了满足广大人民群众不断增长的需要，而不是为了别的什么，换句话说，人是目的，其他都是手段。《里约宣言》的第一条原则即是：“人类处于普遍受到关注的可持续发展问题的中心。他们应享有以与自然相和谐的方式过健康而富有成果的生活的权利。”可持续发展中的人，既是指人类整体，又是指每一个人；既是指当代人，又是指后代人。可持续发展不仅针对发展中国家，而且包含了发达国家。可持续发展把满足人的需要放在首位，即它是在不损害后代人满足其需要的能力的条件下、满足当代人需要的发展。人的需要

是多层次的，可持续发展首先要满足的是人的基本需要。这不仅包括人的衣食住行等生存的基本条件和达到一定水平的卫生保健与教育等服务，而且还要有良好的适于人类生存的生态环境。可持续发展要求对人的潜力进行投资，为人的能力的充分发挥创造适当的条件。要使人们能够卓有成效地去创造性地开展工作，要使每一个人都有发展的机会和选择的机会。

向贫困开战，使所有人都摆脱贫困处境，是可持续发展的重要内容。在每一个国家，都有不同程度处于贫困状态的人们。每一个国家都面临着消除贫困与饥饿的问题，人类社会的贫困现象是许多原因造成的。除了经济不发达这一重要原因以外，贫困人口的形成往往是同恶劣的环境条件分不开的，反过来贫困人口又会加剧生态环境的恶化。贫困构成了对环境的最大威胁之一。各国根据本国国情制定与实施专门的反贫困战略，发展经济，是实现可持续发展的基本条件之一。

可持续发展同人口的发展有密切的关系。世界人口的增长同不可持续的生产与消费的模式相结合，已经使地球越来越难以负载人类社会，土地、水和能源等各种资源已越来越难以满足人类的需要。实现可持续发展必须要有适当的人口政策，综合处理人口增长、资源利用以及适当技术的推广和应用，应将人口增长、环境与发展结合起来去考虑。人的健康也是可持续发展的重要考虑之一。低效率和破坏环境的经济活动，会在发展中国家和发达国家都造成严重的健康问题，可持续发展要求满足人的、特别是农村人口的健康需求。真正的发展是离不开健康的人们的。人们的健康取决于干净的饮用水供给、良好的卫生条件和充足的粮食供给以及适宜的生态环境。健康的人们将会提高发展的效率和促进环境保护。

可持续发展包括人类居住区的可持续发展。拥有安全的和达到一定质量的人类居住条件是一项基本人权。可持续发展要求改善人类居住区的社会、经济和环境的质量，改善所有人的生活和工作的条件，使每一个人，不论是在发展中国家还是在发达国家，不论是在城市还是在农村，都能享有基本的居住条件。为了实现人类居住区的可持续发展，必须加强对土地、供水、卫生、下水道以及固体垃圾的管理，提供有利于环境的基础设施。

（二）可持续发展要求实现发展的权利

发展是一项基本人权，对每一个人，每个国家的人民以至整个人类都是如此。但是，对发展中国家的人民来说，发展的权利尤其重要。《里约宣言》原则三指出，为了公平地满足今后世代的发展与环境方面的需要，求取发展的权利必须要实现。这里的发展，是指人的经济社会的全面发展，除了一般经济增长即产值和收入的增长，其中包括基本生活必需品如食品、住房、保健以及安全保障等产品与服务的质量的提高和供给的增加之外，还包含了工作机会、受教育机会以及各种经济、社会选择机会的增加。

虽然发展的含义比经济增长更为广泛，但发展必须包含经济增长，而且首先必须包含经济增长。因此，可持续发展反对零增长的悲观论点，因为经济增长是基础，只有通过经济增长，才能为人们提供基本的产品与服务，才能提高人们的生活水平。在联合国1997年制定的《发展议程》中明确指出："对所有国家的经济和社会发展来说，可持续的经济增长是必不可少的，对发展中国家尤其如此。"对于发展中国家来说，不仅需要有经济增长，而且需要有比发达国家更快的经济增长，只有这样，发展中国家才能追赶发达国家，缩小同发达国家的经济发展水平和生活水平方面的差距。

但是，可持续发展所需要的经济增长不是传统的资源与能源的高投入、高消耗以及对生态环境高污染的经济增长，那种经济增长模式从资源、能源以及生态环境等方面看，已经难以为继。可持续发展要求建立可持续的生产结构与消费结构，实现增长模式的转变。新的增长模式应具有对资源与能源的低消耗和高效率的使用，以及有利于环境或环境最低限度的污染等特征。可持续发展将科学技术看作是实现经济增长模式转变的决定性因素之一，它要求开发和使用那些有利于环境的、尽可能不造成污染的技术，以更可持续的方式去使用各种资源，对垃圾和废品做更多的回收处理。

新的增长模式必须同创造更多的有生产力的就业机会结合在一起。在传统的增长模式下，产量的增长往往不能够带动就业的增长。可持续发展要求改变以往对就业有消极影响的增长模式，力求实现增长与就业相互促进的良性循环增长。

（三）可持续发展要求将对生态环境的保护当作发展过程的一个重要和必要的组成部分

在一定的技术、社会组织和经济制度的状况下，生态环境对人类发展规定了限度，人类的发展不可能摆脱生态环境的制约而单独进行。但是传统的发展模式着重于当前或短期在产出和收入方面的利益和收获，忽视资源消耗和生态环境的约束；已导致了对生态环境的严重破坏，并使人类社会面临着能否延续下去的危机。因此，《里约宣言》原则四提出，为了实现可持续发展，环境保护工作应是发展进程的一个整体组成部分，不应脱离这一进程来考虑。只要能够回归这一进程，未来就是乐观的。因为，生态环境对发展的限制是相对的，通过科技进步以及对经济组织和社会组织进行调整，人类不仅能够在保证当前人们利益的同时兼顾子孙后代的利益；也能够实现对资源的合理有效运用，保证以资源的最小消耗和不破坏生态环境的方式实现发展。

（四）可持续发展要求实现社会公正

可持续发展要求实现的社会公正，可分为两个方面。第一个方面是要在当代人同后代人之间贯彻社会公正的原则，可持续发展认为，虽然后代人不能干预或影响当代人的行为，但当代人对后代人却会造成巨大影响，当代人与后代人享有同等的发展权利和通过发展来满足自己的需要的权利，如果当代人不负责任地开发和消耗资源，以破坏生态环境的代价来满足自己的需要，那么就会危及后代人生存和发展的基础，损害他们满足自身的需要的能力。当代人没有权利那样做。可持续的人的发展兼顾到代际之间的公平发展机会。各代人都应有提高自己能力的机会和发挥自己能力的机会，当代人有责任为后代人留下经济、社会，以及生态环境方面的良好的发展基础条件。

可持续发展要求在当代人之间也贯彻社会公正的原则，这是其社会公正的第二个方面。在当代人之间，即人与人之间、国与国之间以及发展中国家与发达国家之间，都应实行社会公正的原则。在每一个国家内，要努力缩小社会贫富差距，消除贫困，扶助各类易受损害的社会群体成员，促进资源、产品与服务在社会成员之间的公平分配。在国与国之间也要贯彻公平的原则，根据《联合国宪章》和国际法的原则，各国拥有按照其本国的环境与发展政策开发本国自然资源的主权权利，并负有确保在其管辖范围内或在其控制下的活动不致损害其他国家或在各国管辖范围以外地区的环境的责任。虽然每一个国家都应对环境保护承担责任，但由于南北各方对环境所造成的破坏不同，它们所拥有的技术和经济力量不同，所以它们在对环境保护方面所应承担的责任也不同，发达国家负有特别的责任去改变其传统的高收入、高消费，对生态环境危害很大的生产模式与消费模式，并且有责任为了环境保护向发展中国家提供技术和输出资金。

（五）实现可持续发展要求全民参与

发展参与是指动员民众以及他们的组织参与发展过程，实现民众自己确立的发展目标。20 世纪 90 年代之后，特别是本世纪以来，民众的参与发展的问题越来越受到重视。民众参与已成为全面的可持续发展战略的重要成分。保护和改善生态环境，走可持续发展的道路，要求各个阶层，各类群体的社会成员的积极参与。每一个社会成员，不论其身份、地位和职业如何，都是同可持续发展相关的，都应以适当的方式致力于可持续发展。公民有权获得同环境与发展有关的各种信息，并应有机会参与同他们的生产和生活直接和间接相关的各种决策过程。

（六）各国政府对实现可持续发展负有特别重要的责任

在当代世界经济中，民族国家经济一直是世界经济的基本单位，各国政府也是全球经济活动的关键性决策者和推动者。国家拥有开发和利用本国资源的主权，也掌握着本国经济与社会发展战略和政策的决定权。联合国体系要求各国政府积极发挥作用，在制定各项政策时应将环境与发展作为一个整体去考虑，促进全球的可持续发展。在国际上，各国政府应以全球性伙伴的精神进行广泛的合作，致力于保护和改善地球的生态体系，为建立适于实现可持续发展的开放的国际经济体系以及国际法体系而努力，通过国际合作去解决各种跨国界的环境与发展问题。在各国国内，各国政府应致力于转变以往的那种不可持续的高投入、高消耗和高污染的生产模式与消费模式，同时还应通过各种媒介方式提高公众的认识，鼓励和支持广大公众参与可持续发展活动。国家制定与实施有效的关于可持续发展的法律，为协调发展与环境保护去制定相应的规章、标准以及管理目标，采取经济、行政以及法律等手段去保护环境和扶持不损害环境的发展而努力。

第三节　推进可持续发展的实践

一、发展低碳经济的实践

在全球一致应对气候变化和降低化石能源消耗的大背景下，发达国家和发展中国家都在通过提高能效、推广节能、利用先进技术和管理手段降低碳排放强度等手段予以应对，低碳经济理念正在被国际社会接受。

英国是世界上控制气候变化的倡导者和先行者，也是最早提出“低碳”概念并积极倡导低碳经济的国家，英国建立了较完整的气候变化管理框架，并于2008年正式批准《气候变化法案》，法案提出到2020年，将二氧化碳排放量在1990年的基础上削减26%～32%；到2050年，将总排放量削减至少60%，实现低碳经济。除此之外，英国还采用诸如能源效率承诺、热电联产、卖方文件等政策工具，注重税收等经济手段的调节，发展碳捕获与埋存技术（CCS）等多种措施，为实现温室气体控制目标服务。英国的实践证明，经济增长和低碳排放是可以同时实现的；向低碳前进，既是应对气候变化的方法，也是经济繁荣的机会。

日本作为能源极度贫乏的国家，95%的能源供应依赖进口，能源问题一直是历届日本政府的工作重点。为应对气候变化，日本政府通过补贴、税收优惠、排放交易、信息服务、公众教育等措施，动员全社会相关利益方普遍参与，并通过开展“领跑者计划”、“自愿行动计划”、“清凉商务运动”等，推动技术创新，打造节能型经济结构，兼顾环境保护与经济发展双重目标。作为世界上节能最先进的国家，日本2012年每消耗1吨标煤的能源可以创造50000元GDP；同时，日本还是新能源开发最领先的国家，不仅太阳能发电世界第一，在风能、海洋能、地热、垃圾发电、燃料电池等新能源领域，也都处于世界顶尖水平。

澳大利亚政府气候变化战略有三个主要支柱，减少澳大利亚的温室气体排放量，适应气候变化的影响，以及全球性解决方案。政府特别提供23亿澳元，用于实施气候变化相关措施，包括2010年引入国内排放量交易计划（5 年内投入 6880 万澳元），扩大可再生能源发展目标（1550 万澳元），建立气候变化署（5 年内投入 2180 万澳元）。同时，政府将通过提供绿色贷款、太阳能热水退税、国家太阳能学校计划、推广太阳能城市计划和出租物业安装绝缘设施退税等方式，支持家庭和社区减少温室气体排放。提高能效措施包括：帮助家庭找到高能效低成本的家用电器，并经一站式绿色商店服务，提高公众对提高能效的认识。

在全球化过程中，中国作为后发展国家，无法遵循发达国家的发展和增长路径，只能选择跨越式的发展，实现经济增长和环境保护双赢的选择，而低碳经济实践，无疑是中国实现后发优势、实现跨越式发展的重要机遇。2013 年 11 月 5 日发布的《中国应对气候变化的政策与行动 2013 年度报告》指出，2012 年以来，中国政府通过调整产业结构、优化能源结构、节能提高能效、增加碳汇等工作，完成了全国单位 GDP 能耗降低和二氧化碳排放降低的目标，控制温室气体排放工作取得积极成效。到 2012 年，全国单位 GDP 二氧化碳排放比 2011 年下降 5.02%，中国节能环保产业产值达到 2.7 万亿元人民币。同时，报告还提出中国将通过继续推进低碳省区和低碳城市试点，推进碳排放交易试点等措施，为进一步推动应对气候变化和低碳发展积累丰富经验，并不断加强基础研究和教育培训等科研支撑，加强资金保障，提升应对气候变化的基础能力。

二、推行“绿色新政”的实践

（一）欧盟的绿色新政

欧盟在国际社会一直积极应对气候变化、环境恶化等全球问题，积极领导成员国开展能源的绿色生产。欧盟委员会于 2010 年 11 月 10 日正式公布《能源 2020：具有竞争力的、可持续的和安全的能源战略》，提出未来 10 年欧盟的能源绿色战略。2011 年欧盟委员会发布“2050 能源路线图”，制定了欧盟绿色能源发展的长期战略，提出到 2050 年碳排放量比 1990 年下降 80%～95%的目标，目标实现方式有提高能源利用效率、发展可再生能源、发展核能以及采用碳捕捉与储存技术等。英国把发展绿色能源放在绿色经济政策的首位。2009 年 7 月 15 日，英国发布了《低碳转换计划》和《可再生战略》国家战略文件，这是继出台

《气候变化法》之后，英国政府绿色新政的又一新动作，是迄今为止发达国家中应对气候变化最为系统的政府白皮书，也标志着英国成为世界上第一个在政府预算框架内特别设立碳排放管理规划的国家。德国发展绿色经济的重点是发展生态工业。2009 年 6 月，德国公布了一份旨在推动德国经济现代化的战略文件，在这份文件上，德国政府强调生态工业政策应成为德国经济的指导方针。德国的生态工业政策主要包括六个方面的内容：严格执行环保政策；制定各行业有效利用战略；扩大可再生使用范围；可持续利用生物智能；推出刺激汽车业改革创新措施及实行环保教育、资格认证等方面的措施。法国的绿色经济政策重点是发展核能和可再生能源。2008 年 12 月，法国环境部公布了一揽子旨在发展可再生能源的计划，这一计划有 50 项措施，涵盖了生物能、风能、地热能、太阳能以及水力发电等多个领域，2009 年，法国政府还投资 4 亿欧元，用于研发清洁汽车和“低碳汽车”。

（二）美国的绿色新政

布什政府曾密集通过了《2005 年美国能源政策法案》、2006 年《先进能源倡议》、2007 年《十年二十倡议》、《2007 年能源独立和安全法案》等能源法，各州政府自身也出台了大量的能源政策法案，能源绿色战略的实施取得了实质性突破。2009 年 6 月美国众议院通过了《美国清洁能源与安全法案》（以下简称“法案”）。一般认为，这是奥巴马政府在提出“绿色新政”理念之后，将理念付诸行动所迈出的重要一步，也是美国在减排温室气体行动方面所迈出的历史性的一步。该法案主要包括以下内容：一是提出了分阶段的减排目标；二是针对主要排放源制定了“总量管制与交易”和调剂制度；三是提出了可再生能源和能效混合标准；四是提出了针对减排温室气体和开发可再生能源等领域的投资计划；五是制定了边境调节税亦称“碳关税”制度；六是提出了碳抵消条款；七是提出了碳捕集和封存行动计划。此外，法案还设立了智能电网、机动车电动化、建筑节能、森林等条款，总计在 33 个不同的领域为减排温室气体给出了行动方案。

（三）日本的绿色新政

与美国相似，20 世纪 70 年代的石油危机促使日本能源战略加快转变。起初，日本开启新能源战略，发展太阳能、核能、地热能等绿色能源，力图使能源供给和需求实现多样化。随着环境污染、温室气体过量排放、气候变暖、极端天气等问题日益突出，日本能源战略制定过程中越来越考察环境保护因素，并逐渐演绎成能源安全、经济增长和环境保护兼顾的“3E”特色。面对世界性经济危机，日本着手制定日本版“绿色新政构想”政策，加大向节能技术及产品开发、普及领域的投资力度。日本版的“绿色新政构想”突出了绿色经济与社会变革的主题，提倡创建有利于环境领域投资和环境保护的社会环境，在实现二氧化碳减排目标的同时，通过环境相关产业，促进环境经济市场发展，如加大对环境相关企业的无息贷款，鼓励消费者购买节能家电和电动汽车等节能产品的减免税措施。

三、中国推进可持续发展的实践

作为一个高速发展了数十年的发展中大国，影响中国可持续发展的问题是客观存在的。主要表现在：一是能源资源约束强化。人多地少、水资源紧张的问题日益突出，保障能源和重要矿产资源安全的难度越来越大。二是环境污染比较严重。相当部分的城市达不到新的空气质量标准。中东部地区特别是京津冀及周边地区不断出现较大面积、较长时间、较高污染雾霾天气。全国江河水系、地下水污染和饮用水安全问题不容忽视，有的地区重金属、土壤污染比较严重。三是生态系统退化问题突出。我国森林覆盖率不高，水土流失、沙漠化土地、退化草原面积比较大，自然湿地萎缩，河湖生态功能退化，生物多样性呈现下降趋势。四是国土开发格局不够合理。总体上存在生产空间偏多、生态空间和生活空间偏少等问题，一些地区由于盲目开发、过度开发、无序开发，已经接近或超过资源环境承载能力的极限。五是应对气候变化面临新的挑战。我国温室气体的排放总量大，减排任务繁重艰巨。六是环境问题带来的社会影响凸显。一些企业违法排污造成环境污染。

针对可持续发展面临的问题，中国已经并且正在做着积极的努力，以推进可持续发展。截止到 2012 年底的过去五年里，全国财政用于节能环保投入累计达 1.14 万亿元；2012 年我国单位国内生产总值能耗比五年前下降 17.2％，化学需氧量、二氧化硫排放总量分别减少 15.7％

和17.5%；全国万元工业增加值用水量比十年前减少一半以上；全国城市污水处理率提高到87.3%，火电脱硫比例提高到90%以上；森林覆盖率不断提高，牧区草原质量出现好转，沙漠化土地面积持续减少。

按照中国共产党十八届三中全会对深化生态文明体制改革提出的：必须建立系统完整的生态文明制度体系，健全自然资源资产产权制度和用途管制制度，划定生态保护红线，实行资源有偿使用制度和生态补偿制度，改革生态环境保护管理体制。中国为未来推进生态文明建设拟定了六个重要原则：一是坚持把改革创新作为推进生态文明建设的基本动力。二是坚持尊重自然、顺应自然、保护自然的基本理念。三是坚持在发展中保护、在保护中发展的基本要求。四是坚持节约优先、保护优先、自然恢复为主的基本方针。五是坚持绿色发展、循环发展、低碳发展的基本路径。六是坚持政府主导、企业主体、多方参与、全民行动的基本工作格局。基于上述原则，中国准备全力做好六件事：一是以主体功能定位为依据，加快优化国土空间开发格局。二是以调整优化产业结构为抓手，有效减轻经济活动对资源环境带来的压力。三是以全面加强资源节约为突破口，推动资源利用方式转变。四是以加强污染治理为着力点，切实提高生态环境质量和水平。五是以健全法律法规、创新体制机制为核心，加快生态文明制度建设。六是以促进绿色、低碳消费为重点，加快形成推进生态文明建设的良好社会氛围。经过这些努力，希望能够确保完成“十二五”生态文明建设各项指标，到2020年初步形成与全面建成小康社会相适应的生态文明。

在此基础上，中国为推进生态文明建设还不断有新的动作。2014年，中美两国经过数月谈判，于11月12日在北京共同发表了《中美气候变化联合声明》，宣布中国计划在2030年左右二氧化碳排放达到峰值且将努力早日达峰，并计划到2030年非化石能源占一次能源消费比重提高到20%左右。美国则承诺在2020年后把二氧化碳减排速度提高一倍。到2025年，实现年温室气体排放在2005年基础上减排26%～28%的目标。《联合声明》还表示，双方计划继续加强政策对话和务实合作，包括：在先进煤炭技术、核能、页岩气和可再生能源方面的合作；以及在扩大清洁能源联合研发，推进碳捕集、利用和封存重大示范，启动气候智慧型/低碳城市倡议，推进绿色产品贸易，实地示范清洁能源等方面的合作。

第四节　国际经济关系与可持续发展

国际经济关系领域是全球可持续发展过程中的重要组成部分，在这些领域里人类的活动状况如何，直接关系着全球可持续发展的实现。本节阐述国际经济关系中同可持续发展密切相关的若干重要问题。

一、发展援助与可持续发展

由发达国家政府向发展中国家提供各种形式的发展援助，如非商业性的资金输出、技术转让以及减免债务等，是在全球范围实现可持续发展的必要的和重要的方面。当人类的活动与其所赖以生存和延续的生态环境之间发生严重冲突的时候，不论是富国还是穷国，不论是穷人还是富人，大家都面临着共同的威胁。发展与环境保护是全人类的共同任务。各国应本着全球伙伴精神，为实现发展和保存、保护与恢复地球生态体系的健康和完整进行合作。在此合作过程中，鉴于导致全球环境退化的各种不同因素，各国负有共同的但又有差别的责任。因为，不论是从历史还是从现实看，发达国家不仅应对生态环境的恶化负主要责任，而且还要对发展中国家的贫困落后承担责任。同发展中国家相比，发达国家在解决与发展和环境有关的各种问题方面有着很大的经济上和技术上的优势。因此，为实现全球可持续发展，发达国家有责任向发展中国家提供资金援助和技术转让。

在 1992 年里约联合国环境与发展大会上通过的文件中，就发达国家对发展中国家的援助责任作了一些规定。如发达国家除了应继续向发展中国家提供原有的发展援助之外，还应向发展中国家提供保护环境所需的“新的、额外的资金”，并规定，发达国家应将其国民生产总值的 0.7%用于官方发展援助，并应在减免发展中国家的外债和防止发展中国家的资金外流等事项上做出努力，而且发达国家不应对援助资金提出附加条件。但是，里约大会之后发达国家的实际行动是相当欠缺的。1992 年，发达国家的官方对外援助在其国民生产总值中实际平均只达到0.35%。到1999年，这一比重不但没有提高，反而下降到0.22%，其中最大的发达国家美国的这一比重只有0.1%。虽然，从2001年开始，官方发展援助总额开始以较快速度增长，但是即使是本世纪官方发展援助总额占国民生产总值的比重最高的2004年，这个指标仍只有0.25%，低于1980—1992年的平均值0.33%，也低于联合国设定的目标值0.7%。虽然，发达国家试图通过调整援助国结构来提高援助效果，例如，英国2011年起停止了对中国的双边援助项目，同时增加了对非洲的援助。但终归是没能履行承诺。目前，达到官方发展援助总额占国民生产总值的比重0.7%的国家仅有挪威、卢森堡、瑞典、丹麦和荷兰。在技术转让方面，里约大会文件规定，发达国家有责任以优惠条件向发展中国家转让对环境有利的技术，“技术转让包括知识、产品、服务和组织程序。发展中国家发展经济、技术和管理的能力需要国际的支持。”（《21世纪议程》第33章）。但是，这一领域中存在着技术转让同知识产权的矛盾。发展中国家要求以“优惠的、非商业性的”条件转让技术，发达国家则强调保护知识产权。迄今为止，尽管南北双方在技术合作与技术转让方面有一定的进展，但距离实现可持续发展的要求还有着相当大的差距。

二、国际贸易与可持续发展

国际贸易直接关系着全球可持续发展的实现。通过国际贸易，可以对各国的资源在全球范围进行有效配置，促进技术、信息的国际流动，从而提高各国的收入、改善各国的福利。这将在发展经济的同时有利于保护生态环境，而直接同环境保护相关的环保产业和环保产品的贸易，在这方面的作用就更突出。20世纪90年代以来，环保产业在世界上急剧崛起。各国积极发展环保产业，促进环保产品的出口，试图借此抢占国际贸易中的制高点。1994年，美国商务部将环保产业列为重点出口产业之一予以支持。日本政府则提出了以“21世纪的新地球”为题的绿化地球的百年行动计划，其他国家政府也都相继提出了一些相关的支持性政策。目前，美国拥有11.5万家环保企事业单位，其中6万余家是环保技术公司。仅环保产业中涉及固体废物的产业全部产值就高达960亿美元，占美国GDP的1%；并在美国政府的支持下实现了从环保技术到环保产品全方位的出口。但是，从另一方面看，由于发展中国家在现存国际经济秩序中所处的不利地位，一些与环境保护相关的国际贸易问题，可能会损害发展中国家的社会经济福利，进而将对全球可持续发展产生消极影响。这些问题是：

第一，北方国家的绿色贸易壁垒。为了有效地保护生态环境，各国政府制定和实施一些有关环保的贸易立法、规章和管制条例是必需的。但是，由于发达国家同发展中国家在经济、技术水平上有相当大的差距，在国际分工中所处的地位不同，发达国家的许多贸易管理措施实际上构成了非关税的绿色壁垒。例如，发达国家通常有较高的环保标准，在这种情况下，发展中国家要么因达不到标准而被排除在特定市场之外，要么将为投入过多成本而得不偿失。进而，有些发达国家有意识地利用环保的旗号，实行贸易保护主义。例如，一国政府可以针对特定产品的国际竞争状况，根据本国产品的优势去制定严苛的技术和质量标准，从而达到保护本国产业、排斥外国产品的目的。不论在哪种情况下，发展中国家都将是受害者。

第二，发展中国家的贸易自由化。战后，大部分发展中国家都实行了程度不同的贸易管制。20 世纪 80 年代以来，随着在世界范围出现的普遍的市场化潮流，发展中国家也都相继着手解除管制，取消关税和非关税壁垒，走向自由化。虽然放宽对贸易的限制，使贸易和环境相互支持，已成为包括发展中国家在内的国际社会共识，但在发展中国家应以什么样的方式，以什么样的速度以及在多大程度上实行贸易自由化方面却存在着一些争议。一般来说，实行贸易自由化会促进经济效益的提高，增加收入，贸易自由化还可通过有利于环境的技术的引进和鼓励污染较轻的产业的发展，加强对环境的保护。但是，发展中国家推行贸易自由化也存在着一些现实的威胁，有可能会加剧对生态环境的破坏。迄今为止，发展中国家大多是以初级产品和低加工的制造业产品为其主要的出口产品，这些产品对自然环境的依赖大，所造成的影响也大。在现存的国际经济秩序下，发展中国家的出口产品的价格偏低，因而出口收入少，发展中国家为了获取更多的收入就趋向投入更多的自然资源，而发展中国家对自然资源的利用效率又很低，从而加剧生态环境的退化。另外，贸易自由化也为发达国家的产品长驱直入发展中国家境内提供了条件，特别是那些发展中国家尚缺乏经济技术实力去生产的一些产品，如信息产品和环保产品等。这是不利于发展中国家的国内经济发展的，从长期看也将会对生态环境产生消极影响。所以，发展中国家应审时度势，从本国的国情出发，选择适当的战略与策略去实现贸易自由化。此外，发展中国家还应使本国的经济多样化，以减少对资源型产品出口的依赖。

第三，环境成本内部化问题。在过去长时期里，损害生态环境的贸易产品价格是不计算、不包含环境成本的，随着环境保护要求的提高，将环境成本内部化在产品价格之中，成为贸易领域里通过市场机制实施可持续发展的一种措施。贸易产品的环境成本内部化会对国际贸易产生多方面的影响。由于目前世界上还没有统一可行的环境成本内部化的程序，如果某些国家企业率先推行严格的环境成本内部化，那么就有可能因价高而损害其出口产品的竞争力。但是，从另一方面看，由于有一些国家（主要是发达国家）实行较严格的环保标准，会对那些含有环境成本的产品予以优待，排斥那些非环境成本内部化的产品，这又会增加环境成本内部化产品的竞争力，发展中国家由于其经济、技术的落后，在环境成本内部化方面处于相当不利的地位，要在使环境成本内部化的同时保持产品的价格竞争力，需要有较高的技术水平，较多的资金投入和较完善的生产经营体系，以使环境成本和非环境成本都最小化，在这方面，发达国家当然占有很大优势。此外，从产业结构看，发展中国家的产业以资源开采、初级加工业为主，这些产业的环境成本高；而发达国家一般则搞高附加值、高技术含量的深加工产业和信息产业，这些产业活动的资源、能源的投入少，消耗率低，其环境成本相应也低。环境成本内部化是大趋势，它是为保护生态环境、对资源进行有效配置、实现可持续发展的必要的市场工具。但是，在推行环境成本内部化的过程中，必须要限制其消极影响，防止其成为贸易保护主义的工具，防止在这一过程中扩大南北差距。在环境成本内部化过程中加强国际合作，特别是南北之间的对话与合作，是保证这一过程健康发展的必要条件。

三、跨国公司与可持续发展

跨国公司目前已是国际经济生活中举足轻重的力量，它们的活动，特别是发达国家的跨国公司在发展中国家的活动，直接关系着全球可持续发展的实现。一般来说，跨国公司可以对全球可持续发展起到促进作用，跨国公司拥有先进的技术与设备，管理经验和方法，以及遍布全球的销售网，如果利用得当，跨国公司可以有效地促进东道国的经济发展，增加当地人民的收入。而且，发达国家的跨国公司一般在环境保护方面走在世界前列，如它们制定和实施较高的环境标准，拥有较多先进的与环境保护相关的技术、专利、产品和设备等。跨国公司进入发展中国家，可为发展中国家带来较多的机会去避免走发达国家曾走过的那种不可持续的工业化道路，较快地采纳与生态环境相协调的、可持续的生产模式。

但是，发达国家的跨国公司的活动也会以各种方式危害到全球可持续发展进程。例如，如果跨国公司只顾自己的利润而不顾东道国的经济与社会发展的话，那么就会直接损害东道国的可持续发展进而间接损害全球的可持续发展。资源型跨国公司可能为了从发展中国家廉价获得尽可能多的原材料，去过度开采发展中国家的自然资源；有些跨国公司也可能会为了躲避本国较严格的管制条例，将一些污染严重的产业转移到发展中国家去，还有些跨国公司会将在本国不易处理的有毒的生产废弃物，运送到发展中国家去处理。跨国公司的上述种种行为，都会损害发展中国家以至全球的可持续发展。要使跨国公司充分发挥其促进可持续发展的积极作用，抑制其消极作用，需要有关各方即跨国公司、东道国、母国以及国际组织等的相互沟通，认真合作，公平地分配利益和分担损失。

总之，在国际经济领域中致力于实现可持续发展从根本上说，应首先着力解决在南北之间存在的各种问题，变南北之间依附和对立关系为对话和合作关系，建立国际新秩序。

第十二章　当代国际经济政治秩序

国际经济政治秩序是研究世界经济的一个重要问题。国际经济政治秩序影响和支配着各国在国际舞台上的行为表现以及利益分配。本章将从国际经济政治秩序基本内涵入手，分析国际经济政治秩序的历史演进，揭示其内在本质，展望未来发展方向，并探讨中国与国际经济政治秩序之间的关系。

第一节　国际经济政治秩序及其演进

一、国际经济政治秩序的内涵

国际经济政治秩序，是指在一定世界格局基础上形成的，参与国际经济与政治活动的主体所遵循的规则，保障这些规则实施所需要的机制，以及这些规则和机制所决定的国际行为主体之间的关系。从内容来看，包括两个方面：一是影响国际行为主体的规则和机制；二是这些规则和机制所决定的、或者说是反映出来的国际行为主体之间的关系。前者是具体的、表面的，后者是抽象的、实质性的。研究国际经济政治秩序既要了解国际规则的具体内容，更要分析规则背后的本质。

对于国际行为主体而言，国际经济政治秩序至关重要。一个国家存在于由不同国家构成的充满竞争的国际体系之中，无政府状态是这一体系的基本特征，这一现实对国家的行为方式有着巨大影响。[①] 国家间需要相互合作来发展经济、确保安全，但“无政府状态”让各国都无法确认自己是否安全，也无法确认其他国家是否会对自己采取政治、经济行动，国际合作变得困难重重，而国际秩序的建立有助于解决这一问题。国际规则是参与各方的契约或约定，由于它的存在，国家的行为受到约束，可预期性增强，不确定性减少，同时也有了沟通、交流的渠道和解决分歧、矛盾的机制，这使得冲突的可能性减少，合作的机会增多。如果国际经济政治秩序中的规则、制度运转良好，有助于保障国际经济政治活动有序进行；反之，国际社会则可能出现无序、混乱状态，甚至爆发国际冲突乃至战争。国际秩序存在的意义，或者说是国际秩序产生的原因，正是在于解决国际社会的“无政府状态”问题。

国际秩序的存在有利于世界稳定与发展，这是积极的一面，但不可忽视的是，这往往掩盖了秩序背后的本质。国际经济政治秩序，有是否公正合理之区别。判断一种国际经济政治秩序的性质，主要看其赖以形成的权力和利益基础是什么：如果是建立在大多数国家的共同利益之上，能够促进各国共同发展的，那么这种国际秩序则是公正合理的；如果是在少数强国主导下建立起来并且为这些国家服务的，其他国家处于被剥削、被压迫的地位，那么这种国际秩序就是不公正、不合理的，可能加剧世界范围的不平等，甚至成为矛盾和冲突的焦点。

国际经济政治秩序是一定历史条件下的产物，属于历史范畴。在资本主义生产方式确立以前，世界一些国家和地区虽然也有一定的政治经济联系，也有人提出建立“世界秩序”以防止国家间发生战乱、维护世界安宁，但当时世界主要国家和地区之间基本处于隔离状态，建立国际经济政治秩序既缺乏迫切性，也没有客观可能性。只有当产业革命在世界许多国家完成、资本主义生产方式确立、世界市场得以形成、全球化浪潮不断袭来，国际经济政治秩序的建立才具备条件。作为历史范畴的国际经济政治秩序，其产生不仅与一定的经济社会条件相联系，其变化

---

① 参见约瑟夫·格里科、约翰·伊肯伯里著，王展鹏译：《国家权力与世界市场：国际政治经济学》，北京大学出版社 2008 年版，第 84—85 页。

发展也与各个时期经济政治条件的变化紧密联系。[①] 国际秩序与国际格局有内在的因果关系。一般来讲，如果国际格局发生重大变化，国际秩序也会随之改变，新的国际规则会取代旧的一套。但二者变化的速度、节奏却不一定是同步的。[②]

二、国际经济政治秩序的历史演进

国际经济政治秩序是资本主义国家在世界范围内开拓市场、建立殖民体系过程中建立和发展起来的。

（一）威斯特伐利亚体系

威斯特伐利亚体系形成的直接原因是“三十年战争”。1618 年至 1648 年的这场战争以德意志为主战场，席卷整个欧洲，是欧洲国家争夺领土、王位、霸权的斗争以及宗教纠纷尖锐化的产物。1648 年 10 月 24 日，参战各方代表签署了《奥斯纳布吕克条约》和《明斯特和约》，两个条约统称为《威斯特伐利亚和约》。《威斯特伐利亚和约》确立了主权平等、领土完整、国家独立等国际关系基本准则，用以规范资本主义发展阶段差不多的独立国家之间的关系。[③] 这些准则在此后几百年间被视为处理国家关系的主导原则。因此，威斯特伐利亚体系也可以被视为最早的“国际经济政治秩序”。当然，这一秩序就范围而言还只是“欧洲秩序”，算不上世界范围的国际秩序。

在威斯特伐利亚体系下，奥地利哈布斯堡王朝失去了大量土地，对神圣罗马帝国内部各邦国的控制也被削弱，王朝实力江河日下。神圣罗马帝国被分割成 300 多个领土单位，德意志仅作为地理概念而不是国家而存在。南部的意大利处于四分五裂的状态，无法形成统一的政治力量。法国得到了通往德意志的战略通道，实力大增。瑞典获得波罗的海和北部海岸的重要港口，成为北欧强国。《威斯特伐利亚和约》在欧洲大陆建立了一个势力相对均衡的格局，也可以称之为当时欧洲的“多极格局”。但这种格局并非一种静止状态，各国的实力对

---

① 参见郑必坚、张伯里主编：《当代世界经济》，中共中央党校出版社 2003 年版，第 306—307 页。

② 参见唐征友主编：《当代世界经济与政治》，中国矿业大学出版社 2012 年版，第 154 页。

③ 参见俞国斌主编：《当代世界经济与政治》，西南财经大学出版社 2007 年版，第 69 页。

比仍然以较快的速度变化。到18世纪末，已经有多个国家从盛极一时走向衰落。与此同时，新兴资产阶级与封建势力的斗争贯穿始终。天主教与新教的斗争也未停止，在宗教改革的冲击下，新教取得了重大胜利。

15世纪到18世纪这一段时期，伴随航海技术的突破和地理大发现，国与国之间的经济关系得以建立，并且愈加紧密，但各国所处地位极不对称，强国处于明显有利地位，可以对殖民地进行掠夺，并占有其财富。同时，欧洲列强彼此竞争，葡萄牙最早取得海上优势，但不久就被西班牙取而代之，之后荷兰凭借强大的海上实力建立庞大的商业帝国，却也是昙花一现。这一时期，欧洲列强争夺激烈，战争不断，但国际经济秩序保持相对稳定，不论谁充当世界霸主，国际经济秩序都遵循“重商主义”原则，认为国际贸易是“零和博弈”，一方的收益必然以另一方受损为代价。因此，强国极力谋求贸易顺差，对进口严加管制，以占有和积累金银财富。[①]

（二）维也纳体系

维也纳体系是拿破仑战争的产物。18世纪末19世纪初，法国为在欧洲建立霸权，对多国发动战争。欧洲各国先后组织反法同盟与之对抗，并最终击败法国。1814年10月至1815年6月，欧洲各国在维也纳举行系列会议，并最终达成《最后总决议案》，其内容主要是欧洲列强重新瓜分领土和势力范围，确立了“正统主义”原则和大国协调制度，被推翻的欧洲各国封建王朝秩序重新确立。

维也纳体系所确立的也是欧洲的多极格局。根据《最后总决议案》，英国得到了地中海的马耳他，从法国手中夺去了西印度群岛的多巴哥和圣路西亚，以及印度洋上的毛里求斯，巩固了海上霸权。俄国分得波兰十分之九的土地，并继续占领芬兰和比萨拉比亚（罗马尼亚领土）。奥地利取得了波兰的加利西亚，恢复了对意大利北部巴底和威尼斯的统治，并占领了萨尔斯堡、提罗尔和达尔马提亚沿岸。普鲁士控制了波兰的波兹南，合并了经济发达的莱茵区和威斯特伐利亚，以及萨克森五分之二的领土和原属瑞典的波美拉尼亚。相形之下，弱小民族只能任由宰

① 参见陶坚、林宏宇主编：《中国崛起与国际体系》，世界知识出版社2012年版，第214页。

割，波兰第四次被瓜分，德国和意大利保持分裂的局面，比利时被强迫并入荷兰，挪威并入瑞典。法国受到制裁，东北边境的 17 个城堡由反法联军占领，并赔偿 7 亿法郎，交出海军。

在这一时期，国际经济领域的规则出现变化，由重商主义逐步转向自由贸易，主要原因是英国的崛起及其理念的扩散。1776 年，亚当·斯密发表了著名的《国富论》。此后，“自由竞争”的概念在英国逐步为人们所接受，“看不见的手”开始调节经济，焕发了整个国家的经济活力。在英国称霸世界后，或者说在英国称霸世界的过程中，英国将其经济理念推广到国际层面，一改往日“重商主义”强调贸易顺差、对进口严加管制的思想，倡导“自由贸易”，认为其他国家的经济增长有利于带动英国出口，“自由贸易”对各方都有利。在这种思想指导下，英国的国际经济政策不再强调限制进口，而是和贸易伙伴通过协商共同削减进口限制，扩大贸易量。作为霸权国家，英国不时用坚船利炮打开其他国家的通商大门，这一点与过去的殖民主义没有本质区别。

（三）凡尔赛—华盛顿体系

19 世纪末 20 世纪初，在第二次工业革命推动下，资本主义国家工业生产迅速发展，企业规模越来越大，生产和资本高度集中，资本主义从自由竞争阶段过渡到垄断阶段。垄断资本不满足于对国内的统治，要求向外扩张，控制国外的原料供应和产品销售市场。而此时的世界已经被欧洲列强瓜分完毕，形成了帝国主义的殖民体系。垄断资本要求对外扩张与世界已经被瓜分完毕的矛盾终于导致了第一次世界大战的爆发。一战结束后，各国通过在巴黎和华盛顿会议上的谈判，建立了“凡尔赛—华盛顿体系”。在这一体系中，国际力量对比与以往有两点明显不同：一是美国和日本在国际格局中的地位明显上升，近代世界舞台上欧洲列强争霸的局面被欧、美、亚强国争霸所取代；二是十月革命后，帝国主义一统天下的局面被打破，尽管当时的社会主义力量还较弱，但毕竟在国际关系中注入了新的因素。①

英、法、美等国通过一系列掠夺性合约，瓜分了战败国的势力范

① 参见俞国斌主编：《当代世界经济与政治》，西南财经大学出版社 2007 年版，第 70 页。

围，并建立了世界性的国际组织——国际联盟，试图维持国际秩序。国际联盟仅为少数大国所操纵，且对成员国缺乏约束力，作用有限，并没有给世界带来持久的和平与安全。资本主义经济在20年代获得短暂的稳定发展之后，于1929—1933年爆发了深刻而持久的世界性经济危机，国际贸易严重萎缩，资本输出几近停滞，国际金融体系极度混乱。随着列强发展不平衡的加剧，到20世纪30年代后，该体系不断受到德国、日本、意大利法西斯侵略行为的挑战。1939年9月，德国进攻波兰，第二次世界大战开始，凡尔赛—华盛顿体系彻底崩溃。这一体系持续时间较短，是过渡性的国际秩序。

（四）雅尔塔体系

第二次世界大战彻底改变了以欧洲为中心的国际格局，世界范围的力量对比发生重大变化。一方面，帝国主义国家内部的经济发展出现新的不平衡：德、意、日三个战败国一败涂地，暂时退出国际竞争舞台；英、法虽是战胜国，但元气大伤；只有美国在战争中大大加强了自己的经济和军事力量，确立了在资本主义世界的霸主地位。另一方面，二战使得整个帝国主义阵营遭到严重削弱，一些殖民地附属国的反帝反殖斗争加深了帝国主义殖民体系的危机。战后，东欧和亚洲一系列国家走上社会主义道路，形成了以苏联为首的社会主义阵营，大大地改变了社会主义与资本主义之间的力量对比。

雅尔塔体系是在第二次世界大战后期，通过雅尔塔会议、德黑兰会议和波茨坦会议等一系列会议逐步形成的。雅尔塔体系对于保证世界各国进步力量取得反法西斯战争的最终胜利、埋葬旧的帝国主义秩序，发挥了积极作用。二战后建立的联合国、国际货币基金组织、世界银行和关税与贸易总协定等国际政治经济组织，制定了一系列规范成员国行为的准则，对协调国际关系、维护国际秩序起了积极作用。但雅尔塔体系也具有相当明显的局限性，它是大国主宰世界、再次划分势力范围的产物，弱小国家的利益并未得到应有的体现。

20世纪90年代初，随着东欧剧变、苏联解体，雅尔塔体系中的两极格局终结，国际格局朝着多极化方向发展，但雅尔塔体系所建立的许多规则仍得以延续，国际经济政治秩序为少数大国所主导的本质并未根本改变。

第二节　当代国际经济政治秩序的本质

如前所述，研究国际经济政治秩序不仅要看规则与机制这些表象，更要看到这些规则和机制背后反映出的本质。本节将就国际经济秩序和国际政治秩序的本质分别进行讨论。

一、当代国际经济秩序的本质

第二次世界大战后，美国等西方国家凭借实力，建立了对自己有利的国际经济规则和机制。之后，这些规则和机制虽然根据形势变化有所调整，但总体上看是原来秩序的延续，其本质没变，仍然是发达国家对发展中国家的剥削，体现在以下几个方面。

（一）以不合理分工为基础的国际生产体系

二战前的资本主义国际生产体系是以宗主国和殖民地附属国之间的垂直分工为基础的。殖民地附属国主要生产并向宗主国提供工业生产所需的初级产品，在国际分工中处于低端；宗主国则利用这些初级产品加工成制成品，并把殖民地作为销售市场，处于国际分工的高端。不合理的国际分工体系，使殖民地附属国依附于宗主国的经济。

二战后，各国的产业结构都不同程度地有所调整，国际分工体系明显变化。首先从国际分工的广度来看，已经由传统的第一产业和第二产业的分工，发展到第一、第二和第三产业之间的分工。其次从国际分工的深度来看，已经由不同产业间的分工发展到每个产业内部不同产品之间、同一产品的不同零部件之间、同一零部件不同工序之间的分工。第三，国际分工的媒介由以国际商品交换为主渠道，发展到生产资本的国际流动及区域经济集团的内部政策协调等多种渠道。特别是跨国公司从其“全球战略”出发，以充分利用国际资源和国际市场为目标，在全球范围内安排其子公司和分支机构的供产销、资金调拨、技术转让等生产经营的主要环节，跨国公司内部的分工也就表现为国际分工。

国际分工体系的变化必然对南北之间的国际分工格局产生影响。首先，由于国际分工主要发生在经济技术水平相近的西方发达国家之间，所以发展中国家和地区、特别是其中大多数经济落后的国家和地区，参与和利用国际分工的领域相对狭小，一些最不发达的国家基本上被排除在国际分工体系之外。其次，从当前南北之间的国际分工格局来看，基本保持了农业与工业之间、采掘业与加工业之间垂直分工的格局。一些新兴工业化国家和地区虽然参加了制造业内部的分工，但在国际分工体系中处于低端。西方发达国家在国际分工体系中占有优势地位，高新技术产品和关键零部件的生产以及新型服务业，基本上为他们所垄断和控制。即便在传统上南方占优势的第一产业，由于现代化大农业的发展，西方发达国家在不少农产品的生产和出口方面占据强大优势，如粮食、蛋乳制品、畜禽肉类等。总之，在南北国际分工体系中，西方发达国家主要生产技术含量和附加值高的产品，这种不合理的国际分工不仅使南北双方在国际分工中获得的收益极不均衡，还会导致发展中国家单一和畸形的经济结构固化，使产业结构调整和升级更加困难。

（二）以不等价交换为基础的国际贸易体系

南北双方在国际分工中的不同地位，决定了他们在国际交换中的地位和利益分配也截然不同。

不合理的国际分工导致不对称的贸易依存关系。由于科技水平的差距大，南北国家之间的交换主要是农产品与工业制成品之间、初级产品与加工产品之间、物质产品与服务产品之间的交换。在商品贸易方面，发展中国家出口对发达国家市场的依存度达 3/4 至 4/5，而发达国家出口对发展中国家市场的依存度仅为 1/5 至 1/4。在服务贸易方面，西方发达国家既是主要的进口国，又是主要的出口国；发展中国家则主要是进口国，即依赖于发达国家的出口。这种不对称的依存程度，使发达国家在国际交换中往往处于主动、有利的地位，而发展中国家则处于被动、不利的地位。

西方发达国家的贸易保护主义严重损害了发展中国家的利益。二战后，在关税贸易总协定的协调下，国际贸易中的关税壁垒逐步削减，贸易自由化有了快速发展。但 20 世纪 70 年代西方国家陷入“滞胀”后，以非关税壁垒为特点的贸易保护主义盛行。美国的贸易政策以《1988 年贸易和竞争综合法案》的形成和实施为标志，实现了由全球多边主义向双边互惠主义、由倡导“自由贸易”向“公平贸易”的转变。2008

年金融危机后，美国推出的经济刺激计划公然包含“购买国货条款”，规定经济刺激计划支持的工程项目必须使用国产钢铁和其他制成品。进入21世纪以来，伴随竞争力下滑，欧盟的保护主义倾向愈加明显，所保护的不再限于服装、鞋类等劳动密集型产业，扩展到了电子、新能源等领域。欧盟还以保护主义为手段，借以打开其他国家市场，2010年11月出台的“贸易新战略”宣称将在反倾销、反补贴等传统贸易救济工具之外创设新的政策工具，对“拒不向欧盟企业开放政府采购市场”的国家实施限制，迫使对方“对等开放”。

（三）发达国家公司为主体的国际投资体系

二战后，以西方跨国公司为主体的国际直接投资迅速增长。跨国公司凭借其在生产、技术、经营方面的优势，在全球范围内进行跨国界、跨地区的生产经营活动，以优化资源配置和实现利润最大化。跨国公司的对外直接投资既给东道国带来机遇，也带来挑战，特别是国际直接投资的旧格局，对发展中国家把握机遇和应对挑战构成了制约。

首先，不平衡的国际直接投资格局制约了发展中国家利用外资。发达国家既是国际直接投资的主要投资者，又是主要吸纳者，而最需要外来投资的发展中国家所吸收的却相对不多。尽管流入发达国家的资金在2008年之后有所下滑，但仍然维持较高水平，根据联合国贸发会议的统计，其在2013年占全球的39%。在经济全球化加速发展的今天，这种不平衡的国际投资格局实际上把相当大数量的发展中国家和地区排除在利用全球化机遇之外。

其次，不合理的国际投资结构制约了发展中国家经济结构调整和产业结构升级。跨国公司对外直接投资的根本目的是追求利润最大化，而发展中国家引进国际直接投资的目的不仅是弥补建设资金的不足，更重要的是引进外国的先进技术，改善国内经济结构，提高国际经济竞争力和综合国力。因此，跨国公司的投资战略往往与发展中国家引资的目标发生偏差。为了避免培养自己的竞争对手，跨国公司严格控制技术转让，特别是核心技术的转让。而且，跨国公司还把高污染、高环保成本的产品和生产环节转移到发展中国家去。跨国公司的这些行为必然与发展中国家引资的目的相悖，制约其经济结构调整和产业结构升级。

最后，跨国公司的垄断倾向和不公平竞争行为损害发展中国家的利益。谋求垄断地位和垄断特权以攫取垄断利润，是跨国公司的天性。他们凭借在资本、技术、营销等方面的优势，力图垄断一些产品和产业，特别是高新技术产业，以谋取高额垄断利润。另外，跨国公司还采取“高进低出”（高估进口设备和零部件的价格、技术转让费和资金使用成本，低估产品的出口价格）的方法来转移利润，使发展中国家蒙受税收损失。

（四）发达国家支配的国际货币金融体系

在发达国家主导的国际货币金融体系中，发展中国家的发言权十分有限，经常被动承受货币和金融冲击，甚至不得不为发达国家的金融危机“埋单”，利益很难得到保障。

其一，美元主导的国际货币体系，限制了发展中国家货币政策的独立性。二战后建立的以美元为中心的布雷顿森林体系，将美元与黄金挂钩，其他货币与美元挂钩，美国得以凭借货币发行特权，从全世界获得“铸币税”。20世纪70年代布雷顿森林体系瓦解，但美元仍在国际货币体系中处于核心地位。世界贸易的三分之二左右以美元结算，各国外汇储备的三分之二左右为美元资产。在美元霸权下，世界其他国家的财富源源不断流向美国，才使得美国人能够借钱消费“寅吃卯粮”，国家能够长期保持财政与贸易“双赤字”。而发展中国家在国际货币体系中的从属地位，使他们既无力影响汇率波动，又难以防范汇率风险，处境十分被动。2008年美国爆发金融危机后，美国政府为缓解危机采取“量化宽松”货币政策，导致国际市场资金泛滥，大量资金涌向发展中国家，美国随后采取的“退出政策”又引发资金回流，发展中国家面临资金“大进大出”带来的剧烈冲击，饱受其害。

其二，国际金融组织中“以钱换权”的决策机制，限制了发展中国家参与决策的权力。国际货币基金组织和世界银行是两个全球性的国际金融组织，但各成员国在决策中的权力不平等。按照章程规定，成员国参与决策的投票权不是一国一票制，而是根据各自向这两个国际金融组织认缴的份额和股本多少而定。发达国家由于经济实力强、认缴的份额多，因而其投票权就多，在决策中发挥的作用就大。各成员国认缴的份额和股本的数量，还决定了他们在获取贷款和分配特别提款权方面的优先权力。国际金融机构这种“以钱换权”的决策机制，维护的是西方发达国家的政治和经济利益，对发展中国家的意志和利益重视不够甚至不予考虑。因此，发展中国家强烈要求改革国际金融机构的决策机制，增加发展中国家的投票权，有效地保障其代表性和发言权。

二、当代国际政治秩序的本质

国际政治旧秩序的根本特征是，个别超级大国和少数富国、强国在处理国与国之间关系时，实行霸权主义和强权政治，以大欺小，以强凌弱，以富压贫，占世界大多数的发展中国家在世界政治体系中处于“国弱言轻”的从属地位，长期被排斥在重大国际事务之外。二战前，国际政治旧秩序直接以赤裸裸的殖民统治的形式表现出来；二战后，帝国主义殖民体系虽然崩溃，但国际政治旧秩序的本质并未改变，只是表现形式有所不同。《雅尔塔协定》确定了两极体制，美苏两个超级大国为争夺世界霸权和势力范围，各自组织“北约”和“华约”两个军事政治集团进行对抗和“冷战”，从而使国际局势长期处于紧张状态。两极体制瓦解后，整个世界向多极化方向发展，但国际政治旧秩序并没有消失，西方大国并未放弃霸权主义和强权政治逻辑。

（一）美国竭力维持其霸权地位

苏联解体、两极体制终结之后，俄罗斯的经济、政治和军事实力大大削弱，已经无力与美国争霸，美国成为世界上唯一拥有最强大的经济、政治和军事实力的超级大国。作为唯一的超级大国，美国力图独霸世界，把自己的价值观、经济政治制度和生活方式强加给世界各国，把整个世界变成美国式的世界。美国的做法包括：

其一，强化军事力量，推行“单边主义”。克林顿政府提出 20 世纪 90 年代第一个大幅增加国防开支的预算后，美国防务预算不断增加，武器技术和军事实力领先优势不断强化。在追求绝对超强军事实力的同时，美国竭力推行“单边主义”。在“9・11”事件以前，美国退出减少温室气体排放的“京都议定书”，拒绝签署《全面禁止核武器试验条约》；“9・11”事件之后，小布什政府又退出反导条约，不支持禁止生物武器公约，拒绝地雷公约，并以反恐为由，在 2002 年 9 月公布的《美国国家安全战略》中明确提出“先发制人”战略。由于伊拉克战争和美国的“单边主义”在国际社会饱受非议，小布什第二任期后才在这方面有所调整，更多地强调与其他大国的合作。

其二，构筑由美国主导的地区安全体制。美国为推行霸权主义，加紧构筑以美国为主导的地区安全体制，使得每个地区的大国和国家集团对该地区的秩序承担主要责任，但又不脱离美国的控制。在欧洲，美国直接控制和强化北约的作用。在东亚，美国逐步构建完成以美国为中心的东亚地区双边同盟体系，通过《美日安保条约》、《美韩共同防御条约》、《美菲共同防御条约》、《美泰共同安全法》等一系列双边安全条约，确定了美国与其盟国之间的关系和义务，巩固了美国在东亚地区安全的主导地位。

其三，推行新干涉主义。美国为使其称霸世界的行径披上合法的外衣，大力兜售和推行“新干涉主义”，其理论依据是“人权高于主权”、“人道干涉无国界”等等。按照这些理论，世界任何国家和地区，只要发生美国认为“不民主”、“不人道”的事件，美国就有权或干预、或谴责、或制裁，甚至动用武力，从而为干涉别国内政提供依据。

其四，以“巧实力”重振美国领导地位。奥巴马上任之初，美国面临空前严峻的国际国内形势：金融危机暴露美式资本主义的制度缺陷，伊拉克、阿富汗战争师出无名、失道寡助，低落的国际形象严重削弱美国的全球号召力。奥巴马为此提出新的对外战略思想，其突出内容就是“巧实力”外交，也就是运用多种政策手段，刚柔并济，左右逢源，平衡软硬两种实力，积极笼络新老盟友，有效统合多重目标，灵活应对不同挑战。奥巴马还改变了小布什政府的单边主义，放低身段，强调对话和倾听，以扭转美国国际形象日益下滑的趋势。

（二）少数西方大国推行强权政治

冷战后的国际格局呈现为“一超多强”。在西方世界，除了美国作为超级大国力图称霸世界和推行强权政治外，西欧一些国家也在推行强权政治。他们以西方的价值观念评天下，论是非，以军事实力为后盾，恣意干涉别国内政。

北约成立于1949年4月，由美、加以及西欧的英、法、意等16个成员国组成，目的是遏制苏联和共产主义西进。冷战结束后，伴随着华约的解体，北约已无存在的理由，本应解散。但实际情况是，北约不但没有解散，反而实现了扩大和强化，目前成员国数量已经扩大至28个。

1999年4月在华盛顿召开的庆祝北约成立50周年的首脑会议上，提出了21世纪北约“全球化”的战略新概念。其核心是：（1）北约可以在其成员国以外地区采取军事干预行动，从原来的领土防御，扩大到处理地区危机和强制维和，其中包括对付大规模杀伤性武器扩散、恐怖活动、民族矛盾和地区冲突等一切涉及北约盟国“共同利益”的事件。（2）北约的军事干预行动无须得到联合国安理会的授权。北约对科索沃的干预，实际上就是这一战略概念的试验场和试金石。在北约成员国中，西欧国家成员占大多数，这些国家通过北约损害了以联合国为中心的国际关系体系，并使强权政治变本加厉，成为世界不安定的重要根源。

第三节　国际经济政治秩序的变革方向

一、关于国际经济政治新秩序的各种主张

冷战结束后，建立新的国际经济政治秩序已经成为时代发展的必然要求，但世界主要力量提出的主张不尽相同。

（一）美国的“秩序观”

美国谋求建立自己主导的国际新秩序，巩固美国的霸主地位，实行“美利坚治下的和平”。1990年9月11日，布什总统就海湾危机对美国国会联席会议发表讲话时，提出建立“世界秩序”的主张。1991年的《美国国家安全报告》，全面阐述了“世界秩序”蓝图。克林顿执政期间，对美国的国际战略环境和国家实力进行了重新评估，提出“参与和扩展战略”，主张利用冷战后美国总体有利的国际形势，加强介入和参与国际和地区事务，实现美国领导世界的目标。小布什时期，美国的保守主义色彩日渐浓厚，不顾国际社会的普遍共识，对所谓一切不利于美国国家利益的国际条约和国际规则统统拒绝，甚至要用武力实现“自由秩序”[①]。奥巴马上台后提出“多伙伴世界”构想，有意淡化意识形态

---

① 参见赵庆寺、黄虚峰主编：《当代世界经济与政治》，华东理工大学出版社2004年版，第88页。

色彩与以敌我划线的简单做法，强调美国愿与不同类型的国家一道共同应对挑战，建立一个美国主导、大国合作的国际政治经济新秩序。[①]

尽管美国国内对“世界秩序”的表述有所不同，历届政府的做法也存在差异，但基本的战略目标是一致的，也就是继续保持超级大国地位并领导世界。具体而言，美国主张的“世界秩序”包括以下几个部分：第一，确保美国的“全球领导地位”，发挥美国对世界的“领导作用”。为此，美国要在国际事务中起“带头作用”，在西方世界起“核心作用”，对盟国安全起“保护作用”。第二，以西方的民主政治和市场经济作为基础，大力推行西方的政治经济模式，按照“美国的价值观和理想”建立新的国际秩序。第三，对盟国的外交政策施加影响，使之有利于美国的全球战略，并让盟国承担更多的责任和义务，使美国在财力、物力和舆论上不陷入被动。第四，组建美国主导的全球性和地区性安全体系，消除危及美国利益的各种威胁，有效地借助联合国、北约等国际组织，最大限度发挥美国影响力。

（二）西欧国家的“秩序观”

欧洲发达国家在建立新秩序方面看法不尽一致，但有许多共同点：第一，各国都主张把自由、民主、多党制、私有制和市场经济等西方价值观作为未来世界秩序采纳的普遍原则，这一点与美国的主张类似；第二，欧洲不仅要在世界经济领域中发挥“力量中心”的作用，而且要成为世界政治领域不可或缺的力量，欧盟国家要在国际事务中拥有更大发言权，在国际秩序中分担领导责任；第三，主张发挥联合国在建立新秩序方面的作用，在2003年的伊拉克战争中，法国、德国等明确反对美国绕开联合国对伊动武。在欧洲大国中，英国与美国关系最为密切，美英特殊关系使其外交政策带有追随美国的浓厚色彩。但英国保持与美密切关系的目标是借助美国的国际影响，提升自身的国际地位和影响力。因此，在谋求共同主导国际秩序、在新秩序中分享领导权的问题上，英国与法国、德国的主张是一致的。

欧洲国家关于世界秩序的构想面临众多困难。第一，欧洲一体化动力不足。从历史上看，促进欧洲走上一体化道路最为关键的是安全因

① 参见中国现代国际关系研究院：《国际战略与安全形势评估2009—2010》，时事出版社2010年版，第281页。

素。随着冷战结束，欧洲的传统安全威胁大为降低，欧洲一体化、尤其是政治一体化面临动力不足的局面，这让欧洲在国际舞台上很难“用一个声音说话”，甚至在很多重大国际问题上，内部分歧、矛盾不断。第二，西欧经济实力呈下滑局面。进入 21 世纪以来，欧盟经济在全球化竞争冲击下，平均年增长率不足 2%。尤其是 2009 年欧债危机爆发后，欧洲不得不将很大精力用于解决内部经济问题，无暇顾及国际秩序问题。第三，欧洲的主张与美国存在矛盾。总体上看，西欧与美国的实力差距在拉大，欧洲欲分享美国的领导权着实有些力不从心。

（三）日本的“秩序观”

日本作为第二次世界大战的战败国，战后多年来的外交基调都是顺应现存国际秩序，谋求经济发展。随着经济大国地位的确立和巩固，日本越来越不甘愿长期处于“小伙伴”地位，将实现政治大国作为国家发展目标。1991 年 2 月，首相海部俊树一改传统的外交基调，强调日本要“积极参与建立世界新秩序”，并将其作为施政的首要目标。2012 年 12 月，安倍晋三第二次就任日本首相以来，外交政策明显右转，挑战二战以来的国际秩序。

日本政府虽然更迭频繁，但都将实现政治大国作为外交政策的战略目标。日本与西欧在价值观念、制度等实质性问题上有共同点，都是要建立西方大国主导的，以西方模式、意识形态和价值观为基础的新秩序，要求在新国际秩序中分享领导权。日本迫切希望实现国际政治权力的再分配，彻底摆脱战败国形象，在国际事务中取得大国地位。

最近安倍内阁在历史、领土问题上的行为种种，折射出对战后秩序的无视和挑战。世人皆知，诞生于二战尾声的联合国宪章体现了人类社会对战争的深刻反思，防止军国主义复活的正义意志，并以此作为战后国际秩序的重要基石。

（四）发展中国家的“秩序观”

发展中国家要求建立公正、合理的国际新秩序，怀有改变国际旧秩序的强烈愿望。早在 20 世纪 50 年代初，亚非国家便在万隆会议上通过了关于促进世界和平与合作的决议与宣言，确定了各国和平共处、友好合作的十项原则。60 年代，一大批亚非拉国家获得政治独立，但是国际旧秩序严重阻碍着这些国家的经济发展。1964 年，77 国集团发表联合宣言，表达了发展中国家要求改变国际旧秩序的心声。1973年，第四次不结盟国家首脑会议明确提出了“国际经济新秩序”这一概念。1974年4月，联合国第6届特别会议在77国集团的推动下，专门通过了关于建立国际经济新秩序的宣言和纲领。两极格局结束后，发展中国家要求建立公平、合理的国际新秩序的愿望更加强烈，主要内容包括：改变发展中国家与发达国家在不平等基础上形成的国际分工；改变世界经济中不合理的生产、贸易和消费格局，保证发展中国家能够掌控自身资源的开发；加强南南合作，特别是推动区域一体化，同时积极参加南北合作；改变发展中国家在国际事务中的无权地位，大小国家一律平等，使发展中国家能够更充分、有效地参与国际事务的决策过程。[①]

二、当前国际经济政治秩序变革面临的机遇与挑战

进入21世纪以来，伴随着发展中国家实力的增强和西方强国陷入经济困境，国际经济政治秩序迎来了前所未有的变革机遇，但面临的挑战也不容忽视。

（一）国际经济政治秩序变革的动力

20世纪八九十年代，西方国家在世界经济中占有绝对优势。进入21世纪以来，发达经济陷于低迷，新兴经济体高速发展，导致全球力量格局出现前所未有变化。据IMF统计，按市场汇率计算，2000—2009年发展中国家占世界经济的比例累计增加10.1个百分点至33.6%，发达国家降为66.4%。预计到2020年，国际经济版图将出现新兴经济与发达经济平分秋色的局面。从国际贸易角度看，1994年，“金砖五国”的贸易总额仅有0.32万亿美元，在国际贸易总额的占比仅有5.12%；到2013年，“金砖五国”的进出口总额已经达到了6.48万亿美元，在国际贸易总额中的占比升至18%左右，成为一支不可忽视的力量。[②]

新兴市场经济快速发展，中产阶层人口猛增，未来随着工业化与城市化步伐加快，新兴市场的商品消费占国际市场比重将持续上升。特别是，新兴市场的跨国公司数量增长快，进军全球500强的企业明显增

---

① 参见俞国斌主编：《当代世界经济与政治》，西南财经大学出版社2007年版，第75页。

② 根据Uncomtrade数据库计算得出。

加，尤其是在危机前几乎由西方掌控的金融、能源、基础设施等领域，新兴市场企业的竞争力开始显现。新兴大国的崛起必然带来格局变化，北美、欧洲、亚洲三大洲之间出现结构性调整，亚洲整体性崛起之势凸显。据经合组织（OECD）预测，2007—2030 年，亚洲发展中经济体实际 GDP 将年均增长 5.5％，明显高于北美的 2.1％和欧洲的 1.5％。

新兴经济体的“群体性崛起”与西方国家的“集体性衰落”形成鲜明对比，是二战结束以后从未出现过的格局变化，势必推动国际经济政治秩序的大变革。

（二）国际经济政治秩序变革的阻力

首先，发达国家利用现存的实力优势，竭力阻挠国际经济政治秩序变革。发达国家近年来虽然面临许多困难，但战后长期形成的优势存量依然很大，短时间内很难改变。美国等发达国家是国际经济政治旧秩序的制定者、得益者和维护者，绝不会轻言放弃，他们会顽固地抵制和反对发展中国家的改革主张和要求，在一系列根本问题上不肯做让步和妥协。不仅如此，他们还可能花样翻新地提出一些所谓的新理论新主张，打着建立新秩序的旗号，维持旧秩序的本质。

其次，发展中国家实力虽然普遍上升，但能否形成合力仍是问题。发展中国家在推动国际秩序改革问题上有着共同的利益和诉求，但发展中国家数量多，分布广，发展阶段不同，各国国情复杂，不易拧成一股绳。2011 年 IMF 总裁选举被认为是守成大国与崛起大国的一次权力角逐，在选举过程中，美欧铁板一块，新兴经济体各有考虑。“金砖五国”虽然联合发表声明反对欧洲人继续把持 IMF 总裁职位，但各有自己推荐的候选人。相比之下，美国虽然未公开支持拉加德，但仍然延续了“欧洲人担任 IMF 总裁、美国人当世界银行行长”这一战后几十年的“默契”，最终使拉加德顺利当选。美欧的优势不仅在于其经济规模和实力，更在于有深度利益捆绑，而新兴国家利益交织远不如美欧紧密。从地缘政治上看，这些国家要么相隔万里，要么虽是近邻却存在竞争关系，想要达到“美欧式的团结”并不容易。

最后，制度惯性问题。制度一旦形成，制度的参与方就会形成“路径依赖”，进而维持这种制度的存在，让制度表现出一定的稳定性。当前，伴随新兴国家崛起以及发达国家的相对衰落，国际体系确实处于转变之中。但与以往国际格局和国际秩序转变不同的是，正在崛起中的国家面临着一个比较成型的国际秩序，这一体系比历史上任何时期的任何体系都要成熟、完整，对崛起中国家的行为构成了强大制约。由于这一秩序的存在，新兴国家在崛起的过程中不得不面临融入现存秩序还是游离于这套秩序之外的选择。虽然这套秩序有许多不合理，却相对比较完整，且吸纳了世界上的绝大多数国家，身在其外则会被边缘化。在这样的情况下，如果有国家要另起炉灶，建立新制度，代价十分昂贵。[①] 因此，世界上几乎所有国家都选择接受这些规则，尽管这些规则有许多不公平、不合理之处。这样的选择，结果是在一定程度上帮助了这套秩序维持存在，为进一步变革增添了难度。

三、未来国际经济政治秩序的发展方向

建立公正合理的国际经济政治新秩序是时代的要求，历史的必然，人类的呼唤。但也应看到，改革面临强大的阻力，国际社会的观点、立场不一，发达国家定会竭力阻挠。未来一段时期，国际秩序将在各方力量的复杂博弈中前行，总体上保持延续性，但也会呈现新变化。

（一）国际金融机构逐步改革

国际货币基金组织和世界银行是二战后维持国际货币金融体系运转的两大支柱，当时由于美欧在经济实力上享有绝对优势，因而得以主导两个机构的运转。从二战后到现在，国际经济版图已经发生巨变，中国加速崛起，其他新兴经济体迅速发展，西方国家实力相对下滑，凸显出这两大国际金融机构的决策机制已与客观现实严重脱节。

在 IMF 和世界银行中拥有份额的多少，决定了成员国的权益大小。对 IMF 来说，少数发达国家一直在份额和投票权上占主导地位，多数发展中国家的代表性却严重不足。发达国家占了 60%以上的份额，其中约 45%的份额集中于七国集团，美国一家就拥有 17%的份额。由于 IMF 的决策一般需要 50%以上的投票权通过，重大决策需要 85%的投票权通过，因此发达国家足以决定国际货币基金组织的日常决策，而美

① 参见约瑟夫·格里科、约翰·伊肯伯里著，王展鹏译：《国家权力与世界市场：国际政治经济学》，北京大学出版社 2008 年版，第 106 页。

国更是事实上拥有对基金组织重大决策的一票否决权。[①] 随着新兴大国的崛起，这一决策机制显然需要修正。2010 年国际货币基金组织改革，中国的份额由 3.65%升至 6.19%，超越德、法、英，位列美国和日本之后；美国拥有 17.67%份额，依旧拥有“否决权”。但在 2013 年 3 月 11 日，美国国会参议院否决了这一提议，所以到现在还没有实现。

世界银行方面也是如此。2010 年 4 月 25 日，世界银行发展委员会通过了发达国家向发展中国家转移投票权的改革方案。这个方案规定，发达国家向发展中国家转移 3.13 个百分点的投票权，使发展中国家的整体投票权从 44.06%提高到 47.19%。其中美国的投票权减少 1.15 个百分点，从 17%降为 15.85%；日本的投票权减少 1.98 个百分点，从 8.82%降为 6.84%；中国的投票权则增加 1.65 个百分点，从 2.77%上升为 4.42%。[②]

（二）二十国集团地位凸显

2008 年金融危机爆发前，八国集团一直是重大国际经济事务的协商平台，其他国家、尤其是广大发展中国家被排除在重要决策之外。但 2008 年金融危机后，这种局面发生了明显改变。随着实力以及影响力的变化，八国集团已经难以像过去一样垄断重大国际经济问题的决策，二十国集团应运而生，并成为全球经济协调的主要平台。

二十国集团于 20 世纪末成立。1997 年亚洲金融危机的爆发使国际社会认识到，国际金融问题的解决除西方发达国家外，还需要有影响力的发展中国家参与。1999 年 9 月，七国集团财政部长和中央银行行长在华盛顿发表声明表示，同意建立由主要发达国家和新兴市场国家组成的二十国集团，就国际金融问题进行磋商。二十国集团成立后，召开会议的最高级别仅为部长级，并未引起过多关注。但 2008 年美国金融危机爆发后，二十国集团迅速走到了国际舞台的中央。

2008 年至 2013 年，二十国集团举行了八次峰会，讨论的议题越来越广泛，已不仅局限于金融危机的预防与解决，还包括打击恐怖主义融资、国际发展援助、打击金融犯罪、加强金融部门的制度建设、人口与

① 参见葛华勇：《IMF 改革不容缓》，载《财经》2009 年第 7 期，第 25 页。

② 参见杨圣明：《国际经济秩序治理体制改革问题》，载《财贸经济》2011 年第 6 期，第 7 页。

经济发展、地区一体化、国际金融机构改革、气候变化等内容。[①] 二十国集团成为国际经济协调的主要平台，是中国等新兴经济体崛起的结果之一，也是新兴经济体在国际经济秩序中地位上升的具体体现。

（三）金砖国家影响力上升

二十国集团虽然凸显了中国和其他新兴经济体的实力和地位，但毕竟西方国家所占分量大，美欧仍然掌控大部分话语权，是西方国家在经济遭遇困境的情况下不得已借助的平台。新兴经济体应当并且也拥有属于自己的舞台，这就是“金砖国家”峰会。“金砖国家”最初是指巴西、俄罗斯、印度和中国。因为这四个国家英文首字母组成的“BRIC”一词，其发音与英文的“砖块”非常相似，所以被汉译为“金砖四国”。2010 年 12 月，“金砖四国”同意吸收南非作为正式成员，形成“金砖五国”（BRICS），或者说是“金砖国家”。

2014 年 7 月 15 日，第六届金砖国家峰会在巴西福塔莱萨举行，并发表了《福塔莱萨宣言》，宣布成立金砖国家开发银行，初始资本为 1000 亿美元，由 5 个创始成员平均出资，总部设在中国上海。金砖国家开发银行主要资助金砖国家以及其他发展中国家的基础设施建设，具有非常重要的战略意义。

目前，金砖国家国土面积约占世界领土面积的 26%，国内生产总值约占全球总量的 20%，贸易额约占全球贸易额的 15%，人口约占世界总人口的 42%，对全球的经济增长贡献率约 50%，已经成为全球经济增长的重要引擎，其实力与潜力不容低估。正因为如此，近年来举办的金砖国家峰会越来越引人关注。

（四）国际货币体系多元化

自 1944 年布雷顿森林体系建立后，美元在国际货币体系中处于绝对垄断地位。20 世纪 70 年代初布雷顿森林体系崩溃后，逐渐形成以美元为主导，马克（后为欧元）、日元和英镑等货币为补充的货币体系，美元依然处于霸权地位。2008 年的金融危机对国际货币体系冲击巨大，美元霸权地位受到多方质疑。联合国金融体系改革专家委员会主席约瑟夫·施蒂利茨认为，“目前以美元为基础的体系存在重大缺陷，我们需

① 参见朱世龙：《二十国集团与世界经济秩序》，载《世界经济与政治论坛》2011 年第 2 期。

要一种全球性的储备货币”。俄罗斯等新兴国家也表示，支持建立一种全球货币。在 2010 年 5 月的“金砖国家”领导人会议上，与会方提出将探讨以本币进行贸易结算问题。虽然美元的霸权地位短期内难以动摇，但从长期看，各国会加快外汇储备结构调整，从而威胁美元的国际地位。德国前财长施泰因布吕克认为，美国最终将失去在全球金融体系中的超级大国地位，国际金融体系将朝多极化方向发展，美元、欧元、人民币和日元等将共同成为稳定而重要的货币，国际货币体系趋向多极化。①

（五）区域性合作兴起

全球层面的旧秩序在很多情况下无法发挥应有作用，新秩序短时间内又难以形成。在这样的背景下，各种区域性、小多边的合作机制进展很快，一定程度上代表着未来一个时期的发展趋势。在欧洲，欧盟 2009 年通过了《里斯本条约》，曲折多年的一体化进程实现突破。欧债危机爆发后，欧洲在危机压力下又推出多项机制性举措，如 2013 年春天签署的“财政契约”，使一体化在困境中走向深化。在亚洲，东盟合作不断加深，中、日、韩 3 国建立了固定的合作机制，“10＋3”、“10＋6”等合作形式见成效、受重视。在南美，2009 年 3 月成立了南美国家防务理事会，区域合作首次拓展至安全领域。此外，跨区域合作取得重大进展，2013 年 6 月，美国与欧盟就“跨大西洋贸易与投资伙伴关系”展开谈判；由美国和亚太国家参加的“跨太平洋伙伴关系协议”持续推进。

第四节　中国与国际经济政治秩序

中国经济快速增长和国力提升，是推动当今国际格局演进和国际秩序变革的重要因素。本节分析中国对国际秩序的认知变化，崛起的中国与国际秩序的关系，以及中国在国际秩序变革中扮演的角色。

一、中国对国际秩序的认知和主张

在新中国成立的头 30 年里，中国被外界认为是“一个专注于内部

① 参见陈凤英：《世界经济基础嬗变与国际经济秩序变迁》，载《领导文萃》2011 年 4 月。

事务的国家”。20世纪70年代末改革开放以来，上至最高领导人，下至各级官员，从学者、学生，到普通民众，经过外语热、出国热、“复关”和“入世”等反复熏陶、洗礼，中国已然变成对国际形势、国际秩序最为关注的国家之一。

在改革开放后的30多年里，中国对国际社会、国际秩序的“适应性融入”表现得相当明显。适者生存不仅是自然界的法则，也同样适用于国家的生存和发展。邓小平关于“和平与发展”时代主题的定调，与所有人打交道、“与所有人交朋友”的思想，预示着中国必然走上“睦邻、安邻、富邻”之路，必然着眼于增进“共同利益”、以“和谐世界”为最终目标。当融入国际主流的目标确定以后，进行全方位、多层次、宽领域的开放，与国际标准、国际规则接轨，是必然选择。中国改变自己的努力表现在生产方式、生活方式和思维方式等各个领域。中国抓住了经济全球化和世界产业大转移的机遇，经过30多年努力一跃成为“世界工厂”；中国战胜了突如其来的非典疫情和汶川大地震，凝聚了民心，大大提升了国际地位。当改革步伐受阻时，中国甚至加大开放力度，“以开放促改革”，如通过加入WTO来刺激国内企业提高效率，遵守国际规则。①

中国在“适应性融入”国际秩序的同时，也加深了对国际秩序的认识，逐步提出了建立国际新秩序的主张。1988年9月，邓小平提出了以和平共处五项基本原则为基础建立国际新秩序的主张。党的十四届三中全会以后，党中央把建立国际新秩序作为我国对外战略的核心任务，积极提倡建立公正合理的国际新秩序。党的十六次全国代表大会，从多个角度阐述了中国对建立国际政治经济新秩序的主张，倡导政治上各国应该互相尊重，共同协商；经济上应互相促进，共同发展；文化上应互相借鉴，共同繁荣；安全上应互相信任，共同维护。② 党的十八大报告指出，中国将积极参与多边事务，支持联合国、二十国集团、上海合作组织、金砖国家等发挥积极作用，推动国际秩序和国际体系朝着公正合理的方向发展。③

---

① 参见陶坚、林宏宇主编：《中国崛起与国际体系》，世界知识出版社2012年版，第2页。

② 参见俞国斌主编：《当代世界经济与政治》，西南财经大学出版社2007年版，第75页。

③ 胡锦涛：《坚定不移沿着中国特色社会主义道路前进——在中国共产党十八次全国代表大会上的报告》，人民出版社2012年版，第48页。

二、中国崛起与国际秩序的关系

日益强大的中国必然要求更多的话语权、更大的全球影响力。尽管国外分析家对中国的战略意图有过种种猜疑，但不可否认的事实是，将现有国际秩序推倒重来，从未进入中国决策者的理性选择之列。从目前的情况看，国际秩序与中国两者之间仍然是影响者与被影响者的关系，而不是相反。即使30多年的改革开放极大地增强了中国的综合国力和挑战霸权的实力，改变了国际力量对比的态势，但中国并没有从典型的应战者变成标准的挑战者。这不仅是因为国际秩序的内在稳定性、霸权国家的守成，还根植于中国国力的结构和性质。

一是中国的发展存在不平衡性。近年来，中国成为国际各大力量中发展最快的一方，也是发展最不平衡的一方。科学发展观和“和谐社会”理念的提出，反证了中国的经济、政治、社会、军事和文化等方面的不平衡性。中国国际影响力赖以依托的经济力量的可持续性，受经济改革模式、经济增长方式的很大约束。而且，崛起的大国还不止中国一家，壮大了的中国面临着巩固现有优势和建立新优势的艰巨挑战，战略机遇期仍将是充实自己的力量而不是全面扩张力量的时期。

二是存在制约中国与国际体系互动的因素。中国的快速发展举世瞩目，但国际社会对此看法不一，有的对中国力量迅速上升的势头、发展方向和战略意图的不确定性感到担心并有所抵触。“中国威胁论”夸大中国令人震撼的经济增速、强大的生产力与消费力、快速现代化的军事力量，容易引起其他国家的防范和不当的反制。“中国崩溃论”夸大中国经济社会和政治矛盾，通过编织虚幻的崩溃前景来挤压中国的发展空间，扰乱中国的发展进程。

三是中国发挥国际影响力有待加强。中国战略决策者的主要精力仍集中于国内发展和社会稳定，不希望外部环境过多分散自己精力，对于影响和改变其他大国和国际秩序的能力有待于进一步提高。中国需要完善国际影响力的传导机制，将巨大的生产力和消费力转化为经济影响力、市场影响力和政治领导力。

三、中国如何参与国际秩序变革

综合国力的提升为中国参与国际秩序变革并进行“建设性塑造”打

下了坚实基础。应当看到，从“适应性融入”到“建设性塑造”的改变，其间转换难度很大，涉及目标设定、能力建设以及使用力量的意志、采取的方式方法等等，要注意以下几个方面的问题。

首先，中国对国际秩序的塑造，本意是涵盖经济、社会、文化等诸多领域的、立体化的，而在起初的较长时间里，核心是经济，表现为经济实力、经济影响力和经济话语权。之所以强调这一点，是因为经济力量对于崛起之中国的极端重要性。美国《国家安全战略报告》曾强调指出，“美国的外交实力、保持一支天下无敌的军事力量的能力以及美国价值观在国外的吸引力，所有这些都取决于美国的经济实力。”当今中国正处于新型工业化、信息化、城镇化和农业现代化的过程当中，必须始终致力于搞建设，一心一意谋发展，保持经济力量稳步增长的势头。也就是说，开始塑造国际秩序的中国，仍是一个需要不断完善和壮大自己力量尤其是经济力量的国家。

其次，中国采取建设性参与和塑造国际体系的立场，不仅是出于对自身力量弱点的清醒认识，还在于对全球化时代国家利益及其实现方式的深刻理解，即同舟共济，合作共赢。正如习近平同志所说，“一个国家谋求自身发展，必须让别人也发展；谋求自身安全，必须让别人也安全；谋求自身过得好，必须让别人也过得好。”中国正在按照责任、权利、能力相一致的原则，力所能及地承担国际责任，积极参与全球治理，推动国际经济政治秩序向更加公正合理的方向发展。

最后，“建设性”意味着要与各国构建起良好的互动关系，同时参与国际共享规范和价值的塑造。为达成这一目标，就需要处理好与国际体系及其各个组成部分之间的现有摩擦和潜在矛盾，妥善化解与有关国家的分歧和对抗，特别是处理好中美两个大国之间的“复杂关系”，在坚定捍卫国家主权、安全、领土完整的前提下，维护与周边国家关系和地区稳定大局，让现存国际体系中的大国和小国都能不同程度地接受中国的崛起。中国正认真地推动大国理性看待彼此战略意图，尊重各自利益关切，加强协调合作，着力构建 21 世纪新型大国关系和国际关系。

结束语 当代世界综合国力竞争与中国发展战略

当今世界正处在一个大动荡、大变化、大调整的时期。国际金融危机不仅冲击了现有的世界经济与政治格局，而且前所未有地激发了发展中国家要求变革国际秩序的愿望和决心。对中国这样一个后起的发展中大国而言，面临着前所未有的挑战，也蕴含着巨大的发展机遇。现在很多国家不仅希望倾听中国的声音，期待中国在国际事务中承担更多更大的责任，而且希望中国在国际秩序的变革和重建中发挥更大的作用。因此，中国应该首先把自己的事情办好，紧紧扭住经济建设这个中心不放松，在全面深化改革、加快结构调整和经济发展方式转变的基础上，义不容辞地推动国际秩序朝着更加公正合理的方向发展，为实现“两个一百年”宏伟奋斗目标和中华民族伟大复兴的“中国梦”营造良好的国际环境。

一、世界经济格局新变化与中国面临的“全维竞争”

新世纪以来，世界经济政治格局发生深刻的变化，特别是一场“百年一遇”金融大危机，严重冲击了世界经济和国际政治，世界经济与国际政治格局因此发生崭新的变化。2008 年 9 月，以美国华尔街第四大投资银行雷曼兄弟公司破产倒闭为标志，由次贷危机引发的全美的金融危机和经济危机，一大批金融机构和银行倒闭，股市纷纷暴跌，企业也大量破产，经济急剧下滑，美国陷入自 1929 年至 1933 年“大萧条”以来最严重的危机。正所谓：“城门失火，殃及池鱼”。在经济全球化的背景下，美国次贷危机的祸水迅速殃及整个世界。欧盟各国首当其冲，美国的金融危机在欧洲二次发酵，不仅引发了欧洲各国的金融动荡，而且导致欧洲各国的主权债务危机。饱受了“失落的二十年”发展之苦的日本经济更是难以幸免，不仅国际金融危机使得发展缓慢的日本经济雪上加霜，而且地震、海啸、核泄漏等意外打击更让其难以在短期内走出经济低迷的阴影。

为了摆脱危机、走出衰退，美国、欧盟和日本等西方国家普遍推行所谓“再平衡”、“再工业化”战略，大搞量化宽松的非常规货币政策。经过几年的努力，西方经济增速已经止跌回升，出现复苏迹象。但由于西方发达资本主义国家固有的制度性矛盾，以及长期积累的结构性矛盾并没有得到解决，特别是分配不公导致的两极分化的矛盾依然相当严重，因此，经济复苏的基础仍不稳固，短期内很难恢复到危机前的发展水平。

与此形成鲜明对照的是，中国经济凭借其鲜明的制度优势和发展潜力，通过强有力的“四万亿”经济刺激计划，及时遏制住了经济下滑，2008 年成功“保八”，2009 年经济增长达到 9.1%，率先走出低谷。2010 年中国经济又实现了 10.3%的高增长，国内生产总值达到 5.8 万亿美元，成功赶超日本成为世界第二大经济体。2011 年中国经济增长 9.3%，国内生产总值达到 7.4 万亿美元；2012 年后中国经济开始主动进行“换挡减速”，为调整经济结构和转变经济发展方式留出空间，经济增长减速为 7.7%。但与世界其他国家相比仍然属于高速增长，国内生产总值达到 8.3 万亿美元。2013 年中国经济继续保持 7.7%的经济增长率，国内生产总值达到 9.38 万亿美元。中国经济在世界经济总量中所占的比重，从 2007 年的 6%提高到 2013 年的 12.5%。而美国则从 2007 年占世界经济总量的 23%左右，降到 2013 年的 21.8%。

无疑，中国崛起已经成为国际金融危机后影响世界经济格局的最大变量，中国发展也由此进入“树大招风期”。一个拥有 13 亿多人口、贫穷落后发展中大国通过三十几年的改革开放快速崛起，不仅使中国特色社会主义制度更具影响力，而且使世界政治多极化具有了“真实的内涵”。因此，无论是出于意识形态的分歧、冷战思维的惯性，还是担心中国崛起的威胁，中国的强大都会让不少国家绷紧神经。尽管和平发展合作的时代潮流不可逆转，但中国的未来发展将面临更加严峻的国际竞争。这种严峻的国际竞争将更加呈现出“全维性”的特征，不仅表现为中国与发达国家之间赶超与反赶超的“垂直竞争”，而且表现为中国与发展水平相当的发展中国家之间争相拓展发展空间的“水平竞争”，还表现为中国与发展水平较低的发展中国家之间互相帮带且夹杂摩擦的“关联竞争”。

从经济发达程度不同的维度讲“垂直竞争”，是指中国仍要以发达国家为榜样和追赶的目标，加快全面建设小康社会和实现现代化的进程。同时，发达国家也绝不会停滞不前，它们不仅会从这场危机中吸取教训，且会继续利用其在高新科技、军工产业、文化教育和金融等领域的领先优势，努力控制在战略性新兴产业领域的竞争制高点。甚至还会利用气候谈判、碳核查以及新旧贸易保护主义手段，打压和限制中国的出口增长和经济发展，赶超与反赶超的矛盾会日益突出。例如，美国不仅加快实施以发展高端制造业为核心的“再工业化”战略，同时深入推进以“再平衡”为主调的全球战略调整。特别是其主导跨太平洋伙伴关系协议（TPP）和跨大西洋贸易与投资伙伴协定（TTIP）的两大自贸区谈判，都意在知识产权保护、政府采购、竞争中立、环境保护、劳工标准等方面限制中国。对此，美国《时代周刊》刊文称：“这两个协议有着不可告人的秘密：‘它们把世界最大和发展最快的经济体中国排除在外’。”并援引美中经济与安全委员会委员戴维·韦塞尔的话说：“虽然我认为人们从未听到总统公开称这是一项遏制中国的政策，但关起门来说，显然就是这么回事。其目标就是加强美国的经济联系强化对美国市场而不是中国的市场的依赖，以及提高限制，进一步让中国成为局外人。”

从发展水平相当、经济结构趋同的维度讲“水平竞争”，是指在国际市场空间、能源资源储量、生产要素供给有限的情况下，发展中大国之间为了各自国内经济发展而展开的国际市场、能源资源和生产要素之间争夺与反争夺。从中国与周边国家之间的发展“较力”看，俄罗斯欲重振昔日的霸主辉煌，印度等也想做大做强，加之来自巴西、南非、印尼等发展中大国的快速发展的压力，中国难免要与其在市场、能源资源和生产要素等方面产生竞争，特别是由于劳动力成本提高，中国传统劳动密集型产业发展也将面临来自这些国家的强有力竞争。

从发展水平比我国低，但与我国利益相关的维度讲“关联竞争”，是指中国与传统友好的众多亚非拉国家和少数的社会主义国家之间，虽然仍保持传统的友好和援助关系，但由于在气候变暖、能源资源开发等方面不可避免会发生“不愉快或分歧”，由此形成了中国与这些国家之间微妙的竞争关系。特别是在西方国家插手怂恿的情况下，也会造成意想不到的外部风险。

因此，必须潜心研究世界政治多极化和经济全球化的发展趋势和内在规律，清醒认识中国面临的全维竞争关系，既继续坚持“韬光养晦”，又积极“有所作为”，坚定走好开放发展、和平发展、合作发展、共赢发展和包容发展的道路。

二、实现“中国梦”与准确把握战略机遇期的内涵和条件变化

实现党的十八大提出的“两个一百年”奋斗目标，就是到2020年，即在中国共产党成立一百年时全面建成小康社会，到本世纪中叶即在新中国成立一百年时建成富强民主文明和谐的社会主义现代化国家。实现中华民族伟大复兴的“中国梦”，是以习近平同志为总书记的党中央代表中国各族人民向世界发出的最强音。实现“中国梦”的自觉，来自于我们改革开放以来在探索与发展中国特色社会主义过程中所形成的道路自信、理论自信、制度自信。

当然，有梦想和实现梦想是两回事。要最终实现中华民族伟大复兴的“中国梦”，我们必须清醒认识到，我国仍处于并将长期处于社会主义初级阶段的基本国情没有变，人民日益增长的物质文化需要同落后的社会生产之间的矛盾这一社会主要矛盾没有变，我国是世界上最大发展中国家的国际地位没有变。在任何情况下都要牢牢把握社会主义初级阶段这个最大国情，推进任何方面的改革发展都要牢牢立足社会主义初级阶段这个最大实际，坚持以经济建设为中心同四项基本原则、改革开放这两个基本点统一于中国特色社会主义伟大实践，紧紧抓住当前难得的重要战略机遇期，科学把握重要战略机遇期内涵和条件都有了新变化，全面深化改革，规避国际风险，加快发展自己。

我国发展的重要战略机遇期内涵和条件的新变化，主要从国际国内

两方面来认识。一方面，由于国际形势的变化，我们面临的机遇，不再是简单纳入全球分工体系、扩大出口、加快投资、抓住全球市场显著扩张“红利”的传统机遇，而是倒逼我们扩大内需、提高创新能力、促进经济发展方式转变的新机遇；另一方面，由于国内发展的变化，我们面临的机遇，不再是凭借高资源消耗、充足的劳动力供应、宽松的环境约束迅速扩大生产能力，实现经济长期快速增长的传统机遇，而是通过促进科学发展和深化改革，提高发展的质量和竞争力的新机遇。具体来讲：

一是世界经济进入低速增长期，倒逼我们必须扩大内需。由于国际金融危机的影响远没有结束，世界经济有出现缓慢复苏、低速增长、长期下行交替反复的可能性，经济低迷将成为全球经济新常态。因此，在世界经济总体下行趋势下，市场需求成为全球竞争最稀缺的资源，各种形式的保护主义明显抬头，各国对国际市场激烈争夺、对国内市场大力保护，贸易战、汇率战全面升级，全球贸易也面临下行的巨大风险。自2009年开始，我国出口贸易结束了高速增长态势，贸易顺差明显减少，已不再可能重现21世纪前10年高速增长的局面。全球经济进入相对低速增长期，倒逼我国依靠扩大内需来保持经济持续健康发展。为此，我们要增强消费对经济增长的基础作用，围绕全面建成小康社会城乡居民收入比2010年翻一番的目标，加快推进收入分配体制改革，完善社会保障体系，培育新的消费增长点，建立扩大消费的长效机制。还要发挥好投资对经济增长的关键作用，更加注重投向、结构、质量和效益，增强经济发展后劲。

二是世界经济进入深度转型调整期，推动我们必须加快结构调整和技术创新。在世界经济低迷徘徊趋势下，各国为争夺未来发展制高点，开始了以结构调整、技术创新为中心的新一轮竞赛。这将引发全球经济政治版图中各国力量对比的新变化。有学者分析，西方国家到2017年就能完成结构调整。徘徊在国际产业链的中低端的国家，将在未来的综合国力角逐中被甩在后面。世界范围内的结构调整、技术创新“赛跑”背景下，我们必须抓紧提高产业整体素质和创新能力，加快形成新的经济发展方式，使经济发展更多地依靠科技进步、劳动者素质提高和管理创新。为此，我国必须推进产能过剩行业兼并重组、扶优汰劣，必须实施创新驱动发展战略，引导资金、人才、技术等创新资源向企业集聚。

三是世界经济进入资源环境约束深化期，推动我们必须走绿色发展、循环发展、低碳发展之路。当前，资源能源、气候等全球性问题日益突出。大量消耗资源能源、污染环境的粗放式经济增长的发展空间受到限制和挤压。随着改革开放30多年的快速增长，人均占有资源不足和环境承载能力脆弱已成为我国的基本国情。资源环境约束的深化，推动我国把资源环境压力转化为技术进步和产业升级的动力，形成节约资源和保护环境的空间格局、产业结构、生产方式、生活方式，从源头上扭转生态环境恶化趋势，为人民创造良好生产生活环境，为全球生态安全作出贡献。为此，我们应坚持节约资源和保护环境的基本国策，坚持节约优先、保护优先、自然恢复为主的方针，着力推进绿色发展、循环发展、低碳发展，实现中华民族的永续发展。

四是世界经济进入通胀压力期，迫使我们必须保持农产品供给充足和物价稳定。2008年金融危机以来，西方大国对外转嫁内部经济困难，美国、欧洲、日本先后推出非常宽松的货币政策。全球主要货币大量“放水”，输入性通货膨胀如同“达摩克利斯之剑”高悬，保持国内物价和货币环境稳定的难度加大。在世界经济潜在通胀和资产泡沫不断加大的趋势下，巩固农业基础和守住耕地红线，增强农业综合生产能力，确保国家粮食安全和重要农产品有效供给，成为我国做好宏观调控工作的重中之重。我国虽然粮食连年增产、库存充裕，但主要农产品供求仍处于总量基本平衡、结构性紧缺的状况，国际大宗商品价格上升会直接抬高国内物价。我国有13亿人口，只有把饭碗牢牢端在自己手中才能保持社会大局稳定。长期来看，巩固发展农业增产、农民增收好形势，夯实农业基础，成为我国有效把握重要战略机遇期的生命线。

五是中国发展进入生产成本上升期，推动我们拓展发展新空间。与十年前相比，改革开放的传统成本优势不再明显。劳动力成本低廉的优势显著弱化，劳动力无限供给的“人口红利”，在东部沿海发达地区正在发生趋势性转变，加上资源性产品的国际价格进入上升通道，我国经济发展成本的上升，制约了投资效益的提高。依靠传统的投资增长模式实现经济的长期增长，难以为继。十八大提出推动工业化、信息化、城镇化、农业现代化同步发展，正是拓展发展新空间的重大部署。我国工业化的历史任务尚未完成，又处于信息化时代的大背景下，城镇化是扩内需最大的潜力所在，农业现代化也有很好发展前景，只要我们靠改革加快完善社会主义市场经济体制，靠改革进一步激发人民群众就业创业的活力，调动各种所有制企业生产经营的积极性，进一步发掘和释放“改革红利”，就能在推动“四化”良性互动、同步发展过程中，不断增强发展的平衡性、协调性和可持续性，实现全面建成小康社会的各项目标。

六是中国发展进入国际麻烦多发期，促使我们要更加注重营造好国际战略环境。从历史上看，新兴大国必然遭到守成大国的遏制。虽然我国基本国情和发展中国家的定位都没有变，但是西方国家牵制我国发展的紧迫感和焦虑感显著上升。2005 年 9 月，佐利克就曾这样形容中国：“那只躲在树后的大象再也藏不住了”。国外有报告预测，中国经济总量将在 2030 年超过美国，这将是 1894 年后美国国内生产总值首次被他国超越，美国对此忧心忡忡。伴随着中国的发展壮大，国际舆论中对华负面情绪上升，各种版本的“中国威胁论”、“中国强硬论”、“中国傲慢论”、“中国责任论”等不时泛起，使我国面临的国际舆论环境日益复杂。我们应对西方国家对我国发展的牵制、遏制和干扰的根本方法，就是继续高举和平、发展、合作、共赢的旗帜，始终不渝奉行互利共赢的开放战略，通过深化合作促进世界经济强劲、可持续、平衡增长。我国必须坚持在和平共处五项原则基础上发展同各国的友好合作，在大国关系、周边国家关系、发展中国家关系、多边事务、公共外交等方面，多渠道多种形式宣传中国道路，冲破各种遏制，排除各种干扰。

总之，国际经济政治发展更加复杂多元，我国融入世界的规模、程度不断扩大、加深，以及我国发展面临的阶段性特征和问题，共同导致了我国重要战略机遇期内涵和条件的系列变化，也为经略好我国的发展环境，顺利实现中华民族伟大复兴的“中国梦”增添了难度。

三、走好和平发展道路与中国发展战略的新部署

“始终不渝走和平发展道路”是中国根据时代发展潮流和自身利益作出的战略抉择，是中国优秀传统文化的继承和发扬。中华民族的血液中没有侵略他人、称霸世界的基因，中国人民不接受“国强必霸”的逻

辑，愿意同世界各国人民和睦相处、和谐发展，共谋和平、共护和平、共享和平，真正走出一条和平发展的新道路。这样一条和平发展的新道路，新就新在它不再是通过军事扩张、资源掠夺、争霸或称霸，而是通过和平的方式，渐进的方式，主要依靠自己的力量和改革创新，实现发展，特别是通过坚持对外开放，学习借鉴别国长处，在与经济全球化相联系的历史进程中，寻求与各国互利共赢和共同发展，同国际社会一道努力推动建设持久和平、共同繁荣的和谐世界。所以，这条道路的鲜明特征是："科学发展、自主发展、开放发展、和平发展、合作发展、共同发展。"[①]

科学发展，就是指中国把科学发展观作为经济社会发展的重要指导方针，尊重并遵循经济社会和自然发展规律，从中国仍处在社会主义初级阶段的基本国情出发，牢牢扭住经济建设这个中心，坚持聚精会神搞建设，一心一意谋发展，不断解放和发展社会生产力。坚持把发展作为党执政兴国的第一要务，坚持以人为本，坚持全面协调可持续发展，走数量和质量并重的经济发展之路。

自主发展，就是指像中国这样人口众多的发展中大国归根结底要靠自己的力量来发展。中国始终坚持独立自主，把国家发展的基点和重心放在国内，主要依靠自身力量和改革创新推动经济社会发展，不把问题和矛盾转嫁给别国。在经济全球化大背景下，中国只有坚持自主发展，才能更有效地参与国际分工，才能更好地同世界各国开展互利合作。

开放发展，就是指中国的历史和发展经验表明，关起国门搞建设是行不通的。对此，早在 1984 年 10 月，邓小平明确地指出："关起门来搞建设是不能成功的，中国的发展离不开世界。"[②] 必须把改革开放作为一项基本国策来坚持，努力把对内改革和对外开放结合起来，把坚持独立自主同参与经济全球化结合起来，把继承中华民族优良传统同学习借鉴人类社会一切文明成果结合起来，把国际国内两个市场、两种资源结合起来，以开放的姿态融入世界，不断拓展对外开放的广度和深度，加强同世界各国交流合作，完善内外联动、互利共赢、安全高效的开放

① 参见中华人民共和国国务院新闻办公室：《中国的和平发展》，人民出版社 2011 年版，第 3 页。

② 《邓小平文选》第 3 卷，人民出版社 1993 年版，第 78 页。

型经济体系。中国对外开放的大门绝不会关上，开放水平只会越来越高。

和平发展，就是指中华民族是爱好和平的民族，中国人民从近代以后遭受战乱和贫穷的惨痛经历中，深感和平之珍贵、发展之迫切，深信只有和平才能实现人民安居乐业，只有发展才能实现人民丰衣足食，把为国家发展营造和平稳定的国际环境作为对外工作的中心任务。同时，中国积极为世界和平与发展作出自己应有的贡献，绝不搞侵略扩张，永远不争霸、不称霸，始终是维护世界和地区和平稳定的坚定力量。

合作发展，就是指中国坚持以合作谋和平、以合作促发展、以合作化争端，同其他国家建立和发展不同形式的合作关系，致力于通过同各国不断扩大互利合作，有效应对日益增多的全球性挑战，协力解决关乎世界经济发展和人类生存进步的重大问题。

共同发展，就是指中国坚持奉行互利共赢的开放战略，坚持自身利益与人类共同利益的一致性，在追求自身发展的同时努力实现与他国发展的良性互动，促进世界各国共同发展。中国真诚期待同世界各国并肩携手，实现共同发展繁荣。对此，习近平总书记在不同场合多次指出，国际社会日益成为一个你中有我、我中有你的“命运共同体”，面对世界经济的复杂形势和全球性问题，任何国家都不可能独善其身。

我们要走好这样一条和平发展道路，最根本的还是发展壮大自己，练好“内功”，增强综合国力，进一步夯实实现“两个一百年”宏伟目标和中华民族伟大复兴“中国梦”的物质基础。为此，我们必须实施好五大发展战略：

第一，实施好创新驱动发展战略。习近平总书记在中国科学院第十七次院士大会、中国工程院第十二次院士大会上强调，今天，我们比历史上任何时期都更接近中华民族伟大复兴的目标，比历史上任何时期都更有信心、有能力实现这个目标。而要实现这个目标，我们就必须坚定不移贯彻科教兴国战略和创新驱动发展战略，坚定不移走科技强国之路。面对科技创新发展新趋势，我们必须迎头赶上、奋起直追、力争超越。历史的机遇往往稍纵即逝，我们正面对着推进科技创新的重要历史机遇，机不可失，时不再来，必须紧紧抓住。

然而，技术创新和技术进步用市场换不来，用钱买不来，最根本的出路是坚持走中国特色自主创新道路，提高自主创新能力。提高自主创新能力，关键要深化科技体制改革，破除一切制约科技创新的思想障碍和制度藩篱，处理好政府和市场的关系，推动科技和经济社会发展深度融合，打通从科技强到产业强、经济强、国家强的通道，以改革释放创新活力，加快建立健全国家创新体系，让一切创新源泉充分涌流。要着力加快制定创新驱动发展战略的顶层设计，改革国家科技创新战略规划和资源配置体制机制，深化产学研合作，加强科技创新统筹协调，加快建立健全各主体、各方面、各环节有机互动、协同高效的国家创新体系。特别是要着力围绕产业链部署创新链、围绕创新链完善资金链，聚焦国家战略目标，集中资源、形成合力，突破关系国计民生和经济命脉的重大关键科技问题。要完善知识创新体系，强化基础研究、前沿技术研究、社会公益技术研究，提高科学研究水平和成果转化能力，抢占科技发展战略制高点。要实施国家科技重大专项，突破重大技术瓶颈。要加快新技术新产品新工艺研发应用，加强技术集成和商业模式创新。要完善科技创新评价标准、激励机制、转化机制，把股权激励、科技成果处置权收益权改革等鼓励创新的政策和机制推广到更大范围，开花结果。

实施创新驱动发展战略，人才是关键。习近平总书记强调，没有强大的人才队伍作后盾，自主创新就是无源之水、无本之木。因此，要不断优化完善人才培养引进政策措施，破除阻碍人才发挥作用的体制机制障碍，不拘一格选拔、使用人才，营造勇于创新、鼓励成功、宽容失败的良好氛围，最大限度调动科研人员的创新积极性。为此，要实施知识产权战略，加强知识产权保护。

第二，实施好扩大内需战略。扩大内需是我国经济摆脱出口依赖，转变经济发展方式，实现自主性成长的前提条件。扩大内需无疑需要继续扩大国内投资需求。但从长远来看，加快建立扩大消费需求长效机制，释放居民消费潜力才是最根本的出路。

扩大消费需求，关键是增加居民收入。当前，我国居民收入的主要来源是工薪收入，提高工薪收入无疑决定着消费能力，因此，努力实现工薪增长和经济发展同步应当成为我们的政策目标。但就我国实际情况而言，大幅提高工薪水平对企业意味着人工成本的过快上升，而成本过快上涨对企业特别是劳动密集型企业的生存和发展则构成压力，进而导致就业困难或不稳定。就业困难或不稳定，又会导致居民对工薪收入增长的未来预期不乐观，从而抑制居民消费。因此，这就需要构建居民收入稳定快速增长的长效机制，即在努力实现劳动报酬增长和劳动生产率同步提高的同时，扩张居民的财产性收入、转移性收入和营业性收入等其他收入来源。同时，国家要加大社会保障投入力度，加快建立覆盖城乡的医疗和养老保险制度，从根本上解除居民超前或扩大消费的后顾之忧。

第三，实施好城乡一体化发展战略。解决好农业农村农民问题是全党工作重中之重，城乡发展一体化是解决“三农”问题的根本途径。实现城乡一体化，首要的还是要加快推进城镇化，提高城镇化质量。城镇化是实现城乡一体化发展的重要载体，是解决农业、农村、农民问题的重要途径，是推动区域协调发展的有力支撑，是扩大内需和促进产业升级的重要抓手，对全面建成小康社会、加快推进社会主义现代化具有重大现实意义和深远历史意义。因此，一方面，要全面放开建制镇和小城市落户限制，有序开放中等城市落户限制，进而推进农业转移人口市民化，加快解决已经转移到城镇就业的农业转移人口落户问题，努力提高农民工融入城镇的素质和能力。另一方面，要加强对城镇化的管理，制定实施好国家新型城镇化规划，建立空间规划体系，城市规划要由扩张性规划逐步转向限定城市边界、优化空间结构的规划。特别是在城镇化过程中，要继续坚持工业反哺农业、城市支持农村和多予少取放活方针，加大强农惠农富农政策力度，让广大农民平等参与现代化进程、共同分享现代化成果。加快发展现代农业，增强农业综合生产能力，确保国家粮食安全和重要农产品有效供给。坚持把国家基础设施建设和社会事业发展重点放在农村，深入推进新农村建设和扶贫开发，全面改善农村生产生活条件。着力促进农民增收，保持农民收入持续较快增长。坚持和完善农村基本经营制度，依法维护农民土地承包经营权、宅基地使用权、集体收益分配权，壮大集体经济实力，发展多种形式规模经营，构建集约化、专业化、组织化、社会化相结合的新型农业经营体系。

第四，实施好经济结构调整战略。结构调整是加快转变经济发展方式的主攻方向和主战场。只有经济结构不断优化和产业结构的不断升级，经济发展方式才能得到根本转变，经济增长的质量才能不断提高。优化调整经济结构，实现要牢牢把握发展实体经济这一坚实基础，实行更加有利于实体经济发展的政策措施，强化需求导向，推动战略性新兴产业、先进制造业健康发展，加快传统产业转型升级，推动服务业特别是现代服务业发展壮大，合理布局建设基础设施和基础产业。当前，推进产业结构调整，要把化解产能过剩作为产业结构调整的重点。习近平总书记指出："产能过剩越来越成为我国经济运行中的突出矛盾和诸多问题的根源"。"化解产能过剩必然带来阵痛。有的行业甚至会伤筋动骨，但调整是大势所趋。有关地方和部门要认清形势，主动把思想和行动统一到中央要求上来，不要囿于眼前利益。如果现在不痛下决心，将来必定付出更大的代价"。因此，必须下决心关停并转一批产能过剩和技术落后企业，把更多资源配置到有技术、有市场、有就业的战略性新兴产业和生产性服务业中去，为提高经济增长质量打牢经济结构基础。

第五，实施好全面改革开放战略。改革开放是决定当代中国命运的关键一招，也是决定实现"两个一百年"奋斗目标和中华民族伟大复兴"中国梦"的关键一招。因此，实施好全面深化改革战略具有长远意义。经济体制改革是全面深化改革的重点，核心问题是处理好政府和市场的关系，使市场在资源配置中起决定性作用和更好发挥政府作用。习近平总书记指出："使市场在资源配置中起决定性作用、更好发挥政府作用，既是一个重大理论命题，又是一个重大实践命题。在市场作用和政府作用的问题上，要讲辩证法、两点论，'看不见的手'和'看得见的手'都要用好，努力形成市场作用和政府作用有机统一、相互补充、相互协调、相互促进的格局"。因此，全面深化经济体制改革，必须积极稳妥从广度和深度上推进市场化改革，大幅度减少政府对资源的直接配置，推动资源配置依据市场规则、市场价格、市场竞争实现效益最大化和效率最优化。同时，要切实转变政府职能，把政府职责和作用的重点放到保持宏观经济稳定，加强和优化公共服务，保障公平竞争，加强市场监管，维护市场秩序，推动可持续发展，促进共同富裕，弥补市场失灵上来，用政府权力的"减法"换来市场和企业活力的"加法"。

实施好更加积极主动的全面开放战略，进一步完善互利共赢、多元平衡、安全高效的开放型经济体系，是全面深化经济体制改革的又一重要内容。实施全面开放，不仅要创新开放模式，促进沿海内陆沿边开放优势互补，形成引领国际经济合作和竞争的开放区域，培育带动区域发展的开放高地，而且要坚持出口和进口并重，强化贸易政策和产业政策协调，形成以技术、品牌、质量、服务为核心的出口竞争优势，促进加工贸易转型升级，发展服务贸易，推动对外贸易平衡发展。特别是要加快中国企业“走出去”步伐，增强企业国际化经营能力，培育一批世界水平的跨国公司。

目前，实施对外开放战略的一个重要举措是要统筹双边、多边、区域次区域开放合作，加快实施自由贸易区战略，加快同周边国家和区域基础设施互联互通建设，推进丝绸之路经济带、海上丝绸之路建设，加快构建全方位开放新格局。“一带一路”的开放新格局，不仅是实现中华民族振兴的战略构想，更是沿线各国的共同事业。它不仅有利于将政治关系、地缘毗邻、经济互补等优势转化为务实合作和持续增长的经济优势，而且有利于把沿线国家打造成真正利益共同体和命运共同体。

世界潮流，浩浩荡荡，顺之则昌，逆之则亡。世界繁荣稳定是中国的机遇，中国发展也是世界的机遇。和平发展道路能不能走得通，很大程度上要看我们能不能把世界的机遇转变为中国的机遇，把中国的机遇转变为世界的机遇，在中国与世界各国良性互动、互利共赢中开拓前进。我们要从我国实际出发，坚定不移走自己的路，同时我们要树立世界眼光，更好把国内发展与对外开放统一起来，把中国发展与世界发展联系起来，把中国人民利益同各国人民共同利益结合起来，不断扩大同各国的互利合作，以更加积极的姿态参与国际事务，共同应对全球性挑战，努力为全球发展作出贡献。

参 考 文 献

经典著作

[1] 马克思：《资本论》第1—3卷，人民出版社1972年版。

[2] 马克思：《政治经济学批判》，人民出版社1975年版。

[3]《马克思恩格斯选集》第1—4卷，人民出版社1995年版。

[4]《邓小平文选》第3卷，人民出版社1992年版。

[5]《习近平谈治国理政》，外文出版社2014年版。

专业文献

[1] A. G. 肯伍德洛赫德：《国际经济的成长（1820—1990）》（中译本），经济科学出版社1997年版。

[2] 阿瑟·刘易斯：《二元经济论》，北京经济学院出版社1989年版。

[3] 安格斯·麦迪森：《世界经济千年史》（中译本），北京大学出版社2003年版。

[4] 白瑞英、康增奎等：《欧盟：经济一体化理论与实践》，经济管理出版社2002年版。

[5] 保罗·克鲁格曼等：《国际经济学》，中国人民大学出版社2006年版。

[6] 贝罗赫：《1900年以来第三世界的经济发展》（中译本），上海译文出版社1979年版。

[7] 彼得·哈吉纳尔：《八国集团体系与二十国集团：演进、角色与文献》（中译本），上海人民出版社2010年版。

[8] 庇古：《福利经济学》，华夏出版社2007年版。

[9] 陈才主编：《世界经济地理》，北京师范大学出版社1990年版。

[10] 陈雨露：《国际金融学》，中国人民大学出版社2008年版。

[11] 池元吉主编：《世界经济概论》，高等教育出版社2003年版。

[12] 崔日明等：《世界经济概论》，北京大学出版社2013年版。

[13] 大卫·李嘉图：《政治经济学和赋税原理》，华夏出版社2005年版。

[14] 法明斯基：《科学技术革命对资本主义世界经济的影响》（中译本），北京出版社1979年版。

[15] 方齐云：《国际经济学》，华中科技大学出版社2002年版。

[16] 冯德连：《国际经济学》，中国人民大学出版社2011年版。

[17] 弗里德曼：《资本主义与自由》，商务印书馆1986年版。

[18] 范云芳：《国际要素集聚论》，中国社会科学出版社2014年版。

[19] 高德步、王珏：《世界经济史》，中国人民大学出版社2011年版。

[20] 戈德史密斯：《金融结构与发展》，中国社会科学出版社1993年版。

[21] 宫崎犀一等编：《近代国际经济要览》，东京大学出版社1981年版。

[22] 宫占奎：《变革中的世界经济》，南开大学出版社1993年版。

[23] 姜春明、佟家栋：《世界经济概论》，天津人民出版社2009年版。

[24] 金碚：《资源与增长》，经济管理出版社2014年版。

[25] 凯恩斯：《政治经济学的范围与方法》，华夏出版社2001年版。

[26] 克拉克：《财富的分配》，商务印书馆1959年版。

[27] 克劳斯·科赫：《市场的贪欲：国家在世界经济竞争中的无奈》（中译本），社会科学文献出版社2002年版。

[28] 莱昂：《世界经济与社会史：二十世纪后半期1949年至今》（中译本），上海译文出版社1985年版。

[29] 莱斯特·瑟罗：《资本主义的未来：当今各种经济力量如何塑造未来世界》（中译本），中国社会科学出版社1998年版。

[30] 李琮：《八十年代世界经济前景展望》，中国展望出版社1983年版。

[31] 李坤望：《国际经济学》，高等教育出版社2010年版。

[32] 刘国平编：《世界经济问题研究概览》，经济科学出版社1990年版。

[33] 罗伯特·吉尔平：《全球资本主义的挑战21世纪的世界经济》（中译本），上海人民出版社2001年版。

[34] 罗默：《宏观经济学》（高级），人民大学出版社1998年版。

[35] 马君潞、陈平、范小云：《国际金融》，科学出版社2005年版。

[36] 马克斯·韦伯：《经济与社会》，商务印书馆1998年版。

[37] 马歇尔：《经济学原理》，商务印书馆1983年版。

[38] 麦金农：《经济发展中的货币与资本》，上海人民出版社 1997 年版。

[39] 尼·布哈林：《世界经济和帝国主义》（中译本），中国社会科学出版社 1983 年版。

[40] 彭慕兰：《大分流：欧洲、中国及现代世界经济的发展》（中译本），江苏人民出版社 2003 年版。

[41] 钱俊瑞：《世界经济与中国经济》，人民出版社 1983 年版。

[42] 钱纳里等：《工业化与经济增长的比较研究》，上海三联书店 1989 年版。

[43] 仇启华、吴健主编：《现代垄断资本主义经济》，中共中央党校出版社 1987 年版。

[44] 萨缪尔森：《经济学》，人民邮电出版社 2004 年版。

[45] 沈骥如：《欧洲共同体与世界》，人民出版社 1994 年版。

[46] 斯蒂格利茨：《经济学》，中国人民大学出版社 2000 年版。

[47] 宋则行、樊亢主编：《世界经济史》上、下卷，经济科学出版社 1994 年版。

[48] 唐征友主编：《当代世界经济与政治》，中国矿业大学出版社 2012 年版。

[49] 陶德言编：《知识经济浪潮：世界经济发展的第三次革命》，中国城市出版社 1998 年版。

[50] 陶坚、林宏宇主编：《中国崛起与国际体系》，世界知识出版社 2012 年版。

[51] 佟家栋：《国际经济学》，南开大学出版社 1995 年版。

[52] 托达罗：《第三世界的经济发展》，人民大学出版社 1988 年版。

[53] 汪碧云编：《当代世界经济与政治》，华东理工大学出版社 2011 年版。

[54] 王怀宁、罗肇鸿主编：《世界经济大趋势与中国》，中国国际广播出版社 1993 年版。

[55] 王怀宁主编：《世界经济与政治概论》，世界知识出版社 1989 年版。

[56] 威廉森：《开放经济和世界经济》（中译本），上海三联书店 1990 年版。

[57] 维贝尔：《世界经济通史》（中译本），上海译文出版社 1981 年版。

[58] 魏埙主编：《现代经济学论纲》，山东人民出版社 1997 年版。

[59] 熊彼特：《经济发展理论》，中国社会出版社 1999 年版。

[60] 薛敬孝主编：《中国如何登上世界经济舞台》，档案出版社 1988 年版。

[61] 亚当·斯密：《国富论》，华夏出版社 2004 年版。

[62] 伊曼纽尔·沃勒斯坦：《现代世界体系第 1 卷：16 世纪的资本主义农业与欧洲世界经济体的起源》（中译本），高等教育出版社 1998 年版。

[63] 易纲：《中国金融改革思考录》，商务印书馆 2009 年版。

[64] 俞国斌主编：《当代世界经济与政治》，西南财经大学出版社 2007 年版。

[65] 约瑟夫·奈等：《全球化世界的治理》，世界知识出版社 2003 年版。

[66] 约瑟夫·格里科、约翰·伊肯伯里：《国家权力与世界市场：国际政治经济学》（中译本），北京大学出版社 2008 年版。

[67] 张伯里主编：《世界经济学》，中共中央党校出版社 1998 年版。

[68] 张伯里：《世界经济趋势与中国》，中共中央党校出版社 2000 年版。

[69] 张伯里等：《当代世界经济简明教程》，当代世界出版社 2001 年版。

[70] 张伯里、陈江生主编：《世界经济基本知识》，中共中央党校出版社 2003 年版。

[71] 张幼文等：《金融危机后的世界经济：重大主题与发展趋势》，人民出版社 2011 年版。

[72] 张蕴岭主编：《世界区域化的发展与模式》，世界知识出版社 2004 年版。

[73] 张培刚：《农业与工业化》，中信出版社 2012 年版。

[74] 中华人民共和国国务院新闻办公室：《中国的和平发展》，人民出版社 2011 年版。

[75] 庄起善主编：《世界经济新论》，复旦大学出版社 2001 年版。

部分词汇中英文对照表

绪　论

世界经济学　World Economics

当代世界经济　Modern World Economy

国民经济　National Economy

国际经济关系　International Economic Relations

第一章

国际分工　International Division of Labor

国际交换　International Exchange

世界市场　World Market

世界货币　World Currency

工业革命　Industrial Revolution

科技革命　The Revolution of Science and Technology

金砖国家　BRICS

世界银行　The World Bank

经济合作与发展组织（OECD）　Organization for Economic Co-operation and Development

第二章

信息技术革命　Revolution of Information Technology

经济全球化　Economic Globalization

世界经济格局　The Pattern of World Economy

国内生产总值（GDP） Gross Domestic Product
发展中国家 Developing Countries
发达国家 Developed countries
滞胀 Stagflation
国际金融危机 International Financial Crisis
欧盟（EU） European Union
泡沫经济 Bubble Economy
新兴工业国家 Emerging Industrial Countries
中等收入国家 Middle-income Countries

第三章

垂直型国际分工 Vertical International Division of Labor
水平型国际分工 Horizontal International Division Labor
混合型国际分工 Mixed International Division of Labor
国际生产网络 International Production Networks
劳动密集型 Labor-intensive
资本密集型 Capital-intensive
技术密集型 Technology-intensive
产业结构 Industrial Structure
产业集群 Industry Cluster
产业融合 Industry Convergence

第四章

国际贸易 International Trade
货物贸易 Goods Trade
服务贸易 Service Trade
全球贸易失衡 Global Trade Imbalances
经常项目顺差 Current Account Surplus
经常项目逆差 Current Account Deficit
贸易便利化 Trade Facilitation
全球价值链 Global Value Chain
知识密集型 Knowledge-intensive
贸易自由化 Trade Liberalization

贸易保护主义　Trade Protectionism
关税和贸易总协定（GATT）　General Agreement on Tariffs and Trade
世界贸易组织（WTO）　World Trade Organization
技术贸易壁垒（TBT）　Technical Barriers to Trade
环境贸易壁垒（SPS）　Sanitary and PhytoSanitary
反倾销　Anti-dumping
碳关税　Carbon Tariff
贸易摩擦　Trade Friction

第五章

购买力平价理论　Purchasing Power Parity Theory
国际收支平衡　Balance of International Payments
国际储备　International Reserve
特别提款权　Special Drawing Rights
金融自由化　Financial Liberalization
固定汇率制　Fixed Exchange Rates
浮动汇率制　Floating Exchange Rates
次级按揭贷款　Subprime Mortgage Loans
次贷危机　Subprime Mortgage Crisis
欧洲主权债务危机　European Sovereign Debt Crisis
离岸金融市场　Offshore Financial Market
巴塞尔协议　Basle Accord
布雷顿森林协定　Bretton Woods Agreement
特里芬难题　Triffin Dilemma
牙买加协定　Jamaica Agreement
超主权货币　Super-sovereign Currency
国际货币基金组织（IMF）　International Monetary Fund
亚太经合组织（APEC）　Asia-Pacific Economic Cooperation
北美自由贸易区　North American Free Trade Area
最优货币区　Optimal Currency Area
欧洲货币基金　European Monetary Fund

第六章

国际直接投资（FDI）　Foreign Direct Investment

绿地投资　Greenfield Investment
并购投资　Merger and Acquisition Investment
垄断优势理论　Monopoly Advantage Theory
内部化理论　Internalization Theory
产品生命周期理论　Theory of Product Life Cycle
比较优势理论　Comparative Advantage Theory
国际生产折中理论　Eclectic Theory of International Production
所有权优势　Ownership Advantages
内部化优势　Internalization Advantage
区位优势　Location Advantage
小规模技术理论　Small-scale Technology Theory
技术地方化理论　Technology Localization Theory
技术创新产业升级理论　Technology Innovation and Industry Upgrading Theory
投资诱发要素组合理论　Theory of Investment Induced Factor Combination
产业集群理论　Industrial Cluster Theory
非股权安排理论　Non-equity Arrangement Theory
产业链条　Industrial Chain
负面清单　Negative List
双边投资协定（BITs）　Bilateral Investment Treaties
区域投资协定　Regional Investment Treaties
区域性自由贸易协定（FTA）　Regional Free Trade Agreements
多边投资协定　Multilateral Agreement on Investment
服务贸易协定（GATS）　General Agreement on Trade in Services

第七章

区域经济一体化　Regional Economic Integration
特惠关税区　Preferential Duties Zone
自由贸易区　Free Trade Zone
关税同盟　Customs Union
共同市场　Common Market
经济联盟　Economic Union
欧洲联盟　European Union
欧洲经济共同体　European Economic Community

欧洲货币基金　European Monetary Fund
北美自由贸易区　North American Free Trade Area
美洲自由贸易区（FTAA）　Free Trade Area of Americas
跨太平洋战略合作伙伴关系协议（TPP）　Trans-Pacific Partnership Agreement
跨大西洋贸易与投资伙伴关系协定（TTIP）　Transatlantic Trade and Investment Partnership Agreement

第八章

国际经济调节　International Economic Regulation
亚洲开发银行（ADB）　Asian Development Bank
非歧视原则　Non-discriminatory
最惠国待遇　Most-Favored-Nationtreatment
互惠原则　Reciprocity
国际复兴开发银行　International Bank for Reconstruction and Development
国际金融公司　International Finance Corporation
多边投资担保机构　Multilateral Investment Guarantee Agency
全球治理委员会　Global Governance Commission

第九章

经济周期　Business Cycle
基钦周期　Kitchin Cycle
朱格拉周期　Juglar Cycle
康德拉季耶夫周期　Kondratieff Cycle
经济危机　Economic Crisis
长周期　Long Period
证券化（MBS）　Mortgage-Backed Securitization
担保债务凭证抵押（CDO）　Collateralized Debt Obligation
信贷违约掉期（CDS）　Credit Default Swap
量化宽松货币政策　Quantitative Easing
国际清算银行（BIS）　Bank for International Settlements
金融稳定委员会（FSB）　Financial Stability Board

第十章

世界产业　World Industry

后工业社会　Post-industrial Society
知识经济　Knowledge Economy
高技术群　High Technology Group
大数据技术　Big Data Technology
信息技术产业　Information Technology Industry
新材料技术　New Material Technology
新能源技术　New Energy Technology
生物技术　Biotechnology
空间技术　Space Technology
海洋技术　Marine Technology
农业知识化　Agriculture Knowledge
制造业知识化　Manufacturing Knowledge
知识产权　Intellectual Property Rights
专利合作条约　Patent Cooperation Treaty

第十一章

能源危机　Energy Crisis
国际能源署　International Energy Agency
国际经济秩序　International Economic Order
可持续发展　Sustainable Development
联合国气候变化峰会　United Nations Climate Change Summit
里约宣言　Rio Declaration
低碳经济　Low-Carbon Economy
绿色新政　Green New Deal
绿色贸易壁垒　Green Trade Barrier

第十二章

威斯特伐利亚体系　Westphalian System
维也纳体系　Vienna System
凡尔赛—华盛顿体系　Versailles-Washington System
雅尔塔体系　Yalta System
国际生产体系　International Production System
国际贸易体系　International Trading System

国际投资体系　International Investment System

国际货币金融体系　International Monetary and Financial System

新干涉主义　New Interventionism

不结盟国家　Non-aligned Countries

福塔莱萨宣言　The Fortaleza Declaration

里斯本条约　The Lisbon Treaty

结束语

垂直竞争　Vertical Competition

水平竞争　Horizontal Competition

结构调整　Structural Adjustment

产能过剩　Over-capacity

丝绸之路经济带　Silk Road Economic Belt

海上丝绸之路　Maritime Silk Road

后　记

本书由中央党校副校长、经济学教授、博士生导师张伯里任主编，中央党校国际战略研究所所长、经济学教授、博士生导师韩保江和中央党校马克思主义理论教研部副主任、经济学教授、博士生导师陈江生任副主编。在主编拟出“编修方案”和“编修提纲”后，以中央党校校内相关专业的学者为主（特别是国际战略研究所从事世界经济教学与研究的教员），吸收部分校外学者（包括中国社会科学院、北京大学、中国人民大学、国际关系学院等）组成了本书编写组，分工承担本书各章初稿的撰写工作。具体为：绪论（张伯里），第一章（张伯里、韩保江），第二章（陈江生），第三章（宋泓），第四章（纪军、文洋），第五章（王金龙、陈启清），第六章（潘悦），第七章（张伯里、刘东），第八章（史妍嵋），第九章（卢峰、陈建奇），第十章（周天勇、冯立果），第十一章（杨志、郭兆晖），第十二章（陶坚），结束语（韩保江）。本书初稿产生后，由主编、副主编进行多次统阅修改，对有些章节进行了较大的改动和充实，并经两次统稿会集中讨论、统改、审定、完成。刘东、陈建奇、文洋等同志参加统稿会，协助主编、副主编完成统稿工作。

本书定稿前的征求意见稿，经校外专家罗永光（中国人民解放军国防大学国防经济研究中心主任、教授、博士生导师）、赵忠秀（对外经济贸易大学副校长、教授、博士生导师）、宫占奎（南开大学教授、博士生导师）评阅，他们都给予充分肯定并提出了颇有价值的修改意见和建议，在此表示感谢。

本书的编写和出版得到中央党校教务部和中共中央党校出版社的大力支持和帮助，这里一并表示感谢。

主　编

2014年12月